DISCOURSE ON NARRATIVE BASED CHARACTER EDUCATION FOR COLLEGIAN

내러티브 기반
대학생 인성교육 담론

고요한 저

박영story

본 저서는 2017-2018년 대한민국 교육부와 한국연구재단의 지원을 받아 수행된 것임
(NRF-2017S1A5A2A01026900)

머리말

나무에게 나이테가 있듯이 사람에게 나잇살이 있다. '테'와 '살'은 모든 개체마다 기록되는 일종의 연륜을 의미하지만 본질적으로 역사다. 모든 역사는 이야기로 만들어진다. 결국 삶이란 개체의 역사를 담지하는 일종의 이야기가 된다. 이러한 이야기들의 모둠이 곧 내러티브(敍事)다. 모든 개체의 삶은 스토리, 모든 역사는 내러티브라고 할 수 있다. 내러티브는 다양한 학문에서 탐구대상, 탐구양식으로 활용되고 있다. 교육학도 예외는 아니다. 교육현상은 한 개인의 이야기를 짓고(build), 인류의 내러티브를 잇는(inherit) 것이다. 모든 스토리와 내러티브는 인간의 존재론적 원형이 된다.

교육담론에서 내러티브는 좋은 오브제가 된다. 수많은 스토리에 대하여 공부하고, 온갖 스토리에 의하여 깨닫고, 경험을 통해 스토리를 만들고, 내러티브로서의 삶을 살아간다. 내러티브는 수학의 공식이나 과학의 법칙과 다르다. 내러티브는 모든 개연성을 허용하기 때문이다. '파란만장, 우여곡절'이란 말은 바로 이러한 내러티브의 특성을 잘 드러내고 있다. 사람들은 재산을 모으고 명예를 얻으면서 살아간다. 그 사람들의 존재론적 가치는 재산이나 명예가 아니라 삶의 경위(經緯), 즉 스토리에 달려 있다. 결국 산다는 것은 이야기를 짓고 이야기를 잇는 아주 단순한 것이다.

교육에 초점을 맞추어 보자. 교육의 본질에 대한 담론들은 늘 내러티브의 이미지와 잇닿아 있다. 교육의 다른 말인 사람됨이나 사람다움은 '다움(價値)을 위해 되어(轉換) 나가는' 일종의 드라마틱한 서사(敍事)가 된다. 모든 사람은 이야기를 통해 배우고 성장하면서 자신과 인류의 이야기를 만들어 간다. '내러티브 기반 교육'이란 바로 이러한 속성을 잘 표현하고 있다. '내러티브 기반 대학생 인성교육 담론'에서 내러티브 기반은 방법, 대학생은 대상, 인성교육은 내용을 의미하는 체계적이고 조직적인 교육학/교수학적 구조를 잘 갖추고 있다.

인성교육에 대한 공적 담론이 활발하다. 심지어 관련법을 제정하여 인성교육을 정치적 아젠다로 적극 끌어들였다. 인성교육의 대상은 학령기의 모든 인구를 망라한다. 인간의 발달단계에서 인성교육이 특히 강조되거나 필요한 시기는 있을 수 없다. 인성교육의 또 다른 이름은 분별과 지혜를 아우르는 철듦(discretion)이다. 나이에 걸맞은 발달행동을 하고, 사람의 도리를 깨우칠 때 우리는 '철이 들었다'고 말한다. 내러티브 기반 대학생 인성교육담론은 다양한 교육 오브제인 내러티브를 통해 대학생들을 철들게 만들기 위한 교육학/교수학적 이야기다.

왜 대학생 인성교육인가? 철이 들었을 법한 연령적 특성을 고려할 때 중등학교에서 이루어지는 방식으로 대학생의 인성교육을 설계하고 구사하는 것은 어찌 보면 어리석은 교육학의 오만이다. 성인기의 가장 두드러진 심리적 특성은 미성년에 비해 철이 훨씬 더 들었다는 점이다. 대학생은 모름지기 성인기의 문을 활짝 열고, 좋은 성장과 바른 성숙을 위해 발돋움하는 역동적 기회의 시기이다. 개인적으로 야무진 인성을 갖추고, 사회적으로 단단한 책무성을 배워나가야 한다.

본 책은 우리 대학생들의 심리적-사회적 특성을 고려하여 인성교육의 목적, 내용, 방법에 대한 또 하나의 교육학적 의견을 던지는 데 의의가 있다. 왜냐하면 참된 교육의 본질은 다양성에, 교육학의 본질은 방법론적 복수주의에 있기 때문이다. 그러므로 우리 사회 전반에서 인성교육에 대항 공적 담론이 풍성해질수록 잃었던 인간교육의 본질을 회복하거나 새로운 시대의 본질을 구축하는 데 한 걸음 다가선다. 지적 담론의 고수는 아니더라도 교육학이라는 너른 공부 마당에서 뛰어 놀게 만들어주는 분들이 생각난다. 지적(知的) 아버지와 어머니인 오인탁 교수님과 한준상 교수님, 시적(詩的) 교육학을 만들어내는 목영해 교수님, 공부에 쉼이 없어야 함을 몸소 보여주는 신창호 교수님, 조정호 교수님, 정기섭 교수님, 강현석 교수님, 박순용 교수님, 김장생 교수님, 배상훈 교수님, 예병일 교수님, 모든 분들이 나태하고 되먹지 못한 나로 하여금 지적(知的)으로 게으름 피지 않고 사람다움을 잃지 않도록 감찰해주고 계신다. 성은혜 교수는 손가락질 받지 않도록 세심하게 살피고 살을 붙여 비록 명작은 못되더라도 졸작을 면하게 만들어 주었다.

2020년 10월, 살면서 가장 어려운 한 해를 보내며
교수연구실에서

차례

PART 01
대학교육과 인성의 현상학

Chapter 01 대학위기와 영혼회복

Chapter 02 대학교육의 테이크 오버

Chapter 03 인성혁명의 고고학적 계보

Chapter 14 아시아 주요대학의 교양 및 인성교육 관견(管見)

PART

01

대학교육과 인성의 현상학

Higher Education & phenomenology of character

Chapter 01

대학위기와 영혼회복

01 대학위기: 자초의 길을 걷다

우리나라 대학(大學)은 우리 사회 대악(大惡)의 원인이다. 압축성장의 거친 풍랑을 거치고 지금에 이르기까지 우리 사회에서 대학은 온갖 병리의 소인(素因)이며 대중적 거대담론의 대상이었기 때문이다. 그리하여 우리나라 대학은 한 번도 지성의 전당으로서 묵직한 위용을 뽐낸 적이 없었다. 대학의 교문과 본부는 이름모를 대학 밖의 힘에 흔들렸고, 강의실과 연구실 열쇠는 대학 밖의 손에 쥐어 있었다. 대학사회에 가해지는 굴종과 치욕의 오랜 역사는 오늘도 어김없이 여기저기에 상술(詳述)되고 있다. 무엇이 우리 대학을 이토록 아프고 병들게 만드는가?

1990년대까지 정권은 최루탄으로 대학의 목숨을 짓눌렀고, 2000년대 들어서면서는 돈줄(재정지원)로 대학의 심장을 죄고 있다. 오래전 최루탄은 대학의 정신을 혼미하게 만들었고, 작금의 돈줄은 대학의 육체를 흔들리게 만들고 있다. 그러니 대학의 영혼과 육체가 온전할 리 없다. 급격한 산업화를 거치면서 대학의 몸집은 날로 커졌지만 영혼과 건강은 피폐해졌다. 그럼에도 불구하고 대학교수와 대학생은 대학구성원이라는 이름으로 겉치레를 뽐내고, 진리와 자유를 향한 날개는 마치 종이비행기처럼 의지대로 움직이지 못하고 있다. 작금의 70%가 넘는 대학진학률은 누구나 마음만 먹으면 대학인(교수나 대학생)이 되는 기회를 만들어주었다. 대학의 팽창으로 인해 이제 대학은 그 희소가치를 상실했음에도 불구하고 여전히 우리 사회에서 권좌의 하나를 차지하고 있다.

1970년대 후반부터 운동권이라는 이름으로 대학캠퍼스에서 전개된 대학생의 현실정치 비판성향과 적극적인 참여세력을 제압하기 위하여 1981년 정부는 깜짝 놀랄 만한 제도적 장치를 도입하였다. 주지하듯 졸업정원제인데, 입학 문은 다소 느슨하게 하지만 졸업 문은 좁다랗게 만들어 그동안 공부를 느슨하게 해도 졸업이 보장되었던 대학생들의 발걸음을 격렬한 시위현장이 아니라 고요한 도서관(?)으로 향하게 만들고, 목소리를 높이던 대학캠퍼스를 정숙한 공공도서관처럼 만들자는 교묘한 정책적 의도(학생들의 학습경쟁력을 높이기 위한 참된 교육적 의도는 철저히 배제된 채)에서 비롯되었다. 그 후 여러 가지 정치적, 사회적, 정책적 이유나 상황들에 의해 제도는 흐지부지 되었고, 결과적으로 대학생 숫자 증가만 남기게 되었다. 이로써 우리나라 고등교육 인구 팽창의 서막이 올랐다. 시간이 흘러 2000년대 들어 문민정부를 표방한 정책기조 속에 '대학설립준칙주의'가 포함되어 있었는데, 이는 그야말로 대학교 숫자 폭증의 화려함(세계 최상위 수준의 고등교육 수혜율)을 안겨준 동시에 그로 인해 길게 드리운 어두운 그림자의 단초가 되고 말았다. 이 좁은 땅덩어리에 2년제와 4년제를 망라하여 400여 개가 넘는 대학(교)가 이곳저곳에서 난립하게 되었고 이로부터 고등교육 보편화의 찬란한 역사가 만개하였다.

그러나 가만히 생각해 보면 고등교육 보편화 혹은 대중화는 일종의 파르마콘(pharmakon)이 아니던가? 어느 나라든 이러한 정책은 국민의 지적 탁월성(intelligent excellence)을 개선하는 문화인류학적 장점과 동시에 과잉투자 혹은 기회비용 손실문제 발생이라는 정치경제학적 단점을 함께 품고 있기 마련이다. 2000년대 이후 우리의 대학정책은 미래학적 혜안을 상실한 채 전자의 길을 택했고, 머지않아 대학생태계에 닥칠 인구학적 위기(학령인구 급감)에 대응하는 지혜의 준비를 망실(忘失)한 채 대학 간 너도나도 파이전쟁의 난장판에 빠지고 말았다. 공급이 넘쳐 수요의 풍요(the enough)를 누리던 1970~1990년대 호시절이 가고 이제 공급의 빈곤에 따른 수요자들의 처절한 파이전쟁이 시작되는 2020년대가 바로 눈앞이다. 정부는 이러한 대학생태계의 파이전쟁판에 오래전부터 끼어들어 여러 가지 방식으로 대학영혼을 다시 한 번 옥죄어오고 있다. 그 방식의 가장 큰 무기는 역시 재정(돈줄)이다.

돈줄을 얻기 위하여 만들어진 숱한 보고서와 계획서는 순수한 대학영혼의 발로나 의지가 아닌 그야말로 가식과 허세의 창작품일 뿐이다. 정부가 던져놓은 파이를 한 조각이라도 더 얻기 위하여 각 대학들은 마치 자신의 영혼을 메피스토펠레스에게 판 파우스트처럼 교수 자신들의 자존심과 대학의 영혼을 정부의 재정지원사업과 너무 쉽게 바꾸고 말았다. 정부 재정지원 사업 7관왕이 된 지방의 어느 대학은 민감한 소비자들의 입과 대중매체에 이름이 오르내리면서 자신의 대학에서만큼은 수요과잉 현상이 영원할 것이라는 행복한 환상에 사로잡히고, 반면 각종 정부 재정지원 사업이나 구조개혁평가에서 시원치 않은 성적표를 쥔 대학들은 솔직하게 말해 존재론적 위기에 빠지게 되었다.

그동안 우리 정부는 참으로 기묘한 이름들로 대학들을 울리면서 잘도 구슬려 왔다. 대표적인 것만 예를 든다면 기왕의 '기본역량진단(1주기는 구조개혁평가), 대학기관평가인증, 교원양성기관역량진단, 공학교육인증, 외국인유학생교육인증, 산업계관점 대학평가, LINC+, PRIME, ACE+, HK+, BK21+, BRIDGE+, CK+, CORE, 고교교육 기여대학 지원, 지역선도대학 육성사업, Campus ASIA' 등이 있고 최근에는 '혁신지원사업(자율개선형, 역량강화형), SW중심대학지원' 등 그 이름만으로도 참으로 다채롭다.

소재지나 규모와 상관없이 모든 대학들은 너나없이 그 기묘한 이름들의 숨은 의미를 정확히 해석해서 사업취지에 맞추려 분주하게 움직이고, 동시에 기발한 기교를 부리면서 기가 막힌 계획서와 보고서를 만드는 아이디어 공장으로 전락하고 말았다. 이러한 상황에서 대학의 본질이니 대학의 영혼이니 하는 말들을 입에 담는 것은 그야말로 시간낭비요, 건방진 사치였다. 격렬한 파이전쟁에서 승리하고 대학의 존재론적 위기를 이겨내어 내성을 단련하기 위하여 그야말로 대학마다 사활을 걸고 있으며, 이를 통해 교수나 직원들을 시도 때도 없이 불러 모아 각자의 전문성을 쥐어짰다. 이 상황에서 가장 큰 피해자는 시간과 연찬에너지를 허망하게 낭비한 교직원들이 아니라 고비용 저효율의 희생양이 되어버린 대학생들이었다.

당당하고 자상한 모습으로 교수연구실과 강의실에 있어야 할 교수들은 시도 때도 없이 학교본부 회의실, 정부의 평가보고서 심사장, 사업계획서 발표회장 등에 불려나가 마치 죄인처럼 정부나 기업체의 거대공권력에 서서히 길들여져 가고 있다. 정녕 거칠고 무자비한 손발에 짓밟힌 대학의 영혼을 소생하게 만드는 대학의 자생력은 없는가? 이제 우리대학들은 대학 스스로의 힘으로 숨을 쉬고, 대학의 낭만이 담긴 노래와 춤을 추기 위해서 대학의 영혼을 회복해야 한다. 그리하여 대학은 우리사회 대악(大惡)을 넘어 태학(太學)으로 거듭나야 한다. 지금부터는 그 길을 진지하게 모색해 보고자 한다.

02 대학영혼: 회복의 길을 찾다

우리의 대학을 냉정함에 사로잡힌 사회경제적 제도로 볼 것인가? 보이지 않는 따뜻한 영혼을 지닌 영적 실재(reality)로 볼 것인가? 만약 후자라면 대학의 영혼이란 무엇이며 어떤 모습인가? 오랫동안 우리 사회에서 소외의 길을 걸어온 갸륵한 대학영혼을 회복시키는 길은 과연 있는가? 우리에게 대학이란 언제나 희망과 절망이 교차하는 마치 생명(eros)과 죽음(thanatos)의 두 얼굴을 가진 리비도(libido)와 같다. 이제 그 절망을 걷어내고 희망의 장막을 대학 스스로 힘차게 펼쳐 올리는 것이야말로 진정한 대학영혼 회복의 길이 될 것이다. 우리 대학이 대학 스스로의 힘으로 대학영혼을 회복하는 방법이야말로 뭇사람들 생각의 숫자만큼 헤아릴 수 없다. 그럼에도 불구하고 큰 용기를 내어 필자 역시 오랜 대학사회의 경험에서 비롯되고 머릿속에 품어 두었던 세 가지 정도의 화두를 우리 국민, 대학 당사자, 교육정책 입안자들에게 풀어놓고자 한다. 그것의 핵심은 관점과 제도의 극적인 전환(paradigm shift) 필요성과 가능성에 대한 대중적인 인식 확산이다. 구체적인 방안을 예시하면 다음과 같다.

첫째, 후진국 단계에서 경제발전에 대학이 기여했던 기관계/산업계 관점의 교육으로부터 선진국 수준에서 학생의 성찰적 의미 구성에 기여하는 **학생계 관점의 교육으로 전환**해야 한다. 이는 취업하기 위해 대학에 가는 것이 아니라 대학을 마치니 취업이 되는 정의로운 사회생태계 구축을 위함이다. 둘째, 기존 전공입학 학사제도를 해체해서 **전공졸업제로 전환**해야 한다. 현행 우리 대학의 학사제도는 전공을 정해 입학하는 경우가 대부분으로 이 경우 일정 소비자(전공별 재학생)를 담보삼아 교수들은 느슨함과 나태함으로 자신의 학문 및 소속학과의 경쟁력에 무심하게 되는 구조다. 이를 해결하기 위해 학과 간, 교수 간 건전한 화쟁(和爭)을 유도하고, 4차 산업혁명 사회생태계에서 유연성을 갖춘 융합사고와 행위역량을 지닌 인재 양성을 위한 전환이 반드시 필요하다. 셋째, 교수의 강의계획 중심에서 학생의 학습계획 중심으로 전환하여 **학습주권을 회복**해야 한다. 이는 수업에 소홀한 채 교수 자신이 노벨상을 받으려 노력하기보다 오히려 명민한 제자들의 손에 그 상이 쥐어지도록 존중하며 가르치고, 존경하며 배우는 아름다운 교육생태계 구축을 위함이다.

1) 관점전환: 기관계에서 학생계 관점으로

우리 대학 대부분의 학사시스템(대학 및 학과 편제, 학점이수, 교육과정 구성, 교과목 개설 등) 개발은 교육부, 대학본부, 단과대학/학과, 교수 등이 이니셔티브를 쥐고 있어 학생과 무관한 프레임과 템플릿이 일정하게 정해져 있다. 더욱이 산업수요를 충족하기 위한 인재양성 시스템으로 획일화되어 있다. 이러한 기관계/산업계 관점의 교육정책은 대학교육의 통제와 산업구조 선진화를 위해 유용한 방편으로 기능했다. 지금까지도 교육부는 효과성, 책무성, 생산성과 관련된 각종 지표들을 만들어 대학 간, 지역 간 상호 경쟁의 밀림을 만들었고, 이에 대하여 대학들마다 불편한 마음은 가득하였지만 정작 거부의 몸짓을 드러내는 데에는 한계가 있었다. 그러나 4차 산업혁명의 물결은 경제성에 고착된 대학평가의 이러한 관행들을 모조리 쓸어내도록 종용하고 있다. 학생의 요구, 흥미, 능력, 경험 등을 대학 학사구조 개편에 의무적으로 반영하고, 국제 및 지역사회 기반의 지속가능한 교육적 가치(SDGs)를 적극적으로 투영해야 한다. 만약 이러한 전환이 성공한다면, 대학교육을 옥죄던 경제성이나 획일성의 이데아가 아니라 대학생태계에 윤리성(학습약자에 대한 관심과 지원)과 다양성(문화다양성의 가치발견과 존중)이 꽃피고, 살벌한 학교성공이나 생존이 아니라 살가운 학생성공이나 존재가 그 의미를 찾게 될 것이다. 이것이야말로 대학의 영혼 회복을 위하여 가장 시급한 전환이다.

- 기존의 학사시스템, 교육과정(전공, 교양, 비교과 등), 교과목 개설 등은 교육부, 대학본부, 대학/학과, 교수 등의 관점에서 학생과 무관하게 프레임이 정해짐
- 기존의 기관계 관점 대학교육 생태계에서 학생의 관심, 취미, 능력, 경험, 잠재능력, 진로희망 등을 학사제도 제정 및 개정에 적극 반영할 필요가 있음

- 매년 취업졸업생을 대상으로 자신이 이수한 **교육과정 전반의 문제점**을 파악함
- 매년 신입생을 대상으로 자신이 원하는 전공제도, 교육이수 형태(교육과정), 배우고 싶은 내용(교과목), 비교과활동 개발 등에 대한 **수요조사를 실시**함

표 1 기관계 vs. 학생계 관점 대학교육 비교

기관계 관점	구 분	학생계 관점
• 교육부, 대학본부, 단과대학, 학과, 교수	단과대학, 전공제도, 학사시스템, 교과목 이수 주관	• 학생(졸업생, 재학생) 참여 대학경영 거버넌스
• 학점 부여(교양(공통기초, 필수, 선택)+전공) 교과목 이수(100%) + 학점 비부여(비교과 프로그램)	졸업요건으로서 교육과정 이수 (투자시간)	• 학점 부여 교과목 이수 ≤ 학점 미부여 비교과프로그램 참여
• 학교가 일방적으로 정하거나 개설한 비교과 프로그램(선택이 극히 제한적임)을 학생이 선택하여 이수	비교과프로그램	• 학생이 재학 중 교과이수(졸업요건으로서)를 제외한, **자기주도적**으로 경험한 학교내외의 모든 활동(교내활동, 여행(국내외), 봉사(국내외), 아르바이트, 지역사회 참여, 자기계발 활동) 이력을 관리 • 학교는 몇 가지 준거(글로벌, 리더십, 시민의식, 자기계발 등)로 구분하여 학생의 비교과활동 경험에 대한 인증제도 운용
• 학교가 일방적으로 규정 제정 및 교과 개·폐설	융·복합 교육과정 및 교과목 설계	• 학생, 교수, 기업체가 참여하여 설계하고 운용

2) 학사제도 해체: 전공입학제에서 전공졸업제로

기존의 대학입학은 일부의 무전공(자유전공)제도를 제외하면 대부분 전공입학제로 이루어진다. 이에 따라 대부분의 대학생들이 전문분야 장인(匠人, 일종의 스페셜리스트) 양성이라는 미명아래 전공 벽에 갇혀 경직된 사고계발에 매진하는 반면(단위학과 소속의 학생은 물론 교수들도 경직된 이수규정에 정치(定置)되어 있음), 전공졸업제는 재학하는 동안 특정 전공에 얽매이지 않고 다양한 학문들을 두루 접한 후에, 개별적으로 가장 많은 이수분야를 사정(査定)하고 전공으로 인정하여 졸업시키는 것으로 기존제도와 정반대의 형태다. 물론 특정 인기전공 쏠림현상이

우려되기도 하지만 현묘(玄妙)한 방안을 마련하여 이를 해결함으로써 학생들에게 학문의 다양성을 흠뻑 누리게 함은 물론, 진정한 융·복합 사고능력을 스스로 계발할 기회를 제공하여 4차 산업혁명 사회생태계가 요구하는 지적 방인(知的 放人, 일종의 제너럴리스트)을 양성하는 데 적합한 학사제도로 교육정책입안자들은 적극 고려해볼 만하다. 기관(교육부나 대학)이 만든 융·복합 전공을 학생이 졸업요건에 떠밀려 마지못해 선택하는 것이 아니라, 재학 중에 학생 스스로 다양한 학문분야들을 능동적으로 경험하면서 묶고, 엮어서 자신의 역량개발에 도움이 되는 진정한 융·복합을 실현하는 것이다. 굳이 비유를 한다면 대학이 비빔밥(교육부의 가이드라인에 대학이 순종하여 개설하는 융·복합, 연계, 공유전공제)을 만들어 억지로 떠먹이는 것이 아니라 다양한 비빔밥 재료들만 제공하고 학생 스스로 자신의 입맛(적성, 흥미, 능력, 경험)에 따라 맛있는 비빔밥을 만들어 먹게 함으로써 자기주도적 생애학습역량을 갖추도록 안내하고 도와주는 것이야말로 참(authentic) 융·복합 교육이라 할 수 있다. 이러한 전환은 아래의 학습주권 회복을 가능하게 만드는 조건이 된다.

- 80년대 입학정원제에서 졸업정원제로 전환하여 학사제도 및 대학생태계 변화를 이미 경험한 바 있음
- 4차 산업혁명 생태계 및 학령인구 감소 등 급격한 사회변화에 대학이 선도적이고 능동적으로 대응하기 위하여 **전공교육과 관련된 대학시스템 변화**를 시도할 만함
- 우리나라 대학교육의 학사시스템과 커리큘럼은 미국식 모델에 따라 교양과 전공교육이 명료하게 구분되어 있음
- 특히, 전공입학제도는 입학 후 **전공 관련 학사과정 이수**에 주안을 두어 교양교육을 상대적으로 취약하게 만드는 약점이 있음
- 전공입학제는 학생과 소속교원들이 **경직적인 이수규정**에 정치(定置)되어 있음
- 이는 일종의 전공벽에 갇힌 닫힌 학사제도로 학생으로 하여금 융·복합적 사고 계발을, 교원으로 하여금 간학제적 연구를 제한하고 있음
- 대학에서는 이러한 문제를 해결하기 위하여 자유전공제, 무전공제 입학이라는 이름으로 학사제도 개편이 이루어지고 있음
- 전공졸업제는 제너럴리스트와 스페셜리스트를 동시에 양성할 수 있는 유연한 학사제도임

3) 학습주권 회복

주지하듯 동양의 에토스(ethos)인 『논어』의 시작은 학습의 즐거움에서 출발한다. '배우고 때로 익히면 또한 즐겁지 아니한가?(學而時習之不亦說乎)'라는 언설은 학습주권(learning sovereignty)을 처음으로 선언한 것이며, 동시에 모든 교육생태계에서 갖추어야 할 학습주권의 원형을 제시한 것으로 볼 수 있다. 반면에 맹자가 주장한 천하 영재를 얻어 가르치는 즐거움(得天下英才敎育之三樂)은 일종의 교수주권(teaching sovereignty)에 대한 원형으로 간주할 수 있으며, 이로부터 오늘날까지 교수-학습 패러다임이 지속되고 있다. 그러나 근대 산업화와 경제선진화 과정을 거치면서 학습주권의 원형은 크게 훼손되었고, 모든 대학에서는 교수의 효율성, 경제성, 수월성에 경도(傾倒)된 획일적인 교육생태계가 구축되었다. 이로 인해 학생들로부터 자기주도적인 배움의 즐거움을 잔인하게 앗아버렸고, 모든 대학은 교수의 수월성(teaching excellence) 신화에 매몰되어 극한의 성과전쟁터에서 오늘도 기약 없는 생존투쟁을 벌이고 있다.

표 2 무전공입학제 vs. 전공졸업제 비교

자유전공/무전공입학제	구 분	전공졸업제
• 무전공(전원)	입 학	• 무전공(전원)
• 1-2학년 탐색과정을 거쳐 학생 개별적으로 전공 결정 • 각 전공/학부별로 정원 조정	전 공 선 택	• 4년 내내 전공 결정이 이루어지지 않음
• 학생은 전공결정 후 기존방식대로 일반교양과목 + 전공과목 이수 • 교수는 소속학과의 전공과목과 일반교양교양 과목 개설 및 운용	학 사 이 수	• 일반교양(캠퍼스 전체 적용의 교양교육과정) 교과목 + 대학별(단과대학 특성을 반영한 전공 및 교양교육과정) 교과목 + 학과별(학과/학부 특성을 반영한 전공 및 교양교육과정) 교과목 이수
• 학생소속 학과가 정한 이수(학점, 졸업인증 등)규정에 따라 **전공학사**로 졸업	졸 업	• 일정기준(학생의 총 이수 학점 중 특정전공 관련 전공+교양과목 이수비중이 40% 인 경우)을 충족한 경우 특정 **전공학사(스페셜리스트)**로 인정하여 졸업 • 특정 전공의 경우 필수와 선택을 구분하되, 특정 전공학사가 되기 위해서는 당해 학과가 정한 필수과목 이수 기준을 충족해야 함

자유전공/무전공입학제	구 분	전공졸업제
		• 특정전공 이수 인정되지 않는 경우는 **융·복합 교양학사(제너럴리스트)**로 졸업 • 융·복합 교양학사는 학생이 이수한 비중을 고려하여 인문, 이학, 공학, 사회, 보건의료 등으로 구분함 • 특정 전공학사 졸업인정의 경우 학생이 취득한 정규 교과목 학점이수와 **비교과활동 이수 상황**(역량기반 인증기준 제정)을 고려하여 등급(최상, 우등, 보통)을 정함
• 전공벽이 철저히 유지됨 • 전공 간 교육 및 연구(학제간) 경쟁이 여전히 취약함	특 징	• 전공벽의 의미가 철저히 없음 • 무학년제 운용으로 학년별 유불리 없음 • 학생유치를 위하여 전공간 교육 및 연구(학제간) 경쟁 풍토가 자연스럽게 유도됨 • 3년 내 특정전공 이수생이 재학생의 상위 20% 이상인 전공분야(전공 + 교양)는 **대학특성화 분야로 지정하여 가용자원의 집중도를 높임**
	유의사항	• 학습약자(학사경고자, 외국인유학생, 장애우 등) 보호프로그램 마련 • 특정전공/학부 쏠림현상 방지장치 마련 • 학생의 선택권 보장

이러한 교수수월성 신화는 대학생들로 하여금 학습피로도를 극대화시켰을 뿐, 아무 의미도 없고(not meaningful), 삶에 쓸모가 없는(not functional) 학습경험이 이루어지도록 길들였다. 학습주권의 회복탄력성은 모든 학습경험이 개별학생들에게 의미 있고, 결코 자신의 삶과 유리되지 않은 성찰적 학습참여를 보장함으로써 학습어메니티(learning amenity)를 극대화하는 교육생태계를 만들기 위해 노력하는 대학들의 에너지와 비례한다.

(수업설계) not syllabus but experience
교수자와 학습자의 상호작용을 통한 학습오브제를 선정하고 이를 기반으로 유연한 수업설계를 통한 학생의 지적, 정의적, 기술적 성장을 도모하는 수업을 구안하고 적용함. 강의계획서가 아니라 학습계획서를 작성함

(학습 형태) Flipped learning class / Backward design in instruction
수강생은 사전 제작된 영상(교수자 제작 등) 기반의 학습 오브제를 통해 집에서 자기주도적

사전학습을 수행하고, 부과된 과제풀이와 학습자/교수자와의 토론은 교실에서 실시함

(수업 방식) Dale's learning Pyramid
부과된 학습과제에 대하여 수강생이 당해 시간의 수업설계를 자율적으로 수립하고 수업을 진행하며, 교수와 기타 수강생은 질문과 토론에 참여함

(수업 재료) Making textbook
수업을 위하여 교수자가 사전에 지정하는 교과서나 부교재를 가급적 최소화하여 (지정한 경우) 참고용으로 활용하고, 한 학기 동안 수강생과 교수자가 협력하여 당해 학기 unique한 교과서를 만들어 나감

(전공 설계) Toward major
전공을 정하여 입학, 소정의 과정을 이수하는 것이 아니라 입학 후 다양한 전공탐색, 교양이수 등을 통하여 자신의 강점재능으로 판명된 전공으로 졸업하게 하는 혁신적인 학사구조로 전환함

리딩스(B. Readings)는 근대대학 발전을 이성의 대학(형성기) → 문화의 대학(발전기)→수월성의 대학(몰락기)으로 구분하고, 몰락기에 접어든 수월성의 대학을 지배하는 강력한 무기는 계량적 성과(생산성과 효율성의 신화)임을 오래전에 지적하고 진심으로 우려했다. 이러한 논점은 최근에 후학들에 의하여 거듭 개진되고 있다. 특히 파머와 자이언스(P.J. Palmer & A. Zajonc)는 자신들의 저서 도처에서 이에 대하여 수월성의 측면에서 구체적으로 적시한 바 있다(이재석(역), 2010). 지금의 대학들은 성과의 수월성을 넘어서는 주요한 목적, 즉, 학생들로 하여금 자신이 누구인지 알게 하고, 삶의 큰 목적을 탐색하도록 돕는 일을 철저히 망각하고 있다. 대학 문을 들어섰을 때보다 조금 더 나은 인간으로 그 문을 나서게 하고 있는가? 영혼을 잃은 것은 학생들이 아니라 그들을 가르치는 대학이다. 과연 우리의 대학개혁이 대학의 영혼, 즉 온전한 인간성(지성, 감성, 영성이 조화로운 전일적 인간) 함양이라는 목적의식에 부합하고 있는가? 지금의 대학들은 대학교육을 인도하는 일관성이 없고, 목적회복에 필요한 것이 무엇인지도 모르고 있다.

그렇다면 이러한 왜곡된 수월성 신화를 극복하고 진정한 대학영혼을 회복하기 위한 길은 있는가? 만약에 있다면 누가 만들어야 하는가? 2019년 전국 41개

국·공립대학 교수들이 '교육부'의 적폐를 적나라하게 지적하며 부서 해체를 주장하는 목소리를 드높였다. 주장의 요지는 다음과 같다. 대학이 처한 위기를 초래한 주범은 '교육부'와 그 관료들이며 오랜 적폐는 청산될 가능성이 보이지 않는다. 대학혁신은 자율, 자치, 개방적 가치 등을 통해 가능한데 '교육부'가 그동안 펼쳐온 규제, 통제, 간섭 등은 관료행정에 젖어 있어 대학의 미래를 도모할 수 없다는 것이다. 이러한 주장은 그동안 대한민국의 정치, 경제, 사회를 지배해 온 대학민국(大學民國)의 슬픈 자화상에 대한 성찰과 대학주권을 회복하기 위한 몸부림이 우리나라 대학성장 과정에서 상대적으로 소외의 길을 걸어온 사립대학이 아니라 국립대학교수들에 의해 개진되었다는 묘한 아이러니로 인해 중요한 함의를 가진다.

이제 우리의 모든 대학은 정부(대표적으로 교육부)의 힘에 의지하지 말고 스스로의 힘으로, 가르치는 중심(敎授+學習)이 아니라 함께 배우는 곳(敎學+授習)으로 거듭나야 한다. 모든 대학은 기관계/산업계 관점의 브레인 러닝(brain learning)이 아니라 학생계/참여계 관점의 액션 러닝(action learning)이 무한대로 벌어지는 일종의 지적(知的) 난장판이 되어야 한다. 그래야만 우리 대학들에게서 벌어지는 영혼 회복의 희망을 조금이나마 기대할 수 있다. 한 명의 뛰어난 인재를 만들기 위해서는 수많은 손길이 필요하다. 하나의 대학이, 하나의 학과가, 한 분의 교수가 우수한 인재를 만드는 것이 아니라, 대학교육 생태계 안에서 다양한 참여와 공유를 통하여 다양한 분야의 영재가 길러질 것이다.

리딩스의 걱정을 기우(杞憂)로 만드는 현명한 길은 대학의 영혼을 회복하는 것이다. 이는 잃어버린 학습주권을 학생들에게 되돌려주는 아주 단순하지만 지난(至難)한 전환에서 시작되어야 한다. 프롬(E. Fromm)이 이미 지적한 것처럼 교육의 본질은 소유하는 것(to have)이 아니라 존재하는 것(to be)으로, 진지하게 성찰하고 학사개혁에 반영하려는 대학들의 노력이 절실하다. 마침내 쓰러지고 부서진 대학의 정문을 바로잡고 닫혀 있던 교수연구실을 활짝 열어 대학생의 학습주권, 대학주권을 회복하려는 노력들이 여기저기서 앞다투어 벌어져야 한다.

참고문헌

『논어』

김경희(2019), 4차 산업혁명 시대 창의인재를 만드는 미래의 교육(The creativity challenge), 서울: 예문아카이브.

김영록(2012), 융합인재, 우리는 함께 간다. 인천: 티핑포인트.

김지현·신의항(2017), 대학의 학부교육: 세계대학의 우수사례, 파주: 교육과학사.

목학수(2015), 미국대학의 힘, 부산: 산지니.

서울대학교 교육혁신연구사업단(2012), 역량기반교육, 파주: 교육과학사.

임해규(2011), 교육에서 학습으로, 파주: 교육과학사.

Christodoulou, D.(저), 김승호(역)(2018), 아무도 의심하지 않는 일곱 가지 교육 미신(Seven myths about education), 서울: 페이퍼로드.

Colinkoff, R.M. & Hirsh−Pasek, K.(저), 김선아(역)(2018), 4차 산업혁명 시대 미래형 인재를 만드는 최고의 교육(Becoming brilliant), 서울: 예문아카이브.

Combs, A.W.(저), 이성호(역)(1988), 교육신화(Myths in education), 서울: 정음사.

Duderstadt, J.J.(저), 이철우·이규태·양 인(역)(2004), 대학의 혁명(A university for the 21st century), 성균관대학교 출판부.

Eisner, E.W.(1985), Educational imagination, New York: Macmillan Pub. Co..

Harari, Y.N.(저), 조현욱(역)(2018), 사피엔스(Sapiens), 파주: 김영사.

Moore, S. & Murphy, M.(저), 김병순(역)(2002), 통통통 대학생활 100(How to be a student), 서울: 소동.

Palmer, P.J. & Zajonc, A.(저), 이재석(역)(2017), 대학의 영혼(The heart of higher education), 안양: 마음친구.

Pinker, S. 외(저), 이창신(역)(2012), 하버드 교양강의(Harvard sampler), 파주: 김영사.

Tracy, E.(저), 신종호(역)(2004), 성공적인 대학생활, 서울: 시그마프레스.

Chapter 02

대학교육의 테이크 오버

01 역량교육의 탈(脫)신화

대학본부에서 학생들의 역량계발을 명목으로 역량기반 교육과정을 만들어 모든 교과 및 비교과프로그램을 역량과 연계시켜 학생들로 하여금 제한된 경험을 하도록 만들 것인가? 아니면 모든 학생들이 각자 자기주도적으로 수행하는 다양하고 열린 경험의 결과를 다양하고 열린 역량의 카테고리로 구분하고 이를 각각 확인할 것인가? 쉽게 말해서 역량은 교육활동의 목표인가? 아니면 학습경험의 성과인가? 두 가지 유형 중에서 무엇이 진정한 역량기반 교육과정인가? 우리는 역량을 아주 쉽게 연역적인 방법으로 이해하고 다룬다. 학교에서는 작위(作爲)적으로 역량을 설정하고 이를 모든 과목이나 비교과프로그램에 매칭시킨다. 학생들은 자신의 의지와 무관하게 매 학기 교과목을 이수하거나 비교과프로그램에 참여하고, 그 결과 자신이 무슨 역량의 몇 %를 획득한 것을 확인한다. 한마디로 재학 중 자신이 이수한 교과목이나 비교과프로그램을 통해 객관화된 역량을 얻는 방식이다. 이 경우 역량은 학생의 실제역량과 무관한 또 하나의 성취수준으로 전락된다.

그러나 우리는 전향적인 차원에서 귀납적인 방식으로 역량을 이해할 필요가 있다. 이 방법에 의하면 교육과정을 설계할 때 사전에 특정역량들에 대한 개념정의를 하지 않는다. 수많은 잠재역량들이 학생들로부터 계발될 수 있기 때문이다. 학생들은 다양한 교과 및 비교과프로그램에 참여하고, 각각의 수행성과를 바탕으로 적절한 역량을 설정하고(새롭게 만들거나 기존의 것을 활용하여) 각 성취수준을 누가해서 기록해 나간다. 이는 모든 학생들로 하여금 각각 재학 중에 학교가 정한 (예를 들어 6대 핵심역량) 역량을 어느 정도 달성하였는가?를 알아보는 연역적인 방식과 정반대의 접근이다. 이를 역량성적표를 예시적으로 설정하여 비교하면 다음과 같다.

표 1 역량기반 교육과정에서 학생별 역량계발 성과표(예시)

2020-1학기 역량성적표	소속: oo학과		이름: ooo		학번: 20180000
연역적 접근					
역량영역	1-1학기	1-2학기	→	4-1학기	누적값
도 전					
창 의					
학 문					
융 합					
소 통					
배 려					

2020-2학기 역량성적표	소속: oo학과		이름: ooo		학번: 20180000
귀납적 접근					
이수학기	계발역량				
1-1학기	창의적 사고	협업능력	융합적 사고	ooooo	ooooooo
1-2학기					
↓					
4-1학기	ooooooo	oooooooo	oooooo	oooooo	oooooo
역 량 리스트 종 합	역량명	기술평가 (행위능력을 구체적으로 설명함)	성취수준 (포인트나 점수로 환산된 값)	달성수준 (리스트상에 있는 모든 역량에 대한 각 항목의 상대비율)	
	협업하는 능력				
	↓				
	도전하는 태도				

우리의 학생들을 주체성과 잠재역량을 지닌 소중한 인격체로 여긴다면 역량은 학교가 정한 교육과정에 의하여 그들에게서 달성되는 것이 아니라 다양한 경험을 통하여 그에 의하여 구성(생성)되어 나가는 것이어야 한다. 구성주의인식론을 정립한 피아제에 의하면 객관적이고 절대적인 지식은 없다. 다만 평생 동안 배우면서 자신에게 의미 있거나 필요한 지식을 주도적으로 구성해 나갈 뿐이다.

대학마다 역량은 누가 정하는가? 조직이나 기구 내에서 역량개발의 리더십은 누가 갖는가? 구성원들 간에 역량에 대한 적확(的確)한 이해와 가치공유가 이루어지고 있는가? 아래처럼 각 대상별로 각자 필요한 기대역량을 가상적으로 설정해 보자. 일반적으로 학교에서 이루어지는 역량설정 및 역량체계 구성은 대학본부나 대학교수들의 관점을 바탕으로 이루어진다. 따라서 학생의 필요성이나 주체성이라는 관점에서 역량을 구안하거나 적용하지 않고 있다. 역량은 학생의 지식, 기술, 태도에 대한 대학본부나 교수의 기대수준이 아니라 학생 자신이 학교성공을 위하여 갖추어야 할 경쟁력이 되어야 한다.

표 2 교수-재학생-졸업생에게 각각 요구되는 역량

교수에게 요구되는 기대역량이나 직무특성상 갖추어야 할 필요역량	대학생이 학생성공을 위하여 갖추어야 하거나 계발이 필요한 역량	수요자(기업이나 기관)가 기대하는 대학졸업생/신입사원의 준비된 역량
수업역량	성공적인 학업수행을 위한 전문지식기반의 지적 능력	전문지식 적용능력
연구역량	성공적인 학업수행을 위한 성과창출(성장)역량	전문지식 활용능력
학생지도역량	성공적인 취·창업을 위한 취업탐색역량	사무협업 실행능력
자기계발역량	성공적인 취·창업을 위한 기초직무/실무역량	구성원간 민주적이고 평화로운 소통능력
사회기여 역량	성공적인 학교생활을 위한 글로벌/자기계발역량	성과창출능력
협업역량	성공적인 학교생활을 위한 대인관계역량	자기계발 및 성장능력
글로벌 역량	성공적인 학교생활을 위한 의사소통역량	글로벌역량

역량이란 '교육부, 대학본부, 교수'들이 생각하는 학생들에 대한 기대수준이 아니라 학생 스스로 생각하기에 성공적인 학교생활을 위하여 필요하거나 갖추어야 할 경쟁력이 되어야 한다. 역량체계는 가치목록에 대한 연역적인 기술(記述)체계인가? 아니면 실용적이고 구체화된 기술(技術)적인 행위목록인가? 구체성과 실용성의 측면에서 역량설정과 체계를 재구성할 필요가 있다. 그 준거를 예시하면 다음과 같다.

역량체계는 논리적이거나 규범적인 가치사슬이 아니라 학생의 다양하고 구

표 3 역량설정의 준거(예시)

준 거	기술(記述) 특성
구 체 성	추상적이거나 인지적인 차원의 개념이 아니라 구체인 행위특성을 반영하고 있는가?
교육필요성	교육을 통하여 계발하거나 변화가능성이 있는 특성을 내포하는가?
가치중립성	구체성을 바탕으로 가치정향적이지 않고 실제 행위로 표현해 낼 수 있는 역량인가?
실현가능성	교육적 경험을 통하여 구체적으로 달성되거나 실현가능한 특성을 반영하고 있는가?
실 용 성	학업을 수행하고 취업을 준비하는 재학과정에서 학생들에게 유용한 특성을 반영하고 있는가?
학생성공 관점(학업)	전문지식 역량, 융·복합적 사고 역량 등과 같이 성공적인 학업수행을 위하여 갖추거나 필요한 역량인가?
학생성공 관점(취업)	취업탐색 역량, 창업역량, 현장실무 역량 등과 같이 성공적인 취업진로를 위하여 갖추거나 필요한 역량인가?
학생성공 관점(생업)	의사소통 역량, 자기계발 역량, 대인관계 역량 등 캠퍼스 생활을 하면서 원만한 인간관계 구축, 자기의 내적 성장을 위하여 갖추거나 필요한 역량인가?

성적인 온갖 경험을 통하여 형성되어 나가는 행위역량의 알고리즘으로 이해되어야 한다.

02 교학수습론: 교수-학습의 해체

교수행위(teaching)를 기예가 아니라 예술로 파악하려는 입장은 아이즈너(E.W. Eisner)에서 비롯된다. 그의 교수예술론은 교수의 본질, 예술로서의 가르치는 일, 가르치는 일에 있어서의 이론의 역할, 교수와 교육과정 기획 등을 다루고 있다. 듀이(J. Dewey)에 의하면 가르치는 일은 그 형태에 있어서 판다는 개념(selling)과 같이 다루어진다. 사지 않으면 팔 수 없는 것처럼 배우지 않으면 가르칠 수 없다는 것이다. 가르쳐 주지 않아도 배울 수는 있지만 배우지 않는 이상 가르쳤다고 볼 수는 없다. 교수에 대한 이러한 견해는 가르침이 배움을 암시하고 있기 때문이다. 가르치는 일은 효과에 의하여 판단되며 그 효과는 바로 학습이다.

가르치는 일은 교수 개인이 학습효과를 증대시킬 목적으로 수행하는 여러 종류의 행위를 재개념화한 것이다. 이에 따라 교실에서 교수가 무엇을 하였는가를 물을 수 있으며 또한 교수의 수업을 평가할 수 있는 기준을 설정할 수 있다.

가르치는 일에 대하여는 두 가지 전혀 상이한 입장으로 대립한다. 하나는 가르치는 일을 배움과 직접적으로 연관된 하나의 완성으로 보는 입장이고, 다른 하나는 교수가 학습효과를 제고하기 위하여 수행하는 행위로 보는 입장이다. 교수연구는 수업효율성에만 국한되는 것이 아니라 그것을 초월하는 예술적인 행위로 확대되어야 한다. 아이즈너(1985)에 의하면 교수는 다음의 이유에 의하여 예술행위이어야 한다.

첫째, 수업을 통하여 교수는 내적인 충족감을 만끽할 수 있고 교수나 학생에게 수업경험은 예술적이며 교수행위는 하나의 예술적인 표현이다(예술적 경험). 둘째, 교수는 행위 중에 나타나는 현상을 바탕으로 평가하기 때문에 교수는 예술의 일종이다(예술적 감각). 교수는 수업의 질적인 측면을 파악할 수 있어야 하며 학생들이 추구하는 목표에 부합하여야 한다. 셋째, 교수의 행위는 일상성에 의하여 지배받지 않고 예측할 수 없는 일에도 대비해야 한다는 의미에서 교수는 예술이다(창조적 행위). 예술적인 표현을 위하여 교수는 충분한 자료를 구비해야만 한다. 수업기술이 없으면 개발해야 하고 일상성에 젖어 들어서는 안 된다. 넷째, 수업목표가 그 과정에서 이루어진다는 의미에서 교수는 예술이다(목표가 아니라 과정). 기능(craft)이란 어떤 정해진 목표를 달성하기 위하여 기술을 연마하는 과정이다. 예술(art)이란 행위를 통해서 목표를 찾아가기 위한 기술의 연마과정이다. 교수에서 목표달성의 의미는 미리 설정해 놓은 어떤 목표를 달성하는 것이 아니라 만남 속에서 자연스럽게 이루어지는 과정을 말한다. 그렇다고 목표의 부재나 부정을 의미하는 것은 아니다.

이러한 교수예술에 있어서 이론은 어떠한 역할을 갖는가? 이론은 과학적이든 그렇지 않든 두 가지의 중요한 기능을 행사하는 데 기준이 된다. 첫째, 이론적 틀은 연구하는 대상이 무엇인가를 규명하는 수단이 된다. 둘째, 사회과학에서의 이론은 이론 이상의 것이다. 이론은 그 이론의 설정에 의하여 어느 정도의 성과를 거둘 것인가를 대강 밝혀 준다. 그것은 교수에게 어떤 문제를 개괄할 수 있도록 해 준다. 이론은 어떤 처방이 아니다. 어떤 의미에서 모든 교수는 나름대로의 이론을 갖고 있다. 그들이 알고 있든 그렇지 않든 모든 교수는 이론을 사용하고 있다. 인간의 지능에 대한 믿음, 학습동기를 유발시키는 요소들에 대한 생각, 학습능률을 제고하기 위한 조건 등에 대한 생각 등은 교수자 행동에 영향을 미친다.

표 4 학습형태의 다양성

유 형	주요 특징
Self directed learning	인터랙티브, 인포메틱스 등의 기법을 바탕으로 학습자의 stroop 효과를 극대화시키는 능동적인 참여 기회 제공을 통해 학습의 자기결정권과 주도성을 추구하는 학습설계
Active learning	이론기반이 아니라 학습자의 수업참여를 적극 활용하여 학습성과를 창출하는 활동-경험-과정중심의 실용의 가치를 추구하는 학습설계
Blended learning	온라인과 오프라인 형태를 결합한 수업방식으로 각각의 장점을 극대화하여 학습의 유연성을 높이기 위한 학습설계
Service learning	자신이 알고 있거나 수업장면에서 학습한 내용을 지역사회나 타인을 대상으로 지식봉사활동을 수행함으로써 앎과 삶을 통합하는 전인적인 학습설계
Task based learning Problem based learning	주어진 수행과제나 특정문제를 기반으로 협동학습을 통해 분명한 주제별 학습이 이루어지도록 안내하고, 집단지성을 통한 문제해결 역량을 지도하는 학습설계
Flipped learning	사전에 제작된 학습오브제를 자유로운 시간운용을 통하여 학습하고, 주어진 과제나 질문에 대한 심화학습은 교실장면에서 시행하는 일종의 반전수업 설계
Accel learning	C. Rose & M.J. Nicholl이 정립한 M(motivating mind)-A(acquiring information)-S(searching meaning)-T(triggering memory)-E(exhibiting knowing-R(reflecting learned)학습모듈
Machine learning Unsupervised learning	딥-러닝 기반의 기계학습모듈을 개별학습 방식으로 활용함. 기본적으로 인간의 두뇌 속 신경세포가 작동되는 학습법을 모방한 것임. 교실장면을 벗어나 학생 혼자 책을 읽으면서 다양한 정보를 획득, 분류, 유목화하면서 스스로 원리와 개념을 깨닫는 학습과정
Community based learning	지역사회의 가용 교육자원을 학습장면과 연계하여 학교-지역사회가 상호작용하면서 이루어지는 입체적인 학습설계
Havruta learning	이스라엘교육의 대표적인 방식인 하브루타를 학습장면에 적극 활용하여 정답 없는 무제한 질문과 대답을 통하여 사고능력을 확장시키는 학습설계
Heuristic learning	주변의 다양한 현상이나 사건에 대한 관찰과 경험을 통하여 일반적인 원리나 개념을 깨닫거나 새로운 원리를 발견해 나가는 환경이 강조되는 학습설계
Narrative based instruction	내러티브에 대한, 내러티브에 의한, 내러티브에 관한, 내러티브를 위한 수업설계로 교수자나 학습자의 경험된 에피소드나 스토리를 수업장면에 적극 활용하는 학습설계
Holistic learning	지성, 덕성, 체성을 전일적으로 성장시키는 통합적 학습방식으로 이는 지식, 기술, 태도를 통합하는 역량기반 교육으로 확대 가능한 학습설계
Adaptive learning	e-learning과 같이 학습자 수준과 학습스타일에 적합하게 학습정보나 방법 등을 제공하는 전자기술 기반의 학습설계

유 형	주요 특징
Visual thinking learning	시지각 자료기반의 사고학습 모듈. 기성자료를 활용하거나 학습자가 스스로 만들어낸 시지각 자료를 통하여 원리와 개념을 습득해 나가는 학습설계
Smart learning	교수자의 최소 간섭행위를 통하여 학습자의 최대 학습효과를 지향하는 능동적 반응형 학습설계
Conditional hierarchy learning	학습자의 조건을 기반으로 이루어지는 기호학습, 연결학습, 변별학습, 개념학습, 원리학습 순차의 문제해결형 학습모듈
Socio model learning	주변에 있는 관찰대상이나 사물의 변화를 체계적으로 관찰하는 동시에 접촉 혹은 대리경험을 통해서 비구조적이고 우연적으로 이루어지는 학습모듈
Interaction learning	사용자와 제품 간 소통디자인(UX) 개념을 수업장면에 적용하여 학습자와 학습내용 간 소통 및 만족감을 지향하는 학습모듈
Humanistic learning Value clarification learning	4차 산업혁명사회생태계에서 AI의 등장과 더불어 인성의 가치가 훼손되지 않도록 인성 및 인권, 지속가능한 가치 등을 함양하기 위한 인성 및 가치명료화 학습설계
Untact learning	영어공부 이미 만들어진 학습콘텐츠를 사용자가 모바일, PC 등을 이용하여 스스로 학습함으로써 교수자와의 비대면 장면에서 이루어지는 학습모듈

Give	敎 가르쳐 주다 설명해 주다 던져주다	• 지적/행동적 영역 • 학습조항과 지식전달	學 배우다 안다 외우다 받아 적다	Take
	授 마음을 주다 모본을 보여주다 경험을 들려주다 눈길을 주다 격려해 주다	• 정의/기술적 영역 • 경험의 전이와 영향	習 영향을 받다 따라해 보다 모사해 보다 연습해 보다 만들어 보다	Make

대개 가르치는 일과 교육과정 기획에 대하여 확연한 구분을 회피한다. 왜냐하면 교육과정이 학생들의 학습내용으로 구성되는 것이라면 그 내용과 내용이 전달되는 형식과 구분이 어렵기 때문이다. 즉, '어떻게 가르치는가?'의 문제와 '무엇을 가르쳐야 하는가?'의 문제는 서로 분리할 수 없다는 입장이다. 그러나 가르치는 일과 교육과정은 상호영향을 주고받는다. 교수가 제공하는 학습경험의 다양성은 학생들로 하여금 사고의 다양성, 융합 및 창의적 사고로 확장된다. 수습(授習)을 통한 학습방식을 예시하면 다음과 같이 다양하다.

표 5 학습방식의 외연적 확장

Tour Learning	자기주도성을 발휘하는 여행을 통한 실제학습
Arbeit Learning	세상물정 경험의 근로와 노작을 통한 실용학습
Service Learning	지속가능 가치기반의 봉사와 나눔을 통한 지식공유학습
Self Learning	호기심과 흥미를 기반으로 자기성찰을 통한 성장학습

03 학생성공론: 대학과 교수성공에서 학생성공으로

비단 우리나라뿐만 아니라 역사적으로 볼 때 범세계적으로 학교교육은 기관계 관점(공여자 중심)의 방식과 내용으로 이루어졌다. 그러나 급격한 근대화, 산업화시대를 거치면서 고도경제 성장을 이룩하는 동시에 산업계 관점의 교육(혹은 맞춤형 교육)이라는 생경한 용어가 등장하였다. 현재는 이러한 기관계/산업계 관점의 교육생태계가 학교교육을 지배하고 있는 실정이다. 주지하듯 4차 산업혁명 사회생태계를 주도하거나 이에 능동적이고 유연하게 적응하는 인재를 양성하기 위해서는 현존의 학교교육 생태계로는 너무 많은 문제점들에 직면해 있다. 정부의 정책이나 대학의 학사시스템, 교수의 입장이 아니라 학생의 요구, 흥미, 경험을 기반으로 하는 학습생태계 및 대학생활 환경이 갖추어질 필요가 있다. 그동안 우리 대학들은 너도나도 학생들의 학교생활 전반에 걸친 지원과 학력신장에 노력을 기울였다고 자평한다. 그러나 정작 고도과학기술기반 사회생태계에 유연하고 능동적으로 적응하는 인재양성을 위한 교육생태계로는 (교육적 적합도 측면에서 볼 때) 최악의 수준임도 솔직히 고백해야 한다. 이러한 경향 속에서 등장한 것이 바로 대학성공 혹은 학생성공에 대한 인식과 체계적인 연구 동향이다.

미국에서는 오바마 집권 시절 2001년에 모든 학생들의 학업성공 및 졸업을 지원하기 위한 NCLB ACT(No Child Left Back)를 제정한 바 있다. 이를 수정 보완하여 2013년에 Student Success Act가 만들어졌다. 이는 대부분 미국 내 초·중등교육의 교육환경 및 학업수준 개선에 초점을 맞추고 있다. 그럼에도 불구하고 학생성공이라는 말이 국가단위에서 공적으로 사용된 사례가 된다. 우리나라에서 학생성공에 대한 관심이 대중적으로 확장된 것은 성균관대학교 배상훈 교수의 지속적인 관심 및 연구와 『학생성공센터』 건립에서 비롯된다. 연세대학교 민경찬 교수가 『대학신문』에 기고한 글도 한 몫 하였다. 이는 아래의 글을 통해 확인 가능하다.

"최근 주목받는 것이 학생성공이다. 대학총장들의 취임사에 등장하고 대학 비전과 중장기발전계획에 포함시킨 대학도 많다. 학생성공이 수사(修辭)에 그쳐서는 안 된다. 특히, 취업에 국한해서 협소하게 해석하는 것을 경계해야 한다. 성균관대 연구팀이 대학생 100명을 대상으로 조사한 결과에 따르면 학생들이 생각하는 성공요소에는 높은 학점과 취업 외에 다양한 캠퍼스 활동과 경험, 깊은 인간관계, 꿈과 진로설계, 세계를 바라보는 눈과 가치관의 성숙이 포함되었다. 학생들은 결과 못지않게 과정을 중시했고, 수업 외에 다양한 활동과 경험을 원했다. 지식함양은 물론 내면적 성숙도 필요하다고 했다. 4차 산업혁명 시대를 맞아 학생들은 성공의 길이 무언지 잘 알고 있다. 이제 남은 것은 대학이 이들을 어떻게 지원해야 하는 문제다. 학생성공은 대학이 존재하는 이유다. 지속가능한 발전을 위한 전제이기도 하다."

배상훈, "학생성공 시대가 열리다", 교수신문, 2019년 2월 19일자

"대학은 학생들에게 무엇을 의미할까? 교수에게 학생들은 어떤 의미일까? 교수는 대개 학기당 6학점 강의를 책임지고, 학생은 매 학기 등록금을 내며 학위증을 얻기 위한 이수학점을 채워나간다. 대학들은 시대적, 사회적 요구에 부응하려고 새로운 역량을 찾아내고, 이를 담아갈 수 있는 다양한 프로그램을 도입하기도 한다. 문제는 교수가 학생들에게 무엇을 담아주고 있느냐?이다. 예를 들어 창의력과 학점은 어떤 관계가 있는가? 새롭게 개설된 교과목은 AI시대에 요구되는 데이터 및 기술 활용능력, 비판적 사고력, 시스템 사고력, 기업가 정신, 문화적 감수성 등을 실제로 키우는 것인가? 자신감을 제대로 심어주고 있는가? 학생 개인의 삶에 대한 목적과 가치를 세우도록 돕고 있는가? 모든 학생이 성공해야 한다. 학생성공이란 학생마다 자신의 가치를 최대로 높이도록 성장시키는 일이다. 이는 결과적으로 우리 국가, 인류의 행복과 발전에 기여하도록 하는 일이어야 하며, 교수들도 여기서 보람을 찾아야 한다. 학생성공이 바로 교수성공인 것이다. 이는 교수가 한 학생의 삶에 대한 진정 어린 관심과 깊은 애정, 책임의식을 가질 때 이루어진다. 학생들은 자신의 잠

재역량도 그 가치를 극대화시켜 나가는 방법을 잘 모른다. 대학은 바로 여기에 정책의 초점을 맞추어야 하며, 교수가 학생을 도울 수 있는 방법을 찾도록 여러 방식으로 적극 도와주어야 한다. 기존산업은 물론 벤처, 중견기업들과 소통하며, 학생들에게 요구되는 역량과 태도 등을 확인하고, 학습현장에 실질적으로 반영하도록 체크해 나가야 한다. 물론 대학별 인재상의 틀과 연계시켜 나가야 한다. 교수는 학생에게 어떤 역량과 태도를 담도록 훈련해야 할지 명확하게 일러주어야 한다. 그리고 교육과정에서 이러한 요소들이 잘 담겨지도록 섬세하게 수업을 설계하고 실행해 나가야 한다. 교수와 학생의 성공은 바로 여기서 출발한다. 대학은 이러한 교수들의 노력을 업적으로 적극 인정해 주어야 한다."

민경찬, "교수성공, 학생성공 … 학생성공이 교수성공이다", 교수신문, 2019년 3월 5일자

그렇다면 고등교육혁신을 위하여 우리가 주목하는 학생성공이란 무엇이며 대학성공과 어떤 의미차가 있는가? 우선 학생성공에 대한 교수의 인식사례를 적시(摘示)하면 다음과 같다. "학생 모두 저마다 꿈과 희망을 갖고 다양한 캠퍼스 활동을 하면서, 지적, 정서적으로 성장하여 우리사회의 발전과 번영에도 기여하는 인재가 되는 것이 바로 학생성공이다. 학생성공센터는 학생을 맞이하는 첫 번째 상담기관으로 교내 관련부서로의 연계를 위한 게이트웨이 기능을 담당하여 유관기관 간 유기적이고 전략적인 연계를 통해 효율성을 제고하는 허브 역할을 한다."(성균관대학교 학생성공센터 홈페이지 센터 소개 및 센터장 인사말 중에서) 일반적으로 대학생들의 재학기간 동안 이루어지는 수행성취(학업뿐만 아니라)나 각종 성과를 '대학성공'으로 표현하는 학자나 기관(Sherfield Robert M.; McPherson Michael & Schapiro Morton Qwen; Roth Bob ; Lynn F. Jacobs & Jeremy S. Hyman; Rosenbaum James E., Deil−amen Regina & Person An; NASE(National Academies of Science & Engineering); Leonard Enid; Lynn F. Jacobs; Staley Constance; Robertson Heather; Renn Diana; S.L. Nist & J.P. Holschuh; Hopper Jane N.; Dembo Myron H. & Seli Helena; Silerman Naomi & Kica Eri; Simpson Cynthia G.; Smith Laurence N. & Walter Ti; Robinson; Shaw Stan F.; Vanderstoep Scott W. & Pintrich Paul R. 등)도 있고, '학생성공'으로 표현하는 학자나 기관(Kuh George D.; Jensen Eric; Padailla Raymond V.; Bresciani Marilee J.; Hardy Cox Donna; Nan L. Maxwell & Ann E. Person; Deborah J.

_학생성공이란?

학생성공은
- 교육 · 연구 · 산학협력 생태계가 유기적으로 연계된 새로운 학습생태계에서,
- 다양한 교과 · 비교과 프로그램을 경험하고 참여함으로써,
- 가치 있는 학생성과를 달성하고,
- 미래사회가 바라는 글로벌 창의인재로 성장하는 것입니다.

_학생성공 모델

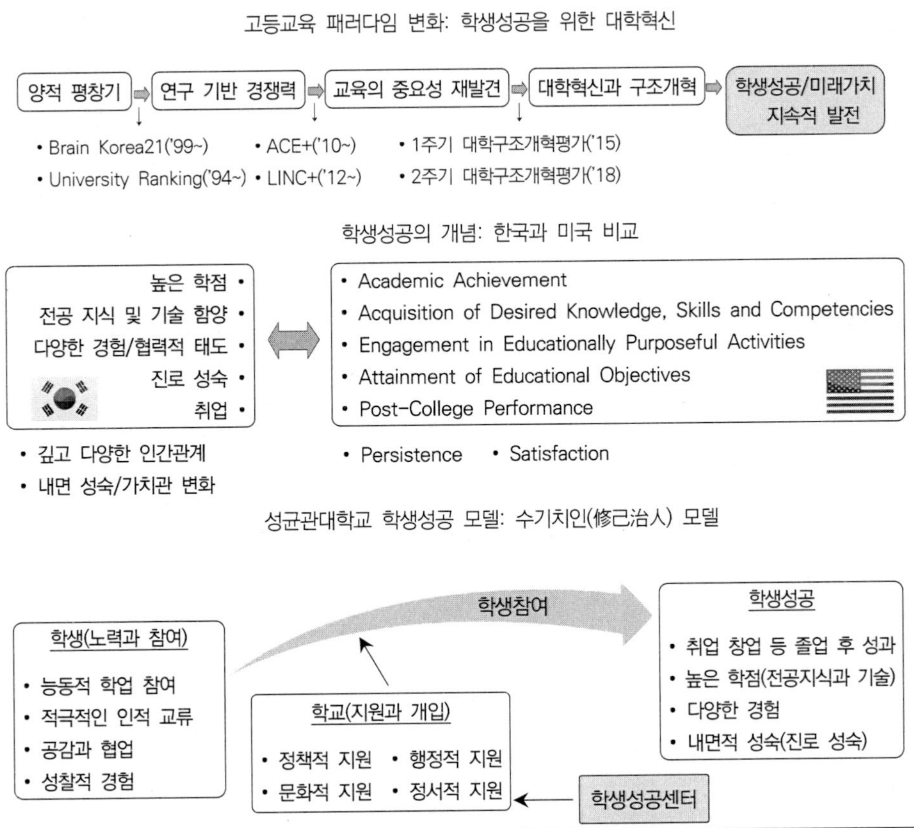

출처: 성균관대학교 학생성공센터 홈페이지

Boroch; Butler Helen & Sharm; Deporter Bobbi, Reardon Mark & Singer−Nourie Sar; Kirby Edwena; Castleman Benjamin, Schwartz Saul & Baum Sandy; Gary L. Kramer; Walter; Ness Judy ; Larson Ron; Fairchild Tierney; Stone & Dahir; Yorke Mantz & Longden Bernard; Kramer Gary L.; Anne−Marie N.; Carol A. Yomlinson; Evenbeck

Scott E.; Parson Beverly A. & Wiggins Grant; Cornelius-White Jeffrey H.D.; Templeton Beth Lindsay; Museus Samuel D.; Louise Tamblin Pat Ward; Anderson Debra J.; P.J. Caposey & Todd Whitaker; Ooten Cheryl; Gloria Crisp & Deryl K. Hatch; Buchholz Susan; Farmer Lesley S.J. 등)이 있다. 이를 볼 때 학생성공보다는 대학성공이 적확하다. 왜냐하면 학생성공은 초·중등은 물론 대학교에 재학하는 모든 학생들을 지칭하는 것으로 오해될 수 있어 '대학생들의 성공적인 학교생활'이라는 측면에서 대학성공으로 의미규정을 하는 것이 타당하기 때문이다. 이에 대한 근거는 다음과 같다. 즉, 미국에서는 2013년 학생성공 지원법(Student Success Act)을 제정하였는데, 이는 주로 초·중등학교 학생들에 대한 성공적인 학교생활 지원 전반을 다루고 있다. 따라서 학생성공의 범위를 대학으로 제한하는 연구를 수행할 경우는 대학성공으로 표현하는 것이 적절하다.

학생성공센터는 미국의 대학들에서 가장 활발하게 운용되고 있다.[1] 미국 USC(남가주대학)의 학생성공센터(Student Success Center)는 학생의 학습을 지원하고 학위를 취득하는데 도와주는 것을 우선으로 한다. 이를 위하여 수업, 수업 외 재정 부문에 대한 다양한 지원 프로그램을 운영하고 있다. 이외에도 소수그룹인 교환학생과 군인학생을 비롯해 교직원과 학부모에 대한 지원도 담당하고 있다. 버지니아텍의 학생성공센터(Student Success Center)는 학생들이 자신의 목표와 성공을 위한 길을 스스로 개척해 자기주도적 평생학습자로 발전해 나가는 것을 추구한다. 여기에서 튜터링 프로그램, 학술성공 세미나 시리즈, 동료 학술코칭, 학술회복 프로그램 등을 통한 전체학습뿐만 아니라 소수학생에 대한 지원, 다른 문화체험활동 등 타인을 이해하고 수용할 수 있는 프로그램도 다수 운용하는 것이 특징이다.

존스홉킨스대의 학생성공센터(Student Success Center)는 단순한 대학생활 경험 이상을 제공한다. 구체적으로 학생들이 학업수행을 성공하면서 개인의 성장과 발전을 도모할 수 있도록 지적, 사회적 정서(감성)적 측면에서 적극적인 역할을 한다. 특히 학생의 잠재력과 역량을 극대화할 수 있는 환경을 제공하는 데 도움을 준다. 네바다주립대 학생성공센터(Center for Student Engagement)는 민주주의

---

1) 대학신문, "학생중심 교육실천에 방점 … 학생의 성공적인 대학생활 및 사회진출 돕는다", 2019. 4. 22일자

사회의 시민으로서 시민윤리를 배우고 자발적으로 지역사회에 참여하는 학생이 되는 것을 학생성공으로 규정하고 있다. 센터의 기능도 이러한 점과 연결된다. 직접적인 학습지원보다 학생들이 지역사회와의 교류가 활발하도록 제반 행정지원이 이루어진다. 또한 affirmative action 차원에서 재정적으로 어려움이 있는 학생들을 위한 각종 지원체계가 운용되고 있다. 학생들이 준법정신을 함양할 수 있도록 지역사회 문제들을 활용해 법정사례 교육도 실시한다.

조지워싱턴대의 학생성공센터(Center for Student Engagement)는 학생들이 경험을 변화시키고, 활동적인 국제시민과 리더가 되도록 지원하는 중추적인 역할을 한다. 특히, 학생이 공동체에서 어떤 역할을 담당할지에 초점을 두고 프로그램과 각종 행사가 운용되고 있다. 주요프로그램은 지도성, 자문 및 조언, 시민의식 배양 등이 있다. 주요행사로 신입생 대상 프로그램, 가족참여 프로그램과 이벤트, 교직원의 학생들에 대한 정서적 교감 프로그램, 우수학생과 교원에 대한 포상 등이 있다. 미국의 가장 대표적인 멀티캠퍼스인 UT(테네시대학)의 학생성공센터(Center for Student Engagement)는 학생들이 캠퍼스생활을 담당하는 부서 중 하나로, 각 부서들은 학생들의 대학생활과 학습을 위해 매력적이고 성공적인 캠퍼스 분위기를 조성하기 위해 노력한다. 근본적으로 학생들의 대학생활 질을 개선하는 데 각 캠퍼스의 공동목표로 삼는다. 캠퍼스 공동체를 육성하여 학생들의 학습을 향상시키고 학생들이 글로벌 커뮤니티로서 성공할 수 있도록 지원한다. 주목할 점은 다양한 학생조직을 운영하면서 전폭적으로 교육하고 지원한다는 점이다. 학생성공센터 산하에는 500여 개가 넘는 학생단체가 등록되어 있고 센터에서는 동아리 리더들을 대상으로 리더십, 펀딩, 정책 기획 등 여러 형태의 워크샵을 개최한다. 또한 학생조직 활성화를 위하여 센터에서 운용하는 별도의 학생조직 간 커뮤니케이션 채널을 관리하기도 한다. 이 밖에도 예술, 문화, 정치, 엔터테인먼트 등 다채로운 주제로 캠퍼스 행사를 열어 학생들에게 의미 있고 기억에 남는 경험들을 제공한다.

이상과 같이 미국대학들에서 운용되는 학생성공센터의 역할을 요약하면 다음과 같다. 첫째, 대학생활에 잘 적응하고 학업성공을 이룰 수 있도록 입체적으로 지원하는 것이다. 학업지원은 미국대학들의 학생성공센터 기능 중 가장 중요한 비중을 차지한다. 둘째, 대학생활 지원의 경우 학사일정, 기숙사, 재정 지원 등 영

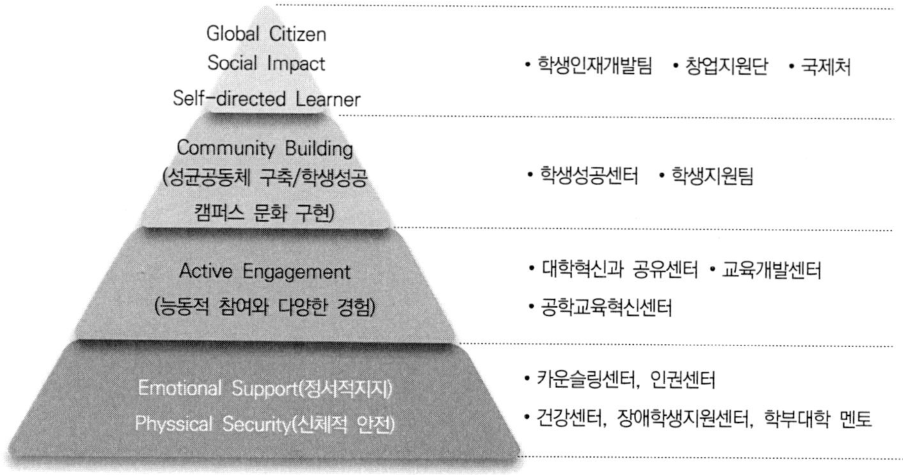

슬로건 | Student Success Center(SSC)

WE SUPPORT for student's growth. 학생의 성장을 응원한다.	WE'RE SERIOUS about student's needs. 학생의 필요를 진지하게 생각한다.	WE CARE each student's change and success. 학생 한 명 한 명의 변화와 성공을 지원한다.

출처: 성균관대학교 학생성공센터 홈페이지

역별 지원이 세분화되어 있다. 셋째, 신입생, 편입생, 외국인유학생, 스포츠 특기생, 대학원생 등 특정그룹 지원에도 세심한 관심을 기울인다. 넷째, 진로 및 취업 지원을 통해 적기에 졸업할 수 있도록 다양한 도움을 제공한다. 동시에 중도탈락을 방지하기 위한 노력도 이루어진다. 결론적으로 '대학들마다 학생성공센터를 설립, 운용하는 근본적인 교육학적 의미는 학생들로 하여금 평생 성장할 수 있는 역량을 갖추도록 의미 있는 경험을 제공한다'는 것이다.

2019년 성균관대학교는 우리나라 최초로 학생성공센터를 개소하여 운용하고 있다. 센터장 배상훈 교수는 '미국대학의 경우 입학하는 학생들의 유형이 매우 다양하다. 이러한 학생들의 니즈에 대응하여 대학이 대응해야 한다. 이들을 케어(care)하는 행정적 유닛이 필요하다. 학생성공센터가 존재하는 이유'라고 하여 교육의 다양성 측면을 지적하고 있다. 그는 우리나라에서 학생성공센터를 도입 운용하기 위하여 '학업, 심화학습, 취업 및 창업, 글로벌, 건강, 심리, 인권 등과 관련된 대학 내 각종 부처와 센터들이 있는데 담당자들이 모여 유관기관 간 유기적이고 전략적인 연계를 하는 것이 필요하다. 대학에 산재되어 있는 많은 학생지원 서비스를 필요한 학생과 연결시켜 주는 게이트웨이가 되어야 한다'고 지적하고 있다. 이것이 바로 학생계 관점의 대학교육 생태계의 핵심이다. 즉, 학생의 요구(니즈), 학생의 경험(흥미와 호기심), 학생의 진로나 취업 등에 대한 범교(汎校) 차원의 체계적인 조사와 시스템화를 통하여 성공적인 대학 교내외 생활을 지원하고 촉진하는 기능이 대학이 추구할 본질이다. 향후 우리 대학들이 학생성공을 지원하는 학사시스템 개선을 추진할 때 다음의 성공프레임을 고려하여 이루어져야 한다.

표 6 학생성공의 프레임

요 인	내 용	방 법
석세스 이데아	성공의 일반적 의미, 본질, 관련이론에 대한 학술담론 전반	
석세스 프로세스	성공적인 행위 및 수행의 절차 및 방법론	
석세스 인텔리전스	성공지능의 개념 및 학술적 의의	strength(강점재능), character capital(인성자본)
석세스 스토리	학생성공 관련 사례 및 내러티브 일체	
석세스 코아(CoA)	근거이론을 적용하여 학생성공에 대한 인식요인(cause of awareness) 추출	검사도구 개발
석세스 브릿지	**학생성공을 지원하는 대학기관의 기능과 역할에 대한 개념화**	maker over(변신), inner beauty(내면), build up(구축), mix match(융합)
석세스 러닝	대학에서의 성공적인 학습수행 원리와 방법	learning sovereignty(학습주권), learning amenity(최적학습), mastery learning(완전학습), dynamic learning(역동학습), learning goals(학습목표)

참고문헌

김지현 · 신의항(2017), 대학의 학부교육: 세계대학의 우수사례, 파주: 교육과학사.

대학신문(2019), “학생중심 교육실천에 방점 … 학생의 성공적인 대학생활 및 사회진출 돕는다”, 2019. 4. 22일자.

민경찬(2019), “교수성공, 학생성공 … 학생성공이 교수성공이다”, 교수신문, 2019년 3월 5일자.

배상훈(2019), “학생성공 시대가 열리다”, 교수신문, 2019년 2월 19일자.

서울대학교 교육혁신 연구사업단(2012), 역량기반교육, 파주: 교육과학사.

Eisner, E.W.(1985), Educational imagination, New York: Macmillan Pub. Co..

성균관대학교 학생성공센터(https://success.skku.edu/success/index.do)

Chapter 03

인성혁명의 고고학적 계보

본 장에서는 4차 산업혁명이라는 명칭에서 착안하여 인성과 사회안전망의 개념도 역사성을 지니며, 이에 따라 문명사의 흐름에 따라 변천해 왔을 것이라는 전제하에서 고전고대, 중세, 19~20세기, 21세기까지 각각의 인성과 사회안전망의 특성을 파악하였다. 여기서 또 하나 전제해야 할 점은 혁명의 역사성 문제다. 즉, 자연과학에서 말하는 혁명이란 패러다임의 전환 내지 극복을 의미하지만, 교육과학에서의 그것은 공존의 논리가 적용된다는 사실이다. 그리하여 고전고대 이래 역사적으로 변해온 인성과 사회안전망의 개념들은 현대에 여전히 실재하고 서로 공존하고 있다. 향후 인류역사가 전개되면 될수록 또 다른 인성과 사회적 안전망 개념이 등장할 것이고, 이들은 서로 공존하면서 인성과 사회안전망을 바탕으로 하는 인간이해의 지평이 확대될 것으로 생각된다.

01 1차 인성혁명: Politike arete

혈연 기반의 씨족, 부족단위로 원시 농경생활을 영위하던 시절 사람들의 존재론적 가치는 오로지 생존을 위한 생명 혹은 생활에 있었다. 즉, 당대의 사람들은 그저 잘 먹고 사는 것만으로도 인간으로서의 위대한 운명이라 여겼다. 그러나 최초의 올림픽(B.C. 776)이 개최된 이후 뭇사람들은 공공성 내지 공동체의 정신과 의미를 발견하게 되고, 비록 원시적인 형태일지라도 단체, 단합, 단결이라는 정치

사회적 결속의 의미를 만들어냈다.

> "올림픽이 중요한 이유는 그 제전이 범(汎)그리스적이라는 데 있다. 그리스는 작은 도시국가, 즉 폴리스들로 이루어진 땅을 아우르는 의미로 단일국가라는 개념은 처음부터 존재하지 않았던 곳이다. 그렇지만 올림피아 제전을 통해 그리스어를 쓰는 헬라스(hellas) 공동체 정신을 키워 나갔다."(박경철, 2013: 208)

이로 미루어 볼 때 단순히 생명과 생활만을 보장하던 가족공동체(씨족이나 부족)의 동질성을 벗어나 다소의 위험을 감수해야만 하는 이질성을 수용한 마을공동체에서 시작하여 그 이질성의 규모가 엄청나게 확대된 시민 혹은 사회(국가)공동체로 이행하면서 고대 국가 개념이 등장하였다.

폴리스라고 하는 도시국가는 그리스에서 B.C. 6세기경부터 나타났으며 이는 모든 시민이 자연적으로 구성되는 정치적 공동체로서, 폴리스의 시민은 폴리타이(politai)라 불렀으며 그들의 결사는 폴리테이아(politeia)가 되었다(오인탁, 1994: 20). 이러한 개인의 사회적 위상 변화로 인해 모든 인간의 존재론적 가치는 생물학적 생명체에서 정치사회적 생존자로 변모하였다. 이로 인해 비록 치열하지는 않았을지라도 정치사회적 생존 상황에 적응하기 위해 사람들은 저마다 자신의 가치관, 인간관 등을 절대적 주체가 아닌 객체들 사이에서 기능하는 상대적 주체자로서의 특성에 정향(定向)시킬 필요성을 느끼게 되었고, 인류역사상 1차 인성혁명이 시작되었다. 어느 시대건 인성혁명을 이끄는 힘은 교육에 의해 이루어졌다. 폴리스의 교육목표라 할 수 있는 시민의 미덕은 사회-도덕적 인격의 형성이었다(오인탁, 1994: 40). 이는 개인-도덕이 아니라 정치/사회-도덕적 존재가 갖추어야 할 공동체적 인성을 의미하며 당대의 politike arete라 부른다.

폴리스는 일종의 시민 공동체로서 이에는 윤리적-정치적 도야이념이 담겨 있다(오인탁, 1994: 33). 이는 당대 인간의 존재론적 가치가 공동체의식과 교육의 목적 간 내적 연관성 속에서 이해되어야 함을 의미한다. 개인과 공동체의 연관성(엄밀하게 말하면 확장성)에 대하여 상고(詳考)해 보면 폴리스는 개인이 실현하고 향유할 수 있는 최선의 생활형식인 아레테를 찬양하기 위한 필요성으로부터 등장했다(오인탁, 1994: 35). 이때 개인, 국가, 교육을 통할(統轄)하는 최고의 가치는 정의로움이었다. 즉, 폴리스에서 생활하는 시민들이 갖추어야 할 이러한 정의의 미덕은 당대를 살아가는 인간이 지녀야 할 덕성 중에서 최고의 것이었다. 그러므로 정의를 기반으로 하는 정치적 덕의 실천은 도야의 개념과 자연스럽게 잇닿아 있게 된다. 결국 폴리스 안에서의 정의로움은 개인의 정의로움과 자연스럽게 연결되고, 이를 매개하는 가장 효율적인 기제는 바로 교육이었다. 이 때문에 폴리스 통치자는 모든 개인을 정의롭게, 나아가 폴리스를 정의롭게 만드는 방법을 찾아내어 인성교육을 통해 구현시키는 현명한 리더가 되어야 했다. 다시 말하면 통치자는 곧 교육자이며, 공동체정신의 온전한 실현과 보전은 폴리스에 부과된 일종의 교육적 책무가 되었다.

politike arete는 정신-심리적 훈련과 더불어 사회적 훈련에 의하여 달성되었는데, 특히 후자의 경우 걸음걸이와 태도의 방정함, 거리나 식탁에서 조용하게 대화함, 겸손과 양보, 노인에 대한 존경, 고상한 취미의 추구, 균형의 유지, 신체와 정신의 전체적 하비투스, 절도 있고 조화로운 리듬의 유지 등이 강조되었고, 이를 구현하는 기초교육은 바로 (현대 학교교육이 소홀히 여기는) 음악(디대스칼레이온)과 체육(팔레스트라)을 통한 실용적 도야였다. 비어드(M. Beard)에 의하면 이러한 헬라의 폴리티케 아레테는 로마의 경우 virtus(로마인들에게 도덕적이거나 신체적인 탁월성이 아니라 신체적인 용맹을 이르는 말임)라는 이름으로 교육되었는데(김지혜(역), 2017) 이는 강인한 인성과 남성다움이라는 의미를 지니고 있다.

헬라와 로마에서 이루어지는 이러한 기초교육을 바탕으로 폴리스 속에서 살아가는 모든 개인은 점차 성인으로 성장하면서 자신이 속한 폴리스야말로 내 행복의 원천이요, 존재 이유라는 바람직한 공동체적 사고가 자연스럽게 도야되고 구체적인 실천으로 증거하며 사는 존재가 되었다. 실례로 스파르타에서는 자식이 전장(戰場)에서 사망했다는 소식을 접한 부모가 자식을 죽음으로 내몬 폴리스를 원망하기보다 오히려 자신의 가족이 속한 폴리스의 안녕과 평화를 위해 숭고하게 죽어간 자식의 전사(戰死)를 자랑스럽게 여기고 당연시 했던 것이다(현대인에게는 도저히 이해 못할 것이지만). 부모의 마음 같은 폴리따이들의 공동체성을 함양하기 위한 교육방법 측면에서 볼 때, 일종의 '학습극'이라 할 수 있는 대규모 연극이나 합창을 통해 공동체적 태도와 사고의 도야가 질서 있게 이루어졌다.

이러한 '학습극'과 더불어 당대 모든 시민들에게 공동체적 사고 형성에 영향을 끼친 또 하나의 도야재는 바로 폴리스의 법률이었는데, 법률은 그 자체로 이미 교육적 기능을 내포하고 있었다(오인탁, 1994: 43). 시민들이 저마다 '법률에 따라 생활을 한다'는 것은 '법률이 제시하며 내포하고 있는 일종의 합리적이고 보편적인 표상을 따라 생활한다'는 것을 말하는데, 이를 위해 폴리스 교육은 법률의 에토스 안에서 개인들로 하여금 일종의 politike arete라는 아름다운 사고와 실천의 도야 경험을 실현시키는 충분하고도 필요한 도구가 되었다. 여기서 국가와 통치자의 교육적 기능(교육에의 개입)에 대한 논의의 필요성이 제기된다. 플라톤은 이에 대하여 다음과 같이 설명하였다. 국가에서 통치자는 시민의 인격(도덕)을 가르치는 혹은 덕을 가르칠 수 있는 위치에 있다. 또한 통치자에게는 국가의 법률을 감독하며 도덕교육의 측면에서 폴리스의 어린이들을 적극적으로 조치할 수 있는 권한이 부여되었다(성기산(편역), 1983: 137). 따라서 politike arete는 자연스럽게 일종의 국가교육이며, 동시에 개인에게는 폴리따이로서의 인격교육이 되었다. 한마디로 국가와 교육, 국가와 개인, 개인과 교육이 서로 분리되어 있지 않는 존재론적 통일성을 갖추고 있었다.

플라톤은 국가를 통치할 때 구체적인 규제사항을 제시하기보다 올바른 사람을 배출하는 것이 훨씬 현명하다고 생각했다. 그는 폴리스의 폴리따이들이 제대로 교육받게 된다면 그들은 '어떤 규제사항이 필요한가?'를 스스로 깨닫게 되리라고 생각했다. 다시 말해 올바른 국가는 올바르게 교육된 사람들에 의하여 이루어진다는 것이다(최용철(역), 1996: 182). 여기서 '올바른'이란 말은 늘 정의(正義)의 개념과 잇닿아 있다(현대 정치사회철학에서는 '올바른'과 '좋은'의 의미 차에 대한 논쟁이 전개된다). 그에 의하면 정의가 개인의 영혼(인성)은 물론 국가체제와 관련되는 것은 건강이 인간의 신체와 관련되는 것과 마찬가지다(최용철(역), 1996: 187). 그러므로 국가에서 정의가 소외되는 것, 정의롭지 못함을 정의로 위장하는 것은 모두 타락이다. 정의로움을 바탕으로 좋은 교육을 받아 좋은 영혼(인성)을 갖춘 사람들에 의해서 비로소 좋은 사회를 구축할 수 있다는 플라톤의 논의는 이상적인 사회안 전망 개념을 최초로 정립한 것으로 평가할 수 있다. 어느 시대건 안전하고 정의로운 국가(공동체)에 대한 개인의 능동적인 희생은 자신의 국가에 대한 올바른 지식을 통해야 비로소 가능해진다.

이에 대하여 아리스토텔레스는 다음과 같이 설명하였다. 즉, '공동체적 삶의 근거는 자기이익에 있지만 국민의 배타적인 자기이익 추구에 바탕을 둔 국가의 토대(안전망)는 불안할 수밖에 없으며, 인성을 숙고함에 있어 가장 중요한 것은 공동체의 존재와 자기이익에 대한 관심을 연계하는 (일종의 교육) 문제다.'(최용철(역), 1996: 207) 따라서 '훈련과 습관을 통해 덕을 가르치는 것은 결코 개인의 관심사가 아니며, 개인의 기분에 맡겨둘 것이 아니다.'(최용철(역), 1996: 210) 플라톤과 아리스토텔레스가 다룬 논의의 공통점은 학습경험에서 다루는 것들이 바른 지식과 진리가 되기 위해서는 그것들이 바른 국가의 유기체적 통일성(공동체성) 전체에 스며들어야 한다는 사실이다. 비록 각 개인의 책임에서 비롯된 도덕적 성품(인성)들일지라도 올바른 교육을 통해 모아지면 국가의 공동체성이라는 사회적 안전망이 구축되고, 결국 그 안에서 사람들은 행복과 성장이라는 존재론적 가치를 맛보게 되는 것이다.

그러나 불행하게도 공동체적 정의를 좇는 정치적 미덕의 교육(도야)과 이를 통한 교육된 시민들의 사회적 실천은 역사적 전개와 더불어 변질되어 나갔다. 즉, 국가와 개인의 분리, 국가와 정신의 분리, 법과 자연의 분리, 보편/객관과 상대/주관의 분리 등을 통해 공동체적 정의 의식은 급하게 와해되었고(오인탁, 1994: 43), 이러한 정치사회적 심미성 혹은 정치적 미덕의 파괴는 현대까지 지속되고 있으며 복원의 희망조차 여전히 요원하기만 하다. 따라서 제1차 인성혁명기에 형성된 공동체적 정의 기반의 폴리티케 아레테는 4차 산업혁명 시대에 복원해야 할 시급한 사회적 안전망 및 인성교육의 원형인 셈이다.

02 2차 인성혁명: Askese

고전고대인의 인성으로서 politike arete가 안타깝게 사라진 후의 빈 시간과 공간을 채우게 된 제2차 인성혁명의 무대는 '중세'라는 이름 속에서 전개되었다. 로마인들의 국지적인 믿음공동체에서 출발한 초기 기독교가 A.D. 313년 기독교로 공인되고, 중세의 지배자 게르만문화에 의해 글로벌 종교로 확대되면서 중세는 기독교이데올로기의 그늘 속으로 들어가게 되었다. 이에 따라 고대에서 중세의 시간과 공간 속으로 들어간 유럽의 시민들에게 기독교 교리와 기독교적 삶은 자연스럽게 배어들었다. 교부(敎父)신학자 어거스틴(Augustine)의 고백은 이러한 기독교적 삶의 표상이 되었다.

> "돌이켜 보건대 내 지난날의 잘못들과 그리고 육체와 영혼의 부패를 생각하고자 한다. 나는 오로지 주님만을 사랑하고 싶고 이제 쓰디쓴 지난날들의 일들을 새삼 되새겨 보고자 하는 것도 조금도 속됨이 없는 주님 사랑의 감미와 변함없는 그 행복의 감미를 내 삶 속에서 더 맛보고자 한 때문이다. 산산이 부서지고 흩어져 버렸던 나를 주님은 친히 불러주었다. 한때 나는 지옥불보다 더 괴악한 불길에다 내 젊음을 살랐고, 온갖 속된 사랑에다 몸을 팔면서 부끄러운 줄을 몰랐다. 그리하여 주님께서 내게 주셨던 아름다운 형상은 소멸되었고, 사람들의 눈앞에는 화려하게 보이면서 스스로 기뻐했지만 당신 앞에서는 썩어 문드러져 가고 있었다. 하지만 도대체 내가 즐겼던 그 일들이란 정말 무엇이었겠는가? 육욕의 진흙구덩이에다 자기 몸을 아무렇게나 내버려 던지는 일이어서 분별없는 사춘기의 내 마음을 안개처럼 흐리게 만들었고, 맑은 사랑과 더러운 정욕을 분간치 못하게 만들었다. 그러한 캄캄한 혼돈 속에서 나는 마침내 정욕의 낭떠러지에서 굴러 떨어져 버렸고 죄악과 그 치욕의 심연 속에 처박히고 말았다. 급기야 하나님은 나에게 자비를 베풀고 깨우쳐 주셨다. 옳지 않은 나의 쾌락 위에다 쓰디 쓴 맛을 퍼부었고, 조금도 거리낌 없는 기쁨이 무엇인가 찾게 하였다."(오병학 · 임금선(역), 1991: 44)

여기서 '형상'이란 무엇인가? 이에 대하여 호이징가(J. Huizinga)는 '엄밀하게 말하면 미덕이나 감정들에만 인간적 형상이 부여된다고 생각하지만, 그러나 중세의 정신은 우리에겐 전혀 없는 인성을 가질 수 없는 개념들에까지 그 방식을 확대하기 주저하지 않는다'고 설명하였다(최홍숙(역), 1988: 258). 또한 그는 '이미지를 기반으로 하는 상징주의야말로 중세 사고의 생명 호흡과도 같았으며' 그리하여 '고대의 물신주의와 전혀 다른 방식으로 생명이 없는 물체들에 이름을 부여하게 되었다'고 하였다. 나아가 '그것이 사라지자 혹은 순전히 기계적으로 되어버리자 신에 의한 인과관계의 건물은 공동묘지에 불과하게 되었다'고 하여 중세 정신의 실체를 요연하게 설명한 바 있다(최홍숙(역), 1988: 260).

이처럼 고전고대 시대에는 상징성이 희박했던 공동체 속에 기능하는 실존적 생명과 생존이 존재의 가치였다면, 중세의 그것은 상징성이 선명한 이미지(형상)를 기반으로 하는 피조물로서의 존재자이며 동시에 동일성으로 회귀하는 존재자로서의 삶이었다. 어거스틴은 이 점에 대하여 '실로 모든 피조물들은 주님의 선에 의하여 존재하게 되었고 그리하여 비록 주님에게 아무런 도움이 되지 않지만 인간은 선한 면을 지니게 되었다'고 하였다. 나아가 그는 '하나님께서 하늘과 땅에, 영적인 것과 물적인 것에 자신의 말씀에 의하여 통일성을 가지고 그것들이 최고의 선 안에서 완성될 수 있도록 만들었다'고 선언하였다(오병학 · 임금선(역), 1991: 44).

중세의 정신을 통일성과 전체성 속에서 파악하려면 신앙의 개념과 철학적, 신학적 사색들 속에서뿐만 아니라 실생활의 예지와 통상적인 모랄 속에서 연구해야 한다. 중세시대의 드높은 사고에 고유한 모든 습관과 형태들은 일상생활 속에서 찾아볼 수 있다. 이러한 사상에 따르면 중세적 사고작용은 '각 개념들에 형식을 부여하며 그것을 마치 하나의 실재처럼 다루고 그 후 그것들을 단계적인 체계 속에 배열하는 것'이다. 이때 인간은 부조리, 불합리, 불완전한 존재여야 하고, 오직 신만이 완전무결함, 조리 있음, 합리적인 실재가 되도록 자신의 사고작용(인성까지 포함하여)을 정치(精致)화시키며, 이것은 중세인간의 인성을 형성시키는 동력이 되었다. 그렇다면 중세의 정신으로서 인성의 특성은 무엇인가? 내쉬(P. Nash) 등은 이 점에 대하여 다음과 같이 설명하고 있다.

> "어거스틴에 따르면 바른 정신, 말하자면 지성과 이성에 의해 깨달은 것들은 내적인 인간이 빛을 더하게 되고 즐겁게 되는 진리라는 내적인 빛 안에서 관조할 수 있는 즉각적인 존재다. 실재는 단어가 아니라 하나님에 의해 매년에 나타나는 것에 의해 가르쳐진다. 아이들로 하여금 실재를 보게 하는 힘은 가르치는 교사가 아니라 그것은 오직 하나님의 능력과 지혜에 의해서만 일어난다."(성기산(역), 1995: 151에서 재인용)

아이들의 인성은 내발(內發)적으로 그들 안에 있는 것이 아니라 절대적인 주재자에 의하여 나에게 부여되는 특성을 지닌다. 이것을 개인의 분명한 인격으로 삼을 때 모든 존재자는 순종과 복종의 미덕을 갖출 수 있다. 어거스틴은 이를 내적 교사라 불렀는데, 그것은 말하자면 모든 합리적인 영혼이 찾는 인간 내면에 있는 변치 않는 능력과 지혜다. 이러한 내적 교사의 존재에도 불구하고 사람들은 누구나 실수를 하게 마련이다. 내적 교사는 사람들로 하여금 내적 진리로 향하게 만든다. 실재하는 것의 진실은 오로지 내면에 있는 내적 진리에 의해 규명되며, 부단한 학습이 이루어질수록 내적 진리는 하나님을 열렬히 사랑하는 마음으로 향하고, 이것이 모든 학습경험에서 지향해야 하는 목적, 즉 하나님의 사랑이 되는 것이다(성기산(역), 1995: 151－152).

이처럼 중세에 전개된 2차 인성혁명으로 말미암아 인간존재의 불완전성을 밝히는 교리(敎理: 종교적 의미와 교육적 의미가 중첩됨)가 형성되었고, 이는 도그마처럼 사람들의 마음속에 스며들게 되었다. 이때 학습의 경험은 오로지 하나님의 사랑과 행복한 삶에 다다르게 만드는 것에 향해 있고, 비록 실수가 있을지라도 이를 따르는 사람은 좋은 품성을 지닌 중세적 인간으로 존재하게 되었다. 이것은 오늘날 기독교교육의 유산이 되었다. 기독교교리와 연관지어 사회적 정의(正義) 문제에 대하여 천착한 아퀴나스는 '현실세계의 한계를 초월하는 신의 섭리가 없다면 사악한 자는 복을 받고 악은 승리할 것이다'라고 설명하며, '현실의 삶이 중요해질수록 도덕적 선악은 현실의 삶이 중요하지 않을 때보다 훨씬 더 큰 의미를 지니게 될 것'이라고 주장했다(최용철(역), 1996: 220).

그러나 인간에게 참된 본성을 거역할 만한 (현실의 삶에 빠져들어) 자유로움이 있을지라도 결코 인간본성이 타락할 수 없는 한 가지 방법이 있는데, 그것은 인간이 '현실적으로 어떻게 행위하고 있느냐?'의 문제가 아니라 인간이 '어떤 목적을 가지고 살아야 하는가?'라는 초월적 존재자로서의 깨달음에 달려 있다. 결국 현실의 달콤함에 빠져 이웃을 해치고 자신을 해치는 사회적 해악에서 벗어나 건전한 사회적 안전망을 구축하기 위해서는 모든 개별자가 자신의 현실적 한계를 뛰어넘는 초월적 실재에 대한 올바른 깨달음을 얻어 마침내 믿음 공동체로 보잘것없는 자신을 회귀시킬 때 비로소 만들어진다. 이것이야말로 개인의 양심과 성경에 기반을 둔 기독교정신의 진수였지만, 물신주의가 팽배해진 현대에 이르러 진수가 참수(斬首)되는 비극적 장면이 도처에서 벌어지고 있다. 참된 기독정신의 복원은 현대인의 사회적 안전망을 회복하는 지극히 당연하지만 여전히 어려운 과제로 현대인에게 남겨져 있다.

03 3차 인성혁명: Homo economicus

호이징가의 표현처럼 종교이데올로기의 쇠락이 시작된 '중세의 가을'은 초기 자본주의(중세 말 무역, 상업, 제조업 등을 통해 형성된 이탈리아 부르조아 계층의 탄생과 더불어 태동한)의 등장에서 비롯되었고 동시에 문명사적 전환으로서 근대의 여명이 밝은 시기였다. 중세에서 근대에로의 이행은 사람들로 하여금 초월적인 존재로서의 삶을 현실적인 자본(유물)에 종속된 실존으로 전환시켰고, 고전고대의 공동체적 인성과 중세의 초월적 인성을 망실한 경제인(homo economicus)의 시대를 활짝 열면서 3차 인성혁명이 시작되었다. 고전고대에서는 정치적 강자(통치자)의 이익, 중세에는 종교적 강자(교황)의 이익이 정의로움의 문제와 연관되어 있었다면, 근대에 들어서면서 그것은 경제적 부를 지닌 강자들(자본가)의 이익과 자연스럽게 연관되었다. 고전고대의 올바른 국가통치자는 정의로운 교육을 통하여 시민들을 이기적이지 못하게 만들었고, 중세의 올바른 종교지도자들은 정의로운 교리를 통하여 사람들을 이기적이지 못하게 만들었다. 그러나 근대에 들어서면서 개인, 사회, 국가의 정의나 이기성의 문제는 자본을 지닌 개인이나 집단과 관련되었다. 즉, 공동체의 정의, 교리의 정의를 넘어 경제의 정의 문제가 등장하게 되었고 이는 당대의 인성교육과 사회적 안전망 문제에 대한 또 다른 패러다임을 만들어 냈다.

마르크스(K. Marx)의 자본에 대한 담론은 자본주의의 강점과 취약점을 파악하는데 명료한 준거를 제시하고 있다. 그는 인간본성에 대하여 '생산력의 총합, 자본, 상호관계의 사회적 형식은 어떠한 개인과 세대에서도 천부적이라고 여겨지는 것으로 철학자들이 실체, 인간의 본성으로 간주한 진정한 토대'이며, '인간의 본성은 특정한 생산양식의 산물에 불과하고 이러한 생산양식이 변하면 인간의 본성도 변한다'고 하여 유물론에 입각한 선명한 인간본성관을 정립하였다(최용철(역), 1996: 125). 한마디로 인간본성은 사회조건의 산물이라는 것이다. 그가 철학적으로 연구했던 사회의 위기는 현대 세계에서 본질적으로 위험에 처한 인격에 관한 것이다(성기산(역), 1997: 82).

"역사를 만들기 위해 인간은 먼저 생존할 수 있어야 한다. 의식주와 같은 인간의 기본욕구가 우선 충족되어야 한다. 그러나 이러한 욕구는 새로운 욕구를 만들어낸다. 그런데 인간의 욕구와 선호의 대부분은 실제로 사회적 조건들에 의하여 형성되는 것으로 불변하는 인성의 결과가 아니다."(최용철(역), 1996: 126)

인간의 욕구와 필요, 선호(選好) 등의 지향성이 철저히 '정치사회경제적 산물로 이루어지고 있다'는 그의 인간이해 방식은 인간본성의 생물학/유전학적 근거를 배제한다는 점에서 학술적 비판을 받고 있다. 다시 말해 인간이해의 설명방식에서 그는 사회적 전통(공동체적 아비투스)이나 개인적 선택적 습관을 고려하는 데 인색했다. 다만 사회적 차원과 개인적 차원에 가로 놓인 긴장과 갈등을 바라보는 우리의 기본신념과 성향이 특정한 경제체제의 작용에서 유래한다는 믿음에 사로잡혀 있었던 것은 분명하다. 어쨌든 마르크스의 본성관은 중세의 초월적 존재자로 파악한 그것과 전혀 다르며, 오히려 고전고대 공동체적 인성관과 유사한 형태를 보인다. 즉, 아리스토텔레스가 인간은 사회적 동물일 뿐만 아니라 사회를 벗어나 의미 있는 개인이 되지 못하는 정치적 동물이라고 한 점에 더하여 마르크스는 그러한 사회를 벗어나서는 생산을 생각할 수 없다는 관점을 통해 정치사회적 존재론에서 정치·시회·경제적 관점으로 인간의 존재론을 확대시켰다.

한마디로 그는 존재의 가치, 목적을 사회적 양식 속에서 이루어지는 생산과 소유의 방식과 연관짓는 경제적 결정론으로 인간본성을 규정지었다. 여기서 인간은 자신이나 집단의 경제적 여건에 의하여 좌우되는 무기력한 존재로 전락되기도 한다. 그에 의하면 이러한 경제적 여건은 혁명을 불가피하게 만들지만 그것의 불가피성은 무엇이 그들에게 진정으로 좋은 환경인가에 대한 비판적 의식의 결과이기도 하다(최용철(역), 1996: 121-122). 이처럼 환경이 인간을 만들어내는 것은 자명하지만 이와 동시에 인간이 환경을 생성한다는 만드는(formung) 상호작용을 통해 인간은 언제든지 변화할 수 있는 가변/상대적 존재자로서의 특성을 지닌다.

경제적 존재자로서의 인간담론은 그러한 상호작용 속에서 필연적으로 발생하는 소외문제를 야기한다. 특히 노동의 (산물로부터의) 소외는 그와 관련된 다양한 문제를 파생시킨다. 마르크스는 이 점에 대하여 설명하기를 '물건의 생산이 많아질수록 생산자는 자신의 노력에 의해 이룩된 노동의 결과로부터 소외되고', 이와 더불어 '상품의 세계는 그 자체가 적대적인 힘을 갖고 있어 생산자를 파멸시키게 되며', 결국 '노동은 개인의 자유롭고 창조적인 개성의 표현이 아니라 사회경제적 타락과 비인간화의 수단이 된다'는 점을(반(反)자본주의라기보다는 일종의 비(非)자본주의를) 분명하게 적시했다(최용철(역), 1996: 123). 모든 인간의 창조성에 대한 사회적 책무의 문제는 곧 그의 인간본성에 대한 문제의식으로 보아도 무방하다. 어쨌든 그는 당대의 자본주의 사회가 어떤 기준에 의하여 위반된다고 믿었으며, 이를 바탕으로 인간은 누구나 자신의 진정한 자아를 찾을 수 있는 이상사회의 비전을 제시한다고 (자본주의의 입장에서 보면 착각일지라도) 스스로 믿었다.

그리하여 자본주의는 인간이 마땅히 따라야 하는 삶의 방식을 전혀 고려하지 않는다고 주장하였다(최용철(역), 1996: 127－128). 나아가 자본주의사회와 구조에 의하여 우리가 살아가는 삶은 방해받고 좌절하게 된다고 믿었다. 이러한 구조가 척결될 때 비로소 인간은 진정으로 인간적인 모습을 구현할 수 있다(최용철(역), 1996: 138). 주지하듯 이러한 자본주의 사회체제에서 발생하는 불평등과 노동의 소외 문제에 대한 대안적 이데올로기 탐색과정에서 그를 사회주의의 환상에 빠뜨리게 만드는 동인(動因)이 되었다. 결국 정치사회경제학적 인간이해는 '참된 존재(authentic human being)'의 가능성과 한계성을 동시에 지닌 설명방식이라는 학술적 탁월성을 담지하고 있다. 이것이야말로 우리가 경제적 인성과 사회적 안전망을 논의하는 주요한 단초가 되고 있다.

자본주의의 신화는 자유, 경쟁, 효율의 가치에 대한 절대적 의존이다. 마르크스는 '자유로운 경쟁이야말로 인간자유의 최종적인 발전단계라고 여기는 자본주의사회의 믿음은 모순이라고 강력하게 논박한다. 이러한 모순은 철저하게 자본주의에 매료된 사회환경이나 체제에서 비롯되며 그것은 자유로운 개성발현이라는 미명하에서 교묘하게 정당화된다'고 생각했다. 그는 '자유로운 경쟁이 생산력 발전단계의 최종형식이며 따라서 인간자유의 최종형식이라는 주장은 허구'라고 주장하였다(최용철(역), 1996: 130).

자유와 경쟁의 문제는 마르크스가 구조화한 자본주의 vs. 사회주의의 이데올로기 논쟁에서 등장하지만 자본주의 안에서 민주주의의 가치에 대한 선위(先位)성 문제에서도 제기된다. 주지하듯 민주주의를 지탱하는 양대 가치는 자유와 평등이다. 그런데 두 가지 중에서 '무엇을 우선시해야 하는가?'의 선위성 문제가 발생한다. 통념적으로 자유 가치를 우선시하는 집단을 '보수', 평등 가치를 우선시하는 집단을 '진보'라 이름 짓고 그들은 표면적으로는 선의(善意)의 정책경쟁을 펼친다. 자유가치의 우선에 대한 정당성은 경쟁과 효율에 있으며, 평등가치의 우선에 대한 그것은 복지와 균형에 있다. 범세계적으로 자본주의 경제체제를 고수, 유지하는 국가들의 대부분에서 자유가치의 선위성에 대한 경향은 일종의 국제 규약처럼 기능하고 있다. 여기서 마르크스주의의 연장선에서 자본주의와 교육의 문제에 대한 담론이 필연적으로 발생하는데, 보울스와 긴티스(S. Bowles & H. Gintis)가 대표적인 학자들이다. 이규환은 그들의 논의에 대하여 다음과 같이 요연하게 정리하고 있다(이규환(역), 1986: 머리말 중에서).

① 경제적 불평등의 정도와 개인의 인간적 발달은 자본주의체제의 성격을 결정하는 노동시장, 재산, 권력관계 등에 의하여 영향을 받는다.
② 제도교육은 사회적 불평등과 억압적인 인간형성을 제거하거나 악화시키는 데 도움이 되지 않는다. 학교는 자본주의적 사회관계를 영속화하는 데 봉사한다.
③ 학교제도는 효과적으로 이익사회와 정치적 안정에 봉사한다. 그럼에도 불구하고 경제적 부나 권력을 지닌 계층의 완전한 이용물이 되는 것도 아니다. 그 이유는 학교에는 불평등을 정당화하는 요소들이 많지만 동시에 평등사상이 배양되는 공간이기 때문이다.
④ 교육의 조직은 직업구조 혹은 노동시장의 구조에 철저히 대응하고 있다. 자본주의적 경제발달 혹은 산업기술의 발달에 적응하고 있다.

이처럼 학교교육이 정치·사회·경제적 필요에 종속된 환경 속에서 학생이나 학부모들은 너나 할 것 없이 경제적 인성(자본주의경제체제에서 생존하는 데 필요한 인간으로서의 역량과 태도를 망라하는 개념으로서)을 지극히 당연시하는 정치·사회·경제적 맹목성에 빠져 든다. 학생은 누구나 실력에 관계없이 예비경제인이어야 하고, 학교는 자유 기반의 정치사회경제 시스템에서 살아남는 경제인을 만들어내는 치열한 경쟁을 한다. 자본주의의 자유와 경쟁의 신화에 매몰된 인간들에게 고전고대의 공동체적 인성, 중세의 초월적 인성의 흔적은 없어진다. 그리하여 '승리의 법칙: 태초에 경쟁이 있었다'고 주장하면서 고래로 승자독식의 경쟁(the winner takes it all)을 인간의 존재론적 가치로 여기는 극단적인 역사의식을 지닌 주장이

나타난다.

> “단 1점 차이로 대학입시나 공무원시험에서 패배의 쓴잔을 들이킨 사람들이 얼마나 많은가? 경쟁에 따른 차이가 남은 인생을 좌우한다. 단 한 명을 뽑는 취업이나 단 한 명의 우승자를 뽑는 콘테스트는 또 어떤가? 티끌처럼 작은 차이로 세상이 달라지고 만다. 이것이 곧 경쟁의 세계다. 인류는 역사 이래 단 하루도 쉬지 않고 경쟁을 벌이고 있는 것과 마찬가지다. 승자는 승자대로 패자는 패자대로 새로운 경쟁을 숙명처럼 찾아 나서야 한다. 더 이상 경쟁하지 않는다는 것, 경쟁을 멈춘다는 것은 곧 영원한 사라짐을 의미한다.”(이면희, 2009: 17－18)

경쟁이 지배하는 사회생태계에서는 오로지 성과와 효율, 생산성만을 향한 치열한 개인의 경쟁, 학교의 경쟁, 부모의 경쟁, 국가의 경쟁의식이 학교는 물론 도처에서 횡행하고, 이로 인해 대중들은 아름다운 인성을 잃은 채 서로 다투는 ‘만인 대 만인의 투쟁’을 벌이는 정글에 놓인 지극히 단순한 물성(物性)으로 전락하고 만다. 결국 경제적 인성(혹은 경제인으로서의 인성)은 행복과 창조의 본성을 지닌 인성 회복을 바로 잡아주는 희망의 메시지가 되지 못한 채 세속에 물든 속물근성이 되고 말았다. 이러한 상황에서 개인의 자아실현이나 인간으로서의 존엄성은 오로지 자유와 경쟁을 기반으로 하는 정치·사회·경제적 개념에 포섭된 자본, 자산, 권력의 위세에 철저히 짓밟히게 되었다.

경제적 인성이 지배하는 상황에서 사회안전망은 저열한 자유와 경쟁시스템을 통해 요행히도 개인이나 집단이 획득한 일종의 전리품에 의하여 비정상적으로 구축된다. 즉, 돈과 권력을 지닌 규모와 수준이 각자가 지닌 인성의 규모와 수준으로 일반화되는 어처구니없는 사회경제시스템과 사회적 아비투스가 자리 잡게 된다. 돈의 문제는 자본주의담론의 핵심이다. 크루거와 만(D. Krueger & J.D. Man)은 『The secret language of money』(2011)에서 ‘돈은 안전이다’라고 주장하였다. 물론 재정적인 측면에서의 안전을 의미할 뿐 정서적인 측면에서의 그것을 말하는 것은 아니었다. 그러나 실상을 보면 정서적 측면에까지 돈의 안전성이 침투한 것도 부인할 수 없는 사실이다. 그리하여 샌들(M. Sandel)은 『What’s money can’t buy』(2012)에서 시장(혹은 돈)만능주의가 어떻게 도덕을 밀어내며, 인센티브에 매료된 인간들이 어떻게 도덕적 혼란에 빠져드는지에 대하여 논의하면서 비록 돈으로 안 되는 것이 없는 세상이 되었지만 여전히 돈으로도 안 되는 사회관습, 인간관계, 일상생활의 비(非)시장성을 탐색해야 할 책임이 현대인에게 부과되었음을 주장하였다.

인간이 보다 많은 재산(부의 창출)에 기여하는 기능적 수단으로 격하되는 경우 사회적 차원에서는 방향을 상실한 국가체제가 지속되며, 각 개인의 도덕성(인성)과 정의로움이 상실된 불건전한 사회가 된다(성기산(역), 1997: 81). 이에 대하여 프롬은 '우리의 사회경제 체제, 즉 우리의 생활양식이 낳은 성격특성은 모두가 병인(病因)적이다. 따라서 병든 인간은 나아가 병든 사회만을 낳게 된다'고 주장했다(E. Fromm. 1993: 8). 병든 사회에서는 마르크스가 말하는 노동의 소외를 비롯해 온갖 정치·사회·경제적 소외가 발생하고, 이때 재력과 권력은 사회적 인성 수준과 같은 개념이 된다. 이러한 관행을 정당화/고착화시키는 탁월한 기제가 바로 학교(제도교육)이며, 그중에서도 특히 대학이 가장 강력한 영향력을 지니고 있다. 기초교양 및 인성교육을 팽개친 채 소위 취업양성기관으로 전락한 오늘날 우리대학의 모습만 보더라도 이러한 주장은 간단히 증명된다.

보가만(J.P. Wogaman)은 현대의 자본주의생태계에서 경제학과 윤리학(economics and ethics)의 충돌이, 프롬은 소유와 존재(to have and to be)라는 생활양식 간의 대충돌이 나타날 수 있음을 논증하면서 기독교적 윤리와 소유의 생활양식 복권을 강조했다. 특히 보가만은 자유경쟁, 자유방임의 실용주의/자본주의 경제학이 내포하는 가장 큰 문제점을 다음과 같이 주장하였다.

> "물질적인 문제와 보다 깊은 도덕적이고 영적인 인간 가치 사이의 관련성을 상실하고 있다는 점이다. 물질적인 것들과 관계들이 자기충족적인(self sufficient) 것으로 간주될 때 그것들은 너무도 쉽게 인간적인 모험에 방향을 제시하는 가치들로부터 단절될 수 있다."(김철영(역), 2001: 10)

그 결과 경제적 삶(경제적 인성까지 포함)의 경박함, 관계들의 왜곡, 영적인 분열 등이 나타난다. 즉, 경제적 존재로서 인간의 삶은 진정한 인간성에서 분리된다. 더욱 문제가 되는 것은 가치의 방향성이 비인간적인 물질에 경도(傾倒)되어

사회의 온갖 생태계에서 비인간성을 필요악으로 여기려는 가치붕괴가 일어나는 데 교육생태계도 예외는 아니다. 교육이 경제학의 실험무대가 되고 교육된 사람이 경제적 인성에 포섭될 때 사회안전망은 와해되고 만다. 공정한 자유와 경쟁이 지닌 건전성을 회복하지 않는 한 사회안전망은 정치사회경제적 승자들의 잔치를 위한 보호막이 될 뿐 보편적 인류애를 구현하는 숭고한 사명을 기대하기 어렵다. 이 점에 대하여 프롬과 니버(R. Niebuhr)는 현대인에게 다음과 같은 권고를 던져 주고 있다.

> "근본적인 인간변혁의 필요성은 윤리학적 혹은 종교이론적 요청, 현대사회의 병인(病因)적 성질에서 유발되는 심리학적 요청은 물론 인류 생존을 위한 조건에서 나타난다. 올바른 삶은 한갓 윤리적 혹은 종교적 요청의 충족만이 아니라 인류의 육체적 생존이 인간심성(인성)의 근본적인 변화에 의존하게 되었다. 이러한 인간심성(인성)의 변화 가능성은 마음에 변화의 기회와 변화를 달성코자 하는 용기와 이상을 부여하는 정치·사회·경제적 변혁이 어느 정도 일어나느냐에 따라 비로소 결정된다."(E. Fromm, 1993: 9-10)

> "소유물에 대한 사랑은 하나님께 대한 사랑과 복종을 불가능하게 만드는 일종의 혼돈된 상태다. 하나님은 절대적인 복종을 요구하신다. '네 소유물을 팔아 가난한 사람들에게 주라!'고 하신 하나님의 말씀은 인간으로 하여금 금욕적인 윤리의 기반을 확립하도록 만든다. 금욕주의는 종교적 개념의 자연스런 산물이다."(박봉배(역), 1982: 58, 75)

04 4차 인성혁명: Robo Sapiens

21C 들어서면서 단순히 공상으로만 여기던 것들이 현실로 나타나고, 예전의 지식으로는 상상하지 못했던 양상으로 인해 인류생태계는 존재론적 위상의 변화와 더불어 혼돈의 도가니에 빠져 들었다. 그것의 두드러진 특징은 소위 4차 산업

혁명시대라는 이름으로 전개되는 고도의 과학기술정보사회 생태계다. 교육과 관련지을 때 이러한 4차 산업혁명에 대한 담론의 핵심은 인간지와 기계지의 충돌이다. 즉, 지(知)의 문제다. 이러한 지의 측면에서 볼 때 4차 산업혁명은 디지털기술기반의 기계지 혁명이다. 주지하듯 4차 산업혁명이라는 용어는 철학, 교육학, 심리학 분야가 아니라 산업기술생태계의 패러다임을 적용한 경제학, 경영학 분야의 것이다. 4차 산업혁명을 목적론이나 결정론적 관점에서 다루는 것은 무의미하다. 왜냐하면 그것의 양상이 향후 어떤 방향, 내용으로 전개될지 어떤 결과를 초래할지 예단할 수 없기 때문이다(고요한, 2017: 23-25).

혁명에 대한 이미지에는 언제나 희망과 불안감이 공존한다. 역사적으로 인류에게 혁명은 정치(역성)혁명, 군사(쿠데타)혁명, 종교혁명(개혁), 교육혁명(개혁) 등과 더불어 산업혁명이 익숙하다. 혁명은 늘 시작과 더불어 대중에게 영향을 미치며 전개되었다. 산업혁명도 예외는 아니다. 그러나 4차 산업혁명은 지난 경우와 같은 양상이 아니다. 4차 산업혁명은 이제 발흥 혹은 준비되고 있는 시기로 이를 이미 시작된 혁명으로 이름 짓는 것은 다소 억지스러울 수 있다. 이에 따라 혁명에 대한 희망을 고양시키기보다 오히려 불안감을 증폭시키는 것은 아닌지 성찰해 볼 때다. 많은 선동자들은 4차 신업혁명을 3차 신업혁명의 외연적 확대 혹은 진전으로 인식하기보다 혁명으로 몰아가려는 경향이 농후하다. 그렇다고 해서 최근에 일어나는 사태들에서 비롯된 사회생태계 변화를 부정하거나 무시하려는 것은 아니다. 드론, 인공지능(AI), 사물인터넷(IOT), 무인자동차, 바이오테크닉 등 전통산업의 패러다임을 전환시키기에 손색없는 과학기술 혁신이 다양하게 이루어지고 있음은 자명하다. 이러한 혁명의 소용돌이 중심에 서 있는 것은 당연히 산업계이고 이에 동반하여 글로벌 산업생태계, 각 정부의 거버넌스 등도 덩달아 춤을 추고 있다. 그러나 간과할 수 없는 것 중의 하나가 산업혁명과 교육과의 보이지 않는 선후(先後) 혹은 연관관계이다.

역사적으로 가장 획기적인 교육혁명은 인쇄술의 발명이다. 교육문화를 독점하던 상황에서 고전(古典)의 대중화를 견인한 금속활자의 발명으로 인해 모든 인간이 보편교육의 대상으로 포섭되는 실로 코페르니쿠스적인 전환이었다. 그렇다고 해서 교육의 이념이나 내용이 크게 변한 것은 아니다. 다만 방법이 달라졌을 뿐이다. 또 하나의 교육혁명은 소위 CAI, CMI라고 하는 컴퓨터 기반의 교수설계

표 1 리터러시 혁명의 고고학적 계보

구 분	단 초	교육에의 영향
1차 기록 리터러시	문자와 지식의 발명	경제적 생산, 인류생존을 위한 교통 및 기록의 방식들을 익히게 됨
2차 문해 리터러시	금속활자의 발명	특정인의 소유물이었던 텍스트(지식)의 보급으로 인해 **대중학습**이 가능하게 됨
3차 테크노 리터러시	컴퓨터의 발명	**컴퓨터**가 인간의 지식학습을 보조하거나 주도함
4차 디지털 리터러시	인공지능의 발명	**인공지능**이 인간을 가르치고 지식을 창조함

및 수업환경이었다. 그러나 이것도 역시 교육이념이나 내용이 바뀐 것이 아니라 다만 학교 및 학교 외 교육장면에서 교수방법의 혁신을 가져왔을 뿐이다. 이러한 역사적 경위를 볼 때 4차 산업혁명이 교육생태계 혁명으로 이어질 가능성은 거의 없다고 본다. 그럼에도 불구하고 4차 산업혁명과 교육의 관련성을 논의하고자 하는 이유나 목적은 분명하다. 교수방법을 비롯한 교육내용이 변해야 하고 변할 것이라는 사실은 분명하다. 그렇다면 4차 산업혁명 사회생태계에서 '교육이념 혹은 교육의 본질은 어떤 운명의 길을 가야 하는가?'라는 교육원론적 문제가 남게 된다. 교육문화의 세계사적 전개에서 교육원론(본질)의 핵심은 인성에 대한 이해다. 4차 산업혁명과 인성교육 및 사회안전망의 연관성에 관한 담론의 핵심은 다음의 두 가지로 요약된다.

첫째, 역사시대 이래 인류 역사를 단순하게 조감하면, 인간의 역사는 인간 vs. 비(非)인간의 대결, 대립, 대조로 전개되어 왔다. 때로 그 비인간이란 단순한 자연이기도 하고 사물 혹은 놀라운 인공물이기도 했다. 이러한 이항(二項)모형에서 비롯된 대결에서 인간은 늘 이기거나 최소한 지지는 않았다. 인류는 승리의 매 순간마다 환호하고 자만에 길들여지게 되었다. 이러한 우월인식의 DNA가 4차 산업혁명 시대라고 하는 현재에도 여전히 유효한 것은 사실이다. 그러나 4차 산업혁명은 이러한 전통적 패러다임을 급격하게 전환하게 만드는 강력한 추동력(推動力)이 되고 있다. 향후 전개될 4차 산업생태계에서 인간존재는 인간 vs. 유사(pseudo)인간의 대결, 대립의 위치에 놓이게 될 것이라 예견된다. 주지하듯 pseudo의 첨병은 AI이다. 머신 러닝으로 중무장한 AI의 위세는 대단하다. 이러한 위세에 짓눌린 인류는 자존심을 지키기 위한 자구적인 노력을 전개한다. 그것은 인간 vs. 비인간 대결시대로부터 이어진 오랜 '마음의 습관'이다. 이는 감성, 감정, 감동을 지닌 유일한 존재자라는 자존심에서 비롯된다. 그러나 최근 인간의 감성을 담아 예술 창작 활동을 하고 인간과 소통한다는 AI의 등장에 인류는 자못 술렁이고 있다. 그럼에도 불구하고 여전히 동물과 인간을 가르고 인간만이 지닌 독보적 성향, 즉 인성만큼은 양보하지 않을 것이라는 희망의 끈을 놓지 않고 있다. 이에 따라 얼떨결에 교육이야말로 인간의 자존심인 인성을 교육적으로 책임져야 할 최후의 보루가 되어버린 것이다.

둘째, 역사는 꾸준히 발전하며 전개되었는가? 아니면 다만 변화를 이루며 흘러 왔는가? 진보, 진화, 혁명 등을 강조하는 역사주의와 변형, 변화, 개선 등을 강조하는 구조주의의 대결에서 4차 산업혁명과 교육은 과연 어느 편에 설 것인가? 역사주의 교육이데올로기와 4차 산업혁명이 만나게 되면 교육은 가히 혁명의 소용돌이에 휩쓸리게 될 것이다. 반대로 구조주의 교육이데올로기와 4차 산업혁명과 만나게 되면 다소의 소란은 있을지라도 그저 그런 해프닝으로 여겨버릴 가능성이 높다. 역사주의가 지닌 무서운 점은 혁명에 대한 환상과 로망이다. 그중에서도 가장 큰 것이 패러다임 혁명이다. 이러한 급박한 상황을 상정할 때 교육의 근본(이념, 목적, 내용, 방법 등이 서로 잇닿아 있는 일관된 본질)에 대한 대대적인 구조조정이 불가피하다. 이는 인성의 그것에 대한 본질조차 흔들어 버릴 가능성이 높다. 반대로 구조주의 교육이데올로기의 안일함과 태평함에도 불구하고 다소간 인성교육에 대한 손질이 필요할 것이라는 점은 피할 수 없는 현실이다.

이상의 두 가지 논의의 결론은 4차 산업혁명과 교육의 변화가 선후(先後) 혹은 주종(主從)의 어떤 형태로든 연관될 수밖에 없다는 점이다. 우리는 여기서 교육변화의 핵심을 '무엇으로 삼을 것인가?'라는 현실적인 문제에 봉착한다. 그것은 아마도 지능의 문제와 인성의 문제일 것이다. 어떤 문제의식을 갖고 있다 할지라도 피할 수 없이 분명한 것은 산업계의 4차 혁명생태계가 인류라는 생태계를 더욱 위험사회(risky society) 혹은 불건전한 사회(insane society)로 몰아넣을 것이라는 점을 쉽게 예견할 수 있다는 점이다.

위험사회로서의 지식정보사회에서 지의 문제는 한마디로 기계지와 인간지의 성능 대결에서 발생하는 대(大)충돌이다. 역사적으로 인류지성의 성찰과 인간교육의 핵심주제는 곧 지의 기법, 지의 논리, 지의 윤리 등의 문제들이었다. 이러한 지는 '호모사피엔스 혹은 호모사피엔스 사피엔스'라는 그럴듯한 이름으로 우주만물에 대한 배타적 권위를 누리며 인간의 전유로 간주되었다. 그러나 기계지능을 앞세운 4차 산업혁명의 등장과 전개로 인해 오랜 기간 지속된 인간의 지적 권위는 심각한 도전을 받게 되었고 사회 전반에 걸쳐 붕괴의 조짐이 드러나고 있다(고요한, 2017: 33). 이를 막기 위해서 인류는 호모 사피엔스 사피엔스가 아니라 로보 사피엔스에로의 불가항력적 전향 기로에 서 있다. 여기서 제4차 인성혁명을 향한 변곡점이 시작된다. 향후 기계지가 인간의 전유물인 지혜에 버금가거나 오히려 능가하는 역량을 갖추게 될 때 인류의 존재론적 위기(일종의 사회적 불안전망)는 극대화될 것이다. 이를 막을 수 있는 인간/교육적 조치는 로보 사피엔스를 통해 인간지의 성능을 높이거나 기존의 인간지에 대한 전향적인 이해가 요구된다. 만약 인간이 로보 사피엔스로의 전환을 거부한 채 여전히 요소환원주의에[2] 바탕을 둔 지식교육이나 지능계발에 몰두하게 된다면 기계지의 거센 도전에 굴복하는 참혹함이 예견될 뿐이다(고요한, 2017: 39).

> "4차 산업혁명 시대에 인문학의 역할과 책임이 더 크다. 인간의 지능은 기계로 대체될 수 있지만 인간에 대한 이해, 공감능력, 창의력 등은 기계가 대신하지 못한다. 4차 산업혁명 시대의 소양을 갖춘 인재를 키우기 위해 인문학 교육을 통해 휴머니즘을 가르쳐야 한다."(조선일보. 2016. 10. 24일자)

여기서 휴머니즘이란 전통적인 지식과 지성 기반의 그것이 결코 아니다. 그것은 오히려 지혜를 지향하거나 기반으로 하는 인성의 수호와 회복을 의미한다. 인습적 차원에서 지의 성능에 의지하는 것은 어쩌면 인간의 현재와 미래에 대한 불안과 나약함만을 스스로 드러내는 약점이 될지 모른다.

---

2) 컴퓨터 기반의 인공지능이 수행하는 기계학습은 '부분의 총화는 전체가 된다'는 요소환원적 인식론과 방법론을 기초로 한다. 즉, 방대한 데이터를 합하여 하나의 개체를 만들어내고 역으로 하나의 개체를 부단히 해체하면 전체를 이루던 각각의 최소단위로 환원될 수 있다. 이것은 또한 인공지능의 머신러닝, 딥-러닝의 이론적 기초가 된다.

참고문헌

고요한(2016), 인간현상과 인성교육의 현상학, 서울: 박영사.

고요한(2017), "지식정보사회생태계에서 지(知)의 4차원성과 교육철학의 책무", 2016 한국교육철학학회 연차학술대회 발표자료집, pp.23－54.

라도삼(2001), 블랙인터넷, 서울: 자우.

박경철(2013), 인간의 탁월함, 그 근원을 찾아서－ 문명의 배꼽 그리스, 서울: 리더스북.

성기산(편역)(1988), 서양고대의 교육사상, 서울: 대은출판사.

오인탁(1994), 고대그리스의 교육사상, 서울: 종로서적.

이면희(2009), 경쟁의 법칙, 서울: 토네이도.

정 준(2016), "4차 산업혁명 큰 파도, 준비된 서퍼에겐 기회", 중앙일보, 2016. 10. 24 일자.

Beard, M.(서), 김시혜(역)(2017), 로마는 왜 위대해졌는가, 서울: 다른.

Bechtel, P.M.(ed), The Confessions of St. Augustine, 오병학 · 임금선(역)(1991), 참회록, 서울: 예찬사.

Bowles, S., Gintis, H.(저), 이규환(역)(1986), 자본주의와 학교교육, 서울: 사계절.

Brown, D.(1997), Cybertrends, London: Penguin Books Ltd..

Fromm, E.(1993), To have or to be?, Seoul: Choun Moon Wha Sa.

Fromm, E.(저), 최혁순(역)(1999), 소유냐 존재냐, 서울: 범우사.

Huizinga, J(저), 최홍숙(역)(1988), 중세의 가을, 서울: 문학과 지성사.

Jarger, W.(1980), Paideia: The Ideals of Greek Culture, New York: Oxford University Press.

Krueger, D., Mann, J.D.(저), 한수영(역)(2011), 돈이란 무엇인가, 서울: 시아.

Nash, P., Kazamias, A.M., Perkinson, H.J.(저), 성기산(역)(1995), 교육받은 사람I. 서울: 집문당.

Nash, P., Kazamias, A.M., Perkinson, H.J.(저), 성기산(역)(1997), 교육받은 사람II. 서울: 집문당.

Niebuhr, R.(저), 박봉배(역)(1982), 그리스도인의 윤리, 서울: 삼성출판사.
Papert, S.(1993), The Children's Machine, New York: Basic Books.
Sandal, M.J.(저), 안기순(역)(2012), 돈으로 살 수 없는 것들, 서울: 와이즈베리.
Schwab, K.(저), 송경진(역)(2016), 클라우스 슈밥의 제4차 산업혁명, 서울: 새로운 현재.
Tapscott, D.(저), 이진원(역)(2009), 디지털 네이티브, 서울: 비즈니스북스.
Trigg, R.(저), 최용철(역)(1996), 인간 본성에 관한 10가지 철학적 성찰, 서울: 자작나무.
Wogaman, J.P.(저), 김철영(역)(2001), 경제학과 윤리학, 서울: 성지출판사.
조선일보, 2016. 10. 24일자.

Chapter 04

4차 산업혁명시대 인성교육과 사회적 안전망

"2010년 미시간대학교에서 진행한 연구에 따르면 대학생들의 공감능력이 40%나 하락하였고, 이러한 공감능력의 저하는 2000년 이후에 발생했다. MIT대학교의 터클에 따르면 10대 청소년 가운데 44%는 운동경기를 할 때나 가족 혹은 친구와 식사를 하는 자리에서도 온라인 세상과의 연결을 끊지 않으려는 것으로 밝혀졌다. 서로 얼굴을 맞대고 하는 대화는 밀려났고 온라인 미디어에 휩쓸린 젊은 세대 전체가 타인의 말을 듣거나 눈을 맞추거나, 타인의 몸짓을 이해하는 데 어려움을 겪을 수 있다는 공포심이 생기고 있다."(송경진(역), 2016: 162－163)

"제4차 산업혁명은 파괴적 혁신을 이끌어내겠지만 그에 따라 발생되는 문제들은 오롯이 우리가 자초한 일일 것이다. 따라서 그 문제들에 고민하고 새로운 환경에서 적응하기 위해 필요한 변화와 정책을 만들어내는 것은 우리들의 몫이다. 우리의 정신과 마음, 영혼을 함께 모아 지혜를 발휘해야만 (4차 산업혁명 사회생태계에서) 인류에게 닥칠 문제들을 의미 있게 다룰 수 있다."(송경진(역), 2016: 251)

01 산업혁명의 고고학과 현상학

주지하듯 4차 산업혁명이라는 용어는 철학, 교육학, 심리학 분야가 아니라 산업생태계의 패러다임을 적용한 경제학, 경영학 분야의 것이다. 그럼에도 불구하고 교육학이 관심을 가져야할 이유는 역사적으로 전개된 교육과 경제의 인과론적 상보성에서 비롯된다. 산업혁명의 고고학적 전개에 따른 학교교육과 교육학의 대응은 산업혁명의 역사적 전개에 대한 전체적인 조망에서 출발해야 한다.

표 1 산업혁명의 역사성

구 분	주요 특징
원시 농기혁명	• 수렵과 채집에서 농경/목축생활로 전환 • 생산, 운송, 의사소통의 인간+가축 노동력의 결합 • 원시적인 인구도시화가 시작됨
1차 증기혁명	• 18C 말(1769), 제임스 와트(J. Watt)의 증기기관(water & steam power) 발명 • 직기(織機)기술 도입 및 이를 이용한 제품의 생산
2차 전기혁명	• 19C 말(1870), 신시내티 도축장의 일관라인(assembly line) 발명 • 전기에너지를 이용한 대량생산 및 노동력의 분화
3차 기기혁명	• 1969년, 최초의 PLC(Programmable Logic Controller)발명 • IT시스템 기반 자동생산 시스템 확충
4차 슬기혁명	• 사이버 물리학(Cyber-physical) 기반의 과학기술 혁명 • 디지털기반의 과학기술과 다양한 장르의 융·복합

고고학적 관점에서 볼 때 1차~3차에 걸친 산업혁명의 전개는 깊이, 속도, 범위 등의 측면에서 볼 때 느슨하거나 완만한 형태로 이루어진 반면, 3차에서 4차 산업혁명으로 전환되는 국면은 질적, 양적으로 기존의 혁명양상과 판이하게 다르다. 즉, 전통적인 혁명이 인간과 비인간 사이의 도전-응전의 패러다임이었다면, 4차 산업혁명은 인간과 유사(pseudo)인간 사이에서 벌어지는 실존-가상의 패러다임이다. 이를테면 인간은 인위적으로 또 하나의 인공위성을 가상공간에 만들어내고 있다고 할 수 있다.

표 2 3,4차 산업혁명 특성의 차이

3차 산업혁명	4차 산업혁명
• 중앙·집중적 제어시스템 기반 • 소품종 대량생산 기반 • 유선통신 기반 IT/자동화 • 모노블럭 라인방식 기반 생산 • 실시간 위치 파악 불가	• 자율·분산 제어시스템 기반 • 맞춤형 다품종 대량생산 기반 • 무선통신 기반 ICT+산업 융합 • 멀티/모듈 방식 기반 생산 • 실시간 모니터링 가능

표 3 4차 산업혁명의 특징

구 분	주요한 특징들
Velocity	선형적(linear) 속도가 아닌 기하급수적인 속도로 전개됨
Breadth & Depth	디지털 혁명을 기반으로 다양한 과학기술을 방대하고 심오하게 융합해 개인뿐만 아니라 경제, 기업, 사회생태계를 급격하게 전환시킴
System Impact	국가 간, 기업 간, 산업 간, 개인 간 그리고 사회전체 시스템 변화를 주도함

자료출처: 송경진(역), 2016, pp.12-13.

표 4 4차 산업혁명사회 생태계 특성

구 분	주요 내용
초고속화	기술개발, 적용, 혁신 등의 주기가 최단기화되어 정태적인 사회생태계가 철저히 무너짐으로써 현재성(과거와 비교하여 현재가 지니는 가치와 의미를 부여하는 의식)은 최소화될 것임
초융합화	학제 간, 산업 간, 지역 간, 국가 간 이루어지던 연합, 단합, 복합이 아니라 복잡다단하게 융합, 복합하는 초(超)연결사회 생태계가 구축됨
초지능화	인간지능과 인공지능의 특장을 극대화하려는 인간의 시도를 통해 제3의 지능(영적 차원에 이르는)이 탄생하여 인간을 조종하고 지배할 가능성이 있음

표 5 4차 산업혁명을 견인하는 학문 분야

분 야	주요기술
물리학	무인운송수단/커넥티드카(자율주행자동차), 드론, 3D프린팅(소재압출식, 광중합식, 분말소결식, 소재분사식, 결합재분사식, 판재적층식, 직접용착식), 로봇공학, 신소재(나노)공학, 가상/증강현실, 제로에너지 빌딩, 우주 관광
컴퓨터공학	IOT(사물인터넷), 디지털 플랫폼, 초고용량 메모리
생물학/의학	유전자공학, 합성생물학, 유전자 가위, 메타지노믹스, 바이오 신약/의학, 정밀의료
수 학	빅-데이터, 데이터마이닝
공 학	ESS, 태양광, 스마트 그리드, 지능형 기계, 첨단센서, 수소전지, 경량소재, 탄소자원화, 초미세먼지
융·복합학	AI(로보틱스), 자율무기, 감성컴퓨팅, 바이오/생체조직 프린팅, 암세포 배양, 미니 인공장기, 해수담수화, 스마트시티

이처럼 기존의 산업혁명들과 비교해 볼 때 4차 산업혁명이 담지하는 특성은 전개 양상의 핵심은 물론 속도, 깊이, 범위, 영향력 등에 있어 기존 혁명들과의 확연한 차별성에 있다.

4차 산업혁명을 목적론이나 결정론적 관점에서 다루는 것은 무의미하다. 왜냐하면 그것의 양상이 향후 어떤 방향, 내용으로 전개될지 어떤 결과를 초래할지 예단할 수 없기 때문이다. 다만 4차 산업혁명의 영향 속에 놓이게 될 산업 및 사회생태계의 이미지, 기능적 속성 및 이를 견인하는 주력분야들에 대한 예견은 다음과 같이 해 볼 수 있다.

4차 산업혁명이 초래하게 될 사회생태계 변화는 티핑 포인트(tipping point)라는 구체적인 기술(記述)적 예언으로 쉽게 체감할 수 있다. 티핑 포인트란 예상치 못한 일이 일시에 몰아닥치는 극적인 변화의 순간, 즉 어떤 상황이 어느 순간 갑자기 급격하게 변하기 시작하는 극적인 순간을 의미한다. 글래드웰(M. Gladwell)은 터닝 포인트(turning point)와 티핑 포인트를 구분하면서, 후자는 예상하지 못한 일들이 갑자기 폭풍처럼 성장하는 지점을 일컫는다고 설명했다. 그것은 혁명의 이미지와 다를 바 없다.

02 4차 산업혁명과 지(知)의 문제

교육과 관련지을 때 4차 산업혁명에 대한 담론의 핵심은 인본(인간)지와 인공(기계)지의 강력한 충돌이다. 즉, 지(知)의 문제다. 이러한 지의 측면에서 볼 때 4차 산업혁명은 디지털기술 기반의 인공(기계)지 혁명이다. 최근 과학기술 분야의 혁신추이를 감안할 때 향후 10년 내 컴퓨터 1대가 인간의 지적 능력을 능가하고, 동일자본과 노동력으로 5~6배 이상 더 생산성을 보장하는(생산성을 혁신하는) 가공할 만한 지적 시스템들이 등장할 것이다. 이러한 경향은 다양한 산업분야에서 나타나고 있는데, 특히 디지털, 바이오, 나노, 뉴로, 그린 등 5개 분야에서 실질적인 성과들이 속출할 것으로 예상되며 이때 성과창출의 기반은 컴퓨터다.

<표 6>을 참조할 때 과학기술 분야에서 진행되는 메가트렌드가 인간에게 일러주는 묵시적 메시지의 핵심은 무엇인가? 아마도 그것은 인간지능을 능가하는 고도의 컴퓨터(기계지능) 출현과 이에 대응하는 인간의 자세에 관한 것으로 볼 수 있다. 그중에서도 사람들이 체감하는 가장 현실적인 문제는 컴퓨터기술 기반의 인공지능이 잡킬러(job killer)로 기능하는 미래사회에서 겪게 될 일종의 존재론적

표 6 **컴퓨터 처리능력의 진화** 단위: FLOPS(1초당 부동 소수점 연산 명령을 수행하는 횟수)

1965년 이전	2015년	2029년	2045년
1	10^{10}	10^{15} PC 1대가 인간의 지능과 대등해짐	10^{26} PC 1대가 인류의 능력을 초월함

자료출처: 동아일보, 2016. 9. 9일자(일본 총무성. "지능화가 가속화되는 CT미래상 연구" 참조)

위기(ontological crisis)의식이다. 과학기술 발전이 직업에 미치는 이러한 영향은 외연적으로 과학기술과 학교교육의 문제로 이어질 수밖에 없다. 성장세대에게 인습적인 방식의 교육을 제공하고 그 결과에 따라 고도 과학기술정보가 지배하는 사회생태계에 잘 적응하라고 강요하는 것은 기성세대의 엄청난 직무유기요, 어쩌면 사회심리적 살인(socio-psychological murder)행위라 볼 수 있다. 문명사적 전환(paradigm shift)의 관점에서 학교교육 문제를 중차대한 것으로 여겨야 할 근본적인 이유는 이러한 무거운 교육적 책무의 관점에서 살펴보아야 하기 때문이다.

인습적인 교육은 물론 무분별한 산업화를 추구하던 압축성장 시대에 이루어진 우리교육의 전형적인 행태는 단순한 지식의 주고받기 방식(give & take of knowledge)을 통해 많은 지식을 소유한 인재의 양성과 육성이었다. 이를 통해 산업사회생태계에서 추격자의 성향에 몸과 마음이 익숙해지도록 만드는 게 학교교육의 전부였다. 그러나 상황이 달라졌다. 세계경제포럼 보고서 『직업의 미래』에 의하면 전 세계 7세 어린이 65%는 현재 존재하지 않는 직업에 종사할 것이고, 『사피엔스』의 저자 하라리(Y.N. Harari)는 현재 학교에서 가르치는 내용의 80~90%는 이 아이들이 40대가 됐을 때 전혀 쓸모없을 확률이 크다고 했다. 그는 이러한 암울한 진단에 대한 미래교육의 가능성과 필요성에 대한 처방도 내놓았다. 즉, '노는 아이가 성공한다, 국-영-수 교과목 공부는 필요 없다, 학원에 보내지 마라, 내가 하고 싶은 일을 하면 돈은 따라 온다.' 등 기존교육에 대한 신화들을 창조적으로 파괴(disruption)하는 것들이다(Y. N. Harari. 2016. 4. 29. 서울시청 초청 강연 중에서). 이를 요약하면 미래교육의 환경과 방법은 전통적인 교육방식에 의한 fast follower가 아니라 first mover를 기르는 교육이, 단순히 수동적인 taker를 기르는 것이 아니라 능동적인 maker를 만드는 교육이어야 한다는 사실이다.

"4차 산업혁명의 파도가 만드는 변화에 유연하게 대처하고 새로운 기회로 삼기 위해서는 어떤 인재가 필요한가? 성실함과 근면함을 바탕으로 선진기술을 빠르게 모방하는 추격형 인재보다 창의적인 아이디어를 현실에 구현함으로써 신산업과 일자리를 만들어내는 도전적 인재가 4차 산업혁명시대를 주도할 것이다."(최양희, "대학이 변해야 4차 산업혁명 성공한다.", 중앙일보, 2016. 10. 10일자)

하라리는 AI와 인간과의 관계에 대한 담론의 핵심이 당연히 '아이들에게 무엇을 가르치고 준비시켜야 하는가?'의 교육적 책무성 문제라고 지적했다. 여기서 교육적 책무의 방향이 '어디로 향해야 하는가?'의 정향(定向)문제가 뒤따른다. 이러한 논의의 연장에서 『잡킬러』의 저자 차두원·김서현(2016)의 주장에 의하면 무엇보다 중요한 것은 공감, 커뮤니케이션, 협력, 공유를 가능하게 하는 교육시스템 수립이다. 개인의 경쟁력 쟁취를 위한 칸막이 쳐진 과목 중심과 산업(기업) 맞춤형 교육에서 벗어나 문제 발굴과 해결 중심의 교육으로 과감하게 혁신하지 않으면 로봇과 인공지능 시대의 사이버 물리 시스템이 지배하는 새로운 삶과 업무 환경에 적응할 수 없고 창의·소통·융합 기반의 혁명형 경제시대에 대처할 수 없게 된다. 그들의 주장에는 인공(기계)지 시대를 대비하는 교육적 정향이 잘 적시되어 있다. 즉, AI를 잡-킬러로 적대시하지 말고 인간과 공생하며 더 나은 미래를 창조하는 잡-메이커(Job maker)로 여겨 인공지능이 잘하는 분야는 철저하게 기계에 맡기되 인간은 오로지 인간을 행복하고 풍요롭게 만드는 새로운 기술을 개발하고 활용하는 역량을 교육하는 데 매진하는 게 현명하다는 것이다.

교육학자들은 그들의 지적을 온전히 수용할 필요는 없더라도 공감할 수 있는 부분이 많음은 고백해야 한다. 특히 지식정보기반 사회생태계에서 인간의 존재론적 위기에 대한 교육적 책무의 문제를 진지하게 성찰하고, 이를 통해 결코 인간교육의 본유성(온전성)을 훼상(毁傷)당하지 않고 온전히 보존할 수 있는 유의한 방안을 강구해야 한다. 과학기술에 의하여 지배당하는 것(도구의 노예)이 아니라 과학기술을 위하여 지지하는(도구의 주인) 교육적 역할에 대하여 목적 및 이념론, 방법론, 내용론 등의 영역들에서 진지하게 성찰해야 할 책무가 학자들에게 주어졌다. 이제 우리는 다음의 주장을 음미하면서 사물의 본래성, 인간 존재 및 인간교육의 본유성에 대하여 반성적 성찰을 해야 한다.

"새로운 것, 신기한 물건을 보면 그것을 가까이 두고 즐기고 싶은 것은 인지상정이다. 그러나 사물의 본래성을 잊어버리고 그 새로움의 재미만 즐긴다면 결국 노예의 도구가 될 것이다. 도구를 만드는 능력이 인간의 본유적 능력이라면 그 노예상태를 거부하거나 벗어날 수 있는 것 또한 인간 존재의 본래성이다. 지속가능한 발전과 개인의 행복을 위해서 우리는 부단히 성찰(교육)해야 한다."(동아일보, 2016. 8. 18일자)

인간은 여전히 지의 다차원성에 대한 기대와 희망의 끈을 놓지 않고 있다. 이처럼 불행의 전조에서 인간이 매달리는 것은 결코 기계지능이 구현할 수 없는 지의 4차원이 있기 때문이다.

지의 차원에서 볼 때 지능은 산업혁명의 영향을 받으면서 혹은 산업혁명과 궤를 같이 하며 교육 자체적으로도 부단한 혁명의 고고학(계보)을 형성하고 있다. 역사적으로 학교교육은 지식과 지성의 전당으로 군림했지만 3, 4차 산업혁명에서

표 7 지(知)의 다차원성

차 원		양 상	주 요 특 성
식(識)	모양새	사물(과학) 지식	경제적 생산과 사회적 교통을 위하여 인간에게 필요한 객관화되거나 검증된 사실들
		추상(존재) 지식	인간을 포함한 만물의 존재와 그들과의 관계를 위하여 필요한 객관화는 물론 추상화된 사실들
성(性)	갖춤새	개별지성	지식을 체현한 개별인간이 개인적 공간은 물론 사회적 관계 속에서 나타내는 도덕/규범적 행위
		무리지성	집단으로 회귀된 개인 혹은 개인들의 결사체들이 지식공동체 혹은 지식연합을 통해 사회적으로 표현하는 도덕/규범적 행위
능(能)	쓰임새	인간지능	인간이 획득한 지식과 지성의 능력들이 외현적으로 드러날 수 있도록 만드는 잠재 혹은 수행역량
		기계지능	디지털 기반의 컴퓨터가 투입되거나 스스로 수집한 객관적인 정보들을 바탕으로 스스로 학습하여 구별, 분류, 판단, 예측하는 기계적 사고역량
혜(慧)	이음새 (에너지)	혜 통 (radiant intelligence)	비합리적, 비논리적, 비과학적 직관에 의해 발생하는 고차원의 사고양식 및 내용으로 몸과 마음의 통전적(holistic) 경험을 통해 형성되는 지혜의 총체
		혜 찰 (crystallized intelligence)	단속적 경험이라는 특성이 반영되는 사고 자체이며 통찰력, 판단력, 이해력, 비평능력, 자기 관찰능력, 창조력, 커뮤니케이션 능력 등 인간적인 삶을 위한 지혜의 총체

표 8 산업혁명 시기별 학교교육 변화

산업혁명	주요한 학교교육 내용
원시	생존 및 표현기술에 관한 지식교육
1차	수공업을 기계공업으로 대체하는 생산기술 및 지식교육
2차	물류, 서비스업 및 노동력 집약 경제기술 및 지식교육
3차	컴퓨터 리터러시와 SW기술에 대한 전산화/정보화기술 및 지식교육
4차	디지털 생태계 생존 및 창조를 위한 고도과학기술 및 지능교육

비롯된 컴퓨터의 출현은 기계와 인간의 지능적 등위 혹은 배타적 우위성이라는 심각한 문제를 파생시켜 인공(기계)지 vs. 인본(인간)지의 대립, 인간성 교육(에피스테메) vs. 과학기술 교육(테크네)이라는 피할 수 없는 복잡한 양상을 만들어냈다.

인공(기계)지능으로 대표되는 4차 산업혁명에 의한 지식정보사회 생태계에서 인간 혹은 교육의 생존조건을 생각해보자. 4차원의 지를 3차원으로 단순화하면 지의 식, 지의 성능, 지의 혜로 구분된다. 지의 식(識)이 소기라면 지의 성능(性能)은 능기라 할 수 있다. 인본(인간)지와 인공(기계)지는 지의 소기와 능기에 있어 크게 다를 바 없다. 다만 지의 혜에 있어 현저한 차이가 있을 뿐이다. 이 점이 인간이 기계지에 대한 도전에 응전할 수 있는 유일한 대안이다.

> "클라우스 슈밥은 4차 산업혁명시대에서 성공하기 위한 네 가지 요건으로, 아는 것을 잘 이용하며(상황맥락지능), 자기 자신과 타인의 관계를 맺으면서(정서지능), 공동의 목적과 신뢰성을 활용하고(영감능력), 건강과 행복을 유지하는(신체지능) 능력을 갖추는 것이다."(동아일보, 2016. 10. 18일자)

03 인성교육과 사회적 안전망

역사적으로 인성 문제는 학교교육의 전유물이었다고 해도 과언이 아니다. 즉, 오랫동안 학교는 지(知)의 문제를 넘어서는 또 다른 거대문제에 골몰해 왔고, 그것은 바로 인성교육이었다. 다시 말해 학교교육을 통한 올바른 인성의 정립이나 잘못된 인성의 개선에 대한 환상과 신화가 학교교육의 역사를 지배해 왔다. 한마디로 인성은 인간존재론의 역사, 학교교육론의 역사에서 늘 중심에 자리했다. 지금까지 이러한 인성은 어떤 모습이었는가? 인류 지성사(정신사)에서 인성은 단일국면(보편성) 아니면 동일성으로 회귀시킬 수 있는 절대적인 '그 무엇'으로 간주되어 왔다. 즉, 전형적인 사람됨, 사람다움이 있다고 믿어 왔다. 그러나 4차 산업혁명에서 비롯된 인본(인간)지와 인공(기계)지의 대충돌로 인한 지성사(정신사)의 빅뱅은 인성 문제에 대한 새로운 도전을 야기했다. 이러한 도전의 핵심은 인성에서 자아의 양면성에 대한 의심이다. 양면성이란 현실계의 인성과 가상계(VR)의 인성이라는 일종의 이중성을 의미한다. 이렇게 분리된 자아의 모습은 디지털 생태계 속에서 필연적으로 생성되는 것으로 여기에서 '디지털 이중자아'라는 새로운 개념이 만들어졌다.

이중자아란 말을 처음 사용한 터클(S. Turkle)은 '컴퓨터를 기반으로 이루어진 디지털 환경은 사람들로 하여금 자기 자신을 유동성, 긴박성, 탈(脫)중심성, 증식성, 가변성 등의 속성을 가진 존재자로 여기도록 촉구한다'고 주장한다(D. Brown, 1997: 239). 이로 인해 어른이건 아이건 컴퓨터를 사용하는 사람들은 누구나 자기 나름의 스타일을 만들어낼 수 있다(S. Papert, 1993: 146). 이러한 스타일은 디지털 생태계에서 일종의 '페르소나'로 작동한다. 한마디로 디지털 생태계란 일종의 가면극이 벌어지는 가상현실이라고 정의할 수 있다. 이러한 디지털 기반 사이버공간에서 소통하는 사람들을 '디지털 노마드'라 부르며, 그들이 만들어내는 제2의 자아를 온-라인 페르소나(터클과 아레(Turkle & Agre)는 이에 대하여 네트 페르소나라 명명하였고, 최근에는 커뮤니티 캐릭터라고 함)라고 부른다.

디지털 생태계에서 사람들은 실세계의 리더를 따르기보다(social leadership + followship/fellowship) 가상공간에서 자기조직화(self-organized)를 통한 셀프 리더십을 추구한다(D. Tapscott, 2009: 122, 131). 디지털언어는 이러한 자기조직화의 산물이 되고, 순환적으로 이러한 언어들은 온라인(디지털) 페르소나의 강력한 표현수단이 된다. 여기서 사람들은 내가 중심이 되고 주인이 되는 세계를 만들어 낸다(라도삼, 2001: 12). 이러한 논의를 바탕으로 디지털 이중자아와 인성의 문제를 생각해 보자. 누구에게나 1차 자아는 자연인으로서의 자아이다. 반면에 디지털생태계에서 만들어지는 이중자아는 대부분 사회적으로 학습된 것들이다.[3)]

굳이 비유하자면 개인적 자아는 루소가 말하는 자연인으로서의 자아이며, 반대로 사회적 자아는 사회인으로서의 자아 혹은 인성(타고난 선성(善性)이 왜곡된)을 의미한다. 여기서 중요한 것이 사회적 학습이라고 부르는 일종의 우연학습이다. 사회생태계가 복잡하지 않고 산업구조가 고도화되지 않았을 시절 인간에게 가해지는 우연학습의 양과 종류는 그리 넓지도 많지도 않았다. 그러나 4차 산업혁명 사회생태계에서 각 개인들 혹은 공동에 가해질 것으로 예견되는 우연학습의 양과 종류는 가늠하기 어려울 지경이라는 점이 가장 큰 문제다. 양과 종류를 증폭시키는 가장 큰 원인은 초연결사회로 대표되는 가상공간에서의 인적(人的) 네트워크(실명이든 익명이든) 확장과 (나약하기 이를 데 없는 인간들을 향한) 기계지의 달콤한 유혹 때문이다. 가상공간에서 자연스럽게 형성되는 탈대중적/개인적 페르소나(커뮤니티 캐릭터)는 누구에게나 디지털 이중자아가 된다. 결국 개별의 디지털 이중자아가 모인 총합이 사회적 자아가 된다. 지금까지 사회적 자아의 양상은 어둡고 부정적인 모습뿐이다.

4차 산업혁명 사회생태계에서 사회의 선성, 올바른 인성의 유지는 두 가지 방법으로 이루어질 수 있다. 첫째, 사회적 학습의 기회와 조건을 완전히 차단하는 것이다. 그러나 이것은 현실적으로 불가능하다. 그렇다면 대안은 무엇인가? 둘째, 사회적 착각을 긍정적인 방향으로 유도하는 것이다. 그것이 바로 학교 인성교육의 몫이다. 4차 산업혁명 사회생태계에서 과학기술에 의한 고도의 인공(기계)지가 사회적 자아를 만들어내는 목적과 수단으로 작용할 것은 자명하다. 이때 인성교육과 사회적 안전망은 어떤 모습이어야 하는가?

> "4차 산업혁명 시대를 성공적으로 이끌어가기 위해 중요한 것은 과학기술의 발전만이 아니다. 기술에 대한 전문지식과 기업가정신으로 무장한 창의적이고 인성

---

3) "예를 들어 보자. 손가락이 하나 없는 친구의 손을 찍은 사진을 어린아이들에게 보여주었을 때 아이들의 대부분은 '착한 일을 많이 하면 손가락이 다시 날거예요'라고 다소 몽상적인 차원의 정신세계로부터 대답이 나온다. 그러나 똑같은 사진을 어른들에게 보여주었을 때 대부분의 그들은 산재보험(産災保險)이나 실직(失職)이라는 현실적인 문제를 떠올릴 것이다. 그것은 옳고 그름을 떠나 사회적으로 학습된 것임이 분명하다. 이와 마찬가지로 개인의 순수했던 자아는 사회와의 접촉과 사회로부터의 온갖 자극에 의한 반응을 통해 전혀 다른 모습으로 전환된다. 이처럼 사회적 학습에 의해 변현된 개별자아는 사회적 착각을 거쳐 사회적 자아 혹은 인성을 만들어 낸다."

을 갖춘 인재육성이 병행되어야 한다. 또한 공정한 경쟁체제와 상생협력을 통해 다양성이 존중되는 (사회 혹은 학교) 생태계를 구축해야 한다."(정 준, "4차 산업혁명 큰 파도, 준비된 서퍼에겐 기회", 중앙일보, 2016. 10. 24일자)

"4차 산업혁명 시대에 인문학의 역할과 책임이 더 크다. 인간의 지능은 기계로 대체될 수 있지만 인간에 대한 이해, 공감능력, 창의력 등은 기계가 대신하지 못한다. 4차 산업혁명 시대의 소양을 갖춘 인재를 키우기 위해 인문학 교육을 통해 휴머니즘을 가르쳐야 한다."(조선일보, 2016. 10. 24일자)

4차 산업혁명 사회생태계에서 사회적 학습은 대부분 인공(기계)지에 의한 혹은 인공(기계)지가 지배하는 가상공간에서 이루어질 것이다. 4차 산업혁명의 총아인 기계지능(AI)이 지닌 가장 취약한 점은 '무언가를 위하여 희생하지 못한다'는 것이다. 인공(기계)지의 존재가치는 정교한 생성, 재생, 반복일 뿐 희생의 가치를 구현할 만한 감성적 능동성은 없다. 고도의 인공(기계)지와 겨루게 될 참담한 능력 대결에서 인간의 소중함을 잃지 않고, 존재론적 가치를 유지하기 위해서는 개선된 학교교육을 통하여 인공(기계)지가 결코 구현하지 못하는 네오-휴머니즘(인성)을 가르쳐야 할 필요성이 있다. 네오-휴머니즘이란 전통적인 지식과 지성 기반의 그것이 결코 아니다. 그것은 오히려 지혜를 지향하거나 슬기를 기반으로 하는 인성의 수호와 회복을 의미한다.

여기서 전통적인 인성과 산업혁명에 의해 전환된 네오-휴머니즘(인성) 사이의 차이점을 규명할 필요가 생긴다. 쉽게 말하면 전통적 인성이란 가정이나 학교의 안전한 환경 속에서 '부모에게 효도하고 나라에 충성하라!'는 선언(宣言)적인 명제들을 학습한 경험의 산물이었다. 그러나 4차 산업혁명 사회생태계에서 인공(기계)지와 거칠게 대결할 수밖에 없는 성장세대에게 이러한 선언적 명제를 (전통적인 방식으로) '마음에 잘 새기라!'고 가르치는 것은 어리석음 그 자체다. 그들에게 반드시 필요한 것은 (아무리 고도의 수준일지라도) 결코 인공(기계)지에게는 없거나 부족한 emotional intelligence, mental balance, digital leadership 등이다. 여기서 가장 중요한 것은 디지털 리더십이다. 이것은 인간생태계를 위협하는 인공(기계)지를 대하는 인간의 냉정하지만 바람직한 태도에서 시작한다.

또한 이것은 인간과 인간의 관계에서 비롯된 전통적인 인성(혹은 인본지)을 인공(기계)과의 관계로 확충시킨 공감과 소통, 도덕성과 공정함, 비권위 혹은 탈권위에 기반을 둔 일종의 휴먼 리더십이기 때문이다. 이와 반대로 차갑고 기계적인 머신 리더십은 기계들 상호 간 소통을 위한 테크니컬 네트워킹으로 인공(기계)지의 몫이다. 결국 디지털 리더십(휴먼 리더십)은 고도의 지능을 갖춘 머신을 만들어 낸 감성기반의 창조적인 인간만이 지닌 탁월한 리더십, 일종의 디지털 포용력이라 할 수 있다. 그것은 인간과 기계의 대결을 지양(止揚)하는 인간정신의 위대성을 담지한 포용의 리더십이기도 하다. 성장세대가 4차 산업혁명 사회생태계에서 살아가는데 필요한 인성은 바로 효도나 충성이라는 선언적 명제, 수학이나 과학 같은 도식화된 지식이 아니라 인본지와 인공지의 하모니를 지향(指向)하는 디지털 리더십(휴먼 리더십)일 것이다.

디지털 리더십 혹은 로보 사피엔스의 특성이 극대화되는 사회생태계에 필요한 바람직한 사회안전망과 관련지어 생각할 때 고도의 디지털 기반 기술생태계에서는 디지털 격차(digital divide)라는 또 다른 심각한 사회문제가 발생할 것이라는 점을 고려해야 한다. 이는 세대 간 갈등이나 부의 편중문제에 버금가는 사회적 문제가 될 것이다. 또한 이것은 사회적 안전망을 위협하는 사회병리 현상이 될 것이다. 권력과 경제의 편재성에서 비롯된 정보나 기술의 편재성이 발생하고, 이는 사회심리적 측면은 물론 물리적 측면의 안전과 개개인의 행복을 위해(危害)하는 방향으로 치닫게 될 것이다. 이러한 문제를 해결하기 위한 현명한 방법은 무엇인가? 로보 사피엔스에 의한 자아의 분열로부터 모든 인간을 '호모사피엔스 사피엔스'의 권위로 복권시키는 인성교육의 실천이야말로 가장 시급한 조치일 것이다. 인성혁명을 통한 훼상된 인성의 복권과 분열된 사회안전망을 복구하는 힘은 교육의 몫이었기 때문이다.

인성혁명이라는 용어를 정의하기 위한 학술담론이나 담론구성체의 근거는 없다. 다만 인류역사를 문명사적 측면에서 조망할 때 각 문명마다 지배적인 인간성과 사회안전망의 특성이 담지되어 있다. 따라서 역사를 고전고대, 중세, 근대, 현대로 가르고 각각의 사회철학에 투영된 인성교육과 사회안전망에 대한 논의는 교육사상 및 사회복지의 고고학이라는 측면에서 의미를 발견할 수 있다. 교육학 이론과 마찬가지로 인성혁명에 대한 담론은 과학계의 혁명과 달리 패러다임 공존의 논리를 따른다. 즉, 제1차 인성혁명기의 공동체적 인성(politike arete), 제2차의 초월적 인성(askese), 제3차의 경제적 인성(homo economicus), 제4차의 기계적 인성(robo sapiens) 등은 비록 미흡할지라도 우리 교육시스템과 사회안전망에서 서로 공존하고 있다.

자신이 속한 공동체를 행복과 존재의 원천으로 삼았던 공동체적 인성(일종의 공공선)은 오늘날 개인주의/상대주의로 만연한 위험사회 및 왜곡된 교육생태계를 치유할 시급한 교육적 과제가 되고 있다. 불완전, 불합리, 부조리한 현실계를 향한 탐욕과 물욕을 제어해주고 초월적 존재자에 대한 경외와 회귀를 기반으로 하는 초월적 인성은 오늘날 영성(spirituality)교육 필요성의 근거가 되고 있다. 자유와 경쟁을 기반으로 형성된 자본주의의 약점을 극복하기 위한 탈(脫)경제적 인성은 보편적 복지를 구현하기 위한 교육적 책무를 자극하고 있다. 인류가 누려온 호모사피엔스 사피엔스의 생물학적 종(種)특성에 대한 심각한 도전에 직면한 현대의 고도기술정보사회 생태계(제4차 산업혁명시대)에서 로보 사피엔스로서 살아가는 인간들에게 필요한 디지털 리더십은 인성교육과 사회안전망 구축을 위한 새로운 지평을 제시하고 있다.

참고문헌

김대식(2016), 인공지능이란 무엇인가: 인간 vs. 기계, 서울: 동아시아.

김수병(2000), 사이언티픽 퓨처, 서울: 도서출판 한송.

라도삼(2001), 블랙인터넷, 서울: 자우.

미래전략포럼(2008), 퓨처 코드, 서울: 한국경제신문사.

이원희(2010), 웹-시대의 지성, 서울: 말·글 빛냄.

차두원·김서현(2016), 잡-킬러, 서울: 한스미디어.

최윤식(2014), 2030 대담한 미래 2, 서울: 지식노마드.

Attali, J.(저), 편혜원 · 정혜원(역)(1999), 21세기 사전, 서울: 중앙 M & B.

Barnes, S.B.(저), 이동후 · 김은미(역)(2002), 온라인 커넥션: 새로운 커뮤니케이션의 공간, 서울: 한나래.

Brown, D.(1997), Cybertrends, London: Penguin Books Ltd..

Drucker, P.F.(저), 이재규(역)(1993), 자본주의 이후의 사회, 서울: 한국경제신문사.

Gardner, H.(1983), Fames of mind, New York : Basic books.

Gates, B.(저), 이규행(역)(1996), 빌게이츠의 미래로 가는 길, 서울: 도서출판 삼성.

Lévy, P.(저), 강형식 외(역)(2000), 지능의 테크놀로지: 정보화시대 사고의 미래, 서울: 철학과 현실사.

Mannheim, K.(저), 송호근(역)(1986), 칼 만하임의 지식사회학 연구, 서울: 홍성사.

McGraw, P.C.(저), 장석훈(역)(2002), 자아(Self Matters), 서울: 청림출판.

Mead, H.(1934), Mind, Self, & Society ed. by Morris, C.W., The University of Chicago Press.

Myers, N.(1990), The gaia atlas of future worlds, New York : Anchor Books.

Papert, S.(1993), The Children's Machine, New York: Basic Books.

Rötzer, F(저), 박진희(역)(2000), 거대기계지식, 서울: 생각의 나무.

Ruggles, R., Holthouse, D.(저), 매일경제지식부(역)(2001), 지식사회의 미래. 서울:매일경제신문사.

Schwab, K. 외(저), 김진희 외(역)(2016), 4차 산업혁명의 충격, 서울: 흐름출판.

Schwab, K.(저), 송경진(역)(2016), 클라우스 슈밥의 제4차 산업혁명, 서울: 새로운 현재.

Sternberg, R.J., Jarvin, L., & Grigorenko, E.L.(저), 박성옥 외(역)(2013), 지혜, 지능, 창의성 그리고 성공, 파주: 교육과학사.

Tapscott, D.(저), 이진원(역)(2009), 디지털 네이티브, 서울: 비즈니스북스.

Tapscott, D.(저), 허운나·유영만(역)(2000), N세대의 무서운 아이들, 서울: 도서출판 물푸레.

Thurow, L.C.(저), 한기찬(역)(1999), 지식의 지배, 서울: 생각의 나무.

Turkle, S.(1984), The Second self: Computers and human spirit, New York: Simon & Schuster, Inc..

Turkle, S.(1995), Life on the screen: Identity in the age of the internet, New York: Simon & Schuster.

Wahlster, W.(2013), Industry 4.0: The Semantic Product Memory as a basis for Cyber－Physical－Production System, Glasgow University Press.

Wallace, P.M.(저), 황상민(역)(2001), 인터넷심리학, 서울: 예코리브르.

Whitby, B.(저), 변경옥(역)(2007), 인공지능: 지성을 위한 도전, 서울: 유토피아.

Williams, C.(저), 최규택(역)(2005), 마음의 혁명, 서울: 그루터기 하우스.

吉川良三 외(편), KMAC(역)(2016), 제4차 산업혁명, 서울: KMAC.

PART

02

내러티브 기반 교수 설계 기초

Instructional meaning of narrative based

Chapter 05

내러티브 탐구 및 사고양식

우리나라 학술담론에서 내러티브에 대한 기초 연구 및 적용을 통한 응용연구는 폭발적으로 증대되고 있어 다행스럽기도 하고 희망적이라고 생각한다. 그러나 지리학적으로 특정 지역에 연구 집단이 편중되어 있고, 연구 성과의 다양성을 높이기 위한 다양한 인적 자원의 참여가 미흡한 것이 사실이다. 주지하듯 우리나라에서 내러티브와 관련된 연구는 탐구방식, 교육과정, 사고양식 등 크게 세 갈래로 전개되고 있다. 특히, 탐구방식으로서 내러티브에 관한 연구 분야는 다양한 전문저서들이 소개, 번역, 출간되면서 그 영역을 넓혀가고 있으며(박순용(역), 2017; 강현석 외(역), 2012; 소경희 외(역), 2011; E.C. Short, 1991 등) 교육과정으로서의 내러티브 연구 분야는 기존의 탁월한 연구 성과를 바탕으로 그 심도와 완성도를 지속적으로 확충하고 있다.

그러나 사고양식으로서의 내러티브에 대한 연구의도와 성과는 상대적으로 취약하다. 이는 내러티브 사고양식에 대한 담론의 불을 지핀 브루너조차(그의 내러티브 전반에 대한 논설을 보더라도) 다른 영역에 비하여 내러티브 사고양식 부문을 상대적으로 미흡하게 다루었다는 사실에서 기인하는 것으로 판단된다. 오늘날 우리교육 현장에서 결과는 물론 과정에서조차 경제성(효율성과 실용성)만을 추구하는 기이한 현상이 도처에서 확인되는데, 한 교육학자로서 이를 비판적으로 성찰할 때 과연 '우리교육의 본질 회복은 가능한가?'라는 근원적인 물음을 던지지 않을 수 없다.

교육인간학적 인식관심을 통해 파악한 보편적인 교육현상의 본질은 인간의 형성에 있어야 하며, 이러한 인간형성의 기본은 종(種)특성으로서 사고의 수월성에 있어야 한다. 이를 고려할 때 브루너가 이미 제기한 사고양식에 대한 반성적 검토와 특히 내러티브 사고양식의 교수학적 탁월성에 대한 이해지평 확대를 위하여 다양한 학자들의 참여를 통한 학술적, 실천적 노력들이 절실히 필요하다.

01 내러티브: 교육의 오브제

내러티브는 가장 오래되고 가장 자연스러운 감각형성의 양태다. 이야기는 우리의 삶을 의미 있게 만들기 때문에 학습장면에서 중요한 의의를 갖는다. 브루너(J. Bruner)(1986)와 로시터(Rossiter)(2005)는 과학적인 앎과 내러티브적 앎의 차이를 구분하였다. 내러티브적 앎은 엄밀한 사실보다 인간의 의미에, 논리적인 것보다 일관성에, 카테고리보다 시퀀스에, 예견과 통제보다 이해에 더 관심을 둔다. 우리는 내러티브로서 삶을 보는 것은 물론 내러티브에 의해 구축되거나 포섭되어 자신을 바라본다. 우리는 일상적으로 다양한 매체들을 통해 이야기를 듣고, 학교나 일상에서 이야기를 말하고, 일기상 등에 자신의 이야기를 쓴다. 로시터와 클라크(Rossiter & Clark)는 이처럼 포섭적(surrounding) 내러티브를 문화적, 가족적, 개인적, 조직적 유형으로 구분하고 있다(S.B. Merriam(et al), 2007: 208–209).

첫째, 문화적 내러티브는 우리가 살아가는 문화적 환경 속에서 이루어진다. 문화적 내러티브는 우리가 살아가고 행하는 방식들에 대한 당연한 가정들을 형성하게 만든다. 문화적 내러티브는 마치 공기처럼 비(非)가시적인 특성이 있기 때문에 인식하거나, 주의를 기울이거나, 반성적으로 살펴보는 것이 쉽지 않다.

둘째, 가족적 내러티브는 신념, 관습, 역할, 습관 등과 같은 가치들을 포괄한다. 이들은 오랜 세월을 거치면서 누가 가족의 영웅이며, 누구 이야기가 자부심을 고양시켜 주는가? 누가 악당이고, 누가 말썽꾸러기이며, 누가 죄인인가? 등과 관련되어 있다.

셋째, 개인적 내러티브는 각자 자신의 삶을 술회하는 방식이다.

넷째, 문화, 가족, 개인이 각각의 내러티브를 갖고 있듯이 조직도 마찬가지다. 조직적 내러티브는 문화나 가족에서와 마찬가지로 조직 내의 지식이나 관습(lore)을 만들어 내거나 표현한다.

교육적인 목적으로 이루어지는 학습장면(특히 성인교육)에서 이러한 내러티브들은 다양한 방식으로 조사, 분석, 도전, 수정될 수 있다. 오늘날 내러티브는 심리학, 인문학, 의학, 법학, 사회연구, 교육학 등 다양한 학문의 장르에서 광범위하게 활용되고 있다. 어떤 영역에서 활용되던 내러티브 차용의 목적은 인간, 삶, 현상들 등에 대한 의미 발견과 그에 대한 해석에 초점을 두고 있다. 특히, 교육학적 측면에서 경험의 중요성에 대한 역사적 인식(혹은 의미 발견)은 학습의 경험들과 밀접하게 연결이 된다. 의미로서의 학습과 의미 있는 것들을 만들어내는 학습활동은 이미 학습으로서의 내러티브 개념을 수용하고 있다. 교육학 분야에서 내러티브는 몇 개의 양태를 띠고 있으며 각각은 학습의 수레바퀴로서 의미를 지닌다. 로시터와 클라크는 이를 세 가지 양식으로 구분하고 있는데, 커리큘럼에서의 이야기, 스토리텔링, 자서전(전기) 등이다(S.B. Merriam(et al), 2007: 209－211).

첫째, 커리큘럼 혹은 코스의 텍스트는 이야기로 취급되고, 학생들은 특정교과의 해석과 이해를 위하여 이러한 텍스트와 상호작용하게 된다. 커리큘럼에서의 이야기는 그 자체로 학습과정이다. 클라크는 이에 대하여 설명하기를 "우리가 무언가 새로운 것을 배울 때, 우리는 그것에 대한 감각을 만들어 내기 위해 시도하고, 그것의 내적 논리를 마음속으로 그려보고, 그것들이 이전에 알았던 내용들과 어떤 연관이 있는지에 대하여 생각하게 된다. 우리는 내러티브적으로 이러한 절차를 수행하고, 내러티브를 학습활동의 오브제로 삼고, 마침내 우리에게 연관된 새로운 아이디어를 만들어내기 위하여 노력한다. 그러한 내러티브의 연쇄적 구성은 우리가 자신을 이해하거나 감각을 만들어 내는 독특한 방식과 관련되며, 나아가 자신을 이해하기 위한 노력으로서의 내러티브화(narrativizing)는 자신에 대한 가시적인 학습을 만들어내는 방식과 연관된다"고 하였다.

둘째, 내러티브로서의 스토리텔링은 픽션, 사례연구, 실천사례, 역할극, 비평적 사변(思辨) 등과 같이 다양한 형태를 갖고 있으며, 이들은 모두 학습자로 하여금 개념, 원리 등을 이해하게 만드는 수단이 된다. 학습장면에서 사례에 대한 이야기는 문제해결을 위해 좋은 교수기법이 된다. 나아가 과거의 경험이야기는 미래행동을 안내하기도 한다. 이야기를 기반으로 하는 지지적(supporting) 학습활동은 학습자로 하여금 간접경험이 가능하도록 만든다.

이야기는 학습자로 하여금 머릿속으로 이해를 가능하게 만드는 유일한 방식이다. 또한 이것은 자신의 생각은 물론 타자와의 연결을 만들어내는(궁극적으로 학습 커뮤니티를 만들어내는) 강력한 수단이 된다. 이러한 이야기들이 학습자 자신의 것이든, 사례든 혹은 픽션이든 그것들은 한 개인을 타자의 관점에서 볼 수 있는 힘을 이끌어낸다. 생생한 경험이 지닌 이야기의 진솔성과 즉시성은 타자의 경험에 대한 공감으로 이끈다. 이러한 방식으로 학습자는 타자의 인식을 수용하는 능력을 심화시키거나 확장시킨다. 삶의 이야기에 대한 공유는 새롭거나 반대가 되는 관점에 대한 저항을 줄여주고 모든 존재자에 대한 인식의 폭을 확장시킨다.

셋째, 또 다른 내러티브양식으로서 자서전(전기)은 자기에 대한, 자기에 의한 것으로 저널 쓰기, 도전이나 꿈, 치료, 블로그, 교육적 전기, 일기 등이 있다(특히, 블로그는 전자기술사회 기반의 네트워크 특성을 반영하여 최근 붐을 이루는 내러티브 양식이다). 어떤 형태로든 인류는 개인이나 집단의 삶의 흔적을 기록으로 남긴다(어거스틴의 『고백록』이나 『안네의 일기』처럼 자전적 이야기가 대중적으로 유명세를 타는 경우도 있다). 비록 유명하지 않을지라도 많은 사람들은 저널 쓰기나 일기 쓰기를 통하여 자신을 마치 거울을 보듯 성찰한다. 현상학-해석학적 관점에서 볼 때 내러티브는 크게 경험, 고백, 성찰의 세 가지 특성을 내포한다.

첫째, 개인적 차원에서 내러티브는 개인의 경험에 대한 일종의 재구성된 텍스트로서 이때 내러티브는 삶의 다른 이름이다. 왜냐하면 경험은 체험된 모든 것들을 망라하는 개념이기 때문이다. 개인적 내러티브는 명시적이거나 묵시적으로 그 개인 속에 머문다. 특히 명시적인 내러티브는 고백이 된다.

둘째, 고백은 복잡다기하고 광범위한 자신의 생애경험들에 대한 일종의 선별적 내러티브라 할 수 있다. 고백은 특정한 경험들에 초점을 맞추고 있으며, 이에 대하여 인지적 재구성을 통해 만들어진 다소 가공된 내러티브다. 이러한 재구성 혹은 재경험은 개인으로 하여금 내적 성찰의 세계로 안내한다.

셋째, 성찰은 일종의 목적론적 회상이며 재구성된 경험의 또 다른 재구성이다.

결국 성찰적 행위는 실제로 경험해보지 못한 추상과 백일몽을 대상으로 하는 것이 아니라 개인의 전(全)생애를 통해 구체적으로 경험된 것들을 오브제로 삼는다. 이처럼 개인적 차원의 내러티브는 확장과 축소작용을 통하여 생생한 체험으로부터 시작하여 생소한 성찰로 이끌려 나간다. 교육적 측면에서 볼 때 이때의 성찰은 자아실현의 또 다른 이름이다. 이 때문에 일반교육의 최종목적이 자아실현이라고 정의한다면 결국 내러티브는 인간교육의 지고한 목적이며 학습의 참된 도구가 되는 셈이다.

02 내러티브: 탐구양식

스토리(story)는 한 사람의 살아온 경위나 그의 이야기를 지칭하는 반면, 내러티브(narrative)는 연구자가 그의 삶에 대하여 기술하거나, 다양한 삶의 이야기들을 수집하고, 자신이 경험한 바를 기술한 것이다. 이처럼 내러티브는 인간의 경험에 초점을 맞추고 있으며, 인간경험의 기본적 구조이고 동시에 인간의 전일적(holistic) 양상이기 때문에 다양한 학문 분야에서 폭발적으로 활용되고 있다(E.C. Short, 1991: 121). 내러티브는 인간경험의 형상을 특성화시키는 일종의 방식으로 사회과학의 다양한 장르에서 다루어진다. 문학이론, 역사학, 인류학, 드라마, 영화, 예술, 이론학, 철학, 심리학, 언어학, 교육학은 물론 진화생물학 등 학술담론체 전반에서 활용되는 내러티브들을 통틀어 내러톨로지(narratology)라고 부른다(E.C. Short, 1991: 121).

전통적으로 내러티브는 문학이론이 주요한 지적(知的) 자원이 되는 인문학 영역에서 유구한 역사를 지니고 있다. 시간의 흐름 연구가 핵심이 되는 사회과학 분야에서 스토리는 내러티브를 구성하는 중요한 수단이 된다. 최근 심리치료 분야에서 내러티브는 의미 있는 공헌을 하고 있다. 특히 심리학 분야에서 내러티브는 심리 연구와 연관이 높은 탐구양식으로 재조명되고 있다. 브루너와 사빈(T.R. Sarbin)도 종종 이러한 심리학 연구 자료들을 인용한 바 있다. 기초적이고 교육적인 차원에서 내러티브의 본질에 대한 연구는 존슨(M. Jonson)의 지식과 언어에 대한 철학적 연구에서 비롯되었다. 교육은 궁극적으로 도덕적이고 정신적인 목적을 내포하고 있기 때문에 맥킨타이어(MacIntyre)의 내러티브 윤리이론과 크리테스(S. Crites)의 내러티브에 관한 이론적 글쓰기는 특히 교육적 연구목적으로 유용하게 활용되고 있다. 이처럼 사회과학 분야에서 가장 광범위하게 활용되는 내러티브는 심리치료와 관련된 연구 성과로부터 유래한다(E.C. Short, 1991: 121－122).

내러티브 속으로(into narrative)의 탐구와 내러티브 탐구는 동일한 표현이므로 내러티브는 현상이면서 동시에 탐구양식이다(E.C. Short, 1991: 121). 내러티브 탐구의 핵심은 교과로 활용하는 경우의 질이다. 본질적으로 내러티브와 삶은 동시적이다. 이러한 내러티브에 대한 탐구양식으로서의 매력은 개인적, 사회적 차원에서 삶의 경험을 적절하고 의미 있는 방식으로 표현하는 능력에 달려 있다. 그러나 내러티브 탐구에는 데이터 조작을 통한 가상의 진술뿐만 아니라 허상의 데이터를 마치 진실인 양 아주 쉽게 사용할 위험과 오용의 위험성이 항상 도사리고 있다(E.C. Short, 1991: 141).

03 내러티브: 사고양식

1) 사고방식

사고방식은 존재의 원천이다. 즉, 우리의 사고방식이 삶의 무늬, 색깔, 모양을 결정한다. 우리는 사는 대로 생각하는가? 아니면 생각대로 사는가? 이러한 내면의 사고방식을 어떻게 관찰하고 분석할 수 있는가? 사고를 하나의 가시적 실재(reality)로 간주하지 않는 한 이러한 물음은 본질적으로 성립 불가능하다. 선험론(a priori)을 주장하는 경우 사고방식은 경험의 부재(不在)가 결코 문제가 되지 않는다. 그러나 이러한 선험론이 사고에 관한 완전한 설명이론이 될 수 없다. 따라서 경험론은 인간사고의 완전성을 설명하기 위한 필요조건이 된다. 경험론에 의하면 사고는 갖가지 외부로부터의 자극에 대한 개인 내부의 반응양식 혹은 주입된 일종의 적응양식이다. 모든 인간은 선험적 사고양식에서 출발하여 점차 성장하면서 자신의 실제 경험을 통해 혹은 외부의 자극에 의해 여러 겹의 사고층이 형성된다. 생존을 위한 사고방식, 도덕성에 대한 사고방식, 공부하는 사고방식 등 지성, 덕성, 체성의 전일성을 형성하는 사고들이 켜켜이 쌓이게 되어 현존(現存)

을 갖추게 된다. 이제 우리는 살아가면서 매 순간 경험하는 것들 하나하나가 개별 사고방식(집단적 사고와 구별되는)을 실현하는 강력한 오브제라는 사실을 인정하지 않을 수 없다.

> "마음은 오랜 세월 동안 배워 온 것들을 끌어당기며, 거기에 매 순간 외부 세계에서 보고 듣는 것과 내면의 느낌을 더해 새로운 방식을 재창조한다. 그리고 개인적으로 만든 것들(크고 작은 모든 사고방식)은 살아가는 방식에 깊은 영향을 미친다."(이상춘(역), 2011: 166-168)

이러한 개인의 사고방식은 결정이 필요한 매 순간마다 개입, 작용하며, 이것은 삶의 여정에서 자신만이 신뢰하는 사고방식(beliefs)을 파악하거나, 그로 인한 이익과 손해의 양상을 깨닫게 만든다. 우리의 사고방식에 대한 설명이론이 아무리 정교하다 할지라도 그 사고방식에 대한 완벽한 인식은 불가능하다. 또한 개인의 삶에 가장 큰 영향을 미치는 사고방식은 깊이 묻혀 있을 가능성이 높다(이상춘(역), 2011: 168). 사고는 다양하다. 인지과학자들의 어려움이 바로 이러한 다양성에서 기인한다. 존슨-레어드(P. Johnson-Laird)는 다양성보다는 다층성(5개 층)의 측면에서 사고양식의 분류법을 아래와 같이 명료하게 제시했다.

표 1 사고형성 과정

Q. 목표가 있는가?	→ 아니오	☞ 백일몽						
	→ 예	Q. 결정론적인가?	→ 예	☞단순계산 (암산)				
			→ 아니오	Q. 정확한 목표가 있는가?	→ 아니오	☞창조		
					→ 예	Q. 의미 있는 정보가 증가하는가?	→ 아니오	☞연역
							→ 예	☞귀납

인간이 경험하는 대부분의 사고는 ① 백일몽 사고(목표가 없는 심적 과정임)와 ② 암산적 사고(목표는 있으나 결정론적임)의 양 극단에 존재한다. 백일몽을 배제한 대부분의 사고는 목표를 갖지만 엄밀한 계산과정처럼 전개되지는 않는다. 예를 들어 예술작업, 과학적 가설, 새로운 어구표현 등과 같은 산문적인 어떤 새로운 것들을 창조하고자 할 때 목표는 갖지만 명료하게 그것의 양상을 정의하거나 설명하기 어렵다. 또한 정답이나 결정된 절차를 따르지 않아도 된다. 사람마다 동일한 문제를 다양한 사고방식을 통해 다양한 해결방식으로 처리해 나가기도 한다. 그러나 정확한 목표가 있는 추리(reasoning)는 ③ 창조적 사고(명확한 목표가 없음)와 다르다. 사람들은 어떤 문제 상황에 직면했을 때 그 현안문제의 해결이라는 당면한 목표가 목전에 실재하지만 문제해결을 위해 도식적인 방식이나 절차에 따르지 않는다.

그러나 일련의 전제들로부터 하나의 결론을 추론할 수 있다. 즉, 연역적 추론을 통해 결론을 하나로 표현하거나 아니면 행동으로 옮기게 된다. 연역적 추리는 전제들을 결론과 연관시킨다. ④ 연역적 사고의 경우는 그 관계가 타당해야 한다. 즉, 전제가 참일 때 결론도 참이어야 한다. 여기서 타당성이란 전제들이 참이라는 것이 아니라 전제늘이 참이라면 결론도 참이라는 것을 의미한다. 이에 반해 귀납적 추리는 의미론적 정보라는 개념을 중요하게 여기고, 이때 한 명제가 고려 대상에서 제거되는 사건이 많으면 많을수록 그것은 더 많은 의미정보를 확충해 나간다. 이처럼 귀납적 추론을 통해 의미정보를 확장시켜나가는 ⑤ 귀납적 사고는 주어진 정보를 증가시키는 체계적인 방식이다. 존슨-레어드는 위의 다층성 구조에서 의미 있는 것은 창조적, 연역적, 귀납적 사고방식이라고 주장한다. 이는 내러티브 사고와의 외연적 확장을 위한 좋은 질료들이다.

2) 개입적 사고

켈러(J. Keller)는 사고의 순차성에 대하여 thoughts → words → beliefs → actions → results로 설명한 바 있다(황현경(역), 2000: 82-83). 사람은 누구나 생각을 한다. 하나의 생각이 아니라 수많은 생각을 혹은 하나의 대상을 수없이 생각한다. 그런 연후에 생각에 상응하는 말을 하게 된다. 반복하는 말은 일종의 신념을 만들어내고, 연쇄적으로 신념은 행동을 유발하고, 마침내 어떤 결과를 빚게 된다. 그 결과에 대하여 또다시 생각하게 됨으로써 모든 것은 결국 사고로 회귀한다는 단순한 도식이다. 따라서 켈러의 관점은 누군가 긍정적인 사고를 하게 되면 긍정적인 언어, 신념, 행동으로 이어져 좋은 결과를 낳게 된다는 지극히 낙관적인 서사를 기반으로 하고 있다. 그러므로 사고의 근원적 정향성은 이미 결과를 예상할 수 있는 지침이 된다. 그러나 이 점에 대하여 그렌트(A. Grant)는 전혀 다른 설명을 제시하고 있다.

> "사람들은 방어적 비관주의보다 전략적 낙관주의가 되는 것이 훨씬 낫다고 생각한다. 그러나 노럼(J. Norem)은 분석적, 언어적, 창의적인 작업에서 방어적 비관주의는 전략적 낙관주의보다 훨씬 불안해하고 자신감도 덜 하지만 성과는 전략적 낙관주의 못지않게 달성한다는 사실을 발견했다."(홍지수(역), 2017: 356)

엄밀히 말하면 사고는 최초의 단계는 물론 진행과정 모든 단계에 개입하게 된다. thoughts → words + thoughts → beliefs + thoughts → actions + thoughts → results + thoughts로 이해하는 것이 오히려 적확(的確)하다. 각각의 단계에 개입하는 사고는 개인의 내외에 작용하는 다양한 이유들에 의하여 일관적이지 않다. 이에 따라 켈러가 의도했던 긍정적인 생각이 항상 좋은 결과를, 부정적인 생각이 항상 나쁜 결과를 가져온다는 것은 수긍하기 어렵다. 이것이 사고의 외연적 확장, 사고방식의 다층성 등을 이해하기 가장 손쉬운 행렬식이다.

3) 내러티브 사고양식

narrative는 '안다'라는 의미의 산스크리트어 gnâ에서 유래된 앎, 잘 알고 있는, 전문가, 능숙함 등의 의미를 지닌 라틴어 gnàrus와 '연관시키다'와 '말하다'라는 뜻을 가진 narrŏ에서 파생된 단어다(White, 1981). 내러티브는 이야기를 만들고, 이야기를 하면서, 지식을 구성하는 것을 의미한다. 다시 말해 내러티브는 이야기하는 것이고, 그 이 이야기는 앎의 문제와 직접 연결된다. 다양한 내러티브이론에서 가장 핵심적인 개념은 경험과 생성이다. 이것은 단지 경험기반 이야기를 향유하는 것에서 그치지 않고, 나의 이야기를 만들어 낼 수 있는 적극적인 사고능력에 초점을 두고 있기 때문이다. 내러티브는 오랜 시간 언어와 문학에서 서사구조를 의미하였으나, 브루너에 의해 패러다임사고 양식(paradigmatic mode of thought)과 상호 보완적인 관계의 내러티브사고 양식(narrative mode of thought)으로 그 의미의 영역이 확대되었다.

전자는 실증적, 발견적, 논리적, 물리 세계, 불변, 검증이라는 특징을 지닌데 반해, 후자는 구성적, 생성적, 서사적, 인간 세계, 가변, 설명이라는 특징을 지니고 있다. 내러티브는 자신에 의해서, 자신에 대해서 그리고 자신을 위해서 말해진 것으로, 이때의 내러티브는 내러티브 사고 양식과 구분되지 않는다. 내러티브의 초점은 자신, 즉 인간의 경험(삶)에 대한 생성에 있고, 기호텍스트(말이나 글)로 대변되는 소통의 특징을 지니고 있다. 따라서 내러티브는 자신에 대한 성찰, 경험에 대한 의미부여, 자아 형성이 전제된다. 브루너는 자아를 언어화된 사상(상황과 형상)의 하나로, 경험의 덩어리에 일관성과 지속성을 제공하는 일종의 메타사상으로 이해한다. 그리고 이러한 메타 사상의 사용, 자아 구성에서 형태를 부여하는 것은 언어가 아니라 내러티브임을 주장한다(강현석 · 김경수(역), 2010: 110). 결국 자아의 구성과 실현은 내러티브를 통해 언어로 표출되고, 이때의 언어는 경험을 통해 재구성된 사상이라고 할 수 있다.

브루너는 『Actual mind, possible worlds(1987)』, 『The culture of education(1996)』에서 패러다임 사고양식과 내러티브 사고양식에 대하여 비교적 상세히 설명한 바 있다. 그에 의하면 지식의 본질은 주로 인과관계를 기반으로 발견적 특성을 지닌 패러다임적 오브제와 맥락관계를 기반으로 생성적 특성을 지닌 내러티브적 오브제로 구분된다. 또한 인간의 고유한 종(種)특성인 사고, 마음, 정신, 생각, 의식, 자아 등을 연구할 때의 패러다임을 크게 두 가지로 가르고 있다. 하나는 논리적, 명제적 패러다임이며 다른 하나는 서술적 패러다임이다. 전자에 작동하는 것이 패러다임 사고양식이라면 후자는 내러티브 사고양식이다. 그 내용을 요약하면 다음과 같다.

이 세계에는 두 가지 양식의 인지적 작용, 즉 사고양식이 있는데 이들은 각각 실재를 구성하고 경험을 배열하는 상이한 방법을 제공한다. 또한 두 가지 양식은 서로 환원될 수 없는 성격을 지닌다. 따라서 불가피하게 하나의 양식을 희생시키면서 다른 한 가지를 무시하거나 혹은 한 양식을 다른 양식으로 축소, 환원하는 것은 불가능하다. 더욱이 삶의 방식에 대한 이들 각각의 양식들은 자체적으로 잘 형성된 각각의 기준 혹은 준거와 독자성의 원리를 사용한다. 두 개의 방식은 서로 다르게 작용하기 때문에 예를 들어 잘 형성된 논리적 논증 구조와 잘 쓰인 스토리 구조는 근본적으로 상이할 수밖에 없다. 패러다임 사고양식은 한 인간의 자아 형성에 논리와 명제를 강조하는 (합리성의 자아를 강조하는) 방식으로, 개인의 체험된 삶을 논리적－체계적－조직적으로 구성하려는 입장과 관점에서 보는 반면, 내러티브 사고양식은 체험된 삶을 서사적으로 형성하려는 태도나 입장을 말한다. 즉, 논리나 연산, 명제를 기반으로 체험된 삶을 설명하는 것이 아니라 서술적 형태도 자신의 삶과 자아를 형성하는 것이다.

패러다임 사고양식은 논리, 수학, 과학 그리고 가능한 한 용이하게 이런 분야에서 작용하는 자동장치와 같은 산물을 잘 전달하도록 도와주는 강력한 보조장치를 발달시켜 왔다. 패러다임 사고양식에서 이루어지는 상상적 적용은 이론, 분석, 논증, 토론, 추론된 가설에 의하여 안내된 경험적 발견으로 이끈다. 이때의 상상은 픽션에서 말하는 그것과 다르게 어떤 형식적인 방법에서 그것들을 증명할 수 있기 전에 가능한 형식적 관련성을 이해하는 비구성적 능력이다. 패러다임 양식은 고도의 추상적인 개념에 도달하는 것에 의하여 특정한 것을 초월함으로써 특정한 것들에 대한 설명적 가치를 부정한다. 한마디로 패러다임 사고양식은 체계적인 논리와 반복적 검증가능성에 대하여 냉정한 속성이 있다.

이와 반대로 내러티브 사고양식의 상상적 적용은 잘 만들어진 스토리, 재미있는 드라마, 믿을 수 있는 역사적 설명으로 이끈다. 내러티브 양식은 그 과정을 나타내는 변화와 결과, 인간 자체 혹은 인간이 행하는 의도와 행위를 다룬다. 이에 대하여 리쾨르(P. Ricoeur)는 내러티브가 인간상태에 대한 관심에서 확립된다고 주장하였는데, 여기서 인간상태란 인간이 개인적 혹은 사회적 차원에서 보여준 의도, 행위, 변화 등을 모두 포함하고 있어 학자에 따라 인간현상이라는 용어로 대체하여 설명하기도 한다(대표적으로 샤르댕(P.T. Chardin)을 들 수 있다).

위에서 살펴보았듯이 내러티브 사고양식이란 말은 브루너의 논설에서 비롯된다. 내러티브는 실재하는 이야기를 넘어서 이야기 만들기라는 적극적인 생산작용을 포괄함으로써 사고양식의 의미를 내포한다. 따라서 내러티브 구성이란 말은 내러티브 생성의 인지적 작동과 동(同)의미적이다. 이 점에서 랜킨(Rankin)은 내러티브를 사고 혹은 의식의 양식으로 간주한다. 내러티브 사고의 핵심은 경험된 것(혹은 경험한 것)을 서사 방식을 통해 내면적 사고체(넓게는 자아) 형태로 재구성해 나간다는 점을 강조하는 것이다. 브루너는 '내러티브 사고양식이란 명확하게 무엇이다'라는 기술(記述)적 완성도의 측면에서 볼 때 크게 집중하지 않았던 것으로 보인다. 다만 자신의 저술을 통해 내러티브 사고의 특징에 대한 설명 혹은 내러티브 사고의 개념적 이해를 위한 전제로 내러티브의 속성을 다음과 같이 정리하여 제시한 바 있다.

첫째, 시간은 물리적인 것이 아니라 인간적으로 적절한 시간이며 의미가 부여되는 시간의 구조를 지닌다.

둘째, 절대적, 보편적, 불변의 원리가 아니라 개별적 특수성과 맥락적 유의성(contextual significance)을 다룬다.

셋째, 드러난 행위(practical action)에 잠재된 의도적 상태의 근원을 (현상학적 – 해석학적 접근을 통해) 찾으려 한다.

넷째, 정형화된 이해방식을 따르기보다 현상학적 – 해석학적 구상을 한다.

다섯째, 인습과 전통 속에 포박된 규범이나 법칙에서 벗어나 새로움이나 일탈을 지향한다.

여섯째, 논리적 명징성이나 인과율적 설명력보다는 다소의 추상성과 모호성을 내포할 수 있다.

일곱째, 내러티브의 역동성과 가치는 갈등을 유발하는 비정형적 상황에 놓여 있다.

여덟째, 대립과 갈등 속에 있는 내러티브라 할지라도 본질적으로 상호 교섭, 절충의 가능성은 항상 열려 있다.

아홉째, 내러티브는 지속적으로 확장하는 역사성을 지니고 있다.

내러티브 사고양식을 가장 잘 이해하기 위한 핵심은 '인간이야말로 자신의 경험된 사실을 자기주도적으로 재구성하고, 이를 누군가와 나누려는 적극적인 정향성이 가시적, 비가시적으로 실재한다'는 가정을 전제해야 한다는 사실이다. 다시 말하면 인간은 누구나 자신을 둘러싼 외계(外界)를 간(間)주관적으로 이해하고, 이를 기반으로 자신만의 지식을 구성하는 형식과 오브제로 내러티브를 적극 활용한다는 것이다. 이 점을 볼 때 내러티브 사고양식은 삶을 이해, 해석, 공유하는 데 필요한 인지적 사고양식으로 체험된 삶에 대한 의미구성 및 새로운 의미구성(자아형성)을 위해 작동하는 일종의 도구적 특성을 지닌다.

내러티브 사고양식은 실재 구성, 의미 만들기, 자아 형성 등과 관련되며 의미 형성과 교섭에서 내러티브적 해석이 중요하다. 이는 이야기를 통해 의미가 만들어지고, 그러한 이야기의 양식은 해석적 개입을 필요로 한다는 내러티브의 아주 단순한 속성에 기인한다. 이에 따라 모든 내러티브는 내러티브 사고의 산물이며, 내러티브 사고는 내러티브를 만드는 인지(사고)적 작동 메커니즘이다. 아리스토텔레스가 이미 지적했듯 내러티브와 내러티브 사고는 이질적으로 독립되어 존재하는 것이 아니라 마치 형상과 질료가 하나의 실재 속에 담겨 있는 것과 같은 모양새이다.

이상의 논의를 우리 교육현장과 연결시켜 생각해보지 않을 수 없다. 안타깝게도 학교라는 독립기구들과 그 안에서 부속화된 기계처럼 기능하는 교사들, 거대 교육 거버넌스로서 '교육부'는 내러티브와 내러티브 사고의 현상학적－해석학적 본질에 대한 진지한 염려와 성찰이 부족한 것이 사실이다. 현행 입시위주 교육생태계에서 수험학습을 통한 패러다임 사고의 무한 확대는 학생들에게 올바른 자아형성은 물론 정치(定置)로부터 철저히 소외되도록 만드는 강력한 힘이 된다.

04 내러티브: 생성과 학습

1) 생성: 내러티브 글쓰기

내러티브 글쓰기는 전문가로서 작품을 만드는 것이 아니라, 자신의 삶을 오브제로 삼아 담담하게 이야기를 하는 형식을 취한다. 내러티브 글쓰기에서는 시간의 긴장과 괴리로 인한 서술자아와 경험자아의 거리를 경험의 내용과 필자의 인식에 따라 적절하게 조절하여 자신의 경험과 기억을 재구성하는 것이 중요하다(성은혜, 2015: 189－202). 따라서 역사적 경험을 살리는 내러티브 글쓰기의 오브제는 자신의 과거 경험에서 적극 끌어들인다. 이러한 글쓰기는 막연한 상상을 바탕으로 꾸며내거나 가공하는 이야기가 아니기 때문에 서술하는 자의 심리부담을 덜

어준다. 그러나 경험의 회상은 기억이라는 점에서 객관적인 사실이라고 말하기 곤란하며, 따라서 내러티브 글쓰기는 경험된 사실(아니면 경험한 사실인가? 프로이트는 나와의 관련성 여부를 떠나 일어났던 사상 전체를 역사적 사실로, 유독 자신이 경험했던 온갖 사상에 대한 기억을 서사적 사실로 구분하고 있는데, 전자가 경험된 사실이라면 후자는 경험한 사실과 매칭된다)을 진술하되 일정 부분 상상이 개입(개입적 사고)할 수밖에 없다. 여기에서의 상상은 경험과 기억의 틈새를 채우는 구성방법이기도 하나 경험하지 않은 사건 혹은 저자의 심리나 소망을 반영하는 방법이 되기도 한다.

담담한 진술에 비해 새롭게 창조하는 행위는 더 어렵고 난처한 일이다. 내러티브 글쓰기에서 중요한 것은 역사문화적 사실보다 가치정향적 진실이다. 이때의 진실은 경험과 창조의 사이에서 얼마만큼 개연성을 바탕으로 자신의 삶과 또 세계의 모습을 제대로 바라보고 있느냐?의 문제와 연관된다. 자신을 적나라하게, 솔직하게, 일관성 있게 토로할 용기를 바탕으로 진실하고 성실한 자세로 자신의 적나라함(마치 거울로 자신을 비추어 보듯)은 물론 나와 관련된 외부의 현실세계와 적극적으로 마주하는 것이다. 내러티브 사고양식은 인간이야말로 자신의 경험을 누군가에게 이야기하며 소통하려는 지극히 보편적이고 대단히 적극적인 성향을 전제로 삼는다. 이때 경험은 역사와 맥락(context) 속에서 이해되고, 내러티브는 그러한 경험을 둘러싼 수많은 요인들과 부단히 상호작용하는 것으로 이해된다. 따라서 내러티브 글쓰기의 핵심적인 오브제로서 수많은 이벤트와 해프닝들은 과거 경험의 단순한 회복(복구)이 아니라, 그러한 과거 중의 일부를 현재 삶에 대해 부단히 개입시키도록 만드는 내러티브 사고의 프로세스와 부단히 작용한다.

현재성을 상실한 과거는 회상의 정확성에서 비교적 자유롭고, 이러한 사실 때문에 기억 주체가 지닌 현재적 욕망에 따라 언제든지, 얼마든지 재구성될 수 있다. 그러므로 기억을 좌우하는 시간은 과거가 아니라 현재인 셈이다. 따라서 우리의 내러티브는 과거경험을 회상하고 현재 시점에서 수동적으로 관조하는 것으로만 끝나는 것이 아니다. 내러티브 글쓰기의 오브제가 비록 과거 속에 갇혀 있을지라도 현재의 회한과 성찰 혹은 대리만족으로 기능하는 이중성을 지닌다. 또한 미래의 희망을 희구하는 삶의 태도(attitude), 적극적으로는 그에 대한 대응방식(혹은 일종의 방어기제)까지 드러낸다. 따라서 내러티브 글쓰기는 성찰적 성격에서 의지적 성격까지 망라한다.

내러티브는 파편화된 경험들을 교직(交織)으로 엮어 플롯을 구성하여 구체적인 시간과 공간을 배경삼아 사건들을 전개함으로써 픽션이 아니라 구체적이라는 장점이 있다. '경험을 사건으로 구성한다'는 것은 '행위하는 어떤 인물이, (맥락적) 상황에서, 왜, 무엇을 위해, 누구와 함께 행위하였는가?'에 대한 느슨했던 서사적 관계망을 구체적으로 서사화(narrativizing) 함을 의미한다. 경험의 구체화를 통한 내러티브 글쓰기는 자아발견, 정체성 확인, 성장의 동기화 등으로 이어진다. 리쾨르는 인간의 삶을 읽어낼 수 있으려면 그것이 이야기로 변환되어야 하고, 삶의 이야기와 역사와 허구에서 차용된 서술 모델을 원용함으로써 이해가 쉬어진다고 주장하였다. 한편 슈라그(C. Schrage)는 이야기하는 자아란 이미 말해진 이야기 속에서 스스로를 발견하고, 또한 지금 형성 중인 이야기에 스스로 관여함으로써 앞으로 확장될 자아 형성을 위해 노력하는 이야기꾼이라고 하였다.

기억과 이야기에 관한 우리의 인식방식에서 결코 간과해서 안 되는 중요한 사실이 있다는 점에 동의해야 한다. 즉, 감추고 싶고 너무 아파서 깊이 묻어 둘 수밖에 없었던 외상, 고통스러웠던 기억과 경험만 가치 있는 내러티브 오브제가 아니다. 예기치 못했던 다양한 경험들이 모두 내러티브 글쓰기 오브제로 가능하기에 때문에 제한적인 단서를 상정할 필요는 없다. 다만 다양한 과거의 오브제들을 끌어들여 구체화하는 경험의 재구성에 내 삶의 가치나 의미를 부여하고, 이와 동시에 자아를 현재적으로 성찰, 탐색하며, 궁극적으로 미래의 자아상을 생성시켜나가는 일련의 시리얼이 중요하다. 이상의 내용을 종합하면 내러티브 글쓰기는 자신과 경험 사이에 놓여 있는 긴장감에 대하여 잠시만 객관적으로 응시하고, 이를 바탕으로 느슨하면서 주관적인 스토리를 만들어 타자와 소통한 후, 이상적인 자아를 만들어내는 일종의 생성(생산적 형성)행위 그 자체에 초점을 둔다.

2) 학습: 귀납적 사고양식

우리는 사고에 대한 세 가지 가정을 할 수 있다. 첫째, 사고는 누구나 무엇이든 할 수 있다(비결정론). 둘째, 사고는 개인과 데이터(외부자극) 간의 능동적인 관계다(상호작용론). 셋째, 사고과정은 순차적인 시계열에 의해 발생한다(발생학적 인식론). 주지하듯 피아제에 의하면 이러한 사고는 동화와 조절의 기제를 통해 개념적 인지구조의 조직+재조직 및 확장이 이루어지고, 동시에 자율적(자기주도적)

인 사고능력(정신과정) 고양이 이루어진다. 이를 학습장면에 적용해 보자.

교육적인 차원에서 사고 생성 및 확장을 위한 일반적인 수업전략은 다음과 같다. 첫째, 의도적으로 학습자를 문제상황이나 학습과제에 직면하게 만들어 실패감을 유발하면서 동시에 탐구의욕을 자극한다. 둘째, 자율적인 학습기회를 유지하기 위해 정보 보류와 정보 일반화를 동시에 수행한다. 셋째, 기존 정보 변용의 책무성 제고 및 새로운 통찰을 위하여 새로운 정보를 수집–재수집하도록 안내한다. 넷째, 학습참여자의 정신작용이 연합, 차별화, 추상화, 전이와 적용의 반복적 위계 속에서 조직화하도록 안내한다. 이때 전략의 핵심은 두 가지, 즉 개념적 사고 생성과 내러티브 오브제에 대한 해석의 적극적인 경험이다. 이를 좀 더 상세화하여 구체적인 방식을 예시하면 다음과 같다.

첫째, 개념적 사고 생성을 위해 학습장면에서 활용 가능한 구체적인 방식은 ① 문제상황이나 학습과제와 관련된 자료의 Differentiation(Listing), ② 유사성의 기초(준거)에 따른 목록의 Grouping & Abstracting, ③ 카테고리 개발과 실제의 Categorizing & Labeling(Naming) 등과 같이 세 가지로 구분된다.

표 2 개념적 사고형성을 위한 학습

표면활동	내면활동(지적 조작)	내러티브 운용	유도질문 예
Listing	변별(목록의 분리와 구별)	to narrative (story telling)	무엇을 보았는가? 들었는가? 읽었는가? 생각했는가? 경험했는가?
Grouping	공통속성의 식별과 추상화	by narrative (discourse)	그것들을 어떤 방식으로 묶을 수 있는가? grouping에 어떤 준거를 적용할 수 있는가?
Naming	위계적 순서 결정	for narrative (speaking & writing)	각 group에 대하여 어떤 용어나 명칭을 붙일 것인가? 무엇이 어디에 속하는가?

둘째, 내러티브 오브제 해석의 방식은 아래와 같이 변별하기, 연결시키기, 생성하기 등과 같이 세 가지 절차에 따라 전개된다.

표 3 사고활동 자극을 위한 학습

표면활동	내면활동(사고 활동)	내러티브 운용	유도질문 예
요점 구별	제시된 혹은 수합된 오브제들을 변별함	to narrative (story telling)	무엇을 보았는가? 목격했는가? 주목했는가?
정보 설명	요점을 서로 연관시켜 인과관계를 결정함	by narrative (discourse)	왜 그것이 발생했는가?
의미 추론	제시된 것에서 추론, 시사점 발견, 외삽	for narrative (speaking & writing)	그것은 무엇을 의미하는가? 무엇이 그런 생각을 하게 만들었는가? 어떤 결정을 내릴 것인가?

이처럼 개념적 사고형성과 내러티브 오브제 해석을 적극적으로 적용하거나 활용하는 수업장면에서 가르치는 자의 교수학적 역할은 무엇인가?

① 정치(focusing): 학습할 주제와 학습자가 수행해야 하는 새로운 인지(사고) 작동을 구축하기 위하여 초점을 맞춘다. 프로세스 초기의 정치(定置)적 상호활동으로 토론 유발이 가장 대표적인 전략이다.

② 확장(extending): 사고수준의 상승(고양)을 위하여 학습참여자를 대상으로 동일질문에 대한 다양한 반응 및 정보의 동화를 유도함으로써 사고의 다양성으로 안내한다.

③ 고양(lifting): 전 단계 사고수준보다 더 고차적인 수준으로 사고를 고양시키는 정보를 제시하거나 적극적인 상호작용을 통해 탐색하도록 허용함으로써 사고의 확장, 심화, 고도화를 도모한다.

④ 조절(controlling): 단순한 연역적 설명을 가급적 지양하고, 상호 간 귀납적인 방법으로 관찰한 제반 현상들을 범주화, 유목화하도록(메타인지 생성을 위하여) 이끈다.

우리나라 학술담론체에서 내러티브에 대한 다양한 연구 성과가 비등하고, 특히 교육학 분야에서 두드러진 진전을 보이고 있다. 그러나 교육학 분야에서의 내러티브연구가 교육과정 및 교수학 분야에 편중되는 경향이 포착되어, 탐구양식은 물론 사고양식 영역까지 이해지평을 확장하기 위한 도전적인 제언이 필요한 상황이다. 즉, 내러티브 사고양식은 교육학의 연구 지평을 확장하기 위한 좋은 소재가 될 수 있다. 나아가 내러티브 사고양식이 교육학이나 심리학이라는 제한된 분야에서 논의되기보다 컴퓨팅적 사고(computational thinking), 시각적 사고(visual thinking), 디자인 씽킹(design thinking), 파괴적/창조적 사고(breakthrough thinking), 경제적 사고(economic thinking), 포지티브 씽킹(positive thinking) 등과 같이 사회과학, 자연과학, 예술학은 물론 간(間)학제적 연구 분야에서 이루어진 사고에 대한 이해방식들과 유기적으로 상호 소통할 때 인간사고의 전일성 파악에 한발 더 다가설 수 있을 것이다. 이를 통해 내러티브 사고양식에 대한 이해지평은 다양성이라는 방식을 통해 확장될 것임은 자명하다. 향후 사고양식으로서 내러티브에 대한 연구는 특히 교육학 영역에서 사고+학습이라는 메타인지이론과 함께 호흡하고, 위에서 열거한 다양한 사고들 및 학습들과 합종연횡(合從連橫)할 때 인간 사고에 대한 폭넓은 인식과 관심을 제고할 수 있을 것이다. 한마디로 다양한 사고는 다양한 수업, 다양한 배움, 다양한 학습에서 비롯된다. 내러티브 사고양식의 외연적 확대를 위한 배움의 다양성에 대하여 종합적으로 논의하고자 한다.

배움이란 무엇인가? 고도의 지적 능력을 지닌 인간은 다른 동물과 달리 지식과 기술, 태도라는 심리적-물리적 원형(protype)을 갖고 있다. 학술적으로 이러한 지식, 기술, 태도 등을 인간의 역량이라 부른다. 행동주의심리학에 의하면 자극(S)+반응(R)이라는 물리적-심리적 조건화를 통해 이러한 역량을 변화, 성장, 형성시켜 나가는 것이 교육이며, 이러한 교육적 상황과 장면에서 변화, 성장, 형성의 주체는 학습자의 몫이다. 전통적으로는 가르치는 자의 지식기반 give행위와 배우는 자의 지식기반 take의 단순한 결합을 합리적인 교육으로 보았으나, 현대 교수-학습이론 연구에 의하면 인습적인 give+take의 교학(教學)체제를 넘어 학습자 참여, 학습자주도, 학습자반응, 학습자관점 등의 형태로 활발히 논의되고 있다.

가장 아름다운 교육은 결코 표준화, 획일화되지 않은 다양성의 공존과 실험정신에서 비롯된다. 교육의 방법론적 복수주의를 지향할 때 인간중심의 학습생태계에서 학생중심, 실용중심, 경험중심 교육의 아름다움을 가르치는 사람과 배우는 사람 모두가 맛볼 수 있을 것이다.

참고문헌

강현석(2016), 인문 · 사회과학의 새로운 연구방법론: 내러티브학 탐구, 서울: 한국문화사.

고요한(2016), 인간현상과 인간교육의 현상학적 이해, 서울: 박영사.

성은혜(2015), 내러티브 글읽기 · 글쓰기의 원리와 문학교육적 의의, 한국문학이론과 비평, 69, 한국문학이론과 비평학회.

Bruner, J.(1996), The culture of education, Harvard University Press.

Bruner, J.(저), 강현석 외(역)(2010), 이야기 만들기(Making Stories), 파주: 교육과학사.

Bruner, J.S.(저), 강현석 외(역)(2011a), 인간과학의 혁명: 마음, 문화 그리고 교육(Acts of Meaning), 서울: 아카데미프레스.

Bruner, J.S.(저), 강현석 외(역)(2011b), 교육의 새로운 지평－마음과 세계를 융합하기(Actual mind, Possible Worlds), 파주: 교육과학사.

Bruner, J.S.(저), 강현석 · 이자현(역)(2014), 교육의 문화(Culture of Education), 파주: 교육과학사.

Clandinin, D.J. · Connelly, F.M(2004), Narrative inquiry: experience and story in qualitative research, San Francisco: Jossey－Bass Publishers,

Clandinin, D.J.(저), 강현석 외(역)(2012), 내러티브 탐구를 위한 연구방법론(Handbook of narrative inquiry, Mapping a methodology), 파주: 교육과학사.

Clandinin, D.J.(2007), Handbook of narrative inquiry, Mapping a methodology, Thousand Oaks: Sage.

Clandinin, D.J. · Connelly, F.M.(저), 소경희 외(역)(2011), 내러티브 탐구(Narrative inquiry), 파주: 교육과학사.

Grant, A.(저), 홍지수(역)(2017), 오리지널스, 서울: 한국경제신문.

Johson－Laird, P.(저), 이정모 · 조혜자(역)(1992), 컴퓨터와 마음: 인지과학이란 무엇인가, 서울: 민음사.

Keller, J.(저), 황현경(역)(2000), 모든 것은 자세에 달려 있다, 서울: 신성상사.

Merriam, S.B., Caffarella, R.S. & Baumgartner, L.M.(2007), Learning in Adulthood:

A comprehensive guide, San Francisco: Jossey-Bass.
Lauritzen, C.·Jaeger, M.(저), 강현석 외(역)(2007), 내러티브 교육과정의 이론과 실제 (Integrating Learning through Story: The Narrative Curriculum), 서울: 학이당.
Postle, D.(저), 이상춘(역)(2011), 마음의 진화, 서울: 한문화.
Short, E.C.(1991), Forms of Curriculum inquiry, State University of New York Press.
Tough, P.(2012), How children succeed: Grit, Curiosity and the Hidden power of Character, London: Random House Books.
Webster, L., Mertova, P.(저), 박순용(역)(2017), 연구방법으로서의 내러티브 탐구 (Using Narrative Inquiry as a Research Method: An introduction to using critical event narrative analysis in research on learning & teaching), 서울: 학지사.

Chapter 06

내러티브 씽킹과 하브루타 토킹*

교육의 역사에서 목적, 내용, 방법 등에 대한 당위론적 정설(定說) 혹은 개설(槪說)은 없다. 그러나 이것이야말로 교육의 이론과 실천을 풍성하게 만들고 다양하게 만드는 원천이었으며, 따라서 교육현상 혹은 교육(학)의 방법론적 복수주의는 이론과 실천의 다양성을 가능하게 만드는 강력한 동인(動因)이 되어 왔다. 그럼에도 불구하고 소위 근대화, 산업화 과정을 통해 교육(학)의 이론과 실제는 경제학과 경영학 담론에 강력하게 포섭되어 교육의 다양성 및 본유성에 대한 논의가 소외의 길을 걷기 시작했다. 본 장의 모티브는 위와 같은 교육(학)계 현실에 대한 비판적 관점과 더불어 다음의 두 가지 현상과 관련된 교육(학)적 인식관심에서 비롯되었다.

첫째, 대학입시 수시전형의 대부분은 소위 지원자의 '학종커리어'와 구술면접을 종합하여 전형한다. 다시 말해 개별 지적(知的) 역량과 더불어 소통장면에서 표현하고 대화하는 능력의 균형에 대한 사정을 지향하고 있지만, 정작 대학에서 진행하는 구술시험 형태나 내용을 보면 '과연 지원자의 진정한 수사와 논변의 역량을 가늠할 수 있는 방식인가?'에 대한 의문이 든다. 소위 상위권대학 지원자들은 단기 고비용 구술과외를 통하여 일종의 기계적 반응양식을 철저히 훈련하여 소기의 목적을 달성하지만 나머지 학생들은 학교교육과정을 통해 전혀 준비되지 않은 구술교육 경험을 바탕으로 이곳저곳 모험을 시도한다. 정녕 중등학교 차원

---

* 고요한, "도야의 전일성: 내러티브 씽킹과 하브루타 토킹", 한국내러티브학회, 『내러티브와 교육연구』, 6(3), pp.109－134를 수정, 보완한 것임.

의 교육과정에서 모든 학생으로 하여금 구술도야가 제대로 이루어지도록 염려하고 배려하는지 의구심이 든다.

둘째, 서울소재 K대학에서는 교양교육의 일환으로 씽킹과 토킹을 융합하는 교과목으로 '사고와 표현 I, II'를 운용하다가 2018년 여러 가지 문제점이 드러나 개편하였다고 공표하였다.

> "본교 기초교육원은 2018학년도 공통교양 교과과정 개편을 통해 기존 "사고와 표현" 교과목의 문제점을 개선하여 "글쓰기" 교과목을 신설했다. 본 교과목은 기존의 "사고와 표현"이 수강생들에게 일방적으로 지식을 전달하거나 교수자에 따라 강의내용과 형식이 균질하지 않았던 문제점을 개선하는 것을 목표로 했다."(K대학교, 2018. 10. 1일자 홈페이지 공고)

위의 공고 내용을 축어(逐語)적으로 살펴보면 '사고와 표현'이야말로 당해대학이 학생들로 하여금 갖추어야 할 교양교육의 핵심으로 여기면서 도입하였지만 운용과정에서 사고, 표현 각각의 학습 측면 그리고 이를 융합하는 교육의 실효성이 낮아 대체방안이 수립, 적용되었다는 것이다. 그러나 이를 좀 더 비판적으로 살펴보면 대학에서 교양의 도야재로 사고와 표현교육이 지닌 근본적인 한계에 부딪친 것으로 해석할 수 있다. 즉, 씽킹과 토킹에 대한 각각의 교학(敎學)은 물론 이를 융합(혹은 복합)하는 교수학적 목적도 모두 실패하였다는 확실한 방증(傍證)이 된 셈이다. 결국 (비록 특정대학에서 일어난 일이지만) 대학의 일반 교양교육에서 의도하는 씽킹과 토킹에 대한 도야 프로그램이나 교과 콘텐츠에 근본적인 한계가 있음을 확인할 수 있다.

이상의 두 가지 현상을 종합해 보면 다음과 같다. 첫째, 대학 신입생을 선발하기 위하여 지원자의 씽킹과 토킹 역량에 대한 검증 장면에서 학교교육과정의 무책임성이 드러났다. 둘째, 대학 교양교육과정에서 일반교양 역량으로 씽킹과 토킹의 도야를 위한 교과목 개설, 운용을 시도했지만 결국 실패했음을 확인할 수 있다. 여기서 우리는 어떤 교육학 혹은 교수학적 거대담론을 제기할 수 있으며 또한 해야 되는가? 라는 교육현상학적 문제제기와 당해 연구의 필요성이 드러난다. 이를 바탕으로 본 장에서는 학교교육의 교수학적 전환에 대하여 텍스트해석연구방법을 통해 학교가 어려움을 겪거나 실패한 두 가지 측면, 즉 사변역량과 수사역량에 의한 전일적 도야 필요성과 가능성을 고찰하였다.

01 두 가지 교육 유산

인간교육의 본유성에 대한 담론에는 정해진 질서가 없다. 이는 앞서 제기한 교육(학)의 방법론적 복수주의에 그 원인이 있다. 이에 따라 교육의 본유성에 대한 논거는 연구자의 인식관심에 따라 상이할 수 있다. 본 장에서는 인간교육의 본유성을 도야 현상으로 전제(前提)하고 이에 대한 두 가지 고전적 유산(씽킹과 토킹)을 상정(想定)한 후 이의 현대적 계승 차원에서 살펴보았다. 이는 대부분의 대학에서 교양기초 혹은 필수과목으로 『사고와 표현』 과목을 운용하며, 초·중등 교육과정에서 모든 교과목 운용의 기초로 권장하고 있는 생각하기－생각나누기－생각 만들기라는 일반적인 모듈을 고려할 때, 도야(교육)의 기초는 생각하고(씽킹), 생각 나누는 것(토킹)이라고 여겼기 때문이다.

역사적으로 씽킹과 토킹을 교육의 본질로 끌어들인 세력은 고대 헬라의 소피스트들이다. 그들은 sophistes(선생님)라는 이름으로 청소년교육의 목적, 방법, 내용 등에 대한 거대담론의 정초를 마련하였다. 이를 바탕으로 플라톤과 이소크라테스(Isocrates)는 두 가지 입장을 대표하는 원조가 되었다. 우리나라 교육학계에서 이소크라테스에 대한 이해는 플라톤에 비하여 빈약하기 그지없다. 그러나 몬로(P. Monroe)는 아래와 같이 그를 소크라테스, 아리스토텔레스에 버금가는 위상에서 세계교육사 연표에 등장시켰다.

우리나라에서 이소크라테스의 교육사상에 대한 연구는 오인탁(1994), 성기산(1995), 연세대학교교육철학연구회(1998) 등에 의하여 널리 알려지게 되었고, 예거(Jaeger, 1944)와 마루(Marrou, 1956)의 책이 번역되면서 이를 배경으로 그의 수사학적 도야에 대한 뛰어난 담론이 지속적으로 조명되고 있다. 본 장에서는 다소 작위적일지라도 논의의 효율성을 위하여 플라톤을 사변적 도야, 이소크라테스를 수사학적 도야로 정치(定置)한 이항(二項)모형을 적용하여 논의하였다.

표 1 고대헬라 주요 연표

정치적 사건	철학자, 소피스트	교육 저작	의미있는 교육사건
-페르시아대전 (500-479) -델로스동맹 (477-450)	-탈레스(c.624-548) -피타고라스(c.580-500)	-일리아드	-솔론의 입법(594)
-펠로폰네소스 전쟁(431-404)	-고르기아스(c.485-380) -프로타고라스(c.480-411) -소크라테스(469-399) -플라톤(420-348) -이소크라테스(436-338) -아리스토텔레스(384-322)	-플라톤의 국가(c.395) -이소크라테스의 소피스트에 대항하여(390), 계급이동(354)	-프로타고라스의 아테네학교(445) -이소크라테스의 아테네 수사학교(392) -플라톤의 아카데미아(386) -아리스토텔레스의 리퀘온(335)
-마케도니아 제국 수립(338) -그리스의 몰락 (146)		-아리스토텔레스의 정치학(c.330)	

자료출처: P. Monroe, 1915, p.27을 재구성함.

1) 대립과 갈등

마루는 이소크라테스와 플라톤을 라이벌 혹은 교육의 두 기둥이라고 표현하였다(H.I. Marrou, 1956: 135). 이에 따라 아카데미아에서 수행하는 철학적 교육과 도야는 이소크라테스의 수사학교에서 진행하던 수사학적 교육과 도야에 대한 강력한 비교, 경쟁대상이 되었다. 이는 플라톤과 이소크라테스가 교육과 도야에 관한 서로 상이한 관점을 보여주었기 때문이다. 이러한 전형들은 오늘날까지 계승되어 온 교육 본질에 대한 두 가지 이해형식의 근원이 되고 있으며 여전히 충돌과 화해를 도처에서 반복하고 있다. 플라톤의 사변적 도야와 이소크라테스의 수사학적 도야는 각각의 양식에 씽킹과 토킹을 매칭시킨 일종의 이항모형으로 이루어졌으나 결론부터 말하면 화해의 길만이 교육본질에 한 걸음 다가서는 길이 될 것이다. 예거에 의하면 사변(철학)과 수사학의 투쟁은 인류역사에서 문화와 교육을 주도하는 두 가지 주요한 동기(leitmotiv)로 작용하고 있다(W. Jager, 1944: 105).

"플라톤의 파이데이아가 사유(사변)형식의 혁명을 강조하는 개념이라면 이소크라테스에게 파이데이아는 공동체문화의 언어에 담겨 있는 교양과 질서의 내면화이다."(연세대학교교육철학연구회, 1998: 129)

"플라톤은 언어를 사유의 통로요 지평으로 이해하고 발전시켰다. 반면에 이소크라테스는 언어를 사유가 아니라 행위의 지평으로 이해하고 이 지평위에다 고양된 언어문화를 이룩하였다. 인간의 영혼은 수사학적 도야 혹은 고양된 언어의 내면화를 통해 인간애에 이르고, 언어 아래서 도야된 인간의 영혼은 공동체적 인간관계의 경험을 통해 순수해진다. '사람다움'이란 수사학적 혹은 언어적 개념이다."(연세대학교교육철학연구회, 1998: 135; H.I. Marrou, 1956: 134)

위의 언설들에서 드러나듯 플라톤은 사변적 성찰(사유)에 의하여 이소크라테스는 대화를 통한 사유에 의하여 인간이 된다고 여겼다. 이처럼 수사학에 대한 플라톤의 투쟁과 사변학에 대한 이소크라테스의 반목은 일견 대립과 갈등으로 보였을지라도 궁극적으로 두 거두(巨頭)는 화해의 길을 지속적으로 모색하였다.

주지하듯 플라톤이 생각하는 이상적인 교육된 인간은 웅변가가 아니라 철인(哲人)이었다. 그는 이소크라테스가 말하는 언어적 반성(일종의 도야)이 아니라 사변적 반성으로 도야된 사람이다. 이를 단순하게 볼 때 플라톤이 구상한 교육과정 설계의 핵심은 사고의 도야(사변능력)에 있다. 그는 언어적 도야를 기반으로 사고의 기초가 되는 수학적 도야를 거친 후 가시적 사물과 세계를 바르게 인식하는 오성을 획득하게 되고, 이를 넘어서는 사변능력으로서 영혼의 자세를 도야한다고 여겼다(연세대학교교육철학연구회, 1998: 102). 플라톤은 영혼의 자세 혹은 고양된 정신을 에토스(ethos)로 보았고, 이것은 교육의 최종목적이 되었으나 이소크라테스가 교육의 핵심으로 여긴 로고스(logos)와 분명하게 대립하고 있다.

"플라톤은 마음의 상태를 상상, 신념, 사고, 지식이라는 용어를 사용했다. 어의대로 마음은 영상에 대하여 상상하고, 사물에 대하여 믿고, 공리적인 가정에 대하여 사고하고, 형상을 인지하고 안다."(성기산(역), 1995: 57)

플라톤은 소피스트 무리를 잇속에 빠져 논쟁을 좋아하는 사람들이라 평가절하했다. 또한 소피스트들이야말로 현실에 기반을 둔 상상하고 믿고 사고하는 것이 최종의 지혜라 믿는 습성이 있다고 비난하였다. 그리하여 플라톤은 그들이 상상하고 믿고 사고하는 능동적인 삶을 영위한 후에 사변적 사유를 통해 궁극적인 지식을 얻을 수 있다고 여겼다(성기산(역), 1995: 59). 그럼에도 불구하고 그는 소피스트들이 좋아하는 현실기반의 이야기를 통한 도야방식에 대하여 전적으로 부정하지는 않았으나 그의 속내는 여전히 구어와 문어에 대한 불완전성을 떨쳐버리지 못했다.

> "문어적 화법도 지혜가 발견될 것이라는 것을 보장할 수 없다. 의심의 여지가 없고 합리적인 종류의 화법은 지식을 가지고 학습자의 영혼에 기록되는 것이다. 그것은 자기변호를 할 수 있고, 누구에게 말하고 누구에게 말하지 말아야 하는 그런 종류의 것이다. 궁극적으로 신뢰할 수 있는 것은 구어도 문어도 아니다."(성기산(역), 1995: 75)

결론적으로 플라톤은 개인의 언어 사용 자체가 변증적 과정을 거쳐서 비로소 사고가 일어난다고 보았다. 다시 말하면 '학생들이 그들 내면에 있는 것을 생각하게 (자극)하거나 상기시키기 위하여 교사들이 사용하는 언어(일종의 변증적 대화 혹은 철학)를 통하여 사고하는 것을 학습하고, 나아가 인식하는 것을 학습하게 되고, 그 후 그 학생이 사고할 수 있는지 또는 인식할 수 있는지 여부를 결정할 수 있다'(성기산(역), 1995: 75)는 것이다.

플라톤의 교육이론이 사변적 인문주의(philosophy: 철학)라면 아래에서 다루게 될 이소크라테스의 그것은 수사학적 인문주의(philology: 문헌학)로 구분할 수 있다(H.I. Marrou, 1956: 131). 즉, 이소크라테스가 대화나 웅변에서 사용되는 언어 자체에 이미 도야의 형식과 내용이 포함되어 있다고 본 반면, 플라톤은 개인적이든 사회적이든 언어는 사고의 도야를 위한 사다리 혹은 거룻배의 역할일 뿐이라는 점에서 강력하게 충돌한다.

한편 이소크라테스는 좋은 언어는 좋은 사고의 적절한 상징이라고 했다(H.I. Marrou. 1956: 134). 언어적 사고인가? 사고의 언어인가? 이 점에 대하여 이소크라테스는 명료한 입장을 견지했다. 그는 수사학을 영혼 단련의 유용한 학문으로 여겼다. 수사학은 생동적으로 청중을 사로잡는 효과를 동반하는 연설의 예술이며 이론이었다(연세대학교교육철학연구회, 1998: 114). 이러한 수사학은 다음의 두 가지 본질을 내포하고 있다. 첫째, 법칙의 암기와 솜씨의 훈련으로 매개되는 기술이 아니다. 둘째, 사적 이익을 추구하는 사람들의 목적 추구를 위한 기예가 아니다.

이소크라테스는 산문의 대가였기 때문에 화법을 영혼이나 사고 건전성 및 표현의 아름다움을 이루는 모형으로 간주하였다(성기산(역), 1995: 105). 이소크라테스에게서 화법의 고차원적인 이름은 로고스(logos)다. 말, 이성, 연설, 논리적이고 예술적인 화법을 아우르는 의미로 사용하는 로고스는 그가 가르쳤던 교육의 원형으로서 파이데이아(paideia)의 가장 중요한 요소이었다. 다시 말해서 언어의 로고스는 이소크라테스에게 파이데이아의 상징이요, 문화창조의 본질이었다(연세대학교교육철학연구회, 1998: 134).

고전고대 교수학에서 로고스는 인간적 도야를 증진시키는 합리적 도구이며 이러한 도야에 바탕을 둔 표현의 구사는 언어에 대한 직관을 요구한다. 소피스트를 비롯한 수사학자들은 씽킹과 토킹이 비논리적으로 결합되었을 때, 개인적 차원에서 판단 및 사고의 민첩성을 길러준다고 믿었다. 또한 바른 단어의 구사는 바른 사고의 명징한 증거이며 그것은 인격의 반영에 다다른다. 개인은 물론 사회적 차원에서 인격을 담고 있는 언어는 논리적으로 따질 수 있는 것이 아니라 경험을 기반으로 하는 습관에 배어 있다. 이는 과학적－수학적 언어에서 필요한 논리적 구조와는 사뭇 다르다. 이러한 생각들을 바탕으로 이소크라테스는 이성, 언어, 로고스는 도야라는 현상 속에서 하나가 된다고 간주했다.

수사학적 도야 이념과 사변적 도야이념의 투쟁에서 헬레니즘 시대에는 이미 전자가 학교교육을 지배하고 있었다(연세대학교교육철학연구회, 1998: 117). 따라서 이소크라테스가 생각하는 진정한 교육은 논쟁기술과 정신의 조화로운 다면적 도야였다(연세대학교교육철학연구회, 1998: 127). 그는 '누가 과연 도야된 자(혹은 교육된 자)인가?'라는 질문의 대가였다.

> "우리의 마음에 서로 설득하고 우리가 무엇을 원하든 간에 서로 분명히 밝힐 수 있는 로고스의 힘이 박혀 있기 때문에 야수에서 벗어날 수 있을 뿐만 아니라 함께

모여 도시를 세우고, 법률을 제정하고, 예술을 창안했으며 인간이 고안한 제도를 만드는데 유용하였다. 로고스를 통하여 서로를 교육하고 현명한 사람을 평가한다. 말 잘하는 능력은 건전한 이해의 확실한 지표이며 진실하고 공정하고 합법적인 화법은 착하고 성실한 영혼을 가진 사람의 눈에 보이는 모습이기 때문이다. 로고스의 도움을 받아야 지혜롭게 일을 처리할 수 있다. 우리의 사고는 물론이고 행동의 경우에도 로고스는 안내자이며 가장 지혜로운 사람들이 그것을 가장 잘 사용한다." (성기산(역), 1995: 102–103)

로고스 개념을 바탕으로 이소크라테스는 플라톤이 정립한 철학(사변적 도야) 개념에 대한 다른 생각을 가지고 있었다. 그가 말하는 철학이라는 말은 일반교양 수준에서의 교육(paideia)의 의미를 지닌다. 보다 좁게 말해서 그가 이해하는 철학은 화술(話術)계발과 크게 다르지 않고 따라서 학교의 존재이유는 모든 학생들로 하여금 화술이 충분히 도야되도록 진지하게 안내하는 데 있었다.

"플라톤이 말하는 철학에 대하여 이소크라테스는 그것은 일반적인 교양을 의미할 뿐 엄밀히 말하면 화법의 교육을 의미한다. 이소크라테스가 생각하는 교육은 지성의 탁월성에 도달하도록 보조하는 역할일 뿐 본성, 연습, 훈련을 통해 웅변(대화능력)에서 탁월해지는 것이다."(성기산(역), 1995: 88)

언어를 매개로 하는 웅변의 탁월성은 사회적, 국가적인 차원에서 설득의 기술로 드러난다. 일종의 언어적 사회화를 그는 설득하는 수사의 힘이라고 표현했으며, 이 용어는 당대의 사회적 문제는 물론 학교교육의 병폐를 적나라하게 지적하는 합리적인 도구로 적극 활용했고 이는 다음의 두 가지 글에 잘 드러나 있다.

"공동체의 모든 관계에서 언어의 끈들이 개입한다. 언어 없이 관계도 없고 현실도 없다. 자신의 의견을 정확히 진술하고 설득하는 수사의 힘은 개인만이 아니라 사회나 국가단위에서도 매우 중요하다. 서툴고 악의적인 서사(敍事)는 공동체의 귀중한 에너지를 쓸데없는 곳에 낭비시킨다. 글쓰기가 아닌 암기 위주의 교육이 수사 부재의 공동체를 만든다. 수사가 빈약하므로 설득 기술이 부족하고, 설득하지 못하므로 언어 외적 힘으로 밀어붙이는 게 능사인 사회가 된다. 좋은 수사는 또한 사람들 사이의 관계를 민주적으로 발전시킨다. 나아가 권력이 아니라 논리력과 합리적 설득력이 우선인 사회는 얼마나 건강한가. 그런 사회에서는 논리적인 자식의 말을 받아주는 부모가 많으며 학생의 합리적 주장에 귀 기울이는 선생이 넘쳐난다."(중앙일보, 2016. 8. 6.일자)

이소크라테스는 가장 지혜로운 자는 플라톤이 말하는 관조(觀照)하는 자가 아니라 언어 능력이 가장 뛰어난 자라고 규정했다. 그에게 언어는 교육의 본질이다. 왜냐하면 언어에 교육이 근거하고 언어 속에서 교육이 완성되기 때문이다. 언어적(혹은 수사학적) 도야는 학생들을 사회적 대화에 참여할 수 있는 능력, 정치적 주장의 능력, 윤리적 실존의 능력을 갖추게 된다.

오인탁(1994)은 이에 대하여 인간의 현존에 대한 언어의 해석학적 기능을 세 가지로 설명하고 있다. 첫째, 인간 개개인의 고독한 사유가 아니라 사회적 차원에서 이루어지는 공공의 대화가 문화를 번영하게 되므로 도야의 고유한 지평은 공동의 언어로 묶여 있는 일정한 언어형식으로 정리된 세계 안에서의 공동생활에 대한 이해다. 둘째, 언어에 의한 교육과 도야는 이 세상에서 구체적인 생활의 성공적 이행을 목표로 삼고 있다. 셋째, 말의 형성하는 힘에 대한, 언어의 표상이 만들어 주는 심층작용에 대한, 범례적인 것의 결정하는 힘에 대하여 신뢰한다(오인탁, 1994: 137－138).

2) 화해와 포용

언어에 대한, 언어에 의한, 언어를 위한 도야가 이소크라테스의 교육이론이라면 언어를 통하지만 언어를 뛰어넘는 도야가 플라톤 교육이론의 전형(典型)이다. 결국 언어라는 용어 속에는 두 가지 교육모형 혹은 두 사람의 입장 간 화해 가능한 첫 번째 접점이 숨어 있다. 변증적으로 사고하는 힘이 말하는 기술을 고양시키는가? 화법기술을 연습하고 단련하는 힘이 말 잘하고 사고하는 힘을 습득하게 만드는 원천인가?

변증적 도야를 통한 사고의 탁월성과 수사학적 도야를 통한 웅변(표현)의 탁월성에 대한 이해방식은 교육된 인간을 바라보는 두 사람의 전혀 상이한 입장차를 만드는 근원이 되었다. 이러한 플라톤과 이소크라테스의 이견은 사고(씽킹)와 화술(토킹)이라는 점에서 명료하게 구별된다. 그러나 그 둘의 마음속에서는 자신의 주장에 대한 우위성과 더불어 상대 입장에 대한 너그러운 배려도 공존하여 관점과 인식의 화해 무드를 추구했다. 이 점에서는 이소크라테스가 플라톤보다 적극적이었다.

이소크라테스는 화법의 요소들과 특질들을 계발함으로써 좋은 사람을 위한 교육이 가능하다고 여겼다. 그가 파악한 언어적 표현(로고스)은 사고를 위한 것이 아니라 오히려 사고로부터 나오는 것이다. 앞서 살펴본 바와 같이 플라톤이 개인의 탁월성(excellence)을 사변도야에서 뛰어난 능력을 갖춘 것으로 본 반면, 이소크라테스는 훌륭하고 고상한 화법으로 말하는 연습에 충실하여 좋은 사람의 특질을 모방하는 능력으로 간주했다.

> "좋은 담화는 올바른 사고를 수반하고 그 결과 옳은 행위를 함축한다고 가정했다. 그래서 이소크라테스는 자기 학생들에게 수사의 기술을 훈련시키는 것이 학생들로 하여금 정직하고 성공적인 삶으로 인도하는 것이라 여겼다."(성기산(역), 1995: 92)

> "이소크라테스는 철학이란 사고자체를 위한 그리고 사고의 합리적인 표현(logos)을 익히는 것, 말하자면 교양 있는 화법으로 정의했다. 로고스에는 언설이나 구어에 국한하는 것이 아니라 표현된 내적 사고와 논리적 사고가 포함된다. 로고스는 이해하는 사람의 가면이고, 인격의 반영이며, 영혼의 내면적 덕을 표면적으로 표현하는 모습이며 사적이고 공적인 일의 수행과 관련된 기능이다. 이소크라테스는 이러한 힘과 기능이 언어 덕분으로 보았기 때문에 언어교육은 단순한 웅변훈련이 아니라 인문학적 교양이라 부르는 거의 모든 것을 망라하는 건전한 교양교육이었다. 그것은 표현, 이성, 느낌, 상상력의 계발이고 교양 있는 삶을 영위할 수 있도록 전인을 양성하는 것이다."(성기산(역), 1995: 91)

수사학(언어)적 도야는 연설능력을 소유한 출중한 연설가 양성을 목표로 삼지 않고, 인간의 전체적 성장을 목표로 삼는다. 다시 말해 '이소크라테스가 말하는 수사학적 도야의 핵심은 수사적 눌변이나 달변, 묘사나 논파기술이 아니라 주제를 정확하게 파고드는 언어사용능력, 사물을 투시적으로 서술하는 능력, 영혼을 일깨우고 변화시키는 언어의 힘을 기르는 것이다.'(오인탁, 1994: 269-270)

화해의 또 다른 접점은 전인(全人)에 있었다. 플라톤과 이소크라테스는 도야의 형식과 내용면에서 서로 다른 길을 걸었을지라도 영혼의 순수함, 완전성을 지향하는 전인이라는 꼭짓점에서 서로 만나고 있었다. 플라톤이 고양된 사유를 통한 영혼의 도야를 추구했다면 이소크라테스 역시 수사학의 고유과제인 영혼의 도야를 지향했다. 영혼의 도야로서 수사학은 일종의 형식적 도야수단일지라도 이를 넘어서는 윤리적, 정치적 자질 구유를 위한 보편도야의 성격을 띠고 있다(오인탁, 1994: 147). 한마디로 이소크라테스는 사고와 표현의 통일, 공공의 관계적 도야와 개인의 인격적 도야의 통일을 추구했다. 이는 오늘날 슬로건으로 전락하고만 전인교육의 본질을 복원하는 중요한 시사점이 되고 있다.

02 현대적 계승

21세기 들어서면서 우리 교육(학)계에서는 내러티브와 관련된 연구 지평이 급격하게 확충되었다. 대구, 경북을 중심으로 촉발된 브루너 연구의 동력이 외연적인 확장을 거듭하면서 한국 교육학 학술담론은 물론 교육현장에 유용한 담론거리를 풍부하게 제공했다. 이러한 추세의 가장 많은 부분이 내러티브 기반 교육과정 검토와 개발에 경도(傾倒)된 느낌이 없지 않으나 지속적인 이해 및 연구 지평의 확충을 통해 내러티브교육 담론이 풍성해질 것으로 기대된다.

1) 내러티브 씽킹

플라톤의 사변적 도야이론은 현대에 이르러 브루너의 통합적 인간이해의 방식인 내러티브 담론으로 전승, 화려하게 부활하였다. 즉, 플라톤이 말하는 영혼의 구성은 브루너의 자아-구성(강현석 외(역), 2010: 100)이라는 이름으로 재탄생했던 것이다. 이에 대하여 브루너는 나는 플라톤적인 성향을 가지고 따를 것(강현석 외(역), 2011: 40)이라고 당당히 진술했다. 그가 말한 플라톤적 성향이란 플라톤이 도식적으로 설명한 에피스테메(episteme)에 대한 이해방식을 자신의 사고양식을 설명할 때 반성적으로 적용했음을 시사한다. 에피스테메는 고대그리스어 ἐπίστασθαι, ἐπιστήμη에서 유래하며, 동사로는 '안다, 이해한다'를, 명사로는 지식, 과학, 이해 등을 의미한다. 플라톤은 이를 비과학적 신념인 억견(doxa)과 대립되고, 일종의 기술로서 테크네(techne)와 구별되는 특징이 있다고 설명하였다. 브루너가 제기한 사고양식으로서의 내러티브는 바로 이러한 플라톤의 인식에 대한 이해방식을 계승했다고 볼 수 있다. 이에 대하여 논의하면 다음과 같다.

브루너는 내러티브를 사고양식, 지식구조, 교육과정 등으로 구분하여 논의하였다(J. Bruner, 1996: 39－42, 119). 내러티브 사고양식이라는 용어는 브루너의 저작에서 유래한다. 사고양식은 다른 두 요소에 비하여 상대적으로 논의거리가 부족한 것은 사실이다. 그는 내러티브가 단순히 스토리(텍스트), 담화(스토리텔링)를 의미하는 것이 아니라 이를 넘어서는 이야기 만들기, 즉 내러티브를 사고양식으로 파악함으로써 편협했던 내러티브 이해의 지평을 확대시켰다. 내러티브 사고는 물리적 사물세계보다 인간의 의식과 생생한 삶의 문제를 다루기 때문에 현상학적, 해석학적, 기호학적, 간주관적 성격을 지닌다(강현석, 2016: 317). 인과율적 사고를 원칙으로 삼는 패러다임 사고와 달리 내러티브 사고는 지식이나 의미란 구성되는 것으로 보아 구성주의이론과 상호텍스트적 특성을 지닌다(강현석, 2016: 242). 이때 사고는 사변적 구성체라기보다 일종의 경험(담화)적 구성체라고 보는 것이 타당하다.

내러티브 사고는 인간이 삶을 해석하는데 사람이 경험하는 사건, 인물, 행위, 감정과 정서, 의도와 생각, 상황과 장면 등을 총체적으로 통합시켜주고 특정 경험이 이루어지는 맥락 속에 위치시켜 주는 인식의 틀이다. 내러티브 사고는 어의적으로 내러티브를 만드는 마음의 인지적 작용이며, 내러티브 오브제는 내러티브 사고의 산물이다. 내러티브 사고에서 인간은 자신들의 경험을 이야기하려는 보편적 성향을 전제로 한다(강현석, 2016: 69, 240).

브루너는 내러티브 사고에 대한 개념을 구체적으로 정의하지 않았다. 다만 패러다임 사고에 대한 대립항으로 그 특징을 개진하였다. 이러한 내러티브 사고는 인식론적 변화의 중요한 단서를 제공한다(강현석, 2016: 241). 내러티브 사고는 실재 구성, 의미 메이킹, 자아 형성과 관련된다. 내러티브 사고는 내러티브를 만드는 마음의 인지적 작용이다. 내가 사는 세상을 이해하고 그 세상에 대한 지식을 구성하는 데 이야기를 활용한다. 즉, 내러티브 사고란 삶을 이해, 해석, 전달, 공유하는 데 필요한 사고양식으로 의미를 만들기 위하여 사용되는 핵심적 도구이다.

논리적 진술문의 구조를 가지면 인과논리를 가지는 과학적 지식으로 볼 수 있는 패러다임 사고양식과 달리 내러티브 사고양식이란 서술된 이야기 구조를 가지며 임의성을 띠고 비논리적 서술체이다. 내러티브 사고는 인간 삶의 의미를 전일적으로 파악하는 데 그 목적이 있으며, 이를 위해서는 다양한 방법이 가능하고, 이때의 파악 혹은 이해는 인과율적 실재를 상정하지 않는다(강현석, 2016: 70, 239).

브루너의 내러티브 씽킹을 플라톤의 사변적 도야의 유산으로 파악하는 근거는 무엇인가? 브루너에 의하면 지식의 본질은 발견적 특성을 지닌 인과율보다 생성적 특성을 지닌 발생론의 관점에서 보는 것이 타당하다. 플라톤의 사변적 도야는 단순히 지식의 축적과 연합에 있다기보다 근본적으로 지적 생성과 확장에 있었다. 이를 볼 때 내러티브 사고는 영혼의 도야를 강조했던 플라톤의 사고에 대한 이해방식을 온전히 전승했다고 할 수 있다.

2) 하브루타 토킹

하브루타는 수사도야(토킹)의 고전적 유산이면서 동시에 현대적 계승이라는 이중성을 지닌다. 하브루타를 고전적 유산 부문이 아니라 현대적 유산에서 다루는 이유는 하브루타에 대한 전승과정을 살피기보다 이의 현대적 재해석과 오늘날의 학교 적용을 주장하는 담론이 활성화된 이유에 대하여 해석학적−현상학적 고찰을 시도하기 위함이다. 우리가 토론(토킹)을 담론하는 이유가 무엇인가? 왜 교육의 본질을 논하며 토론을 말하는가? 그 이유는 토론교육이야말로 교육의 본질을 함축적이며 포괄적으로 담고 있기 때문이다(이순오, 2018: 67).

하브루타란 본질적으로 질문, 토론, 논쟁하는 모든 현상을 말한다. 페어(짝)가 되어 친구가 스승이고 역으로 내가 친구의 스승이 되어 서로에게 사고의 확장을 자극하고 표현하는 힘을 서로 겨루거나 교환하는 역동적인 장치다. 하브루타는 질문과 내러티브를 수단으로 아이들이 자연스럽게 공부(도야)하도록 만드는 힘이다. 결국 하브루타의 본질 혹은 토대는 이야기다. 이야기로서의 대화는 당면 문제를 풀기 위한 도구적 수단이 아니라 일상 그 자체이다(장성애, 2017: 34). 내러티브가 삶 그 자체이듯 하브루타도 역시 삶 그 자체다. 질문하면서 만들어지는 힘은 물음표를 느낌표로 만드는 깨달음의 짜릿함에 있다. 무언가를 지속하게 만드는 힘은 무언가를 스스로 깨닫는 찰나의 순간에 느끼는 기분이다(장성애, 2017: 30-31). 이러한 짜릿함은 마음의 근육을 연단하는 좋은 출발점이다.

> "마음의 근육은 내 생각과 다른 생각을 잘 대처하는 방법에서 나온다. 마음의 근육은 나에 대한 지속적인 질문에서 시작된다. 질문은 상황통제를 가능하게 만든다. 나에 대하여 상대방에 대하여 믿음이 생기게 된다."(장성애, 2017: 119)

하브루타는 비판적 사고와 행위 능력을 위해 유용하다. 이러한 비판적 하브루타는 기존에 형성되어 있는 생각들을 깨는 질문에서 시작한다. 우리가 당당하게 질문의 바다에 뛰어들지 못하는 이유는 인지적 오류의 발생 원인을 검토하지 않거나 의문을 표현하지 않기 때문이다(장성애, 2017: 164).

> "비판적 사고능력이 있으면 정보(혹은 개념)를 능숙하게 파악하고 그 정보의 중요성을 인지하여 정보의 가치판단에 도움이 된다. 비판적 사고능력은 새로운 발견과 진보를 이루는 중요한 역할을 한다. 비판적으로 생각하는 힘은 토론을 통해서 가장 잘 기를 수 있다."(전성수·양동일, 2018: 40)

비판적 하브루타는 나의 개념적 오류(사고왜곡)를 수정하는 데 이용하기도 하지만 교사와 부모와 같은 기성세대의 개념적 오류에 대한 도전에 유용하다. 결국 비판적 하브루타는 교사와 학생, 부모와 학생의 개념적 전환이라는 측면에서는 상호텍스트성(intertextuality)이 개입된다.

> "토론은 다른 생각, 새로운 생각을 할 수밖에 없기 때문에 창의성, 혁신적 아이디어 역시 자연스럽게 배양된다. 학생들끼리 짝을 지어 질문을 바탕으로 대화, 토론, 논쟁하면서 공부하는 방법 그것이 하브루타다. 암기식이 아니라 토론수업으로 상대방의 지식을 흡수하고, 이를 통해 창의적으로 사고하는 법을 연습하게 된다." (전성수, 2016: 36)

이는 사회적 구성주의를 제창한 비고츠키(L.S. Vygotsky)와 브루너가 말하는 지식의 외재화(externalization) 차원에서 논의될 수 있다. 주지하듯 사회적 상호작용을 위한 언어는 인간교육을 위한 방법론적 고유성을 지닌다. 다시 말해 인간의 종(種)특성은 언어로 사고하고, 사고의 내용을 언어적으로 소통하면서 인간성을 갖춘 존재로 변화해 나간다.

> "특히, 아이들에게 생각한다는 것은 곧 말하는 것이다. 누구나 혼자 생각할 수도 있지만 말을 해야 생각이 나며, 그 말한 것을 상호 교환해야 생각이 깊어진다. 결국 말이 생각을 부른다. 그러므로 대화 장면은 아이를 생각하게 만들고 교육적 의미를 구성하는 가장 강력한 방법이다."(전성수, 2016: 164)

위에서 말하는 인간과 언어의 교육적 의미란 무엇인가? 이는 개인적인 차원에서 언어와 사고의 교환을 통해, 개인과 개인의 사회적 관계차원에서 사고와 사고의 교환에서 이루어지는 의미 있는 교육현상 일체를 말한다.

> "누군가에게 무턱대고 접근하거나 대화하려고 해서 함께 하는 관계성이 형성되는 것은 아니다. 수많은 시간을 들여 서로의 진심(일종의 인성과 관련된 개념적 구조)이 전달, 교환됨으로써 사고양식 교류가 이루어져야 관계성이 회복되며 그 다음에는 어떤 것도 할 수 있다."(전성수·양동일, 2018: 95)

이처럼 진심이 바탕이 되는 질문과 이에 대한 반응적 행동은 함께 하기 위한 관계 맺기의 출발이며 그 자체로 교육의 원형상이다. 왜냐하면 부버(M. Buber)의 표현처럼 교육은 만남 그 자체이기 때문이다. 질문의 위대함은 새로운 관계를 맺는 힘이기도 하지만 왜곡된 관계를 회복시켜주기도 한다. 결국 교육은 형성이면서 동시에 치유가 되는 것이다.

> "말하는 공부(토킹 도야)의 핵심은 메타인지의 효율성 때문이다. 메타인지는 자신의 사고능력을 객관적으로 바라보는 것이요, 내가 아는 것과 내가 안다고 착각하는 것을 구별하는 능력이다. 즉, 자신을 정확하게 파악하는 것이요, 스스로에게 질

> 문함으로써 의미를 재구성해가는 과정이다. 말을 해보면 내 자신이 모르는 것이 분명해지고 다른 사람에게 질문해 봄으로써 명확해진다. 말을 하면 생각이 정리되고 더욱 정교해진다."(전성수, 2016: 102)

메타인지를 형성하기 위하여 활용 가능한 구체적인 방법으로 하브루타 전문가들은 '개념코칭'이라는 용어를 제시하고 있다. 개념코칭은 개념을 교육하는 것이다. 머리에 든 사물에 대한 생각이 개념인데 우리가 쓰는 낱말들은 개념을 언어로 표현한 것이다. 개념은 일종의 언어적 약속이다. 개념코칭은 기준과 순서로 이루어진다(장성애, 2017: 56–71). 여기서 말하는 기준이란 일종의 텍스트를, 순서는 컨텍스트를 의미한다고 볼 수 있다.

> "우리가 보는 텍스트에는 전달하려고 하는 개념이 담겨있다. 전달하려는 개념 그대로 받아들이기보다 내가 보는 개념 그리고 다르게 생각하는 개념도 살펴야 한다. 이를 위해 질문을 해 보고 저자와의 경험공유를 파악하면서 발견해가는 개념을 자신의 삶에 비춰본다."(장성애, 2017: 75)

위를 한마디로 정의하면 개념의 체화(體化) 혹은 내면화 과정이다. 이는 앞서 살펴본 지식의 외재화 과정과 결합하여 자아를 형성하는 강력한 도야현상이 이루어진다. 이러한 관점에서 전성수·양동일(2018)은 탈무드 논쟁원리를 참고해 하브루타에 적용할 수 있는 기본적인 원리를 다음과 같이 제시하고 있다. 이는 올바른 하브루타 실천을 위한 일종의 지침이라 할 수 있다.

① 하브루타의 핵심은 지시나 요구, 설명보다 질문이 가장 우선한다.
② 비록 답이 틀렸다 할지라도 정답을 일러주지 않고 다시 질문한다.
③ 질문과 토론에는 반드시 자기주도적 학습참여 준비가 이루어져야 한다.
④ 주체적으로 생각하고 판단하고 결정하고 행동하게 만든다.
⑤ 뇌를 자극하여 사고력을 길러 통찰, 비판적 생각을 기르도록 만든다.
⑥ 대화에 집중하고 어떤 대답도 가로 막지 않는다.
⑦ 대답에서 구체적인 근거를 들어 칭찬한다.

⑧ 남과 다르게 생각하도록 안내한다.

⑨ 필요한 가치와 원칙은 대화를 통해 분명하게 인지하게 만든다.

이러한 하브루타 실천의 방법론적 특징에 대하여 논의하면 다음과 같다. 기존의 수업모형에 대한 담론은 교수자 관점에서 이루어졌다. 즉, 수업장면에서 교수자의 교수행위에 초점을 두고 있는 것이 사실이다. 이때 교수자의 교수행위와 학습자의 학습행위 간 상호 연결되는 정도와 방법만이 유일한 교수역량의 준거가 되었다. 그러나 하브루타 수업모형은 철저히 학습자 관점에서 설계되고 전개된다. 따라서 수업모형도가 아니라 수업흐름도라고 말하는 것이 오히려 적확(的確)하다. 이러한 수업흐름도에서 교실은 스틸사진의 한 장면이 아니라 입체적인 동영상이 된다(DR하브루타교육연구회, 2017: 195-196). 하브루타 수업흐름에서는 모형이라는 형식에 활동이라는 내용이 종속되는 것이 아니라 오히려 질문과 토론 활동 자체가 수업모형이 되는 전체적인(holistic) 수업 분위기를 창출한다. 이러한 하브루타 수업흐름도는 다음과 같이 다양한 모습으로 꾸밀 수 있다.

표 2 하브루타 수업전개 방법의 다양성

구 분	절차(방법)
질문중심	질문 구성하기 → 페어 하브루타 → 모둠 하브루타 → 발표하기 → 쉬우르 (전체 질문과 토론)
논쟁중심	논쟁거리 조사하기 → 페어 하브루타 → 모둠 하브루타 → 발표하기 → 쉬우르
비교중심	비교 대상 선정하기 → 내용 조사하기 → 질문 구성하기 → 페어 하브루타 → 모둠 하브루타 → 발표하기 → 쉬우르
동료중심	내용 공부하기 → 친구 가르치기 → 배우면서 질문하기 → 입장 전환하기 → 이해 못한 부문 질문하기 → 쉬우르
문제중심	문제 만들기 → 페어와 문제 다듬기 → 모둠과 문제 다듬기 → 문제 발표하기 → 쉬우르

자료출처: 전성수, 2016, pp.262-287.; 장성애, 2017, pp.236-239.

위의 유형들 중에 특히 동료중심 모형의 유용성은 데일(Dale)이 제시한 학습의 피라미드에 이미 충분히 개진된 바 있다. 그에 의하면 행동적 수행(enactive representation)이란 기(旣)학습된 내용들을 자기의 경험들과 연합시키는 씽킹 도야를 수행한 후, 이를 타인과 공유하도록 전환시키는 토킹 도야를 통하여 이루어지는 학습의 고차적 수준이다. 매 학습장면에서 학습참여자는 수동적인 보기, 듣기,

읽기보다 능동적으로 생각하고, 쓰고, 상호작용하기 등을 통해 앞서 논의한 것처럼 생각(마음)의 근육이 단련되고 궁극적으로 영혼의 전일적 도야를 이룰 수 있다.

> "교실장면에서 가장 중요한 부분 중의 하나는 급우들과의 관계형성이다. 이 관계 맺기에 의하여 학생의 학교생활은 명암이 갈린다. 학생들은 서로 가르치기 하브루타를 통해 서로 경청하고 양보하면서 좋은 관계 맺기를 시도한다. 궁극적으로 상호 존중의 태도가 중요하다는 사실을 체화한다."(하브루타수업연구회, 2017: 69–70)

결론적으로 하브루타 그 자체는 존경과 존중의 가치를 내면화하는 동시에 외재화함으로써 학생과 교사 모두에게 전일적 성장을 뒷받침하는 강력한 동인이 된다고 할 수 있다.

03 결합: 토킹과 씽킹의 전일성

브루너는 로고스와 프락시스(praxis)가 교육–문화적으로 결코 분리될 수 없음을 이미 분명하게 개진하였다(강현석 외(역), 2011b: 116). 이는 교육의 개별성과 공공성이 결코 배타적일 수 없음을 다르게 표현한 것이다. 즉, 인간의 사고와 표현이야말로 교육현상의 본질이 되어야 함을 적시(摘示)하는 것이다. 우리가 개인의 사고와 표현을 교육의 본질로 여길 때 그 작동의 선위(先位)성에 대한 물음이 등장한다. 학습 시퀀스 측면에서 볼 때 듣고–읽고–쓰기(구성하기)인가? 생각하고–말하고–쓰기(구성하기)인가? 사실은 모두 중요하고 필요하다. 그러나 각 요소들이 유기성을 상실하고 독립적으로 기능할 때 전인교육은 무력해진다. 도야의 전일성이란 교실장면에서 이루어지는 학습경험이 생각하기, 말하기, 쓰기가 유기적으로 통합해서 기능하도록 내용과 방법을 조성, 운용하는 소위 볼르노우(O.F. Bollnow)가 말한 바 있는 교육인간학적 분위기를 말한다. 교육인간학적 분위기에서는 성취와 더불어 성장이 동시에 이루어진다.

> “질문을 매개로 아이들과 즐겁게 대화하는 과정에서 보다 많은 성취를 얻을 수 있다. 공부를 즐거워하고 토론은 자연스러워진다. 교실은 질문과 대화가 이루어지며 사고의 확장이 이루어지는 공간이 되었다.”(DR하브루타교육연구회, 2017: 57－58)

상식적인 수준으로서의 질문이 아니라 성취를 지향하는 질문이 지닌 교육현상학적인 위력에 대하여 비록 추상적이고 현학적일지라도 유동걸(2017)은 다음과 같이 정의했다. 즉, 질문은 사랑, 치유, 힘, 자유, 관심, 합리적 의심이다. 또한 진리는 답이 아니라 질문에 있다. 질문하는 사람만이 답을 얻는다. 이러한 언설들이 전혀 낯설지 않은 이유는 무엇인가? 그것은 이미 오래전 듀이가 주창한 진보주의(실용주의) 교육 아젠다에 수없이 강조되어 있었고 우리 교육학자들이 이를 충실히 공부했기 때문이다. 그럼에도 불구하고 비슷한 주장과 비판들이 되풀이되는 이유는 무엇인가? 그것은 여전히 듀이의 외침이 우리 학교현장에서는 미완성 상태라는 점을 분명하게 논거하기 때문이다. 성취의 수준에 머물러 있는 우리교육이 이를 뛰어넘어 성장할 수 있는 힘으로의 교육으로 패러다임을 전환시키는 것이야말로 향후 모든 교육이론과 실천의 핵심이 되어야 한다.

> “아이들이 성장하기를 원한다면 개개인이 수업장면에서 각자의 생각을 정리하고, 생각을 함께 나누는 기회가 보장되어야 한다. 외부로부터 자극에 의하여 주어진 지식(혹은 개념)을 사전지식, 자신의 경험들과 버무려 자신의 생각으로 풀어내는 활동이 필요하다. 생각을 끌어내고 그 생각을 함께 공유하는 최고의 방법은 하부르타 대화(토킹)다.”(하브루타수업연구회, 2017: 59)

하브루타 토킹이 화용(話用)을 통한 사고와 경험의 확장이라는 사실은 명료하다. 그런데 여기서 ‘사고와 대화가 인과율적인가? 아니면 교호적인가?’라는 사고와 언어 간 정치(定置)성 문제가 생긴다. 어떤 형식을 취하든 학습경험에서 가장 중요한 것은 생각할 수 있는 힘이다. 여기서 생각하는 힘은 대화할 수 있는 힘의 또 다른 표현이 되어야 한다. 사변적 씽킹과 수사학적 토킹은 본래 하나였으나 교육의 현대화(학술적으로는 교육경제학의 득세) 과정에서 서로 소외의 과정이 시작되었다. 이는 다양한 인간교육의 문제들을 발생하게 만드는 심각한 원인이 되고 있다.

표 3 비소통형 vs. 소통형 수업양식의 차이

듣기만 하는 학습생태계	구 분	듣고, 묻고 소통하는 학습생태계
지식의 형식을 목적으로 외우고 보유량을 넓혀 가는 역량	역 량	지식을 도구삼아 생각하고 표현하여 지식을 재구성하는 역량
객관화된 시험 취지에 반응하기 위해 기계적으로 암기하는 학습량 경쟁	경 쟁	이해와 적용을 위해 학습장면에 능동적으로 참여하고 실천하는 경험량 경쟁
교과서, 정답, 암기, 시험을 학생경험의 논리구조로 간주함	구 조	토론, 논쟁, 경험, 공유를 학생경험의 순환구조로 간주함
개별텍스트의 의미 파악 수준에서 확장되지 않음	지 식	개별텍스트의 의미를 기반으로 컨텍스트 의미 파악으로 확장됨
타율성이 극대화된 외적 동기에 의하여 학생참여가 보장됨	동 기	자율, 자발적 내적 동기에 의하여 학생참여가 보장됨
관리와 지시에 순응하는 학습의 개별화	목 표	격려와 자극에 능동적으로 반응하는 학습의 개성화
학습장면이나 공간이 조용하도록 관리되고 'Be quiet!'가 난무함	분위기	학습장면이나 공간이 활성화되어 시작과 마지막은 언제나 '마타호세프!'를 외침

"생각의 힘을 키우는 데 절실하게 필요한 것은 호기심을 바탕으로 이루어지는 질문이다. 질문은 알고자 하는 것에 대하여 묻고 표현하는 것이며 인식에 대한 강력한 의지의 소산이다. 이는 질문하는 것도 습관이 되어야 하지만 질문의 효과(앞서 깨달음의 짜릿함이라 표현된 것)를 맛보아야 할 수 있는 일이다."(김금선·염연경, 2017: 211)

언어를 중심으로 상호교호적인 경험의 교환과 비판이 일어나는 교육학적 관계 속에서 인간과 국가를 이해하는 언어적 도야가 이루어지는 곳이 바로 이소크라테스가 추구했던 학교교실이어야 한다. 사회적 언어를 통해 상호 이해를 도모하고, 교환, 소통, 교제의 영역에서 문학, 예술, 인간, 역사, 사회의 생활관계들이 교수학적 매개의 중심이 될 수 있다(오인탁, 1994: 144-145). 그러나 우리교육의 현실은 어떠한가?

"우리교육의 가장 심각한 문제는 생각하기를 가장 싫어하는 학생들로 만든다는 점이다. 교과서에 있는 정답을 외워 정답을 찾는 시험만 계속 보다 보니 외우는 것을 잘 해도 생각은 하지 않는다. 질문과 토론은 생각해야 할 수 있다."(전성수, 2016: 7)

브루너가 말하는 패러다임 사고의 노예로 학생들을 길들게 만드는 편향된 우리교육 현장에 희망이 있는가? 영혼의 도야와 완성, 자아의 구성과 확장이라는 미명(美名)은 학교장면에서 여전히 요원하다. 질문이 살아있는 교실, 이야기가 넘쳐나는 교실, 자기를 성찰하는 힘을 기르게 만드는 교실은 과연 가능한가?

> "친구와 떠들면서 대화, 토론, 논쟁을 하면 공부가 즐겁다. 질문과 토론은 뇌를 격동시켜 부단히 생각하게 만든다. 그래서 안목과 통찰력, 지혜, 창의성이 생긴다. 다양한 관점의 사고가 가능해져 하나의 정답이 아닌 다양한 해답을 갖게 된다."(전성수, 2016: 6)

위의 풍경은 우리의 학교에 플라톤, 이소크라테스, 브루너, 유대 랍비가 교사가 되어 학생들을 가르칠 때 달성될 수 있는 일종의 환상인 셈이다. 학교교실은 무대인가, 병원인가, 공장인가? 사진인가, 동영상인가? 학교교사는 코치인가, 고수(鼓手)인가? 학생은 손님인가, 주인인가? 오늘날 우리 학교를 생각하면 무던히 떠오르는 단상(斷想)들이다. 피아제로 대표되는 인지적 구성주의의 공헌은 인식의 차원에서 이루어지는 구성-재구성이라는 순환적 구조의 필연성과 자연성을 일깨워준 것이다. 이는 개인의 인지적 작동메커니즘에 해당되는 것일 뿐만 아니라 학교(schooling)라고 하는 사회적 거대 메커니즘까지 확장되어야 할 일종의 메타과학이다. 즉, 학교는 이제 재구성되어야 할 필요와 당위에 적나라하게 직면해 있다.

결론적으로 우리교육은 두 가지 측면에서 큰 혼란 속에 있다. 동양교육에 정통한 토케이어(M. Tokayer)는 공부의 의미인 learn과 study에 대하여 전자가 teaching에 대한 대응적 학습양식이라면, 후자는 자기주도성에서 출발하는 능동적 경험이라고 구분하였다. 그는 동양 교육이 learn의 측면에서 강점을 보이지만 study의 본질을 고려하면 상대적으로 유약하다고 진단하면서 교육적 희망에 대한 부정적 견해를 드러낸 적이 있다. 깊이 새겨 볼 일이다. 한편 '듣는다'를 의미하는 단어는 hear와 listen이 있다. 전자는 그저 상대가 말한 바를 의미파악 여부와 무관하게 흘리듯 듣는 것이라면, 반면에 후자는 주의 깊게 경청하면서 공감과 질문을 내포하는 능동적 표현이다.

우리의 학교교실을 여전히 지배하는 것은 learn과 hear의 모습 아닌가? 교실과 수업을 study와 listen이 지배하는 해방과 공감의 공간으로 재구성하기 위해 지금까지 논의한 사변적 씽킹과 수사학적 토킹의 묘합(妙合)은 다양한 대안들 중 하나가 될 것임은 자명하다. 이제 교육, 학교, 교실의 재구성은 선택이 아니라 필수인 셈이다. 다음의 주장은 이를 실천하는 데 유용한 작은 외침이 될 것이다.

> "교사, 학생, 학부모 할 것 없이 교육방송의 정형화된 문제 이야기에 장악당한 채 획일적인 교육과정, 심지어 교과서조차 형식적으로 다루고 쓰지 않는 교과서를 사고팔아야 하는 교육과정이야말로 질문을 막는 장벽이다. 정답이 있고 정답에 길들이게 만드는 반교육적 교육을 모두 알면서 모르는 척 의식된 무지를 발휘하여 파행이 정상인 것처럼 운용된다. 교육과정을 주체적으로 자율적으로 능동적으로 재구성하는 용기와 지혜가 필요하다. 여기서 가장 중요한 것은 가르치는 사람들 간 이루어지는 소통과 숙의다."(유동걸, 2017: 145)

참고문헌

강현석(2016), 인문 · 사회과학의 새로운 연구방법론: 내러티브학 탐구, 서울: 한국문화사.

고요한(2013), 가르침의 교육현상학적 이해, 서울: 학지사.

고요한(2016), 인간현상과 인간교육의 현상학적 이해, 서울: 박영사.

고요한(2018), "내러티브, 인성, 교육의 인간학적 전일성 연구", 한국내러티브교육학회. 내러티브와 교육연구, 6(1), pp.31－61.

김금선(2016), 하브루타로 크는 아이들, 서울: 매일경제신문사.

김금선 · 염연경(2017), 생각의 근육, 서울: 매일경제신문사.

성은혜(2018), "내러티브기반 문학 교수－학습 모형 개발 연구", 한국내러티브교육학회. 내러티브와 교육연구, 6(1), pp.91－112.

연세대학교 교육철학연구회(1998), 위대한 교육사상가들 I, 파주: 교육과학사.

오인탁(1994), 고대그리스의 교육사상, 서울: 종로서적.

유동걸(2017), 질문이 있는 교실, 서울: 한결하늘.

이순오(2018), 어울림 토론 잠자는 교실을 깨우다, 서울: 초록비 책공방.

장성애(2017), 영재들의 비밀습관 하브루타, 서울: 매일경제신문사.

전성수(2016), 최고의 공부법: 유태인 하브루타의 비밀, 서울: 경향 BP.

전성수 · 양동일(2018), 질문하는 공부법: 하브루타, 서울: 라이온북스.

하브루타수업연구회(2017), 하브루타 수업이야기, 서울: 경향 BP.

DR하브루타교육연구회(2017), 하브루타 질문수업, 서울: 경향 BP.

Bruner, J.(1987), Actual mind, Possible worlds, Harvard University Press.

Bruner, J.(1992), Acts of meaning, Harvard Business School Press.

Bruner, J.(1996), The culture of education, Harvard University Press.

Bruner, J.(저), 강현석 외(역)(2011a), 교육이론의 새로운 지평(Actual mind, Possible worlds), 파주: 교육과학사.

Bruner, J.(저), 강현석 외(역)(2011b), 인간과학의 혁명: 마음 문화 그리고 교육(Acts of meaning), 서울: 아카데미프레스.

Bruner, J.(저), 강현석 외(역)(2014), 브루너 교육의 문화(The culture of education), 파주: 교육과학사.

Bruner, J.(저), 강현석 외(역)(2010), 이야기 만들기(Making Stories), 파주: 교육과학사.

Clandinin, D.J. & Connelly, F.M(2004), Narrative inquiry: experience and story in qualitative research, San Francisco: Jossey－Bass Publishers.

Clandinin, D.J.(저), 강현석 외(역)(2012), 내러티브 탐구를 위한 연구방법론(Handbook of narrative inquiry, Mapping a methodology), 파주: 교육과학사.

Clandinin, D.J.(2007), Handbook of narrative inquiry, Mapping a methodology. Thousand Oaks: Sage.

Clandinin, D.J. · Connelly, F.M.(저), 소경희 외(역)(2011), 내러티브 탐구(Narrative inquiry), 파주: 교육과학사.

Jaeger, W.(1944), Paideia: The ideals of Greek culture, Oxford University Press.

Lauritzen, C. · Jaeger, M.(저), 강현석 외(역)(2007), 내러티브 교육과정의 이론과 실제(Integrating Learning through Story: The Narrative Curriculum), 서울: 학이당.

Marrou, H.I.(1956), Lamb, G.(trans), A history of education in antiquity, New York: Sheed and Ward Inc..

Monroe, P.(1915), A brief course in the History of Education, New York: The Macmillan Company.

Nash, P. · Kazamis, A.M. · Perkinson, H.J.(저), 성기산(역)(1995), 교육받은 사람 (The educated man), 서울: 집문당.

Paul, N. · Andreas M.K. · Henry J. P.(1965), The educated man, New York: John Wiley & Sons, Inc..

Webster, L. · Mertova, P.(2007), Using Narrative Inquiry as a Research Method, New York: Roudledge.

Webster, L. · Mertova, P.(저), 박순용(역)(2017), 연구방법으로서의 내러티브 탐구(Using Narrative inquiry as research method), 서울: 학지사.

Chapter 07

내러티브 담론: 프롬과 브루너의 대화

'범은 죽어서 가죽을 남기고 사람은 죽어서 이름을 남긴다'는 말은 해석학, 현상학, 기호학, 역사학, 철학 등의 학술담론체에서 인간의 존재론적 의미와 가치를 잘 함축하고 있다. 이때 '이름'이란 단순히 이름 석 자가 아니라 한 사람이 살다간 이야기 전체라는 상징성을 담지한다. 따라서 '사람은 죽어서 이야기를 남긴다'는 말이 적확(的確)하다. 결국 모든 인간은 누구나 자신의 이야기를 만드는 동시에 남의 이야기를 전승하는 주체로서 일정 기간 존재하다가 영원히 사라진다.[1] 그런데 하나의 이야기는 또 다른 이야기와 내적 연관성을 지니거나 서로 영향을 미치는 경우가 많다. 이를 기반으로 기호학은 인간존재와 이야기(텍스트)를 기표(signifiant)－기의(signifié)로서 분석하고, 해석학은 그러한 역사와 전통의 맥락(context) 속에서 수많은 텍스트들과의 대화를 통해 텍스트의 작용을 분석한다.[2]

특히, 가다머(H.G. Gadamer)의 해석학은 역사와 전통을 삶의 이해, 존재의

1) 방브니스트(E. Benveniste)는 우리의 개별 생애가 기호라는 연속체 위에 잡혀있는 것이 아니라 기호의 다양한 그물들(실제, 상징 등)에 잡혀있다고 주장했지만(김경용, 1994: 60), 정작 인류의 역사는 기호의 연속체(이야기라는 기호) 위에서 이루어진다고 볼 수 있다.

2) 그렇다면 텍스트란 무엇인가? 우리가 아는 모든 것이 포스트모던 텍스트가 된다. 즉, 포스트모더니스트들에게 모든 것들이 텍스트가 된다. 우리가 아는 그리고 직접 겪는 모든 사건이, 온 사회가, 온 세계가 텍스트가 된다. 이러한 관점은 모더니즘이 텍스트를 기록된 커뮤니케이션 형식으로 파악하던 것과는 전혀 다른 혁명적인 관점이다. 포스트모던 텍스트는 기록 커뮤니케이션은 물론이고 언어 커뮤니케이션을 포함하고, 나아가 모든 커뮤니케이션 행위와 산물을 두루 망라한다. 텍스트는 각양각색으로 이어진다. 이러한 모든 텍스트는 서로 얽혀서 실재한다. (김경용, 1994: 140)

이해, 이해 그 자체를 위해 중요시 여겼다고 평가받는다(이규호, 2005b: 343). 현상학적 입장에서 훗설(H. Husserl)은 "존재의 의미는 상호 주관적으로 합조된 모든 사람의 경험에서 나타나는 것이다. 말하자면 상호주관성과 이미 의미관계를 갖고 있는 경험에서 나타난다"라고 하였다. 이에 대하여 이규호는 "현상학이 말하는 구성적인 경험은 정상적이어야 하는데, 인간의 경험은 다른 사람들과 구조적으로 연결되어 있어야 정상적일 수 있다"라고 현상학 담론의 이해지평을 확대하였다. 따라서 상호주관성이라는 단어는 세계가 주관성을 초월하여 이들과 상관없다는 말이 아니고 절대적인 지평으로서의 세계 안에서 주관성과 주관성의 횡적인 연결관계를 말하는 것이라고 규정할 수 있다(이규호, 2005a: 206-207). 이러한 상호주관성 개념은 현대의 문학, 기호학, 포스트모더니즘 등 다양한 학술담론체에서 상호텍스트성으로 범용(汎用)되고 있다.[3)]

01 상호텍스트성의 해석학

"포스트모던 담론가들이 파악하는 실재하는 모든 것은 텍스트이고, 텍스트 아닌 것은 세상에 하나도 없기 때문에 모든 텍스트가 서로 뒤얽혀 있다. '모든 텍스트가 서로 범세계적으로 뒤섞여 있다'는 관점은 (바르트와 크리스테바에 의하여 개진된 것처럼) 소위 텍스트 상호성이라고 하는 용어로 표현된다. 어느 텍스트이건, 그것 자체가 다른 텍스트의 상호적 텍스트여서, 그것은 상호적 텍스트에 속한다는 바르트의 말은 텍스트 상호성을 이해하는 관건이 된다. 쉽게 말하면 어느 텍스트이건 다른 텍스트의 일부를 인용하거나 또는 개작하는 방식으로 생성된다. 어느 시인이 말했듯이 모든 시는 패로디이다. 모든 텍스트가 마찬가지이다. 엄밀한 의미에서 이 세상에 원작은 없고 고작해야 모방작이나 위작만 있을 뿐이다. … 모든 텍스트는 저자의 소멸점(기성세대)이고 독자의 생장점(성장세대)이 된다."(김경용, 1994: 140)

---

3) 본 장에서는 상호주관성, 상호텍스트성이야말로 일종의 텍스트 간의 적용사, 영향사라는 전제하에 교육학자들은 일정한 범위에서 철학, 심리학, 사회학 등의 학자들에게서 사상적 관계를 맺을 수밖에 없고, 이는 역(逆)으로도 가능하다는 점을 가정하면서 프롬과 브루너를 대상으로 상호텍스트성을 분석하였다.

상호텍스트성(intertextuality)이란 쉽게 말하면 실재하는 텍스트들 사이의 상호관련성(관계)을 의미한다. 이때 텍스트는 기본적으로 둘일 수도 있고, 그 이상일 수도 있다.[4] 기호학자인 크리스테바(J. Kristeva)가[5] 문학이론가인 바흐찐(M. M. Bakhtin)에 관한 논문을 쓰면서 이 용어를 사용하였는데,[6] 바르트(R. Barthes) 등이 후속하여 사용함으로써 널리 쓰이게 되었다. 크리스테바가 말하는 상호텍스트성은 전통적인 의미에서 텍스트의 기원이나 작가의 역할과는 무관한 것이다.

> "그녀가 말하는 상호텍스트성은 하나의 기호체계(혹은 여럿의 기초체계들)로부터 또 다른 기호체계로의 전위(轉位)를 의미한다. 이처럼 모든 텍스트는 과거의 인용에 대한 새로운 조직이다. 약호의 조각들, 틀거리, 리듬적 모형, 사회적 언어의 단편들이 텍스트에 들어와 재배치되는데, 이는 텍스트 이전과 주변에 항상 언어가 존재하기 때문이다. 텍스트는 그것이 읽혀지는 순간 구성되는 것이므로 독자의 이전 독서 경험 그리고 문화적 맥락 안에서의 위상 또한 중요한 상호텍스트를 구성한다. 이러한 상호텍스트 개념은 텍스트를 안과 밖을 지닌 어떤 유기적 구성체가 아닌 이를 넘어선 연결과 연상, 부연들과 단편들, 텍스트와 맥락의 무한한 조직으로 간주하게 만든다. 이러한 텍스트에 대한 관념은 이른바 텍스트 중심으로 생각되어 왔던 모든 것을 해체하게 만든다. 이른바 해체주의가 탄생하는 동인이 된다." (송효섭, 1999: 219)

---

4) 서로 연관이나 관련성이 있는 텍스트의 관계로서 이는 첫째, 주제 측면의 상호텍스트성(예를 들어 특정주제에 대한 논쟁적 연관), 둘째, 작가 측면의 상호텍스트성(예를 들어 한 작가가 만든 다양한 작품들 사이의 연관), 셋째, 사회문화 측면의 상호텍스트성(나라는 실재와 나를 둘러싼 사회 환경과의 관련성)이라는 점에서 실재하는 모든 텍스트는 상호텍스트성의 특성을 지니고 있다.

5) 라캉 계열의 정신분석학을 연구했고, 기호학과 텍스트 분석 등의 연구 분야에서 주로 활약했다. 그녀가 제시한 대표적인 개념은 pheno-texte vs geno-texte의 구별, 상호텍스트성(intertextualite), 기호상징태(le symbolique) 등이 있다.

6) 상호텍스트 혹은 상호텍스트성이란 크리스테바가 소개하고 바르트가 구체화시킨 개념이라고 할 수 있다. 그러나 이를 처음으로 논의한 사람은 바흐찐이다. 바흐찐이 말하는 상호텍스트(성)는 다음과 같다. 모든 언어의 어휘들은 상이한 어휘와의 상호대화적인 자극과 긴장의 관계 속에서 영향을 주고받으며 일정한 담론을 형성하고, 그리하여 모든 의미의 복잡다단한 층에 그것의 흔적만을 남긴다. 여기서 패스티쉬는 일종의 양식적인 기법이 되며, 상호텍스트성은 무의식적 본질(본성)을 나타내는 중요한 개념이 된다. 즉, 패스티쉬는 상호텍스트(성)처럼 다양한 흔적들의 총체라기보다 표현 주체의 창조성을 거부함으로써 자율성, 자기 동일성을 거부, 해체하기 위한 의식적인 반응행위의 산물인 셈이다.

해체주의자들은 선험적 소기(所記)라는 지시론적 이상을 포기함으로써 다음과 같이 주장한다. 한 원전(텍스트)이 (그것을 넘어 있는 것을) 지시하는 것 같아 보이는 경우, 그러한 지시란 결국 다른 원전에 대한 지시일 수밖에 없다.[7] 실재하는 기호들이 다른 기호들을 지시하고 있는 것처럼 원전들도 다른 원전들을 지시할 수 있을 뿐인데, 이러한 이중지시의 담론은 패러디이론의 핵심이 된다(김상구·윤여복(역), 1993: 119). 이중지시의 담론에서 상호원전성(intertextuality)이라 부르는 거미집 모양의 망상조직이 생성되는데, 이는 상호 교차하며 무한히 확장하는 것을 의미한다(이광래, 1993: 125).

이처럼 상호텍스트성이란 텍스트의 의미와 해석이 특정작가의 주관성(독창성이나 특수성)에 귀속되는 것이 아니라, 기존의 개별텍스트들, 일반적인 규약, 다양한 관습들에 서로 연결되어(의존해) 있다는 것을 말한다. 크리스테바는 이에 대하여 '모든 텍스트는 인용구들의 모자이크로 구축되며 모든 텍스트는 다른 텍스트를 받아들이고 변형시키는 것'이라고 했고 실버맨(H. Silverman)은 다음과 같이 설명하고 있다.

> "대화의 심층구조는 텍스트적 모자이크이거나 그러한 효과에 대한 언어다. 모든 문장은 텍스트의 장식을 변형시킨다. 이러한 텍스트 중심은 어느 곳에서나 존재하며 그 주변은 모든 방향으로 시시각각 무한 확장된다. 이것이 상호텍스트성의 기본 논리다."(윤호병(역), 1995: 193)

상호텍스트성이라는 단어는 이후 다양한 학자들에 의하여 개념적 확장을 거치면서 다의성을 지닌 혼란한 용어로 간주되고 있지만, 협의로 정의할 때 주어진 텍스트 안에 다른 텍스트가 인용문이나 언급의 형태로 명시적으로 드러나 있는 경우를 말하며, 광의로는 텍스트와 텍스트, 혹은 주체와 주체 사이에서 일어나는 모든 지식의 총체를 의미한다. 후자의 경우 주어진 텍스트는 단순히 다른 문학텍스트뿐만 아니라 다른 기호체계, 더 나아가서는 문화일반까지 포함한다.

---

7) 원전이란 용어의 의미는 무엇인가? 그것은 우선 상호 관련되어 있으나 때로는 의견을 달리하는 제 경향의 팽배한 상호작용 내에 위치하여 사용되고 있는 언어로 간주될 수 있다(이광래, 1993: 194).

포스트모더니즘 문학에서 사용하는 중요한 창작 원리로서 상호텍스트성이란 다음의 두 가지 조건을 전제하여 이론적 근거를 마련한다. 첫째, 작가는 누구나 자신만의 텍스트를 만드는 사람이기에 앞서 먼저 다른 작가들의 작품을 읽는 독자가 되지 않을 수 없기 때문에 어느 한 텍스트는 그동안 저자가 읽어온 여러 텍스트들의 영향을 받지 않을 수 없다. 둘째, 독자도 어느 한 텍스트를 읽을 때 지금까지 읽은 모든 텍스트들에 대한 기억을 총동원한다. 이러한 포스트모더니즘 문학이론의 관점에서 보면 현존하는 모든 텍스트들은 완전히 새로운 것이 아니라 어쩌면 이전에 이미 존재했던 것을 다시 재결합시켜 놓은 것이다. 다시 말해 이야기의 역사성, 영향사, 적용사의 개념 망에 포섭되어 있다는 것이다.[8] 이를 근거로 등장한 현대 패러디이론은 이 점을 다음과 같이 적시(摘示)하고 있다.

> "삶보다 예술을 표면적으로 모방하는 패로디는 우리에게 패로디의 본질을 자의식적으로 그리고 자기비판적으로 지적해 준다. … 패로디의 작용 속에는 텍스트의 생산과 수용 행위가 관여되어 있다. 텍스트상, 실용상 패로디의 본질 속에는 권위와 위반이 동시에 함축되어 있다. … 패로디에는 현격하게 상호 산만하게 얽혀 있고, 두 개의 목소리가 나타난다. … 그러므로 패로디란 재현하는 담론의 다양성, 수동성, 두 목소리의 형식으로 구성된다. … 최근 상호텍스트성의 이론가들은 상호텍스트의 대화가 모든 아방가르드문학의 한결같은 현상이라고 주장한다."(김상구·윤여복(역), 1993: 113-119)

이에 따라 포스트모더니스트들이라고 자처하는 사람들은 자신의 텍스트(작품)에 대한 절대적 주관성이나 독창성을 강조하지 않는다. 그 대신에 기성작가들이나 동료작가들의 텍스트(작품)에 자유롭게 의존하는 것을 텍스트 생성의 원리로 삼고 있다. 이러한 상호텍스트성의 영향사, 적용사적 특성 때문에 푸코(M. Foucault)는 문학이나 예술작품을 일종의 기록보관소로 간주했다. 이 점을 고려할 때 현존하는 모든 텍스트는 다른 텍스트의 포착수용이거나 다른 텍스트에 대한

---

8) 하나의 문학작품을 텍스트라고 한다면 그 작품은 다른 작품과 서로 내적, 외적 영향관계에 놓이는데, 한 작품이 다른 작품의 창작모티프에 도움을 주거나, 내용상 관련이 있거나, 주제가 동일하거나, 표현기법이나 서술자 태도 등이 유사한 것처럼 텍스트 간에 상호 관련이 있는 경우를 말한다.

영향 받음이다. 이것이야말로 우리가 상호텍스트성 개념을 논의할 때 핵심이 되는 사실이며, 바흐찐은 이러한 사실을 근거삼아 '인간의 삶 자체는 남의 이야기와 나의 이야기가 서로 섞이는(상호 교차적인) 대화과정'이라고 했고 포스트모더니즘에서는 이를 대화적 상호작용이라 부른다.

우리는 누구나 가족관계, 학교친구, 사회에서의 친구, 대중매체들 사이에서 생기는 다양한 이야기들의 숲속(대화적 상호작용의)에서 살아간다. 아직 이야기로 구체화되지 않은 모든 삶이 그러하듯 이미 만들어진 모든 이야기 속에는 다양한 이야기들의 단편들이 이미 숨어들어 있다. 그래서 세상에 새로운 이야기는 있을 수 없다. 다시 말해 상호텍스트적인 관점에서 볼 때 생뚱맞은 이야기나 오리지널 텍스트는 세상에 실재하지 않는다. 누군가의 생성적 텍스트는 또 다른 누군가의 이야기를 잇대거나 변형하는 과정 속에 존재할 뿐이다. 이상의 논의에서 확인한 바와 같은 상호텍스트성의 본질이야말로 바로 학자들 간의 특정담론에 대한 상호텍스트성을 분석할 수 있는 이론적 근거가 된다.

02 내러티브 담론의 상호텍스트성

아래의 연대기로 볼 때 두 인물이 물리적으로 서로 마주쳤을 가능성은 거의 없어 보인다. 프롬이 주로 독일의 프랑크프루트대학, 하이델베르그대학, 뮌헨대학, 미국의 베닝턴대학, 예일대학, 미시간주립대학, 뉴욕대학 등에서 연구 및 강의활동을 했다면, 브루너는 미국의 듀크대학, 하버드대학, 뉴욕대학, 영국의 옥스퍼드대학에서 활동한 것을 미루어 볼 때 활동반경 상 상호 오버랩되는 면은 거의 없다. 그럼에도 불구하고 두 인물의 담론(특히 교육과 내러티브에 관한)에 대한 상호텍스트성을 살펴보는 시도는 그들의 텍스트에 드러난 생각을 중심으로 볼 때 선배학자인 프롬의 저작들을 후배 브루너가 읽었고 '사상적으로 어느 정도 영향을 받았다'는 가정과 전제를 가능하게 한다.[9]

---

9) 상호텍스트성 연구에서는 사실적, 물리적인 영향관계보다 텍스트에 드러난 사상이나 표현 등의 영향관계에 집중한다.

표 1 프롬과 브루너의 연대기 비교

E. Fromm	연대	J.S. Bruner
1900 독일 프랑크프루트 출생	1900	
1918 프랑크프루트대학 입학(법학 전공) 1919 하이델베르그대학 사회학, 심리학, 철학 수학 1919 프랑크프루트 사회연구소 연구원	1910	1915 미국 뉴욕 출생
1922 하이델베르그대학 철학박사 1925 뮌헨대학에서 정신의학, 심리학 수학 1928 베를린 정신분석연구소 연구	1920	
1933 미국 망명. 시카고대학 강사 1935 컬럼비아대학 초빙교수	1930	1937 듀크대학 심리학 학사 1939 듀크대학 심리학 석사
1941 베닝턴대학 교수, 예일대학 강사 **[자유로부터의 도피] 출간** 1943 뉴욕에 화이트연구소 설립 1947 [인간자체: 윤리심리학 탐구] 출간 1948 예일대학 객원교수 1949 멕시코로 이사	1940	1941 하버드대학 심리학 박사 1945 하버드대학 교수(심리학) 1947 [지각의 조직요인으로서 가치와 요구] 출간
1950 뉴욕대학 교수 1951 [잊혀진 언어] 출간 1951 멕시코국립자치대학 교수(의과대학 정신분석학) **1955 [건전한 사회] 출간** 1956 멕시코 정신분석학회 창립 [사랑의 기술] 출간 1957 미시간주립대학 교수 겸임(심리학) 1959 [프로이트의 사명] 출간	1950	1956 [사고의 연구] 출간
1961 [마르크스의 인간개념] 출간 1962 뉴욕대학 교수(정신의학과) 1962 [의혹과 행동] 출간 1963 [혁명적 인간] 출간 1963 멕시코 정신분석연구소 개설 1964 [인간의 마음] 출간 1965 멕시코대학 명예교수	1960	**1960 [교육의 과정] 출간** 1962 [앎에 관한 에세이] 출간 1966 [수업이론 서설], [인지성장 연구] 출간 1968 [유아 인지성장의 과정] 출간
1974 [인간 파괴성의 분석] 출간 **1976 [소유냐 존재냐] 출간** 1979 [정신분석과 듣기 예술] 출간	1970	**1970 옥스포드대학 교수** 1971 [교육의 과정] 개정판 출간 1973 [교육의 적합성], [앎의 심리학 연구] 출간
1980 사망	1980	1980 미국으로 귀국 1981 뉴욕 사회연구소 교수 1983 [마음의 연구] 출간 1985 [실제적 마음, 가능한 세계] 출간

E. Fromm	연대	J.S. Bruner
	1990	1990 [의미의 행위] 출간 1991 뉴욕대학 초빙교수 예일대학, 컬럼비아대학, 소르본느대학 명예박사 **1996 [교육의 문화] 출간**
	2000	2000 [법에 관하여] 출간 2003 [이야기 만들기: 법, 문학, 삶] 출간
	2010	2016 사망

프롬의 연구/관심중점 분야는 프로이트의 정신분석학에 기반을 둔 심리사회철학인 반면, 브루너는 피아제의 인지심리학, 구성주의에 기반을 둔 인지심리학, 교육심리학 분야로 서로 차이가 있음은 자명하지만 인간의 사고, 행위, 존재, 앎(지식)과 삶(생활)이라는 인간학적(좀 더 자세하게는 교육인간학적) 이해지평이라는 측면에서 서로 잇닿아 있음도 또한 자명하다. 특히, 프롬은 프로이트의 정신분석학을 기반으로 하는 심리철학자로 널리 알려져 있지만, 1929년『정신분석학적 교육학지』제3권에 '정신분석학적 욕동론', '정신분석학과 사회학', 1930년 동(同)학회지 제4권에 '교육하는 자로서의 국가: 형벌의 심리학'이라는 논문을 기고한 것을 보면 교육학 분야에도 어느 정도 연관되었음을 알 수 있다. 지금부터 교육이해와 관련된 몇 가지 준거를 바탕으로 프롬과 브루너의 담론에 대한 상호텍스트성을 살펴보고자 한다.

기본적으로 프롬이 생존양식(삶)을 소유와 존재로, 지각/인식의 특성을 능동성과 수동성으로 구분한 것과 브루너가 사고유형/사고성장을 패러다임과 내러티브, 인식론/교육론을 객관주의와 구성주의로 구분한 것은 이항모형(binary model)이라는 측면에서 이미 상호텍스트적이다. 프롬의 능동성과 수동성, 존재와 소유는 그의 담론을 지배하는 일종의 사고프레임(thinking frame)이다. 이러한 방식은 브루너가『Actual Mind, Possible Worlds』의 제1부 표제어를 '두 개의 자연스러운 세계 - 당연히 본질이 서로 상이한 두 종류의 세계 모습으로서 자신의 논의에서(특히, 패러다임적 사고와 내러티브적 사고 양식) 구체화되는 논증의 진리세계와 진실과 같은 세계를 의미한다'고 말한 점에서도 잘 드러난다. 브루너는 이 두 가지 양식은 (비록 상보적일지라도) 서로에게 환원될 수 없는 성격을 지닌다고 규정하였다. 또한 '제2장 두 가지 사고양식'이라는 제하(題下)로 내러티브양식과 패러다임적 양식을 논의함으로써 이항모형의 의미와 당위성을 충분히 개진한 바 있다.

또한 프롬이 존재와 소유를 양식(mode)이라는 용어로, 브루너는 다양한 그의 논의들 속에서 양식(aliment, look)이라는 용어로 이음(異音) 동의어를 사용하는 유사성을 보이고 있다.[10] 프롬이 존재(삶)방식에 대한 각각의 양식을 대립항으로 구분하여 (비록 상보적일지라도) 서로 환원 불가능한 두 가지를 논의했다면, 브루너도 역시 인식(앎)방식에 대한 각각의 양식들을 구분하였는데, 이 점에 대하여 브루너는 '자체적으로 잘 형성된 각자의 기준 혹은 준거와 독자성의 원리를 사용해 왔다'고 명료하게 설명하고 있다(강현석 외(역), 2011b: 33). 이에 더하여 '우리는 각자 다른 방식으로, 다른 입장에서 세상을 파악한다. 우리가 세상을 알게 되는 방식 역시 각기 다른 구조, 인식/지각, 현실을 낳는다'고 논의를 확대하였다(강현석 외(역), 2011b: 196).

두 학자 간 상호텍스트성 분석이 정당할 수 있음을 주장할 수 있는 근거 중의 하나는 '프로이트에 대한 언급이 브루너 글들에 자주 등장한다'는 사실인데, 이는 프로이트를 전공한 프롬의 담론과 관련성을 보인다는 점, 다시 말해 프로이트의 담론을 매개로 이루어지는 프롬과 브루너의 상호텍스트성 분석이 가능하리라는 전제 때문이다. 이항모형 양식에 기반을 둔 담론은 상호텍스트성 분석의 주요한 준거틀이다. 두 인물의 다양한 저작물 중에서 말년의 저작들로 각자의 사상이 가장 농익은 것으로 평가받는 『소유냐 존재냐』(특히, 제2장의 '일상경험에서의 소유와 존재'에서 논의한 학습, 기억, 대화, 독서, 교사의 권위, 지식, 신념 등이 교육인간학, 심리철학적 담론으로 볼 수 있음)와 『교육의 문화』를 주요 텍스트로 삼아 분석했다.

1) 학습패턴과 기억메커니즘

프롬에 의하면 삶의 소유양식에 익숙한 학생들은 귀 기울여 교수자의 강의를 듣고 그 말의 논리적 구조와 의미를 이해하며, 가능한 한 그 말을 기록하려 노력한다. 그러나 그의 그러한 학습 성과가 자신의 개인적인 사상체계의 일부가 되

---

10) 브루너는 『Actual Mind, Possible Worlds』에서 '생활양식이 존재하는 세계를 창조한다'라는 문장 속에서 이러한 '양식'이라는 단어를 사용했는데, 이는 프롬의 생존과 관련지어 사용한 '양식'이라는 단어의 의미와는 일정한 거리를 두는 동음이의어라 할 수 있다.

어 그의 삶을 풍요롭게 하거나 확장시키지 못한다(E. Fromm, 1993: 54). 반면에 존재양식으로 세계에 대하여 관계 맺기를 하는 학생은 소유양식과 전혀 상이한 특질을 지니고 있다. 그들은 말과 관념의 수동적인 저장소가 되는 대신 귀를 기울이고 들으며, 능동적이고 생산적인 방법으로 받아들이고 반응한다. 그들이 귀를 기울이는 것은 소유양식과 달리 자신의 사고과정을 역동적으로 자극한다. 들은 것을 기록하는 것에 그치지 않고 그것에 자발적으로 생명을 부여한다. 이는 외부의 자극(수업환경 등)을 통하여 영향을 받고 변화하는 것을 의미한다(E. Fromm, 1993: 29). 즉, 그들에게 수업참여는 자신을 변화시키는 능동적인 경험이다. 따라서 학습양식에서 가장 중요한 개념은 학습장면에 참여하는 주체의 능동적인 관심이다. 소유양식에 의한 학습경험은 참여자로 하여금 지식의 taker로 만들지만 존재양식의 그것은 지식의 maker로 만드는 현격한 차이점을 지닌다.

기억은 소유양식과 존재양식에서도 동일하게 발생한다. 그러나 이 두 가지 기억형태의 차이에서 핵심적인 내용은 결합의 종류다. 우선 소유양식의 기억에서 단어와 단어, 개념과 개념의 결합은 기계적, 논리적이다. 소유양식에 익숙한 사람들이 어떤 대상을 기억하는 방식은 대부분의 사람들이 마치 사진을 바라보는 방식과 유사하다. 이때 사진(학생이 받아 적어 기록한 노트도 마찬가지임)은 대부분의 사람들에게 하나의 소외된 기억이 된다. 기억과 정보의 소유는 객관성의 관점에서 동일시되며 현대사회에서는 더욱 이러한 사실의 불가피성으로 스스로를 옹호한다(E. Fromm, 1993: 32). 반면에 존재양식에서의 기억은 철저히 능동적이다.[11] 즉, 소유양식의 기억처럼 기계적이거나 논리적이라기보다 생생하게 살아있는 것처럼 간주된다. 그에 의하면 하나의 개념은 합당한 말을 찾을 때 동원되는 생산적 사

---

11) 프롬은 능동적 자극과 수동적 자극을 구분하여 전자의 경우 더욱 자주 그 강도 및 종류가 변화해야 하지만 반대로 후자의 경우 그 자극성은 오래 유지되고 강도와 내용의 변화가 필요 없게 된다고 설명한다. 존재양식에는 그 전제조건으로서 독립, 자유, 비판적 이성 등을 상정하는데 이들의 기본적 특징은 능동성이다. 그것은 분주하다는 외연적 능동성이 아니라 자기의 인간적인 힘을 생산적으로 사용한다는 내면적 능동성을 의미한다. 능동성은 자기의 능력이나 재능, 모든 인간에게 천부적으로 부여된 역량을 표현하는 것이다. 그것은 자신을 새롭게 하는 것, 성장하는 것, 사랑하는 것, 자아의 뇌옥(牢獄)을 초월하는 것, 관심을 갖는 것, 경청하는 것, 주는 것을 의미한다(E. Fromm, 1993: 88). 소외되지 않는 능동성에 있어 나는 '나 자신'을 능동성의 주체로 경험한다. 소외되지 않는 능동성은 무엇인가를 생산하는 과정이며 생산된 그것과의 좋은 관계를 유지하는 것이다. 능동성이란 나의 힘의 현현(顯現)이며, 나와 능동성의 결과는 일체적이다. 그러므로 소외되지 않는 능동성은 곧 생산적 능동성이 된다(E. Fromm, 1993: 91).

고(감정)행위에 의해 다른 개념과 관계를 맺는다(E. Fromm, 1993: 31).

프롬의 교육담론에서 핵심적인 개념인 존재양식으로서의 학습과 기억이 담지하는 교육인간학적 필요성을 온전하게 수용한 브루너에 의하면 우리가 살고 있는 세계에 부여한 실재는 모두 구성되는(엄밀하게 말하면 구성되어 나가는) 것이다. 이러한 실재의 구성은 전통에 의해 형성된 의미구성의 산물인 동시에, 사고방식에 대한 문화의 도구장치에 의해 형성된 의미구성의 산물이다. 이러한 의미에서 교육이란 첫째, 학습장면에서 학생들로 하여금 능동적/주체적인 의미 만들기와 실재구성의 도구 사용하기를 도와주고, 둘째, 학생들 스스로가 자신을 발견하는 세계에 잘 적응하도록 조력하고, 셋째, 필요한 만큼 세계를 변화시키는 과정에서 지원하는 활동의 전체가 되어야 한다. 한마디로 브루너가 생각하는 교육이란 학생 자신의 삶을 능동적/주체적으로 설계하고, 개척하고, 건축해 나가는 이야기 maker의 활동에 비유할 수 있다. 그는 능동적/주체적 행위의 특징으로 순향적(proactive), 문제지향적인 마음을 지니며, 신중하고, 결론에 주의 깊게 집중하며, 선택적이며, 구성적이고, 목적 지향적이다(J.S. Bruner, 1996: 93).

브루너는 특히 학습자의 마음과 관련지어 작게는 두 가지 교육(컴퓨터주의와 문화주의), 크게는 네 가지 교수－학습모형(모방적 학습자 모형(기억중심), 교훈적 교수모형, 사고주체 모형, 유식자 모형)을 유형화했는데, 그 중에서도 간주관적 상호교환이 충분히 보장되는 사고주체 모형과 '인간의 마음은 문화를 통하여 구성된다'는 문화주의 기반의 교육환경이야말로 이야기 maker교육의 본질을 충실히 달성할 수 있다고 주장하였다. 간주관적 상호작용은 '학생들이 학습, 기억, 추측, 사고를 (수동적인 기억의 메커니즘을 뛰어넘어) 능동적으로 어떻게 조직하는가?'의 문제에 관심을 둔다. 이 점은 프롬의 능동적 생산성에 관한 논의에서 크게 영향을 받은 것으로 추정할 수 있다. 이는 다음의 글을 통해 어느 정도 확인이 가능하다.

> "훌륭한 학습(비고츠키(Vygotsky)가 말한 것으로)이 아동들의 자발적인 발달에 앞서 성취될 수 있는가? 어떻게 하면 유능한 어른들은 스스로 소유하지 않는 아이들에게 의식을 제공할 수 있을까? 무엇이 교사에 의해 학생들에게 이러한 대리의식이 이식되는 것을 가능하게 만드는가? 이것은 마치 교사에 의하여 학생들에게 비계를 세우는 것과 같은 것이다. 그러나 어떻게?"(강현석 외(역), 2011b: 138)

2) 소통과 대화

대화 장면에서도 소유와 존재양식은 적용된다. 소유양식의 대화에 익숙한 사람은 자신의 마음속에서 자기의 가치를 저울질하며 이러한 평가에 근거하여 다음 대화에서 그들의 상품을 전시하려 든다. 이것을 잘하는 사람은 주변사람들에게 감명을 주지만, 그 감명이란 결국 그의 연기와 그 주변사람들의 판단력 빈곤(왜곡된 평판)에서 기인한다. 이와 반대로 아무 것도 준비하지 않고 어떤 방식으로든 자신을 무장하지 않은 채 대화 장면에 녹아드는 사람도 있다. 그들은 생산적, 자발적으로 반응한다. 그들은 결코 자신의 자아에 대하여 외부의 방해를 받지 않는다(E. Fromm, 1993: 34). 이러한 자아는 인간의 감각에서 가장 중요한 대상이다. 자아는 지식이나 기술같이 실제 갖고 있는 자질과 현실에서 만들어지는 가공된 자질의 혼합체이다. 그러므로 자아의 본질은 우리가 소유하는 어떤 물건으로 느끼는 것이 아니라 그 생생한 내용 그 자체에 있어야 한다(E. Fromm, 1993: 71). 소유양식의 대화가 자신이 갖고 있는 것에 의존하는 반면, 존재양식의 대화는 생생한 내용 그 자체(존재한다는 사실, 살아있다는 사실, 생각하고 있다는 사실, 무엇을 만들어 낼 수 있다는 사실)에 의존하는 차이점이 실재한다. 존재양식에 기반을 둔 대화 장면은 항상 활기차고 대화의 형식과 내용이 상품(정보, 지식, 지위 등)으로 전환되지 않는다(E. Fromm, 1993: 33-34).

대화에 관한 논의는 독서에 관한 것으로 확장되었다. 왜냐하면 독서행위는 저자와 독자의 대화이며 또한 대화이어야 하기 때문이다(E. Fromm, 1993: 35). 학교교육에 매몰된 현대의 학생들은 소유(소비)양식으로 독서를 하는 데 익숙하다. 다시 말하면 독서의 양식은 교육에 의하여 형성(변형)된다. 대부분의 학교장면에서 학생들에게 어느 정도의 문화적(지적) 재산을 전승하는 것을 목표로 삼고 학교교육이 종결될 즈음이 되면 학생들은 적어도 그 최소량을 가지고 있음을 증명하려 든다. 이때 학생들은 암송하는 독서교육을 받는다. 학생들은 마치 박물관의 박식한 안내자와 같은 사람이 되는 대신 저자나 철학자들과 대화하는 방법은 상실한다. 이처럼 학교교육경험을 통해 형성된 소유양식의 독서행위는 일종의 스토리를 소유하는 것일 뿐 자신의 지식을 확장하거나 자아를 생성하는 데 아무런 유용성이 없다. 읽은 것을 외연적으로 확장하는 방식을 배우지 않는다(E. Fromm, 1993: 35-36). 따라서 인간성에 대한 자신의 통찰력을 심화시키지 못할 뿐만 아니라 그에 대한 지식조차 상실한다. 반면에 존재양식을 지닌 독서행위는 높이 평가받는 텍스트조차 가치 없거나 극히 제한된 가치만 지닌 것으로 간주하는 탈소유의 방식을 지향한다.

프롬의 존재양식에 기반을 둔 대화를 통해 형성되는 비(非)소외적 자아문제에 대하여 브루너는 자아를 경험과 연관시킴으로써 논의를 확장시켰다. 그는 인간의 경험에 대한 유일하고 가장 보편적인 것은 자아현상이라고 주장하며, 교육이 중요한 이유는 바로 자아와 관련되어 있기 때문이라고 여겼다(J.S. Bruner, 1996: 35). 브루너는 프롬이 말하는 존재의 생생함으로서의 자아특성을 개별자아의 주체성과 능동성, 효능감과 존중감 개념으로 확대시켜 나갔다. 나아가 그는 문화와의 상호교섭, 교실장면 등의 측면에서 자아의 문제에 접근해 들어갔다(강현석 외(역), 2011b: 228-232).

브루너가 말하는 생생한 자아란 첫째, 개인적인 차원에서 주체적이고 능동적인 행위의 산물이며, 둘째, 사회적인 차원에서 행위효능감, 자아존중감과 같은 가치평가의 성질을 지닌다. 그러나 여기서 대중이 피해야 할 오류는 '자아에 대한 가치평가가 절대화되어서는 안 된다'는 사실이다. 이러한 담론은 프롬이 말하는 왜곡된 평판 지양(止揚)이라는 관점으로부터 상당 부분 영향받은 것으로 볼 수 있다. 자아평가의 탈(脫)절대화를 위해서는 어느 상황이든 문화양식에 따라 다양하게 경험되고 표현되는 자아존중감의 보장이 필요하다. 브루너는 이러한 자아와 관련된 학교교육 문제를 다음과 같이 지적하고 있다. 즉, "학교가 문화를 준비하는 것이 아니라 문화를 드나드는 출입구라면 학생들로 하여금 자신의 힘(주체적인 능동성에 대한 자신들의 감각), 의미화된 기회(자아존중감) 등의 당면문제에 대한 개념들이 올바로 형성되도록 조력하고 있는지 여부를 부단히 평가해야 한다."(J.S. Bruner, 1996: 39) 그는 이 점에 대하여 '자아는 문화-역사적 존재와 별개로 독립되어 있다고 말할 수 없다'고 한 바 있다(강현석 외(역), 2011b: 128).

3) 지식과 인지

프롬은 인식/지각의 영역에서 소유와 존재의 양식에 대하여 '지식을 갖고 있다'와 '그것을 알고 있다'라는 정언(定言)으로 구분하였다. 즉, 그는 인식/지각이야말로 생산적인 사고과정에서 하나의 방법론적 도구로서 기능해야 한다고 여겼다. 인식/지각은 현실을 있는 그대로 보는 것을 의미한다. 그러므로 인식/지각은 진실을 소유하는 것이 아니라 오히려 부단히 그 진실에 다가가기 위한, 비판적이거나 능동적인 힘의 전체를 의미한다. 지식과 인식/지각을 목적론적으로 보는 소유양식과 달리 존재양식에 따른 인식/지각의 목표는 절대적 진리의 확신성, 즉 인간이성의 자기 확인 과정이다(E. Fromm, 1993: 41). 최적의 지식과 인식/지각이 더 깊이 아는 것이라면 소유양식에 있어 그것은 더 많이 소유하는 것이다. 인식/지각은 학습이라는 문화적 과정, 즉 어떤 감각이나 특정한 표상의 형태를 띠도록 하는 과정의 결과다(E. Fromm, 1993: 81). 우리는 이러한 인식/지각을 통해 주위세계를 능동적으로 조작함으로써 살아간다. 지식이나 인식/지각을 소유지향으로 강화하는 데 중요한 요인이 바로 언어다(E. Fromm, 1993: 81). 이러한 관점을 바탕으로 프롬은 학교교육에서 이루어지는 소유양식 기반의 지식교육 폐해를 다음과 같이 적시하고 있다.

> "우리의 교육(특히 언어교육)은 일반적으로 사람들이 지식을 소유물로 갖도록(물화시키도록) 훈련하는데 애쓰며 그 지식은 그들이 후에 갖게 될 재산, 사회적 위신의 양과 비례한다. 그들이 받는 것은 최소한 그들이 일을 하는 데 불편이 없을 만큼의 양이다. 여기에 덤으로 그들 각자에게 자존심을 높이기 위한 '사치스러운 지식을 모은 꾸러미'가 주어지는데 각자의 꾸러미 크기는 그가 얻게 될 사회적 위신과 일치한다. 학교는 전면적인 지식의 꾸러미를 생산하는 공장이다. 학교는 학생들을 인간정신의 최고의 위업에 접하게 하려 노력한다고 주장한다(실상 대부분의 대학은 특히 이러한 환상을 기르는데 뛰어나다)."(E. Fromm, 1993: 41)

> "학생들이 나태해지는 것은 학습자료가 그들의 진정한 관심을 촉발시키지 못하기 때문이며 심지어 무미건조하게 제공되기 때문이다. 만약 강제함과 지루함이 없고 배울 내용이 생생한 방식으로 제공된다면 놀랄만한 능동성과 창의성이 드러날 것이다."(E. Fromm, 1993: 101)

언어교육을 통해 획득한 통찰에 찬 지식은 나 자신이나 타인의 정신구조를 이해하고 기술하는 데 유용하다. 즉, 나에 대하여, 내 성격에 대하여, 인생에 대한 나의 지향성에 대하여 많은 이야기를 할 수 있다. 그러나 총체로서의 나, 나의 전개성(全個性), 마치 지문(指紋)처럼 나만이 갖고 있는 고유한 본질은 감정이입에 의할지라도 결코 완전히 이해될 수 없다(E. Fromm, 1993: 88).

브루너의 사상을 연구하는 전문가들은 그의 활동시기를 1~3기로 구분하는데, 1기(Harvard대학에서의)의 연구/관심중점은 의미, 의도, 문화 등이었고, 2기(Oxford대학에서의)의 그것은 구성주의, 기능주의, 지식의 사회적 맥락 등이었고, 3기(New York대학에서의)에는 내러티브, 자아, 사고양식 등에 천착하였다(강현석 외(역), 2014: 10). 특히, 지식에 관한 그의 견해는 피아제의 구성주의인식론을 온전히 수용함으로써 지식의 능동성, 기능성, 사회적 맥락성을 강조하고 있다. 특히 개인적 차원의 사회적 맥락과 지식 차원의 그것에 대하여 그는 다음과 같이 설명하고 있다.

> "어린이들은 의미하는 법을 학습해 나간다. 그것은 지적 연습으로 의미하는 법을 학습하는 것이 아니다. … 자라가면서 수행적 표현들을 통해 사회적 현실을 만들어 간다. 사회적 실재[12](현실), 즉 아이가 만드는 사회적 맥락은 정서상태를 말해주는 특징을 보여준다. 대부분의 인간은 성장초기에 이러한 맥락화와 특징화가 일어난다."(강현석 외(역), 2011b: 203－204)

> "과학이론의 진실은 특정 맥락에서만 오로지 진실이다. 그것이 바로 그들의 정확함이다. 더욱이 인간과 관련된 발달이론들은 그들이 적용되고 있는 문화적인 맥락과 관련되어 있다. … 여기서 중요한 것은 문화 속에 널리 퍼져 있는 가치적합성의 문제다."(강현석 외(역), 2011b: 239)

이러한 세 가지 필요성을 모두 만족시키는 지식은 이미 만들어져 있는 것이

12) 문화 속에서 언어는 위와 같은 사회적 실재를 창조하는 중요한 역할을 한다. 이때 의미로서의 실재가 이루어지고, 이것들은 보편적인 인간조건을 상호 공유(혹은 상호작용)함으로써 우리가 성취해 나가는 것이다(강현석 외(역), 2011b: 212－214).

아니라 부단한 상호작용 속에서 구성(생성)된다. 이러한 담론은 프롬이 말하는 존재의 능동성이라는 관점의 연장선에서 충분히 이해가능하다. 브루너는 지식의 세 가지 필요성을 외연적으로 확대하여 지식이란 일종의 개인에게 정당화된 신념이라고 규정하였다(J.S. Bruner, 1996: 59).

브루너에 의하면 인간이 그러한 지식을 다루는 두 가지 방법은 논리적-과학적 사고와 이야기 기반의 내러티브 사고에 의한 것이다. 주지하듯 전자를 패러다임적 사고, 후자를 내러티브적 사고라 명명하였으며, 이는 그의 제3기 연구대상이나 영역을 지배한다고 해도 과언이 아니다. 그는 이 두 가지 양식에 대하여 다음과 같이 설명하고 있다.

> "패러다임 사고양식은 논리, 수학, 과학 그리고 가능한 한 쉽고 신속하게 이런 분야에서 작용하는 자동장치와 같은 산물을 우리가 잘 전달하도록 도와주는 강력한 보조적 장치들인데, 이것의 상상적 적용은 훌륭한 이론, 치밀한 분석, 논리적 증명, 건전한 토론, 추론적 가설 등에 의하여 안내된 경험적 발견으로 이끈다. 이것은 어떤 형식적인 방법에서 그것들을 증명할 수 있기 전에 가능한 형식적 관련성을 이해하는 능력이다. 반면에 내러티브 양식의 상상적 적용은 훌륭한 스토리, 흥미를 끄는 드라마, 믿을 수 있는 역사적 설명으로 이끈다. 이는 그 과정을 나타내는 변화와 결과, 인간 혹은 인간과 같은 의도와 행위를 다룬다."(강현석 외(역), 2011b: 36-37)

브루너의 심리철학 기반 교육담론을 특징짓는 핵심적인 개념이 바로 이야기 기반의 내러티브(생성적) 사고다. 여기서 내러티브와 사고라는 용어에 대한 정언(定言)의 필요성이 대두된다. 우선 사고에 대하여 그는 고도로 세련된 추상적 개념이라고 함축적으로 정의함으로써 사고에 대한 담론의 이해지평을 무한대로 확대해 버렸다(강현석 외(역), 2011b: 195). 한편 그가 말하는 내러티브 개념의 핵심은 무엇인가? 그는 '내러티브는 인간 의도의 변화를 이룬다. 그리고 수많은 의도가 있고 그 의도들이 곤경에 빠지거나 빠질 것 같은 끝없는 방법이 있기 때문에 끊임없는 종류의 스토리가 있어야 한다'고 했는데(강현석 외(역), 2011b: 42), 이를 외연적으로 확대하여 프롬이 말하는 생존(삶)과 연관을 지어 생각해 보면 개별인간의 삶은 개별적인 스토리(내러티브)이며, 인간전체의 역사는 일종의 거대 스토리

(내러티브)가 되는 셈이다. 결국 인간의 삶은 하나의 극적인 내러티브이며, 모든 인간은 죽어서 '이야기만을 남길 뿐이다'라는 주장이 정당함을 알 수 있다. 이에 대하여 브루너는 '(인간의) 내러티브는 사건들을 만들어 내고 역사를 만들어 낸다'고 명료하게 설명한 바 있다(강현석 외(역), 2011b: 89).

앞서 story making에 대하여 이미 다룬 바 있지만 교육이란 교과목이나 교육과정과 관련된 단순한 문제가 아니라 학생들로 하여금 개인적인 세계를 심리적으로 마음속에 그릴 수 있는 세계에 대한 해석(다시 말하면 일종의 세계관)을 만들어 낼 수 있도록 도와주는 사고와 감정의 양식에 관련된 문제이어야 한다. 개인의 이야기 만들기, 즉 내러티브야말로 그러한 세계관 창조에 가장 필요한 수단이며 동시에 목적이 된다(J.S. Bruner, 1996: 39). 인식/지각과 지식에 대한 패러다임적 사고와 내러티브적 사고에 대한 담론의 모티프는 프롬의 삶에 대한 소유양식과 존재양식이라는 이항모형에서 강력하게 영향을 받은 것으로 보인다.

4) 권위와 신념

프롬은 합리성 혹은 정당성을 기반으로 권위행사의 존재양식과 소유양식을 구분하고 있다. 합리적 권위는 물신화되지 않고 인간화된 능력에 기반을 두며, 그것에 의존하는 주변사람들의 능동적인 성장에 조력한다. 반면에 비합리적 권위는 단순히 권력(power)에 기반을 두며 그에 종속된 사람들을 착취하는 데 유용하게 작용한다. 존재권위(being-authority)는 한 개인이 어떤 사회적 기능을 수행할 수 있는 능력에 바탕을 두고 있을 뿐 아니라 고도의 성장과 통합을 달성한 퍼스낼리티의 본질[13] 그 자체에도 바탕을 둔다. 역사적으로 위대한 교사들의 면면을 보면 이러한 존재권위를 지닌 사람들이다. 여기서 권위의 소외과정이라는 문제가 발생한다(E. Fromm, 1993: 37). 이는 어떤 이유든 기존의 능력이 권위의 제복이나 칭호

---

13) 생존적인 소유는 존재와 충돌하지 않는다(E. Fromm, 1993: 85). 이러한 존재는 능동적이라는 능력을 내포한다(E. Fromm, 1993: 29 89). 그러나 성격학적인 소유는 필연적으로 존재와 충돌한다. 아무리 성스러운 사람일지라도 생존적인 의미에서 소유를 바란다. 그러나 보통사람은 생존적인 소유와 성격학적인 소유 모두를 바란다(E. Fromm, 1993: 85). 존재가 관계하는 것은 경험이며 그것은 원칙적으로 기술할 수 없다. 우리가 기술할 수 있는 것은 인간의 페르소나다. 왜냐하면 페르소나는 물건이기 때문이다. 반대로 존재론적 경험을 하는 살아있는 사람은 죽은 이미지가 아니며 물건처럼 기술할 수 없다(E. Fromm, 1993: 87).

로 변모되는 경우가 발생할 수 있기 때문이다. 만약 어떤 권위자가 그에 어울리는 제복을 입고 있거나 어울리는 칭호를 지니고 있다면 이러한 외적 권위의 상징이 그의 진짜 능력과 자질을 대신할 것이다(E. Fromm, 1993: 38).

프롬은 권위나 권력과 연관지어 신념이라는 개념도 소유양식과 존재양식의 구분이 가능하다고 하였다. 우선 소유양식으로서의 신념은 아무런 합리적인 증명도 없는 대답을 단지 소유하는 것이다. 그것은 다른 사람들이 창조한 정식(定式)으로 구성되며 단지 받아들이는 형태만 존재한다. 소유양식에서 신념은 하나의 사물화된 우상이 되어 재산이 될 수 있다(E. Fromm, 1993: 43). 여기서 우상은 하나의 사물이기 때문에 나는 그것을 소유할 수 있지만 이와 동시에 내가 그것에 종속됨으로써 그것이 나를 소유하게 된다. 왜냐하면 소유양식의 본질은 주체와 객체 사이의 살아 있는 생산적 과정에서 확립되는 것이 아니라 오히려 객체와 주체를 물화(物化)시켜 버리며 이때 상호 죽은 관계가 형성되기 때문이다(E. Fromm, 1993: 77–78).[14] 소유양식과 달리 존재양식에서의 신념은 어떤 관념을 믿는 것이 아니라 하나의 내적 지향이며 태도이다. 이 경우 나 자신에 대한, 타인에 대한, 인류 전체에 대한 인간적인 신념은 확실성의 의미를 내포하는데, 그것은 나 자신의 경험에 근거를 둔 확신일 뿐 결코 외부의 권력에 복종하는 것이 아니다. 다시 말하면 신념이란 내가 확신하는 진실의 확실성일 뿐이다(E. Fromm, 1993: 43). 소유양식의 신념은 이에 철저히 반(反)하는 방식으로 개인에게 작용한다.

브루너는 프롬의 물화된 신념(소유양식)과 인간화된 신념(존재양식)을 통합하는 차원에서 문화적 측면의 신념과 사회적 습관의 개념을 논의하였다. 문화 속에서 살아가는 인간의 삶(생존)이란 결국 제도적인 영향 아래 형성해 나가는 집단적 세계관과 개인적 역사의 산물로 보는 개인적 세계관 사이의 상호작용(혹은 교사와 학생, 부모와 자녀, 타자(문화)와 자아 간)이다. 이에 대하여 그는 '일상생활 중에서 다른 사람들과 상호작용을 하는데 일종의 지침을 얻기 위해 우리들은 자신들의 모

14) 생존의 소유양식이 지배하는 관계의 기본적인 요소는 경쟁, 적의, 공포다. 소유양식에 습관화된 사람들은 그들이 좋아하거나 찬양하는 인물을 갖기 원한다. 습관은 재산이 될 수 있어 그것을 잃거나 제한당하는 경우 안전이 위협당할 수 있다(E. Fromm, 1993: 74). 이것은 부모와 자식, 교사와 학생, 연인 사이에서도 나타난다. 그 결과 배타적 경쟁, 적의, 공포가 발생하게 된다. 반대로 가지고 있는 것을 잃을지도 모른다는 위협으로부터 생기는 걱정과 불안은 존재양식에 없어 살아있는 관계가 만들어진다(E. Fromm, 1993: 110).

형을 스스로 수립하고, 우리 자신들의 세계를 스스로 만들어 간다'고 하여 상호작용의 비(非)정형성, 비(非)결정성을 주장하였다(강현석 외(역), 2011b: 99). 이에 따라 문화(혹은 마음)라는 실재 속에서 이루어지는 삶의 본질은 어떤 매뉴얼대로 기계적으로 이루어지는 것이 아니다. 그럼에도 불구하고 세계에 대한 개인의 어떤 특유한 해석은 주로 '무엇이 문화의 표준적 신념인가?'라는 질문에 영향을 받는다. 이를 브루너는 공공의 판단이라고 부르는데, 이것은 대개 공공의 합리적 준거에 좌우되지만 이와 동시에 개인의 헌신, 취향, 흥미에 의해 통제되기도 하며, 나아가 훌륭한 삶, 예의, 정당성, 권력(power)과 관련되는 문화적 가치를 준수하려는 표현(신념)에 의해서도 통제된다(J.S. Bruner, 1996: 14).

브루너는 이 문제가 그리 간단한 것이 아님을 지적한다. 그는 '우리가 언어를 기반으로 하는 상호작용(transactions, 상호교섭이라고 번역하는 경우도 있음)의 중요성을 쉽게 알 수 있지만 언어사용을 통한 상호작용의 문제는 쉽게 정의내릴 수 없다.[15] 나는 세계가 어떠한지, 마음이 어떻게 작용하는지, 우리가 무엇에 종사하는지, 의사소통은 어떻게 진행되는지 등에 대하여 상호 간에 공유하는 가정, 신념에 전제된 그러한 교섭들이라고 본다'고 하여 어느 정도 상호작용의 의미를 규정하였다(강현석 외(역), 2011b: 111).

결국 우리가 신념을 정당화하기 위해서는 단순히 다른 사람들과의 공유하는 것 이상의 많은 것이 요구된다(J.S. Bruner, 1996: 59). 이에 대하여 브루너는 관습의 공유와 공동체에 따라 달라지는 습관의 작용이라고 부연 설명하고 있다. 즉, 사회의 분산된 지능을 형성하고 있는 것은 정교한 공유인데, 인간은 누구나 공동체의 단위구성원으로서 일련의 사회적 습관(관습)에 참여할 뿐만 아니라 사회적 지능을 사용하는 방법에도 참여하게 된다(J.S. Bruner, 1996: 154). 이때야 비로소 권위와 신념은 개인적 차원(소유양식)을 넘어 사회적 공공재(존재양식)로 전환될 수 있기 때문에 브루너는 이를 '문화적 전환'이라고 불렀다(J.S. Bruner, 1996: 165). 사회문화적 맥락의 차원에서 논의되는 공유라는 개념은 브루너의 내러티브 기반 교육담론에서 다음과 같은 중요한 의미를 담지한다.

---

15) 브루너는 상호작용이 일어나기 전에 일찍이 준비해야 할 기준으로 네 가지 원리(신조)를 설정하였다. 그것은 자기중심적 관점, 사적인 세계, 비중재적 개념론, 3분류법(인지, 정서, 행동) 등이다(강현석 외(역), 2011b: 117－118).

> “대부분의 학습은 공동의 활동이고 문화의 공유하는 점을 지속적으로 인식해 왔다. 학생은 그가 갖고 있는 지식을 (사회에서 소외된 채) 구성해야 하는 것이 아니라, 그가 속한 문화 속에서 그의 감각을 공유하는 사람들과의 공동체(성) 안에서 그가 가진 지식을 (상호작용을 통해) 구성해야만 한다. 그것은 발명이나 발견뿐만 아니라 협상과 공유의 중요성을 강조하게 만드는 원인이다.”(강현석 외(역), 2011b: 224)

이상의 논의를 볼 때 자신을 인식론과 교육론의 차원에서 구성주의자임을 분명히 밝힌 브루너의 담론들은 프롬이 말하는 내적 지향과 태도에서 비롯된 인간적 신념에서 강한 모티프를 얻은 것으로 추정할 수 있다.

03 관점의 연맥

프롬은 현대사회에서 ‘생존의 소유양식이 인간성에 깊이 뿌리박혀 있다’고 개탄하였다. 더욱이 문제가 되는 것은 이것이 학교의 교육방법을 결정하고 있다는 사실이다(E. Fromm, 1993: 100). 이에 대하여 브루너는 피아제와 비고츠키의 담화를 인용하면서 ‘피아제의 이론에 의하면 학습은 일종의 발명이자 창안이다. 가르치는 것은 단순히 전달하고 진공상태를 채워주는 것이 아니어야 한다. … 비고츠키에 의하면 지능은 마음의 인공보철물로 문화적으로 전달되는 지식과 절차를 이용하기 위한 준비도이다’라고 하여 프롬의 의견에 대한 우회적 지지를 밝혔다.

상호텍스트성이란 개념은 일종의 관점의 연맥이다. 프롬의 생각은 브루너에게 잇닿아 있고, 이는 또 다른 상호텍스트성 분석을 위한 원전이 될 수 있다. 본 장에서는 프롬의 생활/생존에 대한 두 가지 양식(소유와 존재, 능동과 수동)과 브루너의 생각/교육에 대한 두 가지 양식(패러다임과 내러티브, 텍스트와 컨텍스트, 구성주의와 객관주의)의 상호텍스트성에 대하여 살펴보았다. 이를 외연적으로 확대하여 우리는 학습생태계의 두 가지 양식을 도출해 볼 수 있다. 그것은 학습의 재미와 학습의 의미 문제다. 다시 말해 학습장면이나 경험은 재미가 있어야 하는가? 아니면 의미가 있어야 하는가?의 이항모형에 기반을 둔 또 다른 논의거리다.

전통적으로 교실장면에서 이루어지는 학습상황은 의미 찾기(갖기)를 핵심적 가치로 간주되어 왔다. 의미 찾기(갖기) 학습에 대하여 프롬은 소유양식의 학습으로, 브루너는 패러다임적 사고양식으로 대비(對比)시켰다. 여기서 또 다른 논쟁거리가 발생할 수 있다. 소유양식과 존재양식, 패러다임적 사고와 내러티브적 사고가 과연 '마치 경제학에서 말하는 대체재와 보완재의 문제로 전환하여 논의할 수 있는가?'의 문제다. 이 점에 대하여 프롬은 진실이란 생존의 소유양식과 존재양식 둘 다 모두 인간성의 잠재성 측면에서 해결의 단초를 찾을 수 있다고 보았고(E. Fromm, 1993: 100), 브루너는 패러다임적 사고와 내러티브적 사고는 결코 상호 배타적인 것이 아니라는 점을 강조하고 있다. 결국 학습과 기억의 차원에서 소유양식의 불가피성과 패러다임적 사고와 내러티브적 사고의 공존이라는 명제로 결론을 지을 수밖에 없다.

이러한 관점은 오스벨(D. Ausubel)이 유의미학습이론에서 의미에 대하여 logical/propositional meaning과 phenemenological meaning 두 가지로 구분한 것과 유사하다. 프롬과 브루너의 프레임에 의하면 전자는 소유양식/패러다임적 사고와 후자는 존재양식/내러티브적 사고와 연관된다. 따라서 학습과 기억의 차원에서 소유양식과 존재양식, 패러다임적사고와 내러티브사고는 분리되어서 안 된다. 다시 관점의 연맥이라는 문제로 돌아가 보자. 학습은 재미있어야 하는가? (의미 만들기) 아니면 학습은 의미 있어야 하는가?(의미 찾기(갖기)) 이는 프롬과 브루너의 교육담론에 대한 상호텍스트성을 살펴본 후 관점의 연맥이라는 차원에서 드러난 새로운 연구의 지평이며 후속연구의 테마가 될 수 있을 것이다. 보편성을 지닌 교육현상은 인간과 문화, 자아와 문화, 사실과 비(非)사실의 상호작용이어야 한다. 여기서 생활–생존–교육은 서로 배타적인 것이 아니라 하나의 사회적 실재(일종의 맥락)가 되고, 이는 마찬가지로 인식–가치–존재가 상호 배타적일 수 없다는 점의 전제(근거)가 된다. 프롬과 브루너의 내러티브 기반 교육담론에 대한 상호텍스트성 분석은 인간교육/학습의 본질에 대한 의미 찾기와 만들기에 관한 또 다른 연구와 이해의 지평을 우리에게 던져주고 있다.

참고문헌

김경용(1994), 기호학이란 무엇인가, 서울: 민음사.

송효섭(1999), 설화의 기호학, 서울: 민음사.

이광래(1993), 해체주의란 무엇인가, 서울: 교보문고.

이규호(2005a), 현대철학, 연세대학교출판부.

이규호(2005b), 해석학, 연세대학교출판부.

Bruner, J.S.(1996), The Culture of Education, Harvard University Press.

Bruner, J.S.(저), 강현석 외(역)(2011a), 인간과학의 혁명: 마음, 문화 그리고 교육(Acts of Meaning), 서울: 아카데미프레스.

Bruner, J.S.(저), 강현석 외(역)(2011b), 교육의 새로운 지평 – 마음과 세계를 융합하기 (Actual mind, Possible Worlds), 파주: 교육과학사.

Bruner, J.S.(저), 강현석 · 이자현(역)(2014), 교육의 문화(Culture of Education), 파주: 교육과학사.

Fromm, E.(1993), To Have or To Be?, Seoul: Choun Moon Wha Sa.

Fromm, E.(저), 이규호(역)(1982a), 자유로부터의 도피(Escape from Freedom), 서울: 삼성출판사.

Fromm, E.(저), 이규호(역)(1982b), 건전한 사회(The Sane Society), 서울: 삼성출판사.

Fromm, E.(저), 최혁순(역)(1999), 소유냐 존재냐(To have or to be?), 서울: 범우사.

Hutcheon, L.(저), 김상구 · 윤여복(역)(1993), 패로디이론(A theory of Parody), 서울: 문예출판사.

Silverman, H.J.(저), 윤호병(역)(1995), 포스트모더니즘(Postmodernism), 서울: 고려원.

네이버 지식백과, 상호텍스트성(intertextuality) (문학비평용어사전, 2006. 1. 30, 국학자료원)

네이버 지식백과, 상호텍스트성(intertextuality) (선샤인지식노트, 2008. 4. 25, 인물과 사상사)

Chapter 08

내러티브 아날로지와 내러티브 아이덴티티*

대입 전형 방식 개선에 대한 사회적 논란이 요란하다. 이는 교육을 연구하는 전문학자는 물론 국민 모두의 관심사가 되어 가히 국가 차원의 아젠다가 되어버렸다. 논란의 핵심은 수시와 정시전형에 대한 비율 조정과 공정한 수시전형을 위하여 일부 학종 자료를 정리하는데 있다. 그 속에는 내러티브교육을 연구하는 사람들에게 비판적 인식관심을 자극하는 내용도 포함되어 있는데, 가장 주목할 것은 향후 전형자료에서 자기소개서 및 교사추천서를 폐지한다는 점이다. 정부 정책발표(교육부, "대입제도 공정성 강화방안", 2019. 11. 28.)의 속내를 들여다보면 그동안 교육과 관련된 평가시스템(주로 대학입시)속에서 임팩트가 강한 전형자료였던 내러티브 요소를 공정과 정의의 구현이라는 이름으로 완전히 배제하겠다는 의지의 표명이 숨어있다. 우리나라에서 대학입시 제도는 대중적 관심사인지라 내러티브 요소의 배제에 따른 찬반 격론이 예상된다. 객관성을 담보로 하는 공정과 정의를 위한다는 명목에서 내러티브적 요소를 제외하겠다는 움직임은 널리 알려지지 않았지만 또 다른 평가시스템에서 이미 시작되었다.

"KAIST는 인공지능 분야 신임교수를 뽑았다. 그런데 교수들로 구성된 선발위원회는 지원자의 출신대학도 지도교수도 알 수 없었다. 지원자의 논문에 적힌 소속기관과 공동저자 이름을 보고 학교나 지도교수를 유추해야 했다. 다른 나라에서는 볼

* 고요한, "자기내러티브의 왜곡: 평가시스템 속의 내러티브 아날로지와 내러티브 아이덴티티", 한국내러티브교육학회, 『내러티브와 교육연구』, 8(1), pp.59−81을 수정, 보완한 것임

수 없는 코미디가 벌어진 건 인적 사항과 학력 등 개인 신상정보를 보지 말고 교수를 선발하라는 정부의 블라인드 채용 지침 탓이었다. 정부가 대학에 하달한 이 지침의 명분은 대통령의 공정을 구현한다는 것이다. 교학부총장은 '일반 사무직도 아니고 교수나 연구원을 뽑는다면 모든 정보를 동원해 수월성을 검증해야 하는 것 아니냐'며 답답함을 털어놓았다."(조선일보, 2019. 10. 29일자)

위의 장면을 보면 학자로서의 탁월성과 정체성을 검증하는 방법에 신상정보뿐 아니라 지원자의 교육철학이나 자술 내러티브도 모두 배제되어 있다. 이러한 조치에는 '평가시스템 속에서 자기 내러티브는 근본적으로 공정하지 않다'는 전제를 담지하고 있다. 왜 이런 일이 벌어지고 있는가? 또한 이러한 조치는 수시전형 자료인 자기소개서와 교사추천서를 폐지하겠다는 정책발표와 어떤 연관성이 있는가?

공정과 정의를 주장하는 목소리는 사회시스템 전반에 걸쳐 실재하는 왜곡(기만과 가식)이 팽배한 현상을 전제로 한다. 이는 특별히 치열한 경쟁이 불가피한 평가시스템 속에서 더욱 강력한 가설이 된다. 기만과 가식은 공정과 정의의 공적(公敵)이며, 이러한 공적을 바로잡아 진실의 잣대를 통하여 사회적 공의(公義)를 달성해야 한다는 공정과 정의라는 이데올로기는 언제나 정당하다. 경쟁이 불가피한 어느 사회든 개인이나 집단의 부정함에 대한 사회적 선입관이 실재하고 있는 것도 사실이다. 이 때문에 다양한 분야에서 이러한 문제점을 극복하고 공정과 정의의 가치를 구현할 수 있는가?에 대하여 부단히 고민한다. 정부정책 발표는 바로 이러한 고민에서 비롯되었다고 할 수 있다. 그러나 '내러티브 텍스트의 진실성에 대하여 신뢰할 수 없다'는 대중적 정서가 극대화되는 부정적 단초를 제공하고 말았다. 본 장에서는 이러한 문제의식을 바탕으로 내러티브 활용을 교육적 본질이라는 관점에서 살피고 해결방안을 모색하였다.

01 내러티브 아날로지(narrative analogy)

화이트와 앱스톤(M. White & D. Epston)은 자신의 문제를 스토리로 보는 시각이 유용하다고 주장하였다. 즉, 어떤 문제를 특정의 스토리로 보면 그 해결책은 대안이 되는 스토리를 쓰면서 찾아볼 수 있다는 것이다. 이를 내러티브 은유(narrative metaphor) 혹은 텍스트 비유(text analogy)라고 한다(송단비(역), 2017: 15－16). 브루너는 이를 '은유적 탄력성'이라고 부른다. 내러티브심리학 분야에서 인간은 누구나 자신의 경험을 스토리로 정리할 수 있기 때문에 삶에서 스토리의 중요성을 강조한다. 스토리란 시간의 경과에 따라 서로 연결된 일련의 사건을 의미하며, 무엇보다 중요한 것은 서로 얽힌 사건들이 한 사람에게 어떤 의미가 된다는 사실이다. 이를 미루어 볼 때 인생은 말이나 글로 정리하고 의미화될 수 있다. 인생에 대한 다양한 정의가 있지만 내러티브와 관련지어 생각할 때 그것은 단순한 스토리 모음이 아니라 매 순간마다 변화의 가능성을 지닌 일종의 은유가 될 수 있다.

브루너에 의하면 삶을 설명하기 위하여 구성된 스토리는 바로 자신의 삶이 된다. 왜냐하면 인생에 대한 스토리는 자신의 경험을 말해줄 뿐만 아니라 실제로 우리가 살아가는 방식에 영향을 미치기 때문이다. 인생을 표현하는 스토리는 단순히 경험을 설명하는 것이 아니라, 자신이 어떻게 느끼고 무엇을 생각하며, 스스로에 대하여 어떤 가능성과 장애물을 떠올리는지에 대한 다양한 경험을 만들어낸다. 그러므로 사람들은 아무것도 없는 상태에서 허황된 스토리를 만들어내지 않는다(송단비(역), 2017: 16－17에서 재인용). 내러티브의 관점에서 볼 때 인간현상은 구술되지 않은 존재론적 실재(경험된 나)와 구술된 스토리로서의 해석된 실재(서술된 나)가 서로 영향을 미치면서 공존하는 것이다. 근본적으로 서술된 나로서 내러티브의 효과성은 문학성에 달려 있다. 즉, 내러티브는 은유, 환유, 제유, 함축 등과 같은 비유의 힘에 달려 있다(강현석 외(역), 2011: 91). 이러한 내러티브 아날로지는 모든 개인의 존재론적 실재와 구술된 스토리의 연관성에 확대되어 적용될 수 있다.

'인생이란 무엇인가?'라는 질문을 받게 되면 누구나 마땅히 설명할 방법이 없어 당황하기 마련이다. 이 상황에서 공감하고 설득하기 쉬운 비유는 마라톤이다. 출발점과 종착점이 있으며 온갖 풍상을 헤치며 달려갈 거리(경험체)가 있다는 것은 마치 곡절(曲折) 많은 우리네 인생사와 매우 흡사하기 때문이다. 그래서 '인생은 마라톤이다'는 유추가 가능하다. 마찬가지로 '교육이란 무엇인가?'라는 물음에 우리는 어떤 비유와 유사성으로 응대할 것인가? 재개념론자들은 교육과정이라는 말을 확대 해석하여 교육과 동일시한다. 그들은 라틴어인 currere의 의미에 주목하면서 쿠레레를 경주로라는 관찰가능하고, 외재적이고, 공공연한 개념으로부터 해방시킨다. 그들은 쿠레레에서 이루어지는 것을 경주로 달리기라는 개인적이고 동시에 교육적인 경험으로 재개념화하고, 이러한 교육적 여정(educational journey) 또는 순례(pilgrimage)의 본질을 탐구한다. 여기서 쿠레레는 모든 개인의 교육적 경험에 대한 존재론적, 현상학적, 정신분석적 연구를 통합하는 개념이 된다. 결국 쿠레레는 개인의 교육적 여정 또는 순례에 대한 본질적 지식이며 교육현상을 설명하는 합리적인 논증 수단이 된다. 이처럼 쿠레레를 통하여 교육의 본질을 논증하는 아날로지 추론의 논거는 회귀, 전진, 분석, 종합의 네 가지가 내포되어 있다(김성훈, 2017: 113–120). 위의 네 가지 요소에 대하여 상술하면 다음과 같다.

첫째, 현재의 나와 과거의 내가 일치하지 않기 때문에 우리는 과거를 관찰할 수 있다. 우리 자신이 과거에 어떻게 행동했는지를 관찰하는 것, 이것이 회귀의 목표다. 누구나 이를 통해 교육(특히 schooling 측면에서)이라는 이름으로 경험한 과거의 모든 것에 현재의 반응을 부가하게 된다.

둘째, 우리는 현재에 투영된 미래를 통해 아직 오지 않은 것, 아직 실재하지 않은 것을 볼 수 있는데 이를 전진이라고 하며 이러한 미래는 현재의 삶에 영향을 준다. 전진의 단계에서 중요한 것은 자유연상으로 이를 통해 합리적, 비판적 사고를 최소화해야 한다. 또한 명료하지 않은 미래상을 허용해야 한다. 이에 따라 교육적 과정에서 미래를 상상하는 과정이 강제되거나 부담이 되어서는 안 된다.

셋째, 개념화를 통한 기술(記述)작업은 전체로부터 부분을 보는 것을 가능하게 만든다. 우리는 시간적 순서인 세 장의 사진, 즉 과거, 현재, 미래를 병치시켜 놓고 물을 수 있다. 그들 간의 복잡하고 다차원적인 상호관계는 무엇인가? 미래는 어떻게 과거에 존재하고, 과거는 미래에 그리고 현재는 미래와 과거 모두에 존재하는가? 이러한 분석을 통해 우리는 교육과 직접적으로 관련이 없는 해석의 틀을 이용해서 유용한 지식을 획득할 수 있다.

넷째, 모든 사고, 감정, 행동은 몸 안에서 그리고 몸을 통하여 발생한다. 그러므로 자아도 물리적인 형태로 실재한다. 누구든 순간에 집중하면서 나타나는 실존에 주목한다면 나는 누구인가? 현재의 의미는 무엇인가? 등과 같이 교육과 연관된 우리의 공적이고 사적인 모습, 내적인 삶, 구별 가능한 외현행동, 의식의 흐름과 내용이 종합적으로 드러난다.

이상과 같이 '인생은 마라톤이다. 교육은 쿠레레다'라는 비유와 예증은 대중들에게 내러티브 아날로지를 쉽게 이해하는 데 유용하고 적확(的確)한 사례가 될 수 있다. 인간존재와 연관지어 볼 때 내러티브 아날로지는 개인의 객관화 내지 존재론적 설명기제의 의미를 지닌다. 이를 외연적으로 확대하면 모든 실재는 이러한 내러티브 아날로지로서 존재론적 실체가 구현된다. 그런데 여기서 경험된 나와 구술된 나와의 정직성, 일관성, 일체성, 한마디로 내러티브 아이덴티티 문제가 생성된다.

02 내러티브 아이덴티티(narrative identity)

코블리(P. Cobley)에 의하면 내러티브의 핵심적인 용도는 정체성과 관련된다. 사회적 상황과 그 안에서의 자아의 존재는 상당 부분 텍스트에 의하여 그리고 텍스트 안에 종종 담겨 있는 내러티브를 통하여 사회적으로 구성된다(윤혜준(역), 2013: 57). 사회적 구성체로서의 내러티브문제를 다루는 상황에서 가장 중요한 것은 신뢰의 문제다. 브루너가 주장하듯이 이야기하거나 글 쓰는 행위는 그 행위에 들어가 있는 의미와 지시 관계의 논리적 원리들에 대한 물음을 통해서 이해되는 것이 아니라 오히려 이야기들의 그럴 법함, 사실과의 유사함(근본적으로 삶과의 유사함, 실제 삶과의 유비)에 의거해서 해석된다(J.S. Bruner, 1990: 63). 따라서 내러티브 아이덴티티에 대한 논의의 핵심은 자아의 진실성과 연관된다. 그런데 위에서 살펴본 바와 같이 자아는 물리적 형태로 실재한다. 이에 따라 자아가 심리연구의 대상인지 아니면 물리연구의 대상인지의 복잡한 문제가 발생한다.

인문학적 담론에서 자아개념은 '나는 누구인가?'라는 본질적 물음에 대한 응답으로 자아 인식이나 자아정체성의 문제와 연관되어 있다. 언어학적으로 보면 '나는 누구인가?'라는 질문은 '나는 누구이다'라는 평서문의 변형이다. 논리적으로 보면 주어와 술어로 구분되며, 유기체인 자신이 나라고 발화하는 순간 앎의 주체로 상징체계에 참여하게 되는 것이다. 그러므로 '나는—하다' 혹은 '나는—이다'라는 도식을 통해 나를 인식하게 된다. 즉, 언어가 나를 규정하는 언어적 사실이 발생한다. 결과적으로 발화를 통해, 언어를 매개로 하여 자아에 대한 의식이 발생하며 자아개념을 얻게 되는 것이다(이윤희, 2015: 66–67). 기호학자 퍼스(C.S. Peirce)에 의하면 이러한 자아의식은 자신의 언어(예를 들어 자서전) 혹은 타인의 증언(예를 들어 추천서)을 매개로 모델링된다. 다시 말하면 내가 나 자신을 의식하는 것은 중재된 행위를 통하여 이루어진다는 것이다. 이때 언어를 중재수단으로 하든 증언을 매개로 하든 자아에 대한 의식은 나의 느낌이 외부의 느낌과 비교될 때 발생하는 이중적 의식을 통하여 이루어진다(이윤희, 2015: 67에서 재인용). 이러한 이중성은 자아–내러티브/자기–내러티브라는 특수개념을 만들어낸다. 최근 심리학 분야에서 내러티브에 쏟는 관심에 대한 흥미로운 영역 중의 하나는 개인적 정체성을 확립하는 데 내러티브가 하는 역할의 중요성이다. 사빈(Sarbin)은 『Narrative Psychology』에서 자아정체성 형성에서 이루어지는 자기–내러티브의 적용과 위상에 대하여 샤이베(K. Scheibe)의 아래 글을 통하여 언급하였다.

> "인간의 정체성은 그 구성이 발전하고 있는 것으로 간주된다. 그 정체성은 삶의 과정에서 연속적인 사회적 상호작용으로부터 나온다. 자기–내러티브는 특정언어를 사용하여 특정한 역사적인 용어로 말해야 하는 발전된 이야기이며, 특히 역사적 관습 및 특정 형태의 이데올로기(믿음과 가치관)를 참조로 한다."(강현석 외(역), 2010: 217)

이처럼 자기–내러티브 혹은 자아–내러티브 개념은 언어적 구성, 사회적 자아의 진화, 역사내러티브와의 유사성이라는 세 가지 특성을 내포하며, 이에 따라 내부지향적인 자아스토리에 국한되지 않고 외부지향적인 이타주의를 필요로 한다. 즉, 자아의 발견이 타자를 향한 관심을 토대로 이루어진다는 점에서 자아는 기본적으로 사회적이며, 공동체적이다(이윤희, 2015: 64–65). 다시 말해 모든 행위 자체는 개인적, 사회적/공동체적 삶에 대한 살아있는 내러티브 표현들이다. 여기서 내러티브는 삶의 사건들이 일관성 있고 의미 있는 통합된 주제로 연결되는 표현양식들 중의 하나이다. 결국 인간의 존재론적 의미는 하나의 삶으로 연결되는 일련의 지속적인 활동 혹은 경험들의 연속 안에 놓여 있다(강현석 외(역), 2010: 257). 그렇다면 사회적 혹은 공동체적 환경 속에서 타인과 구별되는 특별한 존재로서 나의 정체성을 부여하는 것은 무엇인가? 자아정체성이라는 단어는 두 가지 상반된 용어로 구성되어 있다. 즉, 다른 것이나 낯선 것과의 반대말로서의 자아 그리고 극단적인 유일성을 갖고 동일성을 지키는 것으로서의 정체성으로 구성된다. 한마디로 자아정체성이라는 말은 이질성과 동질성이라는 긴장 관계에 있다(강현석 외(역), 2010: 298).

결론적으로 인문학 영역에서 정체성과 자아라는 용어는 사회적 환경 속에서의 상징적이고 신체적인 상호작용에 기인하는 개별현상으로 파악한다. 자아개념은 선천적인 나를 발견하거나 해방하는 것이 아니라 나와 타자(외부환경 일체)와의 부단한 영향 관계를 통하여 구성되어 나가는 것이다. 변화무쌍하고 일관성 없는 영향 관계들 속의 경험들을 질서 있고 의미 있게 만드는 것이 바로 자아 형성의 메커니즘이다. 이는 다음의 글에 잘 드러나 있다.

> "인간존재에 대한 내러티브 이론에 의하면 모든 연구는 인간이 살고, 경험하고, 해석하는 바로서의 존재에 주의를 기울이고 초점을 맞출 필요가 있다. 이러한 해석은 궁극적으로 의미의 질서뿐만 아니라 언어의 과정을 포함하게 되는데 이때 의미의 질서는 언어와 상호 작용하면서 언어에 물리적, 유기체적 질서를 부여하는 것이다."(강현석 외(역), 2010: 255)

따라서 누구든 통일되고 일관성 있는 자아개념 및 자아정체성을 갖추기 위해서는 저마다 자신이 경험하는 다양한 사회적, 신체적 반응들을 의미 있게 통합할 필요가 있는데(강현석 외(역), 2010: 304), 이는 자신의 발화나 작화에 의한 경우도 있고 혹은 타자의 이해나 평가에 의하여 이루어질 수도 있다. 이것이 바로 평가시스템 속으로 내러티브 아날로지와 아이덴티티가 들어오게 된 조건이 된다.

브루너는 수많은 저작들 가운데 특히 『Acts of meaning』, 『Making stories』, 『The culture of education』에서 자아, 자서전, 정체성 등에 대하여 내러티브와 연관 지은 교육인간학적 논의에 많은 부분을 할애하고 있으며, 일견 위에서 살펴본 인문학 담론과 크게 다를 바 없어 보인다. 그러나 브루너의 표현처럼 자아는 놀랄 만큼 기발한 개념이다. 이에 대하여 그는 다음과 같이 설명하고 있다.

> "자아는 상식에 비추어보면 직관적으로 분명한 개념이기는 하지만 엄밀한 철학자들의 정의에 따르면 포착하기 아주 어려운 악명 높은 것이다. 자아란 무엇인가? 라는 질문을 받을 때 우리가 할 수 있는 최선의 방법은 아마도 자신의 이마나 가슴을 가리키는 것과 같을 것이다. 자아는 우리가 서로가 의견을 전달하는 일종의 공용화폐다."(강현석 · 김경수(역), 2010: 97)

브루너는 인간의 경험에 대한 유일하고 가장 보편적인 것은 자아라는 현상이고 이는 교육에서 중요하다고 주장하였다. 자아와 교육이 연계되는 교육적 자아상에는 주체적이고 능동적인 행위 특성과 가치평가라는 두 가지 특성이 포함된다. 나아가 자아를 특징짓는 것은 세계와의 적극적이고 주체적인 만남에 대한 기록(자서전적 기억)과 연관된다. 개인적으로 구성된 가능한 자아가 내부, 개인, 정서적일지라도 대개 외부의 환경이나 사물로 확대되어 확장된 자아가 형성된다(강현석 · 이자현(역), 2014: 89-91). 이러한 특성을 지닌 개별자아가 언어적 행위로 전환된 자서전은 화자/필자가 한 시점에서 예전에 존재했던 자신에 대한 성찰을 담은 이야기다. 이것은 주인공이 화자와 하나로 일치하는 상징적 서사로 전개되며, 강력한 수사적 흐름을 지닌다(강현석 외(역), 2011: 159). 모든 자발적인 자서전은 자기경험에 대한 내러티브로서 작은 단위의 이야기(사건, 일화, 느낌 등)로 구성된다. 이러한 작은 단위들은 내적 연관성, 일관성, 진실성이라는 방식으로 서로 융합하면서 공적인 의미를 갖게 된다. 본질적으로 모든 자서전은 내러티브가 가진 보편적인 특성을 내포하게 된다. 이 점에 대한 상세한 논의는 폴킹혼(D. Polkinghorne)의 『Narrative Knowledge and the Human Sciences』(2010)에 잘 드러나 있다.

> "우리는 내러티브적 구성을 통해 정체성과 자아개념을 달성하게 되고, 그 구성을 이야기 형식으로 털어놓고 전개하는 일종의 (자기)표현으로 이해함으로써 우리의 존재를 완전한 실재로 만든다. 우리는 누구나 자신의 이야기 한가운데 있으면서도 자신의 위치를 정확히 깨닫지 못한다. 새로운 사건이 삶에 더해지면서 부단히 이야기의 플롯이 수정된다. 그러므로 자아는 정적인 것이 아니라 어떤 사람의 그동

안 됨됨이와 앞으로의 되어감에 대한 기대를 포함하는 일종의 역사적 일관성에 개인적 경험들을 배열하는 것이다."(강현석 외(역), 2011: 153에서 재인용)

브루너는 자아-구성에 대하여 체계화시켜 논의한 바 있다. 그에 의하면 자아-구성은 하나의 내러티브 기술이다(강현석·김경수(역), 2010: 100). 그것은 비록 허구 이상으로 기억에 의하여 제약되기는 하지만 누구나 만나게 되는 미지의 문제와도 연관된다. 이러한 자아-구성은 변칙적이기는 하지만 내·외부 양방향으로부터 행해진다. 또한 자아-구성의 내러티브적 행위는 자기가 어떠해야 하고, 어떨 수 있는지 또는 어떠해서는 안 되는가? 등에 관하여 드러나지 않은 암묵적인 문화적 모델에 의하여 지배된다.

표 1 자아와 내러티브의 상관

내러티브 소재로서 자아	자아를 소재로 삼은 내러티브 특성
• 목적론적이며 주체적임 • 선별적인 기억에 의존함 • 소유욕과 팽창성이 풍부함 • 자체의 연속성을 지님 • 경험에 기반을 둔 지속성이 있음 • 감정적이고 불안전하여 상황에 민감함 • 자기 일관성을 추구하고 유지해 나감	• 내러티브 소재로서 개인의 경험을 플롯으로 구성함 • 등장인물의 다양한 네트워킹을 제시함 • 등장인물을 세계 속에 정치(定置)시킴 • 등장인물의 정체성을 유지함 • 등장인물의 변덕스러움을 회피하지 않음

자료출처: 강현석·김경수(역)(2010), pp.107-108을 재구성한 것임

브루너는 자아-구성의 내러티브가 개인적인 차원과 공적인 차원에서 이루어지는 일종의 균형 잡는 작업과 유사하다고 설명한 바 있다. 개인적인 차원에서는 자율성에 대한 하나의 확신을 창조하면서 자신만의 의지, 선택적 자유, 가능성 등을 포함시키고 다른 한편으로는 타인의 세계나 준거집단들과 연결시켜 나간다. 공적인 차원의 평가시스템은 자기로부터의 자율성(자서전이나 자기소개서)과 타인으로부터의 관여(교사추천서)라는 이중성 사이에서 균형을 잡아가는 기술(記述)적인 작업인 셈이다.

근본적으로 자아-구성 내러티브는 우리의 독자성을 확립하는 근본적인 수단이며 자신에 대한 설명을 다른 사람을 통한 설명과 비교함으로써 정체성을 드러나게 한다(강현석·김경수(역), 2010: 100-101). 이러한 자아-내러티브/자기-내

러티브는 공적인 자아–서술의 구성을 지배하는 암묵적인 자서전적 약속(대입지원을 위한 자기소개서에 제시된 바와 같은 정형화된 진술양식과 분량)을 따른다(강현석 · 김경수(역), 2010: 102). 이는 다음과 같은 브루너의 서술에 잘 드러나 있다. 즉 "우리 시대에서 자아는 놀라울 만큼 공적인 문제가 되어버렸다. 수많은 책들이 자아를 어떻게 향상시킬 것인가? 분열화, 자기애화, 고립화되는지 해명하고 있다."(강현석 · 김경수(역), 2010: 104) 자아–구성의 문제는 개인적, 공적인 차원의 균형을 상실하며 사회 전반에서 이루어지는 모든 평가시스템상에서 상당한 긴장 유발과 공정성 논쟁의 단초가 되고 있다.

그것이 사적이든 공적이든 자아를 구성하기 위한 내러티브(자아–내러티브)가 되기 위해서는 순차성, 사실성, 비(非)규범성을 바탕으로 하되 다음의 몇 가지 특성이 부가된다. 첫째, 구체성을 기반으로 만들어져야 한다. 이는 상세한 것으로 거슬러 올라감을 의미한다. 둘째, 구체성이 확보되었다면 내러티브는 수사적 비유로 전환된다. 즉, 내러티브 행위주체자, 행위, 장면, 목적, 도구 등이 일종의 상징(기호)으로 전환된다. 셋째, 전환된 상징들이 논리적인 것들로부터 차이나게 만든다. 이는 귀납과 연역이 아닌 내러티브 아날로지에 따른 추론적 해석을 통하여 이루어진다. 따라서 자아–구성의 내러티브는 적법성, 도덕적인 약속, 보편적 가치들로부터의 탈주를 지향하는 극화(劇化)주의나 가상화된 픽션과 철저히 구별되어야 한다.

03 평가시스템 속 내러티브 아날로지와 아이덴티티

평가란 온건하게 말하면 의사결정과정이지만 냉정하고 거칠게 말하면 일종의 전쟁이다. 즉, 평가란 평가주체와 피평가자 간 치열하게 전개되는 사실에 대한 객관적 검증작업이며, 대부분의 평가가 이루어지는 긴장시스템 속에서 선발, 보상, 검정 등이 이루어진다. 특히, 선발을 위하여 이루어지는 평가시스템은 평가자(대학 측)는 물론 피평가자(고등학교 측)로 하여금 심각한 심리적 피로를 유발하고, 사정결과에 대한 공정성 논란의 단초가 되고 있다. 최근 대입전형과 관련된 자기소개서와 추천서 폐지에 대한 사회적 혼란은 바로 이 점에서 비롯된다.

1) 평가시스템 특성: 포용과 배제

평가란 무엇인가? 평가시스템에는 다양한 컴퍼넌트가 포함된다. 최근까지 학계에서는 평가(evaluation)란 말이 검사나 측정이라는 용어와 동(同)의미로 사용되었다. 즉, 어떠한 실재에 특정한 규칙을 갖고 계량적인 가치를 부여하는 것으로 단순하게 측정과 평가를 동일시하였다. 그러나 엄밀히 말하면 평가는 조사(survey), 검사(examination), 시험(test), 사정(assessment), 측정(measurement)을 망라하는 개념이며, 궁극적으로 가치판단의 개입이 가장 강력하게 이루어진다. 교육학계에서 평가의 의미 분석은 크게 세 가지 갈래로 전개되었다.

첫째, 인습적인 방식으로서 목적지향적 관점으로 이는 목표/계획과 성과라는 두 변인 간 이루어진 변화량에 대한 차이 검증이다. 둘째, 탈(脫)목표의 가치판단지향적 관점으로 이는 어떠한 경험, 개념, 과정에 대한 가치를 판단하는 것을 평가의 핵심으로 여긴다. 셋째, 검증과 판단을 넘어서 선택과 의사결정지향적 관점으로 이에 의하면 평가란 의사결정의 대안을 판단하는데 유용한 정보를 기술, 획득, 제공하는 전체적인 과정으로 이해한다. 세 번째 관점의 핵심적 아이디어는 다음의 스터플빔(D. Stufflebeam)이 정의한 평가의 본질에 잘 드러나 있다.

> "의사결정을 필요로 하는 의문을 구명하고, 그것에 대한 여러 가지 대안을 판별할 수 있는 정보를 규명, 수집하고 궁극적으로 선택된 대안이 본래의 기대에 부응하였는지 여부를 결정하는 과정이 평가의 본질이다."(이성호, 1985: 263-264)

대부분의 대학에서 입학자 선택을 위해 가동하는 전형시스템(평가시스템)에 반영되는 방식은 위의 두 번째와 세 번째 접근이 통합된 형태다. 비록 스터플빔이 대학에서 이루어지는 평가시스템을 염두에 두고 언급하지는 않았지만, 그는 의사결정지향의 평가시스템이 겪는 다양한 병리증세를 제시한 바 있으며, 이는 우리 대학의 평가시스템 개선에 의미 있는 시사점을 제공하고 있다.

표 2 평가시스템의 병리적 속성

구 분	주 요 내 용
회피증세	평가 자체는 이미 고통을 내포하고 있기 때문에 반드시 필요한 것이 아니라면 가급적 피하는 것이 최선의 방책임
불안증세	평가시스템이 모호할 경우 참여자는 모두 불안감을 느낌
냉담증세	평가를 하건 말건 나와 무관한 것으로 여겨 시스템에 반응하거나 개입하지 않음
회의증세	평가가 계획된 대로 소기의 성과를 얻고 있는가?에 대한 회의감이 만연함
미혹증세	평가시스템의 정상 작동을 위하여 마련된 매뉴얼의 의미에 대하여 미심쩍어함
오도증세	평가전문가(입학사정관을 비롯하여 위촉된 교수사정관)라는 사람들의 전문성에 대한 구성원의 의심과 그들의 사무행태(지시나 간섭)에 대한 반감이 만연함
무용증세	평가 자체가 과연 어떤 의미가 있는가?라는 회의에서 극단적인 무용론을 주장함
불비증세	공정한 평가가 이루어지기 위해서는 기본적인 요소들(내러티브와 관련된 제반이론들)에 대한 준비가 선행되어야 함에도 불구하고 여러 가지 이유에 의하여 여의치 않음

자료출처: 이성호, 1985: 303의 내용을 재구성한 것임

각 대학마다 입학자 전형을 위한 평가시스템에서 위에 적시된 다양한 병리현상이 나타나는 원인은 대학의 사회적 책무성과 지원자집단(학생, 교사, 학부모 등)의 공정성에 대한 감수성과 갈등하는 데서 비롯된다. 주지하듯 학업성적을 위주로 하는 전형방법을 개선하여 지원자의 다양한 내러티브 정보를 활용하여 선발의 다원화를 도모하겠다는 취지에서 도입된 제도가 '입학사정관'이다. 이는 기존의 대학선발제도와 달리 다양성과 특수성을 고려하여 선발하는 제도라는 측면에서 공정성 확보가 가장 중요한 관심사가 되도록 만드는 계기가 되었다.

그러나 공정성 확보는 선발 주체보다 그 결과를 받아들이는 피선발자의 정서에 달려 있다(김회용·오경희, 2009: 45). 대학 측의 교육적 책무성에 대한 주장과 학생 측의 시스템 공정성에 대한 의문이 두 집단을 충돌하게 만들었다. 이러한 상황에서 많은 지원자 그룹은 공정성에 대한 저항을 포기하고 대학의 책무성에 종속되는 자기결정을 불사하고 있다. 구체적으로 학종 전형(입학사정관 전형)을 준비하기 위하여 고액의 사교육 컨설팅에 매몰되거나 자기소개서나 추천서 대필이라는 범법행위를 서슴없이 자행하고 있다. 어쩌면 대학입학을 위한 평가시스템/생태계에서 내러티브와 연관된 전형요소들에 대한 교육적 책무성, 시스템 공정성, 상호 신뢰성 등을 구현하기 위한 잠재능력이나 진정한 노력은 우리 사회에서 애초부터 없었던 것인지도 모를 일이다.

2) 평가시스템 속 내러티브 아날로지

대학입학자 전형을 위한 평가시스템/생태계 속에서 자기소개서나 교사추천서는 필자/화자(지원자)가 청자/독자(선발자)에게 제시하는 정체성과 관련된 일종의 자기논증이다. 주지하듯 논증이란 사실이나 원칙에 대하여 그 진실 여부를 증명하는 기술방법이다. 또한 청자/독자로 하여금 필자/화자가 논증한 대로 생각하고 행동하도록 설득하는 방법이기도 하다. 대개의 평가시스템에서 필자/화자는 청자/독자와의 심리적 전쟁상태에 놓이게 된다. 논증 과정에서 필자/화자는 최대한 침착성, 냉정함, 성실성, 진실성 등을 유지해야 한다. 그러나 공개 검증의 책무성이라는 이유로 청자/독자는 필자/화자가 설명하는 어떤 사실이나 원칙에 의혹을 갖거나 근본적으로 대립된 견해를 견지한다.

일반적으로 논증에는 논거와 추론이 필요하다. 우선 논거는 논증을 성립시키고 확실성을 지지하는 근거를 의미한다. 이것은 필자/화자의 의도를 독자나 청자에게 충분히 표현, 전달하기 위하여 통일성(일관성), 다양성, 정직성, 정확성, 가독성 등을 갖추어야 한다. 이러한 논거는 사실논거와 소견논거로 구분되는데, 첫째, 사실논거는 모든 사람들이 상식적으로 인지하는 지식, 정보, 사실, 체험 등을 포함하며 타당성과 진실성이 핵심으로, 자기소개서가 대표적인 양식이다. 둘째, 소견논거는 그 분야의 전문가나 권위자의 의견으로 이루어진 지지(支持) 자료를 의미하는데 이것은 신뢰성이 핵심이며 교사추천서가 대표적인 양식이다. 한편 논증을 효과적으로 전개하면서 동시에 타당하고 믿을 만한 전개를 위하여 대개 추론이 동원된다. 진실성과 정당성을 획득하기 위하여 추론에 의지하는 경우가 많다. 주지하듯 추론의 방법으로 귀납, 연역, 변증, 유비 추론 등이 있는데, 특히 유비 추론은 두 대상의 유사성을 근거로 그것들의 기타 속성도 동일하리라는 결론을 이끌어내는 방식이다.

평가생태계에서 입시에 지원하는 학생은 누구나 실존적 자기(서술되지 않은 경험들)와 서술된 자기(자기소개서에 기술된 경험들)로 실재한다. 교사는 평가대상자인 학생의 실존에 대한 자기이해(서술되지 않은)와 조감(鳥瞰)적 진술(추천서)을 수행하는 주체로 실재한다. 대개의 경우 학생의 서술적 자기와 교사의 조감적 진술은 일종의 유비추론 과정을 거쳐 완성된다. 즉, 학생의 서술된 자기와 교사의 조감적 진술이 각각 서술되지 않은 실존적 자기와 자기이해와 정확히 일치하고 있다는 점을 청자/독자에게 강력하게 주장하는 데 동원된다. 이때 가장 중요한 현상학-해석학적 특징은 특정대상 학생의 경험적 서술(자기소개서와 추천서 모두)에 대한 의미차원의 공감성(간주관성) 유지와 해석학적 순환을 정교하게 견지해야 할 필요성에 대한 모든 참여인력의 올바른 인식이다.

3) 평가시스템 속 내러티브 아이덴티티

자아탐구의 방식으로 자전적 글쓰기(자서전 혹은 고백록)가 있는데 이에는 글쓰기를 통하여 사적 자아에서 보편적 자아로 성장하는 경우가 있고(어거스틴의 고백록), 개체로서의 사적 자아가 재현(루소의 고백론)되는 경우가 있다(이윤희, 2015: 64-65). 대학전형을 위한 평가시스템/생태계 속에서 이루어지는 자기소개서나 추천서를 작성하기 위해서는 두 가지 모드(mode)가 모두 동원된다. 이 점에 대한 논의를 위하여 우선 내러티브 아이덴티티 텍스트에 대한 이론이 아니라 구체성을 지닌 실체적 속성에 대하여 정리할 필요가 있다. 평가시스템에서 활용되는 대표적인 내러티브 아이덴티티 텍스트로서 자기소개서/추천서의 실체적 속성은 아래와 같이 스토리텔링이나 TED talks와의 비교를 통하여 파악이 가능하다.

표 3 내러티브 아이덴티티와 연관된 텍스트 비교

자기소개서/교사추천서	구 분	스토리텔링/TED talks
글 텍스트	basic form	말과 이미지 텍스트
500-1,500자(물리적 공간)	scope	16분(물리적 시간)
필 자	narrator	화 자
평가주체	audience	열린 대중
평가요소별로 제한	object	열린 주제
경험기반 자기정체성	theme	열린 경험
타당성, 신뢰성, 공정성	value	다양성, 가치성, 공감성
마이 스토리	storyboard	**마이 스토리**

데닝(S. Denning)은 스토리텔링, 엔더슨(C. Anderson)은 Ted talks 분야에서 각각 개인의 정체성과 관련된 내러티브 텍스트의 힘과 성공적인 기술을 체계적으로 제시한 바 있다. 특히, 데닝은 내러티브로서의 스토리텔링과 정체성의 깊은 관계에 대하여 구체적인 사례를 기반으로 독자들에게 친근하게 다가갔다. 그에 의

하면 우리가 스토리를 전달하는 주요한 이유는 독자/청자에게 나의 정체성을 보여주고 신뢰를 얻기 위함이다(안진환(역), 2014: 42, 106). 이를 위하여 필자/화자는 자신의 경험과 관련된 단편적인 정보들을 묶어 짜임새 있고 응집력이 있는 스토리로 엮어낸다. 그러나 내러티브 아이덴티티 담론에서 중요한 것은 구술이나 발화된 사실의 확인이 아니라 그 사실들이(개별적이든 서로 연계된 것이든) 의미하는 본질을 이해하는 방법을 모색하는 것이다(이를 미루어 볼 때 현상학-해석학 연구의 전문성을 담보해야 한다). 즉, 자기소개서/추천서와 연관지어 생각할 때 평가주체는 지원 학생의 내러티브들이 과연 우리대학의 정체성과 일치하는가? 기술한 내용으로 미루어 볼 때 지원 학생은 믿을 만한 사람인가? 지원 학생은 입학 후 성공적인 학업 및 인간관계를 맺을 수 있는 잠재력이 있는가? 등의 물음에 대한 합리적인 답변을 모색하게 된다.

데닝은 스토리텔링의 본질을 필자/화자의 정체성을 드러내는 것이라고 하였다(안진환(역), 2014: 107). 필자/화자는 자신의 내러티브 아이덴티티 텍스트를 구성하는 주요 컴퍼넌트들인 감정적 호오(好惡), 흥미나 호기심, 인생 및 가치관, 목표의식, 성공과 실패 경험, 선악관 등을 직접 혹은 간접적인 방식으로 구성해나간다. 여기서 성공은 쉽게 이해되지만 실패한 경험들이 왜 중요한 요인이 되는가? 성공이나 긍정기반의 모범적인 스토리는 진실에 입각해야 하며, 객관적으로 믿을 수 있는 것이어야 한다. 그러나 이런 저런 스토리에 질린 청자/독자들은 그런 저런 스토리에 지루해하기 마련이다. 이러한 연유로 데닝은 내러티브 아이덴티티에서 모범적인 스토리를 경계하라고 지적한다(안진환(역), 2014: 37).

데닝은 내러티브(스토리텔링)를 기업의 생존을 위해 필요한 힘으로 여겼는데, 이 점은 살벌한 경쟁상황의 평가시스템에서 개인의 내러티브 아이덴티티가 일종의 생존을 위한 전략으로 기능한다는 점과 유비 추론이 가능하다. 힘과 전략이 효과를 거두기 위한 조건은 신뢰다. 이에 대하여 데닝은 다음과 같이 설명하고 있다.

> "신뢰를 얻지 못하면 사람들을 변화로 이끌지 못한다. 신뢰를 얻으려면 당신의 내면적인 것은 물론 물리적 상황들을 알려야 한다. 마침내 가장 이상적인 상황은 청자나 독자들이 마침내 화자나 필자를 이해하고 공감하게 되는 것이다. 이처럼 신

뢰를 매개로 하는 스토리 구성은 주로 화자나 필자가 경험한 인생의 사건, 경험을 통해 얻은 것들을 통해 자신의 강점이나 약점을 드러낸다."(안진환(역), 2014: 43)

데닝은 '진실을 말하는 것이 가능하다'는 전제하에 내러티브를 전개하라고 권고한다. 내러티브 텍스트에서 필자/화자가 청자/독자에게 바라는 것은 자신의 진실함에 대한 공감과 이를 기반으로 하는 감동을 이끌어 내는 것이다. 그에 의하면 모든 내러티브는 실질적인 검증을 제공하며, 인간의 삶에서 가치관이 지닌 의미를 파악하는 데 필요한 세부사항을 제시한다. 나아가 내러티브는 사람들이 가치관의 진짜 의미에 도달하도록 안내한다(안진환(역), 2014: 157). 한마디로 우리는 내러티브에서 가치관을, 가치관에서 내러티브를 찾을 수 있고 그렇게 해야만 하는데 이 점이 내러티브 아이덴티티 담론의 핵심이다.

한편 엔더슨은 내러이션 혹은 텔링의 구체적인 기술에 대하여 조직적인 지식을 대중에게 선사하였다. 텔링의 핵심은 필자/화자가 청자/독자의 특성, 그들이 누구인지, 어떤 지식을 갖고 있는지, 나의 스토리에 어떤 기대를 하는지 알아야 한다는 점이다. 스토리를 통하여 잠재적 관계 형성, 설명과 설득, 경험의 공유가 이루어진다. 이것들이 효과적으로 달성되기 위해서는 잘 만들어진 스토리가 필요하다. 엔더슨은 잘 만들어진 스토리보드의 공통적인 특성에 대하여 서사적 구조의 규칙 갖추기, 청자/독자의 반응을 이끌어내는 매력 포함하기, 자신의 경험을 통해 공감 이끌어내기 등을 지적한 바 있다(박준형(역), 2016: 98). 결국 잘 만들어진 내러티브는 설명으로 시작하여 설득과 공감이라는 짜릿함을 이끌어내는 드라마틱한 미학적 체험이 된다. 특히, 평가시스템에서 필자/화자의 '나는 어떤 사람인가?'라는 주관적 입장은 청자/독자의 '그는 어떠해야 하는 사람인가?'라는 간주관적 관점으로 확장되면서 한편의 긴박한 드라마가 만들어진다.

어떤 내러티브든 그것이 의미 있게 기능하기 위해서는(특히 평가시스템/생태계에서) 필자/화자와 청자/독자 모두에게서 (플롯에 대한) 실제적인 이해와 더불어 행위자, 목표, 수단, 성공, 실패 등과 같은 용어들을 이해하고 사용하는 소위 '텍스트 리터러시'가 전제되어야 한다. 왜냐하면 내러티브는 단순히 기술하는 행위를 넘어서 필자/화자와 청자/독자가 서로 공감하는 데 필요한 의미성을 플롯에 추가하기 때문이다. 이에 따라 청자/독자는 기술된 문장들을 하나의 플롯으로 이해함으로써 행위자, 행위, 성공, 실패, 고통 등에 깊은 의미를 부여하게 된다(강현석 외(역), 2010: 293-294).

최근 사회적 논란의 핵심소재인 자기소개서/추천서는 설화인가 실화인가? 현상학적 관점에서 볼 때 평가시스템에서 내러티브 아이덴티티 텍스트로 활용되는 자기소개서/추천서가 지닌 문제점은 본질 왜곡 현상이다. 내러티브 아이덴티티 텍스트는 신뢰와 공감 혹은 설명과 설득을 매개로 필자/화자(고등학교 측)와 청자/독자(대학 측) 간 상호작용이 이루어지는 의사결정 메커니즘의 주요한 오브제가 된다. 우리 사회의 독특한 평가시스템의 속성을 꿰뚫고 있는 필자/화자는 청자/독자의 특성도 이미 영리하게 파악하고 있다. 인정하기 어렵지만 이미 우리 사회에서 대학입학을 위한 평가시스템에서 활용되는 자기소개서/추천서는 의사결정을 위한 사실 검증용 자료를 넘어서 우연과 요행의 선택을 위하여 필요한 전쟁 아이템이 되었다. 이에 따라 모든 형태의 서술은 개인의 경험을 기반으로 수집된 사실들로 구성하되 극사실(極事實)보다 창작, 미화되거나 가장화(假裝化)된 사실들의 영향력을 기대하는 바람 속에서 이루어진다.

이를 기호학적 관점에서 논의해 보면, 자기소개서/추천서는 은유적 치환의 결과로 만들어진 서사 텍스트다. 대개 하나의 은유에는 두 가지 기호가 사용되며 이들은 연상법칙에 의하여 서로 연결된다. 연상법칙이란 한 기호의 현실체(대상체)를 다른 기호의 의미체로 치환시키는 것이다(김경용, 1994: 67). 글이나 말 텍스트는 모두 의미 있는 기호들이다. 자기소개서/추천서는 개인적 차원에서 경험된 것(한 기호)이 서사적 구조를 갖춘 글 텍스트(다른 기호)로 전환된 것이다. 평가시스템/생태계에서 이루어지는 이러한 은유적 치환은 정상성과 비정상성 모두의 차원으로 전개된다. 주지하듯 기호는 기표(signifiant)와 기의(signifié)의 연합이다. 기의란 필자/화자가 드러내고자 하는 의도이며 이것이 겉으로 드러난 것이 기표다. 평가시스템과 같이 객관적인 장면에서 기호가 의미 있게 해석되기 위해서는 자연생태계의 먹이사슬이 아니라 기표와 기의 간에 내적 연관성(유사성, 차이성, 정직성, 일관성, 객관성 등을 망라하는)을 담보로 하는 공정성이라는 가치사슬(valuechain/system)이 정상적으로 작동되어야 한다.

그러나 안타깝게도 우리 사회처럼 배타적 선발과 선별적 보상이 강력하게 지배하는 평가시스템/생태계에서 이러한 연상법칙의 왜곡 현상은 극대화된다. 이것이 사회적으로 자기소개서/추천서에 대한 부정적 시각이 만들어지는 원인이 된다. 하나의 자기소개서나 추천서 속에는 현란한 기표를 만들기 위하여 무수한 기의들이 의도적으로 취사선택되는 일종의 전쟁 상황이 담겨있다. 더욱이 기표 속에는 다양한 기의들이 중의적으로 숨어있어 혼란하기 그지없다. 이러한 전쟁과 혼돈 장면에서 순진하거나 세상의 진실함을 믿는 고집스러운 태도는 야비하고 교묘한 능력자들에 의하여 희생당하게 된다. 마침내 평가시스템에서 활용되는 내러티브 아이덴티티 텍스트는 실화가 아닌 설화/암수(暗數)사건 스토리 수준으로 닳아나 버린다.

표 4 검증준거에 따른 사건과 이야기 특성

구분	주요특징	평가시스템과의 연관성
암수 사건	피해가 발생한 분명한 사건이 실재하되 검증된 가해자나 사건 정황이 공적으로 드러나지 않아 대중이 전혀 모르는 사건이나 스토리	자기소개서/추천서의 내용이 극단적인 허구나 가상을 바탕으로 구성되어 있고, 화자/필자 자신도 기술한 사항들에 대한 검증능력이 전혀 없으며 이에 따라 청자/독자의 합리적인 이해가 불가능한 설화 수준임
미제 사건	피해자가 발생한 분명한 사건이 있고 대중적으로 인지되기는 하나 가해자가 특정되지 않은 채 미결상태로 남아있는 사건이나 스토리	자기소개서/추천서가 화자/필자의 극단적인 주관적 진술들로 구성되어 있고, 검증과 의사결정 과정에서 청자/독자와의 상당한 심리적 긴장 관계 유발요소들을 포함하고 있음
기제 사건	발생한 사건의 피해자와 가해자가 명료하게 특정되어 공적으로 사실관계 확인이 가능한 사건이나 스토리	자기소개서/추천서가 객관적으로 검증 가능한 사실들로 구성되어 있고, 텍스트에 사용된 기표-기의가 규칙적으로 연결되어 검증과 의사결정 과정에서 이루어지는 신뢰와 공정의 가치수준이 높음

'교육부'의 대입 관련 정책발표에 대한 단상(斷想)의 핵심은 다음과 같다. 이미 암수 사건 혹은 설화 수준으로 전락한 내러티브 아이덴티티 텍스트를 정책적으로 배제하는 에너지보다 오히려 그것의 본질회복을 위한 사회 담론의 에너지를 발굴하는 것이 필요한 것이다. 교육적 공정과 정의의 구현이라는 이름으로 전개되는 대학입시 전형정책 변화를 바라볼 때, 우리 사회의 진실과 신뢰 회복의 요원함과 더불어 교육학자로서의 교육적 책무성이 무겁게 다가온다.

앞서 논의한 바와 같이 모든 인간은 경험된 나와 서술된 나로 실재한다. 경험된 나는 철저히 주관적인 반면, 서술된 나는 다양한 이유에 의하여 왜곡될 개연성이 높다. 교육과 관련지어 생각할 때 이러한 왜곡 현상의 가장 큰 원인은 평가시스템의 작동이다. 현행 우리나라 대학입시제도에서 자기내러티브는 중요한 전형요소 중의 하나다. 즉, 대입전형자료로 자기소개서와 교사추천서가 활용되고 있다. 경쟁을 전제로 하는 평가나 선발이 이루어지는 시스템, 즉, 우선권과 특혜를 얻기 위한 치열한 상황에서 누구든 자기내러티브를 과장, 왜곡, 작위의 유혹이 생기기 마련이다. 대학입학 전형자료로 활용되는 자기내러티브가 철저히 왜곡되고 오용되고 있음을 전제로 할 때 평가시스템에서 자기내러티브는 필자/화자와 청자/독자 사이의 심리적 대결이 이루어진다.

'교육부'나 대학이라는 공적 시스템은 공정하고 정의로운 평가와 선발이 이루어지도록 나름대로의 안전장치를 작동한다고 하지만 정작 대중은 이러한 조치에 전폭적인 신뢰를 보내지 않는다. 평가시스템 속에서 기능하는 내러티브 아날로지와 아이덴티티 문제는 근본적으로 신뢰라는 가치문제로 귀결된다. 필자/화자의 진정성에 대한 청자/독자의 공감이 올바르게 작동하지 않는 한 자기내러티브 왜곡을 정상화시킬 방안은 없다. 급기야 '교육부'에서는 향후 자기내러티브를 대학입학 전형자료에서 배제할 것을 공표하였다. 내러티브 연구담론에서 자기내러티브는 인간에 대한 올바른 이해를 위하여 가장 필요한 오브제임에도 불구하고 공정과 정의, 신뢰에 대한 사회적 합의를 우선한다는 취지에서 이루어진 조치로 해석된다. 그럼에도 불구하고 여전히 자기내러티브의 유용성에 대한 여지는 충분히 남아 있다고 볼 수 있다. 이러한 여지의 복원과 자기내러티브의 교육학적 유용성에 대한 진지한 성찰이 이루어지길 기대한다. 결론은 명료하다.

내러티브와 관련된 우리교육의 평가시스템/생태계속에서 인간교육의 구현을 위하여 자기반성적 텍스트 쓰기와 읽기라는 보편적인 문화의 메커니즘(송효섭, 1999: 27)이 회복되어야 한다. 자기반성적 텍스트 쓰기와 읽기의 핵심적인 가치는 진실과 신뢰라는 사실에 이의는 있을 수 없다. 대학을 포함하여 우리사회 전반에서 이루어지는 살벌하기 그지없는 평가시스템/생태계 속에서 이러한 진실과 신뢰의 가치가 회복되지 않는 한 결코 우리교육에서 희망을 찾는 것은 지독한 모순이다.

참고문헌

교육부(2019), "대입제도 공정성 강화방안", 2019. 11. 28.

김경용(1994), 기호학이란 무엇인가: 기호의 우리, 우리의 기호, 서울: 민음사.

김성훈(2017), 교육과정학 강의, 서울: 박영스토리.

김회용·오경희(2009), "입학사정관 전형의 정착을 위한 반성과 과제", 교육철학회, 2009년 교육철학회 춘계학술대회발표자료집, pp.35-53.

송효섭(1999), 설화의 기호학, 서울: 민음사.

이성호(1985), 교육과정과 평가, 서울: 양서원.

이윤희(2015), "사랑개념과 자아내러티브", 세미오시스연구센터, 내러티브와 자아, pp.61-95, 한국외국어대학교지식출판원.

Anderson, C.(저), 박준형(역)(2016), 테드 토크(TED Talks), 서울: 21세기 북스.

Bruner, J.S.(1990). Acts of meaning. Harvard University Press.

Bruner, J.S.(저), 김인식 외(역)(1992), 교육의 적합성 논쟁(The relevance of education), 파주: 교육과학사.

Bruner, J.S.(1996), The Culture of Education. Harvard University Press.

Bruner, J.S.(저), 강현석 외(역)(2010), 이야기 만들기(Making Stories), 파주: 교육과학사.

Bruner, J.S.(저), 강현석 외(역)(2011a), 인간과학의 혁명: 마음, 문화 그리고 교육(Acts of Meaning), 서울: 아카데미프레스.

Bruner, J.S.(저), 강현석 외(역)(2011b), 교육의 새로운 지평-마음과 세계를 융합하기(Actual mind, Possible Worlds), 파주: 교육과학사.

Bruner, J.S.(저), 강현석 · 이자현(역)(2014), 교육의 문화(Culture of Education), 파주: 교육과학사.

Cobley, P.(저), 윤혜준(역)(2013), 내러티브(Narrative), 서울대학교출판문화원.

Denning, S.(2011), The Leader's Guide to Storytelling, San Francisco: Jossey-Bass.

Denning, S.(저), 안진환(역)(2014), 스토리텔링으로 성공하라(The Leader's Guide to Storytelling), 서울: 을유문화사.

Gallo, C.(2014), Talk like TED, London: PAN books.

Polkinghorne, D.E.(저), 강현석 외(역)(2010), 내러티브, 인문과학을 만나다(Narrative Knowledge and the Human Sciences), 서울: 학지사.

Tarragona, M(저), 송단비(역)(2017), 긍정정체성(Positive Identities), 서울: 블룸컴퍼니.

Chapter 09

내러티브기반 수업모형(NBI) 개발*

학교 교육과정의 꽃은 수업이다. 혹자는 가르침이야말로 교육의 꽃이라 표현한다. 이를 미루어 볼 때 교육학의 역사는 협의의 수업, 광의의 교수－학습(teaching & learning)으로부터 연원(淵源)하고 있다. 왜냐하면 세계교육 역사의 시원(始元)으로 공인된 소크라테스를 비롯한 소피스트들은 탁월한 교사들이었기 때문이다. 고래로 현대에 이르는 지식 확장의 장구한 역사에서 교수법에 관한 다양한 인식관심과 학적(學的) 담론은 교육학 분야의 지속가능한 탐구영역이었으며, 교육학 연구의 이해지평을 내외로 확장시켜 왔다. 수업생태계는 학생들의 전일적(holistic) 생장을 위한 최적 조건(educational amenity)이 되어야 하며 그 조건의 시종(始終)이 된다. 교육학의 독자성은 무엇이며 어디에 있는가? 교육철학, 교육심리, 교육사회, 교육행정 등의 분과학들은 엄밀히 말해 독자적 탐구양식이 아니다. 다른 어떤 학문 분야에도 없고 중첩될 수 없는 교육학의 배타적 독자성은 넓게는 교육과정(curriculum theory), 좁게는 교수/수업모형(instructional model)에 관한 담론에 있다.

교육학의 학적 특성은 자연과학과 달리 '패러다임의 다양성, 방법론적 복수주의를 기반으로 실재한다'는 점이다. 획일주의나 교조주의를 벗어나 교육의 이론과 실천, 수업의 내용과 방법 등의 다양성이 서로 공존할 때에 비로소 인간교육의 본질에 다가선다. 본 장의 논의는 이러한 일반교육학의 존재론적 당위성과 가능성에 대한 해석학－현상학적 방법론을 바탕으로 조직적 탐구양식을 적용하

---

* 고요한, "NBI(narrative based instruction)모형 개발 연구", 한국내러티브교육학회, 『내러티브와 교육연구』, 7(1), pp.83－121을 수정, 보완한 것임

여 이루어졌다. 독자적인 우리나라의 교육학 담론 생태계에서 내러티브이론이 참여한 것은 다른 분야에 비해 역사가 짧은 편이다. 그럼에도 불구하고 질적 연구 방법과 교육과정 설계의 측면에서 교육과학의 분과학은 물론 다른 학문들과의 외연적 확장을 가속하고 있는 것이 사실이다. 그러나 내러티브교육 연구의 경향은 교육과정과 탐구양식에 다소 편향된 면이 발견되고 있다. 이에 따라 내러티브교수학의 연구 필요성과 가능성이 널리 열려 있다고 볼 수 있다.

표 1 새로운 수업모형 개발 논리

기존모형들의 비판적 검토

↓

모형 개발의 정당화 근거	
	이데아 마이닝 전문가 인터뷰를 통한 질적 자료 분석
	텍스트 마이닝 연구주제 관련 전문텍스트에 대한 비판적 해석
	데이터 마이닝 현장/자료기반 통계 자료를 통한 양적/질적 자료 분석
	레거시 마이닝 수업모형 개발에 관한 전통적 권위나 리더십 분석

↓

메타이론 개발의 가능성 탐색

⇨

모형의 논리적 구조화(템플릿 추출)

↓

모형 개발의 근거모델 분석	
	데닝(S.Denning)의 리더십 기반
	파이크(R.W.Pike)의 테크닉 기반
	성은혜의 내러티브 기반
	吉本均의 모형 기반
	펜스터막허와 솔티스(G.D. Fenstermacher & J.F. Soltis)의 어프로치 기반

↓

메타이론으로서 NBI 모형 구안

01 기존모형의 비판적 검토

기존 수업모형들에 대하여 비판적으로 검토한 결과를 한마디로 요약하면 다양성(diversity)이다. 이러한 다양성은 교육을 풍부하게 만드는 힘이 되지만, 이를 다르게 해석하면 메타이론의 부재를 방증(傍證)하는 것이 된다. 이에는 또한 개념, 인성, 행동, 사고 등을 두루 아우르는 전일적(holistic) 수업모형 개발의 당위성과 가능성이 담지되어 있다. 여기서는 조이스와 웨일(B. Joyce & M. Weil)의 『Instructional Model』(1972), 히멘(R.T. Hyman)의 『Ways of Teaching』(1974)을 중심으로 기존 수업모형들에 대한 비판적 검토를 하였으며 그 내용을 요약하면 다음과 같다.

표 2 기존 수업모형에 대한 비판적 검토

대분류	하위모형	이론가	수업특성
정보처리 모형	귀납적 사고	H.Taba	학습참여자의 귀납적 사고형성 및 지적 추론에 유용하며, 학습자가 경험한 사실들을 이론으로 형성해 나가도록 안내함
	탐구훈련	R.Suchman	
	과학적 탐구	J.Schwab	학문의 연구체계 학습에 유용함
	개념 획득	J.Bruner	귀납적 추론형성 및 개념발달에 유용함
	발 달	J.Piaget	논리적 추론능력 개발 및 사회적 도덕성 발달에 유용함
	선(先)조직자	D.Ausubel	지식체계를 연관짓고 정보처리능력의 효율성 증진에 유용함
	기 억	H.Lorayne	기억력을 증진시킴
인성모형	비(非)지시적 지도	C.Rogers	자각, 이해, 자율, 자아 등에 대한 인성훈련에 유용함
	의식훈련	F.Perls	영성 차원의 자기탐색과 자각능력 증진에 초점을 맞춤
	창조적 문제해결	W.Gordon	창의력, 독창성, 창작 역량을 증진시키는데 유용함
	개념체계	D.Hunt	인성적 복합성과 융통성 증진에 유용함
	학급미팅	W.Glasser	사회적 책무성, 리더십 등에서 요구되는 특성 훈련에 유용함
사회적 상호작용 모형	집단탐구	H.Thelen	사회적 인간관계 기술을 위한 통합성을 통하여 사회적 참여능력 신장에 유용함
	사회 탐구	B.Massialas & B.Cox	학문탐구와 논리적 추론에 의한 사회문제 해결에 초점을 둠
	실험법	B.Maine	사회적 차원의 인성 특성 및 융통성을 강조함
	규범 탐구	D.Oliver	사회적 문제해결에서 법률적 지식의 유용성을 강조함
	역할극	F.Schaftell & G.Schaftell	자기주도적 행위와 가치에 의한 인성가치 탐구를 유도함
	사회적 상황극	S.Boocock	사회적 다양성에 대한 경험 안내와 타자에 대한 자신의 반응탐색을 통한 의사결정력 신장에 유용함
행동주의 모형	우연적 행동	B.F.Skinner	사실, 개념, 기능 등을 획득하기 위한 프로그램화된 학습경험을 제공함
	자기통제		사회적 행동 및 기능 습득에 초점을 둠
	긴장완화(이완)	J.Wolpe	학습장면에서 학습피로도를 최소화하기 위한 전략, 사회적 불안감 해소에 도움이 됨
	훈련(감도완화)		감정의 직접적, 자발적 표현력 향상에 유용함
	직접적 훈련	Gagn'e	행동, 기능 등의 형성 및 수정을 목적으로 구안됨

첫째, 정보처리모형은 주로 사고형성 등 지적(知的) 추론 능력 계발에 초점을 맞추고 있는 반면, 둘째, 인성모형은 반대로 지적 훈련과 기초개념형성에 상대적으로 약점이 있다. 셋째, 사회적 상호작용모형은 사회적 차원의 관계성, 통합성, 다양성에 초점을 두어 개인적 경험의 의미가 축소되어 있으며, 넷째, 행동주의모형은 학습자의 내면보다는 외현적으로 드러난 수행성과 및 능력 등에 초점을 맞추는 취약점이 드러났다.

02 NBI 모형개발의 기초

1) 교수학적 기초

학문 영역을 불문하고 어떤 모형이든 사변적 논리와 조직적 체계(조직화된 논리체계)를 갖추고 있어야 그 정당성을 공인(公認)받을 수 있다. 주지하듯 일반교육학은 '이념－목적－내용－방법－환류'의 조직적 체계를 갖추고 있다. 이는 근대 교육학이론의 제안자인 헤르바르트(F. Herbart)나 탁월한 교육과정이론가인 타일러(R.W. Tyler)에 의하여 이미 정립된 바 있다. 따라서 새롭게 개발되는 NBI모형도 이러한 구조적 프레임에서 크게 벗어나지 않으며, 이에 따라 제안하는 새로운 모형의 논리적 타당성과 신뢰성을 획득할 수 있다.

표 3 NBI모형 개발의 논리적 기초

구분	핵심가치	주요 내용	교수학적 정합성
이념	happiness	• 인간교육 제고	• 기관계가 아닌 학생계 관점의 수업생태계 구축
목적	meaningful experience	• 자기주도-자아성찰적 습관 형성 • learning amenity (sucess in class & school)	• 의미 있는 학습수행 및 참여 기회 제공 • 학교성공 혹은 학습 성공의 균등한 기회 제공
내용	consilience of multi object	• 능동적으로 사고하기(thinking)	• 융·복합적 사고 계발을 위한 개인/집단과제 추출
		• 합리적으로 대화하기(talking)	• 합리적 의사소통 능력 증진을 위한 토론법 및 기술 개발
		• 스스로 만들기(making)	• 자신의 성공/실패 바탕의 자아성찰적 글쓰기 수행

구분	핵심가치	주요 내용	교수학적 정합성
방법	context based dynamic learning	• 경험기반(experience based)	• 교수자와 학습자의 경험담 추출과 상호 공유
		• 수행기반(performance based)	• 집단지성을 위한 협력학습 수행
		• 배움기반(study based)	• 수험이 아닌 탐구학습방식 적용
환류	influence & reflection	• 자기성찰(self reflection)	• 학습자의 자기주도적 성찰 수행
		• 영향(influence)	• 교수자의 지속적인 관심 유지

위의 템플릿에서 주목해야 할 몇 가지 키워드들에 대한 유명 심리학자들의 언설을 부연하면 다음과 같다. 돌란(P. Dolan)은 '개인이 자신의 행복을 디자인할 때(designing happiness) 다양한 요소들이 개입하는데, 그중에서 가장 핵심적인 원칙은 바로 context이다(context is king)'라고 선언하였다(P. Dolan, 2014). 이에 더하여 글래드웰(M. Gladwell)도 『The tipping point』(2000)에서 context는 전환, 변환, 혁신의 과정이나 순간에 가장 강력한 힘을 지니고 있다고 주장하였다. 특히, 돌란이 말하는 다양한 요소들에 대하여 필라이(S. Pillay)는 그것이 내러티브와 관련지어 개인의 성공적 경험을 비롯하여 실패나 기억하기 싫은 모든 것을 망라한다고 지적하였다. 그는 『Think less, learn more』(2017)에서 본원적인 자신의 실체를 회복하기 위하여 자신의 실수에 대하여 자기 스스로 말하는 것(talking to yourself out of failure)이 중요하다고 말했다. 감성지능(EQ)의 창시자인 골만(D. Goleman)은 감성에 기반을 둔 학습경험의 새로운 지평을 제기한 바 있다. 그는 『Working with emotional intelligence』(1998)에서 학습의 또 다른 모델(a different model of learning)로 감성기반의 영향력에 대하여 언급하였다. 예술로서의 영향(arts of influence)은 사람을 다루는 여러 가지 기술 중에서 최고에 해당한다. 학교장면에서 가르치는 사람은 단지 지식을 매개로 하는 전문가가 아니라 전인교육의 구성요소인 지, 덕, 체의 전면에 걸친 바람직한 영향사(influencer)라고 해도 과언이 아니다.

이상의 모든 내용들을 교수학적 측면에서 종합한 오스벨(D. Ausubel)은 수업과정과 성과의 측면에서 의미학습과 암기학습을 차별화하였다(윤기옥 외(역), 1991: 119－120). 첫째, 학습과정에서 유의미 구두(언어) 학습은 학습자가 의미 있는 학습 세트를 (스스로) 채택한다는 점을 전제로 한다. 유의미 구두(언어) 학습은 학습과제가 학습자가 이미 알고 있는 것과 (일관적 혹은 비(非)자의적이고, 실재적인

(substantive) 방식으로) 관련될 수 있고, 학습자가 그것들에 상응하는 학습세트를 채택할 수 있을 때 발생한다. 둘째, 성과의 측면에서 볼 때 유의미 구두(언어) 학습은 그가 배운 내용이 잠재적으로 '그에게 의미 있어야(meaningful) 한다'는 점을 전제로 한다.

2) 데닝(S. Denning)의 리더십 기반

데닝은 『The leader's guide to storytelling』(2011)을 통해 '조직에서 스토리가 수행하는 역할, 내러티브의 8가지 패턴, 내러티브 패턴들의 통합'이라는 하위 주제를 중심으로 학습조직에서 활용 가능한 내러티브 리더십 기반 모형을 제시하였다. 물론 데닝의 이론이 학교조직에 초점을 두고 구성된 것은 아닐지라도 수업이 이루어지는 학급조직을 넓은 의미의 조직으로 간주할 때 유용한 시사점을 간취할 수 있다. 그에 의하면 학습조직(학급)이 본위의 목적을 달성하고 교수학적 효율성과 적합성을 제고하기 위한 두 가지 원칙은 적절한 스토리를 활용하는 것과 스토리를 적절하게 전달하는 기법에 달려 있다. 그는 스토리텔링이야말로 수익을 창출하는 일종의 투자로 간주한다. 즉, talk도 일종의 work이며 이러한 작업을 통해 조직과 개인으로 하여금 변화를 촉진하거나 안내할 수 있다는 것이다.

한편 그는 내러티브야말로 (개인이나 조직에 가하는) 영향을 만들어내는 오브제이며, 동시에 조직의 브랜드를 이루는 초석이요, 일종의 증폭기라고 규정했다. 특히 그의 이론 중에서 학교장면에 적용 가능한 사항은 8가지 내러티브 패턴이 지닌 각각의 목적-내용-성과와 함께 전체의 유기적 연계성에 대한 조직적인 성찰이다. 이러한 내러티브를 기반으로 하는 교수학의 주요한 프레임은 ① 학습자의 행동을 동기화시킴은 물론 새로운 아이디어를 촉진하는 원천으로서 narrative, ② 인간관계 상황에서 신뢰구축과 소통을 위한 방법으로서 narrative, ③ 미디어사회에서 개인의 브랜드를 구축하기 위한 활용방안으로서 narrative, ④ 조직의 가치를 고양하고 학습자의 가치를 전환시키기 위한 narrative, ⑤ 콜라보레이션을 위한 협업(協業)수단으로서 narrative, ⑥ 지식의 전이, 공유, 창출을 위한 수단과 방법으로서 narrative, ⑦ 비(非)정상적인 정보를 약화시키고 상황을 정상화시키기 위한 수단으로서 narrative, ⑧ 학습자와의 비전(vision)을 공유하고 창조하기 위한 narrative 등이다.

표 4 8가지 스토리 구성요소

목 표	스토리 주요 구성요소	스토리텔링 방식(교수법)
행위유발	• 과거에 이루어진 변화의 성공사례를 기술함 • 청자들로 하여금 그것의 상황적 조건을 상상하게 함	• 청자들로 하여금 그들의 도전의식을 저해하는 지나치게 상세한 내용은 배제함
신뢰구축	• 청자가 몰입할 수 있는 서사를 제공함 • 과거 사례의 강점과 약점을 제시함	• 의미 있는 사항을 제시함 • 청자들이 화자의 이야기를 듣기 위한 시간 확보와 더불어 듣고자 하는 동기(성향)를 분명하게 함
가치전이	• 청자에게 친숙한 것, 장려할 만한 가치에 의하여 제기된 이슈에 관한 토론을 증진시킴	• 청자가 믿을 만한(가설을 통하여) 성격과 상황을 활용함 • 이야기는 청자 자신의 행위와 부단히 연관되어 있어야 함
협력촉진	• 청자도 마치 함께 경험하는 것 같은 상황을 감동적으로 전달하는 이야기로 구성됨 • 이야기 주제가 그들 자신의 이야기인 양 공유할 수 있도록 조장함	• 이야기의 교환을 저해하지 않는 공동과제를 설정함 • 내러티브 연계행위에 의해 발생하는 자유로운 에너지를 촉진하기 위한 액션 플랜을 마련함
지식공유	• 문제 자체에 초점을 맞춤 • 문제해결의 방법에 대한 해명, 잘못됨을 바로잡는 방식을 제시함	• 대안을 요구함 • 실현가능한 최적의 해결방안을 상호 모색함
비전제시	• 장차 잘못임이 판명될 수도 있는 과도한 사항을 제시하지 말고 장차 구현되기를 원하는 미래를 환기시킴	• 나 자신의 스토리텔링에 대하여 확신함 • 지난 과거가 미래에 대한 스프링보드로서 기능할 수 있는 이야기를 사용함

이러한 내러티브 구조는 스프링보드 스토리로 시작하여 미래대응에 이르기까지 스토리의 가치가 순차적으로 구현되기도 하며, 개인의 정체성(who am I)에서 시작하여 현재의 공동체(who we are)는 물론 미래의 공동체(who we are going to be)와 같은 조직의 정체성을 구축하는 전략적인 방향으로 이루어진다. 여기서 가장 중요한 사실은 어떤 스토리든 청자들로 하여금 흥미를 유발하게 만드는 것이 좋다는 점이다. 이는 수업장면에서 성공스토리만 활용하는 경우 세상에서 벌어지는 성공과 실패라고 하는 형평성을 기반으로 하는 지식 소통을 어렵게 만들기 때문이다(S. Denning, 2011: 32). 이 점은 NBI모형을 설계할 때 반드시 투영되어야 할 내러티브 리더십의 중요한 원칙이기도 하다.

3) 파이크(R.W. Pike)의 테크닉 기반

파이크는 『Creative training techniques handbook』(1989)에서 교육효과를 극대화하는 학습자중심의 참여교육이론을 정립하였다. 그는 창의적 교수법이란 '어떤 묘책이나 기법들을 종합해 모아 놓은 것이 아니라 오히려 학습능력, 기억력, 실용능력 등을 증진시키는 테크닉을 통해 학생들이 효과적으로 학습하도록 조력하는 일종의 시스템'이라고 하였다. 이러한 시스템 속에서 학습은 재미와 비례하여 발생하고, 경험을 토대로 이야기하는 논쟁을 통해 행동이 바뀔 때 비로소 학습이 이루어진다(김경섭 · 유제필(역), 2017: 23－25). 파이크가 제시한 CTT(creative training techniques)의 특징을 요약하면 다음과 같다.

① 학습참여자의 경쟁 기반이 아니라 협응 기반으로 이루어지며 이에 따라 상호 코칭의 능동적이고 생산적인 간섭경험을 제공한다.
② 인식영역(지식 습득), 감정영역(감정이나 태도의 변화), 운동영역(기술 습득), 관계영역(의사소통과 관계)의 목표를 유기적으로 달성하는 데 활용된다.
③ 획일적인 방식을 지양함으로써 학습의 효율성을 극대화하기 위한 37가지 이상의 테크닉들이 활용될 수 있다.
④ 학습장면에 참여하는 사람들의 개별적인 경험들을 무시하지 않고 공유하기 위한 적절한 방안들이 구사될 수 있다. 공여자가 아닌 참여자의 경험을 공유하는 분위기와 실제는 학습의 개방성을 제고시킬 수 있다.
⑤ 학생계 관점의(중심의) 학습경험은 참여자들로 하여금 개인적 자신감과 사회적 책임감을 동시에 고양시킬 수 있다.
⑥ CTT는 궁극적으로 경험과 각성의 경험들을 현실에 적용하는 과정을 강조하며, 이 기법의 목적은 지속적으로 행위로 드러난 성과와의 연계성을 강조한다.

파이크는 창조적 교수설계는 교수자 중심이 아니라 철저히 학생계 관점에서 이루어져야 하며, 이는 교수자가 구사하는 유머, 질문, 일화, 경험, 인용구, 통계 등의 오브제에 의하여 극대화된다. 그는 학생계 관점의 수업장면에서 효율성을 개선하기 위한 다음의 일곱 가지 법칙을 제안하였으며(김경섭 · 유제필(역), 2017:

355–360), 이는 앞서 살펴본 데닝의 8가지 내러티브 리더십이론과 효과적으로 매칭시킬 때 이론적 시너지가 발생할 것으로 기대된다.

표 5 창의학습을 위한 7가지 법칙

구 분	교수학적 성찰
교수자 법칙	• 가르치는 내용에 대하여 반드시 매스터링(mastering)해야 한다. • 지적인 지식과 경험적인 지식을 갖추어야 한다. • 학습참여자와 경험을 공유할 줄 알아야 한다.
학습자 법칙	• 내발적인 흥미와 열정을 기반으로 학습장면에 참여해야 한다. • 신념의 힘과 욕구의 힘을 극대화 한다.
언어의 법칙	• 코메니우스가 제시한 수업언어의 법칙을 이해해야 한다. • 수업언어는 걸림돌이 아니라 디딤돌이 되어야 한다.
학습의 법칙	• 이미 알고 있는 내용을 새로운 것에 응용한다. • 사전지식의 유용성과 더불어 문제점을 동시에 파악해야 한다.
교육과정의 법칙	• 학습참여자의 동기부여와 교수자의 열정은 매칭되어야 한다. • 사실을 기반으로 말한다. • 다양한 양적 텍스트를 활용한다. • 발견적 상황을 의도적으로 만든다 .
학습과정의 법칙	• 배운 내용을 바탕으로 스스로 새로운 삶을 재창조한다. • 행동변화가 수반되지 않는 학습은 학습이 아니다.
적용의 법칙	• 학습경험이 구체적인 삶과 유리되지 않도록 한다. • 반복적 적용을 통한 지식의 외재화(습관화)가 일어나야 한다.

이상과 같은 파이크의 제안은 NBI모형 개발과정에서 그동안 기관계, 학교계, 교사(교수)계 중심의 학습생태계를 학생계 (참여)중심으로 전환시키는 데 필요한 사항을 고려하거나 교육과정개발자들로 하여금 주의를 환기시키는 데 매우 유용한 시사점을 제공하고 있다.

4) 吉本均의 모형 기반

吉本均은 『授業の 原則』(1987)에서 수업기술의 실천원칙(지침)으로 '눈빛으로 마주 대하기, 설득해 나가기, 가치를 부여하기, 가리켜 나가기, 발문해 나가기' 등을 제안하였다. 이를 요약하면 다음과 같다(박병학(역), 1994: 15–97을 요약함).

① **눈빛으로 마주 대하기**: 의사소통의 원점으로서 눈빛의 교환을 활용하고, 오로지 눈빛으로 몸과 마음속으로 파고 들어가야 한다.

② **설득해 나가기:** 레토릭(rhetoric)으로서의 설득학은 수사학이 아니라 상대방의 존재를 인식하고 상대방의 반응여부에 따라 대응하는 것이다. 레토릭은 로고스(logos)와 파토스(pathos)를 통합하는 것이다. 합리성과 정념(情念)성을 통합하는 레토릭은 말하는 사람이 듣는 사람의 마음속으로 파고들어가 또 다른 삶으로서의 자기의 길을 선택하도록 돕는 것이다. 이러한 설득에 유용한 기술은 공유, 박진(迫進), 자율, 응답, 격려 등이 있다.

③ **가치를 부여하기:** 부정이 아니라 긍정으로서, 확인이 아니라 발견으로서의 평가활동이 이루어지고, 성취감으로서의 평가가 이루어질 때 학습경험은 가치가 부여될 수 있다.

④ **가리켜 나가기:** 단순한 가르침이 아니라 이를 포괄하는 가리킴(zeigen)을 기반으로 하는 교수행위의 두 가지 특성은 첫째, 대상의 어느 한 점에서의 한정성, 둘째, 적절한 거리를 두는 매개성과 과정성 등이다.

⑤ **발문(發問)해 나가기:** 수업생태계는 상호 호응의 드라마가 되어야 한다. 교사가 철저하게 호소해 나감에 따라 학습자는 배울 내용을 철저하게 습득해 나갈 수 있기 때문이다. 호소는 전달, 수용, 암기의 메커니즘이 아니라 최소한의 간섭과 소극적인 개입의 기술이다. 교수자가 배워야 할 것을 명료하게 제시하기보다는 그것을 배우고자 하는 학습자의 자발성으로 전환되어야 한다.

그는 전통적인 방식과 더불어 새롭게 제안하는 것으로 세 가지 수업기술을 아래와 같이 요약하고 있다. 그는 '수업기술을 단순한 개인기로서가 아니라 누구에게나 그 숙달이 가능한 보편적인 기술로 확립시켜 나가고자 하는 꿈은 최근의 일이 아니다'는 점을 들어 수업기술의 확장성과 다양성에 대하여 적시(摘示)한 바 있다.

吉本均은 공장모형과 농장모형의 전통 위에 새로운 시각을 동원한 극장모형을 제안했지만 사실은 이미 브레히트(B. Brecht)의 학습극 이론에 그의 주장이 담겨져 있었다. 교수모형으로서 학습극에 대한 자세한 논의는 제10장에서 다룬다.

표 6 3가지 수업모형

모형명	대표이론가	활동 특성	교수학적 성찰
공장 모형	J.A.Comenius	물건을 제작하는 활동	• 보편적 기술로서 수업기술의 필요성에 부응함 • 밖으로부터 만들어 나가는 기법을 적용함 • 학습자는 용지, 인쇄기술은 교수기술과 매칭됨 • 학습실패는 용지의 질(質)이 아니라 인쇄기술에 의함 • 일제수업의 유용성은 상존함
농장 모형	J.J.Rousseau J.H.Pestalozzi F.Froebel	식물을 재배하는 활동	• 외부압력이 아니라 내부로부터 힘(사고하는 힘, 표현하는 힘)의 전개, 발전의 경험이 교육임 • 가공과 간섭이 아닌 보호와 안내가 교육의 본질임 • 유기체의 성장이 교육적 경험의 전부가 됨
극장 모형	B.F.Bollnow	응답을 불러일으키는 활동	• 학습자는 응답적 환경 속에서 자립해 나갈 수 있음 • 응답적 환경이란 상호작용적인 환경 속에서 존재하는 것임 • 교실은 극장의 본질에 부합하는 특성을 가짐 • 수업은 일종의 드라마가 되어야 함 • 드라마로서의 수업은 눈빛, 클라이막스, 대립과 갈등, 낭만과 긍지가 넘치는 것임

5) 펜스터막허와 솔티스(G.D. Fenstermacher & J.F. Soltis)의 어프로치 기반

펜스터막허와 솔티스(G.D. Fenstermacher & J.F. Soltis)는 『Approaches to teaching』(1992)에서 가르치는 일, 가르침에 대한 여러 가지 상이한 접근을 세 가지로 구분하여 설명하였다. 각각의 접근에 따라 교사의 역할에 관한 몇 가지 사고방식 차이를 이해할 수 있도록 사례중심으로 구성하였다. 각각의 접근은 당해 교사의 이성, 능력, 태도 등에 있어 상이성을 담지하고 있다.

표 7 교수에 대한 3가지 접근

접 근	인간상	교수학적 성찰
관리적	조직 관리자	• 가능한 한 최고의 기술을 활용하여 학습의 책무성을 발휘함 • 학급경영과 학업성취에 유용한 기술과 이해를 제공함 • 성과창출형, 교사주도형 교수학적 수업설계에 유용함
치료적	공감적 인간	• 교사는 공감적 이해와 인격적 협응을 갖춘 인간이어야 함 • 학습자의 인격적 성장, 자아실현, 이해, 수용성을 극대화시키는 교수학적 책무성에 초점을 맞추고 있음
자유교육적	전일적 인간	• 학습자의 영혼을 자유롭게 만드는 게 학습경험의 목적이 됨 • 유식한, 합리적인, 도덕적인 인간, 즉 전인적 인간발달을 상호 도모함

수업의 본질은 교사의 교육적 책무성이다. 그것은 지식의 확장, 인격적 성장, 관계의 확충, 경험의 확충 등 다양성을 지칭하고 있다. 접근의 배타성은 교육을 획일적인 장면으로 이끌고 학습자의 전일적 성장을 방해한다. NBI모형 설계는 다양성, 연계성, 통일성을 지향한다. 이 점에서 위의 세 가지 접근법의 묘합(妙合)을 도모하는 지혜가 절실하다.

6) 성은혜의 내러티브 기반

성은혜는 "내러티브 기반 문학교육 연구"(2016)라는 박사학위논문에서 가장 명료한 내러티브 기반 수업 모형 설계의 지침을 제공하였다. 논문에서 제안한 내러티브 기반의 구조를 요약하면 다음과 같다.

표 8 내러티브 기반 수업모형

구 분	오브제	교수학적 성찰
to narrative	삶과 경험에 관한 객관적인 이야기들 (a story)	• 수업의 내용이 되는 이야기를 지식의 결정체가 아니라 삶의 이야기로, 경험의 가치와 의미를 인식하고 탐구하는 것 • 기존의 텍스트와 나의 경험 간 상호텍스트성을 확인하기
by narrative	삶을 매개로 하는 대화 (discourse)	• 수업장면에서 이루어지는 다양한 담화로서 교수자와 학습자가 지식을 전달하고 이를 확인하는 차원에서의 대화가 아니라 자신들의 삶의 이야기를 소통하는 것 • 간주관성을 기반으로 타자와 대화하고 간섭하기
for narrative	내러티브 사고능력 (narrative thinking)	• 패러다임적 사고를 포월하는 내러티브적 사고를 지향하고 내러티브 사고기반 자신의 이야기를 만드는 것 • 자아의 발견과 형성을 위한 성찰하기
as narrative	경험의 확장 (another story)	• 수업경험이 또 다른 객관적인 이야기가 되고, 자신의 이야기를 확장하는 경험이 되는 것 • 경험의 확장에 의미를 부여하기

성은혜의 to－by－for－as narrative 모형은 새로운 NBI모형 개발에 효율적이고 활용 가능한 기초 프레임으로 설계되었고, 향후 지속될 내러티브 관련 수업 모형 개발의 원형이 될 것으로 평가되고 있다.

이상의 다섯 가지 근거 모델들이 공통적으로 담지하거나 내적 일관성을 지닌 것으로 유추할 수 있는 교수학적 특성은 무엇인가? 그것은 '학습의 인간화(장상호, 1992), 가르침의 윤리학(K.A. Strike & J.F. Soltis, 1985), 가르칠 수 있는 용기

(P.J. Palmer, 1997)' 등으로 요약할 수 있으며, 이는 다음에서 논의할 NBI모형 개발의 실제에 합리적이고 생산적인 방식으로 투영될 것이다.

03 NBI 모형개발의 실제

1) 내러티브 기반의 교수학적 의미 규정

내러티브란 하나 또는 일련의 사건을 글이나 말의 형태로 전달하는 것 또는 그러한 글이나 말을 의미한다. 내러티브는 인간의 삶을 다루고 이야기 구조를 가지고 있어 교육학에서 의미 있는 용어로 사용되고 있다. 인간의 삶이 하나의 이야기가 될 수 있는 것처럼 내러티브는 그러한 삶의 연속적인 이야기다. 내러티브는 사람과 그들의 행위, 행위 의도, 목적, 주관적 경험에 초점을 맞추고 있어 상황마다, 맥락마다 다르게 나타난다. 이러한 내러티브는 그동안 학문영역의 차이와 무관하게 이야기를 구성하는 데 필요한 구조, 지식, 기능을 망라하는 개념으로 사용되다가 오늘날 다양한 학문적 접근과정을 통하여 그 의미영역이 확대되었다. 교육학 분야에서 이러한 내러티브는 이야기, 서사, 설화, 구화(口話) 등의 용어로 혼용되고 있다. 교육과 관련지어 볼 때 내러티브는 '교육과정의 소재로 조직될 수 있는 유의미한 구조를 가진 이야기'로 정의할 수 있다. 내러티브는 기본적으로 이야기와 담론의 통합적 구조로 이루어진다. 여기서 이야기는 흔히 내러티브를 구성하는 사건, 인물, 환경 등을 포함하며, 담론은 그 이야기를 말하고, 표현하고, 제시하고, 언어로 전달하는 것을 포함한다. 이렇게 구조화된 내러티브는 다음과 같이 구체화된다.

첫째, 내용적 요소로 이는 행위자에 의한 행동, 인물의 갈등인 우발 사건, 행동하는 인물, 사건이 일어난 배경 등으로 세분화된다. 교과의 학습상태에서 단순히 발생사건 중심으로 학습이 이루어질 경우 전체적인 맥락이나 배경을 무시하는 경우가 나타난다. 둘째, 구성적 요소로 이는 다시 의미 차원과 전달매체 차원으로 구분된다. 이야기가 전달되는 방식은 일상 언어뿐만 아니라 몸짓, 음악, 프로그램, 마임, 드라마, 영상 등 이야기를 다루는 다양한 매체를 통하여 이루어진다.

현대 학술담론에서 이러한 내러티브는 실로 방대하게 활용, 원용, 차용되고 있다. 일상대화에서조차 내러티브의 용례는 매우 다의적이고 모호하다. 각 학술 담론체나 학자들마다 사용하는 내러티브의 개념에 일관성이 없으며, 많은 연구 분야에서 그것들을 구분 없이 차용함으로써 벌어지는 개념적 혼란이 실재한다. 위에서 논의한 것처럼 내러티브란 '시간적이며 인과론적인 경로에 따라 의미 있게 연결된 일련의 사건들을 기호로 표상한 것'이다. 다시 말하면 내러티브는 어떤 사실을 있는 그대로 기록하는 글의 양식, 즉 인간행위와 관련되는 일련의 사건들에 대한 언어적 재현양식이라 할 수 있다. 그러므로 문학외적인 영역에도 다양한 형태의 내러티브가 존재한다. 따라서 내러티브란 구체적인 서사물(문학작품)일 수도 있지만 암묵적 서사로서 인간의 삶 자체로 확대할 수 있다. 이야기로서의 삶, 이야기로서의 역사가 지닌 교수학적 의의는 그것들이 사라진 세대와 후속세대를 연결하는 학습의 소재요, 교육의 주제가 된다는 중요한 사실에 기반을 두고 있으며, 이 점은 내러티브 기반 수업모형을 설계하는 주요지침이 된다.

일반적으로 내러티브와 스토리는 '우연적으로 발생한 일련의 사건들과 관련된 기술(account)'이라는 의미에서 동의어로 사용된다. 그러나 스토리가 광의의 의미로 사용되어야 하는 반면, 내러티브는 화자(narrator)에 의하여 말해지는 이야기라는 협의로 제한해야 한다(S. Denning, 2011: 13). 이야기의 광범위함을 고려할 때 사실 여부에 대한 논리적인 논쟁이 전혀 필요 없는 '전승된 이야기, 잘 만들어진 이야기, 최소화된 이야기, 반(反)이야기, 분절된 이야기, 종결이 없는 이야기, 다양한 결과로 이끄는 이야기, 다양한 도입부를 가진 이야기, 끝이 처음으로 되돌아가는 이야기, 코미디, 비극, 추리이야기, 연애이야기, 민속 이야기, 소설, 영화, TV 시리즈' 등이 이야기에 해당된다. 스토리는 그 속에 다양한 변수들이 내재된 일종의 거대한 텐트라고 할 수 있다. 이야기 속에는 우리가 사실 여부를 확인할 수 없는 다양한 변수들도 다수 포함되어 있다. 한마디로 내러티브란 우연에 의하여 발생한 일련의 사건들이 연결된 이야기인 셈이다(S. Denning, 2011: 19).

우리나라 교육학 분야에서 스토리와 내러티브에 대한 관심과 연구는 미국의 저명한 교육학자이면서 심리철학자인 브루너와 내러티브 연구의 권위자인 클랜디닌(D.J. Clandinin)의 저작이 번역, 소개되고(J. Bruner, 1996, 2010, 2011a, 2011b, 2014; D.J. Clandinin, 2012, 2015, 2011) 전문적인 학술담론체가 구성되면서 활발하게 이루어지고 있다. 특히 경북대학교 내러티브 연구팀을 중심으로 체계적인 내러티브 교육과정 연구가 주도되고, 수년 전 '한국내러티브교육학회'가 결성되면서 내러티브 기반 교육과정에 대한 탐구가 교육학계에서 활성화되었다. 이와 더불어 '교육부'가 스토리텔링을 기반으로 하는 교과수업에 대한 가이드를 제시하면서 초·중등교육은 물론 고등교육 수준에 이르기까지 내러티브 기반 수업모형에 대한 조직적인 연구와 간학제적 논의가 확충되었다. 그러나 여전히 내러티브에 대한 개념정의와 교육학적 화용에 표준화된 가이드가 없는 실정이다.

표 9 내러티브 기반의 다양한 국면

구 분	구조적 특성
narrative story	• 세간에 알려진 모든 이야기나 서사물 • 문학작품(시, 소설, 희곡 등의 창작물)이 가장 대표적이지만 영화나 드라마의 이야기(창작이든 다큐물이든), 예술(음악, 미술, 체육 등)작품, 방송물, 각종 광고물 등 모든 장르에서 표현된 텍스트(text)들을 망라함 • 학습자나 교수자 개인이 경험한 삶의 이야기
narrative discourse	• 구조적/비구조적인 서사적 담론 • 대화, 토론, 문답, 충고, 상담, 설명, 대담, 방담 등 다양한 형태로 이루어지는 갖가지 형태의 담화를 망라함 • 수업장면에서 이루어지는 교호적 대화
narrative thinking	• 패러다임적 사고와 대립하는 내러티브적/구성주의적 사고양식 • 객관적인 지식을 암기하거나 구조화하는 것이 아니라 자기주도적이고 능동적인 삶의 경험을 통하여 자아실현을 도모하는 모든 자아구성체 • 자전적 글쓰기

2) 모형개발의 논리 적용

새로운 모델 개발은 앞서 살펴본 기존모델에 대한 비판적 해석, 정당화 근거 조사, 근거모델 분석을 통해 이루어졌으며, 이들 간의 내적 연관성과 상호텍스트성을 제시하면 다음과 같다.

표 10 새 모형 개발의 근거

구 분		내적 연관 및 상호텍스트성	적용 영역
기존모델에 대한 비판적 해석	정보처리모형	내러티브기반 수업설계에서 지적 영역의 수업방식 검토	가치/목적론 방법/절차론
	인성모형	내러티브기반 수업설계에서 비(非)지적 영역의 수	

구 분		내적 연관 및 상호텍스트성	적용 영역
		업방식 검토	
	사회적 상호작용모형	내러티브기반 수업운용 시 상호 영향관계 검토	
	행동주의모형	내러티브기반 수업설계에서 가치외면화 방식에 대한 검토	
정당화 근거 조 사	이데아 마이닝	새로운 모형 개발의 교수학적 유의성 검토	가치/목적론
	텍스트 마이닝	내러티브 개념의 교수학적 적용 방안 수립	
	데이터 마이닝	학생계 관점의 수업생태계 설계 방안 수립 및 NBI 모형의 정합성 분석	
	레거시 마이닝	수업모형 개발에 관한 전통적 권위나 리더십 분석	
근거 모델 분 석	리더십	학습목표별 스토리보드와 상호작용적 내러티브 리더십 개념 추출	내용/구성론 방법/절차론
	테크닉	학생계 관점의 내러티브 기반 수업방식 도출	방법/절차론
	모형기반	극장모형과 NBI모형의 상호텍스트성 검토	
	어프로치	NBI모형의 관리-치료-자유적 접근방식 검토	
	내러티브 기반	내러티브 기반 수업모형의 의미 및 프레임 도출	

3) NBI모형의 가치/목적론

내러티브 교수학의 메타모형으로서 내러티브 기반 수업모형의 가치 및 목적은 기존모델에 대한 비판적 해석, 정당화 근거에 대한 조사 결과를 반영하여 학습경험의 소기와 능기의 차원에서 설정하였다. 이와 더불어 프롬의 존재론, 피아제의 구성주의 인식론, 듀이의 진보주의 교육사상, 폴라니(M. Polanyi)의 인격적 지식론 등의 상호텍스트성과 교육인간학 이해지평의 외연 확대를 기반으로 하였다. 특히, 폴라니는 전통적인 인식론, 경험주의, 논리실증주의, 행동주의, 요소환원주의, 과학주의 등이 지닌 지식형성에 대한 불완전성에 대하여 도전의식을 초점식, 보조식이라는 현상학적 인식 과정을 통해 해명하였다. 다시 말해 어떤 기술을 숙달하거나 과학적인 지식을 창출하는데 작용하는 현상으로 보조식과 초점식의 과정이 있다는 것이다. 암묵지는 이러한 보조적인 제반 특수사항으로부터 출발하여 명시적으로 기술할 수 없는 통로를 거쳐 하나의 통합된 초점식에 이른다고 하였다. 그는 일반적인 앎의 구조에 기능적, 의미적, 현상적, 존재적 측면이 있다고 분석하였다. 이상의 논의들을 반영한 NBI모형의 가치/목적론을 요약하면 다음과 같다.

표 11 NBI모형의 가치와 목적

구 분	내용 요약
교육이념 및 목 적	• 소유양식(to have)이 아닌 존재양식(to be)의 의미 있는 학습경험을 제공함 • 성과 및 수험지양의 탈(脫)학습과 경험기반(experience-based)의 재학습 기회를 지속적으로 제공함 • 비저닝과 자아통정을 통하여 변화와 개선을 위한 행동계획을 안내함
지식차원: 학습의 소기(所期)	• 학생계 중심으로 지식의 지속적인 재구성(지식의 상대주의) 경험을 제공함 • 암묵지/경험지/자득지, 실용지, 인격적 지식, 절차적 지식의 중요성을 체험함
지능차원: 학습의 능기(能期)	• 나와 사회에 유용한 실용적 지능을 습관화시킴 • 지능의 융·복합화를 지향함: 감성지능(emotional intelligence), 다중지능(multiple intelligence), 도덕지능(moral intelligence), 문화지능(cultural intelligence), 성공지능(successful intelligence), 사회지능(social intelligence), 에코지능(ecological intelligence), 결정(結晶)지능(crystallized intelligence), 실행지능(executive intelligence), 실용지능(practical intelligence), 예측지능(predicted intelligence) 등

4) NBI모형의 내용/구성론

NBI모형의 주요 구성요소는 학습목표에 대응하는 다양한 스토리의 형태들로 만들어진다. 각각의 스토리는 단위수업이 진행되는 플로우(flow)에 또한 상응하게 된다. 데닝의 주장을 기반으로 이를 예시하면 다음과 같다.

표 12 데닝이 주장하는 수업목표별 스토리 콘텐츠

목표	스토리명	주요 내용 및 구성요소	교수법	적용
행위유발	스프링보드 스토리	• 과거에 이루어진 어떤 개인이나 집단의 전향적인 변화(변혁) 성공사례를 기술 혹은 제시함 • 가급적이면 학생들이 그러한 변화의 상황적 조건을 상상하게 함	학생들로 하여금 그들의 도전의식을 저해하는 지나치게 상세한 내용은 배제함	도입
신뢰구축	아이덴티티 스토리	• 학생들이 몰입하거나 충분히 공감, 신뢰할 수 있는 교수자 자신의 서사를 제공함 • 가급적이면 교수자 중심 과거사의 강점과 약점을 설명함	의미 있는 사항을 제시함. 학생들이 교수자의 이야기를 듣기 위한 시간확보와 더불어 듣고자 하는 성향을 분명하게 함	도입 전개
가치전이	패러벌 스토리	• 학생들의 발달수준에 적합하고 친숙한 문제를 발굴함 • 가치문제. 공공선 추구, 가치내면화, 지속가능한 가치 공유 등을 가능하게 만드는 비유를 제시함	학생들이 믿을 만한(가설을 통하여) 성격과 상황을 활용함. 이야기는 학생 자신의 행위와 부단히 연관되어 있어야 함	전개

목표	스토리명	주요 내용 및 구성요소	교수법	적용
협력촉진	콜라보 스토리	• 학습장면에서 협동 작업이나 과제 수행이 갖는 내재적인 가치나 의미를 깨닫게 안내함 • 실제로 협력학습에 능동적으로 참여하도록 자극하는 사례를 제시함	이야기의 교환을 저해하지 않는 공동과제를 설정함. 내러티브 연계행위에 의해 발생하는 자유로운 에너지를 촉진하기 위한 액션플랜을 마련함	전개
지식공유	K(nowledge) -쉐어링 스토리	• 학문이나 지식은 사회적으로 공유되어야 할 필요가 있음 • 개인 차원을 넘어 집단지성이 지닌 유용성과 이를 향상시킨 사례를 제시함	대안을 요구함. 실현가능한 최적의 해결방안을 모색함	도입 전개
비전제시	비저닝 스토리	• 미래의 가치와 생애설계가 지닌 유용성을 인지하게 안내함 • 비저닝이 각 개인으로 하여금 현재의 삶을 충실하게 만들 수 있음을 자극하는 사례를 제시함	나 자신의 스토리텔링에 대하여 확신함. 지난 과거가 미래에 대한 스프링보드로서 기능할 수 있는 이야기를 사용함	도입 전개 종합

5) NBI모형의 방법/절차론

데닝에 의하면 우리가 누군가를 이끌거나 영향을 미치고, 그들과의 효율적인 의사소통을 원할 때 최선의 방식은 스토리를 통하는 것이다. 그것의 영향력은 실제적이거나 교육적이다. 교육적 측면에서 리더십 스토리텔링은 다른 여타의 것과 마찬가지로 일종의 행위예술(performance arts)로서 생각하는 것 이상으로 상호 간의 집중력을 향상시키는 힘이 있다(S. Denning, 2011: 1). 학습장면에서 스토리텔링은 효과적인 리더십에 유용하다(S. Denning, 2011: 35). 학습조직에서 어떤 변화를 시도함에 있어 스토리텔링은 강력한 영향력을 지닌다. 스토리텔링의 완성은 옳은 이야기를 말하는 것과 더불어 스토리를 바르게 말하는 것으로 이루어진다. 스토리텔링은 행위예술이다. 스토리텔링의 방식은 (어떤 방식으로든) 청자/독자들에 영향을 미치고 극단적으로 그들의 정서적인 톤(tone)을 변화시킬 수 있다. 따라서 화자/필자는 탁월한 이야기를 갖고 있어야 함은 물론 고도로 숙련된 언어기술을 갖고 있어야 한다. 스토리텔링이 대화가 아니라 독백의 차원에서 수행되는 경우는 피해야 한다. 대부분의 화자/필자가 제한적인 언어기술을 갖고 있다할지라도 교호(交互)나 호혜(互惠)의식(reciprocity)을 기반으로 효과적인 스토리텔링을 구사하려는 열정을 가슴에 품는 것이 중요하다. 스토리텔링에서 스토리, 화자, 청자는 의미 있는 앙상블의 형태로 상호 작용한다(S. Denning, 2011: 40). 리더십 스토리텔링에서

표 13 개발된 NBI모형 제시

도입(input) →	전개(process) →	정리(product)
to narrative story	by narrative discourse	for narrative thinking
수업자료로 활용하기 위한 모든 이야기나 서사물에 대하여 교수자가 직접 다양한 방식으로 객관성을 유지하며 설명함	제시된 수업자료(교수자 내러티브 포함)를 기반으로 간주관적인 다양한 방식의 대화(교사 대 학생, 학생 대 학생, 자기 대 자기 등)를 적절히 수행함	이야기를 통한 가치내면화를 도모하며, 자아이해 및 확충을 통한 학습주체의 내러티브적 사고, 내러티브 글쓰기를 자기주도적으로 생성함
a story/text+**특수가치**	interpersonal discourse+**가치일반화**	ative thinking+**가치내면화**
• 가치의 개념/인지적 조작을 통해 학생들이 다루게 될 담론과 사유의 스토리(도야재)를 제시함 • 클래스 나레이터는 객관적인 입장과 관점을 유지해야 함 • 그룹활동으로 시작하는 경우 그룹에서 사전에 합의한 스토리를 리더가 단순하게 제시함	• 클래스 나레이터나 그룹리더가 제시한 스토리를 간주관적 입장과 관점으로 상호 토론함 • 델파이 기법, 브레인스토밍, 버즈 기법 등의 활용이 가능함	• 수업 초기 제시된 객관적이던 가치가 간주관적인 담론활동과 개인적 사유를 통하여 학생 개별적으로 가치내면화가 이루어짐 • 자아의 탐색과 확장을 지향하는 글쓰기를 통하여 내러티브 사고를 확충함

소나타 형식 (Sonata-Form)			
제시부	전개부	재현부	종결부
학습콘텐츠/주제를 스토리로 제시	다양하게 변형된 오브제 소개	주제 관련 핵심의미 환기 및 재강조	의미의 재현 및 가치 내면화

론도 형식 (Rondo-Form)						
R	E1	R	E2	R	E3	R
내면화할 테마/토픽 제시	학습 관련 첫 번째 에피소드 제시	테마/토픽의 두 번째 반복	두 번째 에피소드 제시	테마/토픽의 세 번째 반복	세 번째 에피소드 제시	학습가치 내면화

⇨ as narrative ⇨

이야기의 형태와 내용, 청자 그리고 화자는 서로 불가분의 연관성을 내포하고 있다.

이상의 권고를 반영하여 우리교육 현실에서 실제로 구현 가능한 내러티브 기반 수업모형을 예시하면 다음과 같다. 첫째, 도입부에서 교수자는 수업(학습)목표와 관련된 이야기를 객관적인 입장에서 제시한다. 이때 위의 수업목표별 콘텐츠에 적합한 스토리를 선정하는 것이 무엇보다 중요하다. 둘째, 전개과정에서 교수자는 개별학생(혹은 집단)과의 대화 장면에서 간주관적인 태도나 간섭을 유지해야 한다. 셋째, 정리단계에서 교수자는 간섭을 최소화하여 학생들이 자아를 이해하고 확충하는 방향으로 친절하게 안내하여야 한다.

새로운 모형의 개진과 제안은 교육학 연구의 방법론적 복수주의 원칙에 입각하였고, 교수학 탐구의 이해지평 확장이라는 일종의 도전에서 이루어졌다. 4차 산업혁명시대라는 거대화두는 교육학 학술담론에도 무거운 책무를 부과하였다. 교육의 이념, 방법과 내용에 대한 변화를 다루는 거대담론으로부터 시대변화에 적극 대응하는 새로운 교수 이념, 방법과 내용의 개발에 이르기까지 그 스펙트럼은 실로 다양하다. 교육을 교육답게 풍부하게 만드는 힘은 내용과 방법, 의견의 다양성에 있음이 확인되었다. 새로운 모형 개발을 위하여 끌어들인 기존모델들은 물론 관련 근거모델들을 꼼꼼히 살펴보면 나름대로 교수학 분야에서 조직적인 이론으로 평가 받아왔던 것들이다. 각각의 특장(特長)들이 서로 배타적이면서 동시에 독창적인 차원에서 제 각각 실재하고 있는 것도 사실이다. 그럼에도 불구하고 좀 더 통합적이고 메타이론적인 시도와 도전이야말로 인간교육의 본질에 한 걸음 더 다가서는 전기가 될 수 있음을 확인할 수 있었다.

'교육의 질은 교사의 질을 뛰어넘지 못한다'는 공유된 정언(定言)은 교수학에 대한 교육학자들의 부단한 도전과 의무를 채근하는 동력이다. 특히, 실용주의, 과학기술주의, 고도산업사회 등으로 대표되는 시대변화는 텍스트해석학 기반의 인습적인 연구풍토에 대한 심각한 고민을 자극하였고 학술담론에서의 기득권 전환을 촉구하고 있다. 따라서 일반교육 담론보다는 좀 더 구체적이고 실용적인 교수이론 탐구의 필요성과 당위성이 비등하고 있음이 감지되었다. 고금을 막론하고 수업 방법과 원리에 합당한 절대적이거나 최고의 적용이론은 없다. 다만 최선의 혹은 적절한 방법과 원리가 있을 뿐이다. 이것이 기존의 패러다임에 대한 도전과 새로운 패러다임의 개척을 통해 교수의 다양성을 넘어 교육의 본유성을 회복하게 만드는 원인이다.

참고문헌

강현석(2016), 인문·사회과학의 새로운 연구방법론: 내러티브학 탐구, 서울: 한국문화사.

고요한(2013), 가르침의 교육현상학적 이해, 서울: 학지사.

고요한(2016), 인간현상과 인간교육의 현상학적 이해, 서울: 박영사.

고요한(2018), "내러티브, 인성, 교육의 인간학적 전일성 연구", 한국내러티브교육학회, 내러티브와 교육연구, 6(1), pp.31-61.

김형기(1993), "베르톨트 브레히트의 연극을 위한 작은 지침서 연구", 송동준 외, 브레히트의 서사극-유형학적 고찰, pp.53-77.

성은혜(2016), 내러티브 기반 문학교육 연구, 고려대학교 박사학위논문.

성은혜(2018), "내러티브기반 문학 교수-학습 모형 개발 연구", 한국내러티브교육학회, 내러티브와 교육연구, 6(1), pp.91-112.

장상호(1992), 학습의 인간화, 파주: 교육과학사.

장상호(1994), 폴라니 인격적 지식의 확장, 파주: 교육과학사.

Bruner, J.(1987). Actual mind, Possible worlds. Harvard University Press.

Bruner, J.(1992). Acts of meaning. Harvard Business School Press.

Bruner, J.(1996). The culture of education. Harvard University Press.

Bruner, J.(저), 강현석 외(역)(2010), 이야기 만들기(Making Stories), 파주: 교육과학사.

Bruner, J.S.(저), 강현석 외(역)(2011a), 인간과학의 혁명: 마음, 문화 그리고 교육(Acts of Meaning), 서울: 아카데미프레스.

Bruner, J.S.(저), 강현석 외(역)(2011b), 교육의 새로운 지평-마음과 세계를 융합하기(Actual mind, Possible Worlds), 파주: 교육과학사.

Bruner, J.S.(저), 강현석·이자현(역)(2014), 교육의 문화(Culture of Education), 파주: 교육과학사.

Clandinin, D.J.·Connelly, F.M(2004), Narrative inquiry: experience and story in qualitative research, San Francisco: Jossey-Bass Publishers,

Clandinin, D.J.(저), 강현석 외(역)(2012), 내러티브 탐구를 위한 연구방법론

(Handbook of narrative inquiry, Mapping a methodology), 파주: 교육과학사.
Clandinin, D.J.(2007), Handbook of narrative inquiry, Mapping a methodology, Thousand Oaks: Sage.
Clandinin, D.J. · Connelly, F.M.(저), 소경희 외(역)(2011), 내러티브 탐구(Narrative inquiry), 파주: 교육과학사.
Denning, S.(2011). The leader's guide to storytelling. San Francisco: John Wiley & Sons Inc..
Denning, S.(저), 안진환(역)(2014), 스토리텔링으로 성공하라(The leader's guide to storytelling), 서울: 을유문화사.
Dolan, P.(2014), Happiness by design, London: Penguin Random House UK.
Fernstermacher, G.D. & Soltis, J.F.(저), 이지헌(역)(1995), 가르치는 일이란 무엇인가?(Approaches to teaching), 파주: 교육과학사.
Fromm, E.(1993), To have or To be?, Seoul: Choun Moon Wha Sa..
Gallo, C.(2014), Talk like TED, New York: St. Martin's Press.
Gladwell, M.(2000), The tipping point, New York: Back Bay Books.
Goleman, D.(1998), Working with emotional intelligence, New York: Bloomsbury.
Hanson, R.(2013), Hardwiring happiness, London: Rider.
Hyman, R.T.(저), 권낙원(역)(2001), 교수방법(Ways of teaching), 서울: 원미사.
Joyce, B. · Weil, M.(저), 윤기옥 외(역)(1991), 수업모형(Instructional Model), 서울: 형설출판사.
Lauritzen, C. · Jaeger, M.(저), 강현석 외(역)(2007), 내러티브 교육과정의 이론과 실제(Integrating Learning through Story: The Narrative Curriculum), 서울: 학이당.
Palmer, P.J.(저), 이종인(역)(2000), 가르칠 수 있는 용기(The Courage to teach), 서울: 한문화.
Pike, R.W.(2003), Creative Training Techniques Handbook, New York: HRD Press, Inc..
Pillay, S.(2017), Think less learn more, New York: Random House LLC..
Strike, K.A. · Soltis, J.F.(저), 조동섭 · 김성기(역)(1996), 가르침의 윤리학(The ethics of teaching), 서울: 원미사.
Webster, L. · Mertova, P.(저), 박순용(역)(2017), 연구방법으로서의 내러티브 탐구

(Using Narrative inquiry as research method), 서울: 학지사.
吉本均(저), 박병학(역)(1994), 수업과정의 인간화(授業の 原則), 파주: 교육과학사.

Chapter 10

내러티브기반 수업모형: 학습극

본 장에서는 베르톨트 브레히트(B. Brecht)의 Lehrstűck(이하 학습극으로 번역함)과 내러티브기반 수업설계(narrative-based instruction design, 이하 NBID로 표기함)의 상호텍스트성에 대한 해석학적-현상학적 분석을 바탕으로 학교장면에서 활용 가능한 수업모형을 개발하는 것이다. 그동안 Lehrstűck에 대한 연구는 '한국독문학회', '한국브레히트학회', '한국어문학회' 등을 중심으로 문학, 공연예술학적 관점에서 이루어지다가(하재부, 2006; 이정준, 1998; 조길예, 1991; 오제명, 1988, 1992, 1993) 교육학 분야에서도 관심을 갖게 되었고, 이에 따라 연극과 교육의 상호텍스트성에 대한 분석이 이루어지고 있다. 이는 크게 성인교육학(andragogy)과 학교교육학(pedagogy) 분야로 나뉘어 각각 차별적인 관점을 바탕으로 독자적인 연구가 속속 발표되고 있다(이명현, 2013; 서기자, 2009; 박진우, 2004; 김웅조, 2002). 이러한 경향 속에서 각급 학교교사들은 브레히트의 Lehrstűck에 대한 교수학적 관심과 체계적인 고찰을 통하여 그의 이론과 학교수업장면의 연계 및 적용가능성에 대하여 지속적인 관심을 보여 왔다(하재부, 2006: 72). 그러나 학교교사들은 연극학이나 대중문화예술학 등을 전공한 것이 아니라 단순히 교수학적 인식관심에서 브레히트를 연구 및 활용영역으로 불러들였다. 그들에게는 역할극 혹은 교육연극이라는 이름으로(하재부, 2006: 72) 학교수업장면에서 연극 활동의 교육적 효용성에 대한 기대가 상존했다. 더욱이 Lehrstűck가 일반 상연극은 물론 학교장면에서 활용되는 역할극, 교육연극 등과 몇 가지 차이점을 내포하고 있음을 간과했다.

표 1 상연극, 학습극, 역할극/교육연극의 차이

구 분	주요 특징
상연극	전문배우가 사전에 구조적으로 잘 짜인 대본, 무대 등 일종의 표현 약속(rule)을 기반으로 하여, 약속된(정해진) 연기행위를 통해 현장의 관중들로 하여금 등장인물의 성격 및 경험 특성과 동일시하게 만들고, 심리-정서적으로 영향을 미치게 만드는 게 주요 목적임. 인간학적 의미와 가치 전달을 위하여 연극이 목적지향적으로 기능함
Lehrstűck	전문적/비전문적인 연기자가 구조적/비구조적 대본, 무대 등 일종의 룰을 기반으로 하되 자기주도적인 연기행위를 통해 연기자 스스로 특정가치(교의)나 이데올로기를 학습하도록 만드는 게 목적임. 학습극은 본질상 일종의 자기교화(self indoctrination)의 성격을 띰. 따라서 개인의 인지적-심리적 가치체계와 인지구조의 내적 전환을 위하여 연극이 수단적으로 기능함
역할극 교육연극	비전문적인 연기자(학교장면의 경우 학생)가 자신의 위치나 처지와 상반된 입장에서 연기해 봄으로써 본인의 잘못된 감정, 관점, 태도 등에 대하여 비판적인 검증의 경험을 유도하는 게 목적임. 따라서 개인의 심리철학적 의식 전환을 위하여 연극이 수단으로 기능함

위의 차이점에도 불구하고 브레히트의 Lehrstűck과 학교장면에서 활용되는 역할극 사이에는 일정수준의 상호텍스트성이 내재하고 있다. 그러나 학교장면에서 활용되는 연극의 개념을 단순히 교수학적 차원(역할극 수준)에 초점을 맞추어 연극과 수업의 상호텍스트성을 분석할 것이 아니라, 이를 외연적으로 확대하여 Lehrstűck과 내러티브 기반 수업설계의 상호텍스트성에 대한 고찰을 바탕으로 학교장면의 연극 활동을 교육적 의미차원으로 전환시키기 위한 시도가 필요하다.

01 Lehrstűck의 해석학적 기초

브레히트의 희곡작품은 Lehrstűck, Opera, Episches theater 등의 세부 장르로 분류된다. 특히 Lehrstűck은 우리나라의 문학계, 공연예술학계, 교육학계 등에서 '교육극, 학습극, 학교극, 교훈극, 교습극, 교술극' 등으로 다양하게 번역되고 있는데, 학교교사가 아닌 사회적 교사의 입장에서 Lehrstűck를 사용한 브레히트의 생각과 의지를 비추어 볼 때 학습극이 가장 적확(的確)한 용어라고 볼 수 있다.

"브레히트 연극의 전문용어인 Lehrstűck, Lehrstűcktheater을 교훈극 혹은 교육극으로 번역할 때 이는 '가르친다'는 의미만 부각될 뿐, 그 가르침을 어떤 방식으로

전달할 것인가?의 문제는 상대적으로 약화되기 마련이다. 그 가르침의 내용인 비판적 사유, 변증법적 사유를 통해 스스로 연기하며 배워 익히게 하는 원리와 방법이야말로 단순히 보여주는 연극(schausstűck)의 대립개념으로서 Lehrstűck이 지닌 실험적이고 전위적인 특성이며 장점이다. 관객 없이 연기하는 것, 즉 자신이 스스로 연기하면서 배우는 것을 기본규칙으로 삼는 이 용어는 '학습극'이어야 타당하다. 브레히트는 Lehrstűck를 teaching play가 아니라 learning play로 번역한 것도 그 이유에서다."(김형기, 1993: 71)

"학습극이란 1920년대 말과 1930년대 초에 브레히트가 쓴 일련의 극작품들을 지칭한다. 전통적인 의미에서 Lehrstűck은 공연을 통해 어떤 교훈이나 교의를 관객에게 전달하기 위하여 만들어진 극작품을 의미하지만, 브레히트의 경우 공연을 전제로 하지 않으며 극에 참여하는 사람들이 스스로를 가르치기 위해 연기하는 것을 목적으로 한다. 배우는 원칙적으로 직업연기자가 아니라 학생, 아마추어 연기자, 모든 성인들이 될 수 있다. 관객도 원칙적으로 필요하지 않으며 대부분 합창단이라는 형태로 극중에 내재하고 있다. 연기자(학습참여자)는 이론의 주입이 아니라 연기, 즉 행동을 통해 자기주도적인 형태로 배우게 된다. 그리고 교의의 내용보다는 고정관념에 좌우되지 않는 유연한(변증법적) 자세의 연습이 학습경험의 중요한 목표가 된다. 작품들은 그러한 연습을 하기 위한 일종의 학습교재이며 극의 형식도 이 목표에 종속되어 있다. 등장인물들은 학습주체인 연기자가 모방과 비판의 형식을 통해 학습할 행동(자제)의 견본이 된다. 전통적인 드라마의 인물특성, 즉 일회적 개성과 생생한 외양은 아마추어 연기자의 학습에 방해가 될 뿐이며, 줄거리와 무대 또한 가능한 한 단순하게 구성한다."(한국브레히트학회, 2001: 522−523)

브레히트가 스스로 명명한 Lehrstűck의 이념과 본질에 대한 입장과 견해는 그의 작품 활동 초기와 말기에 전향적인 변화를 보여주고 있다. 전기의 입장으로 그는 Lehrstűck의 목적을 사람들로 하여금 이데올로기적으로 올바른 자세가 형성되도록 가르치는 것으로 삼았다. 이러한 Lehrstűck 형식을 통해 참여자들은 특정상황에 개입하는 올바른 자세를 습득하도록 연습하게 된다. 다시 말해 모든 참여자로 하여금 올바르게 개입하는 유연한 (정치적) 자세를 훈련시키는 것이 목표였다(오제명, 1993: 84).

> "Lehrstűck의 텍스트는 연기연습을 통해 배우는 사람들이 사용할 일종의 학습교재인 셈이다. Lehrstűck의 형식과 내용은 생산자 예술이라는 상연미학과 자세훈련이라는 교육목표에 종속되었다."(오제명, 1993: 85)

> "브레히트의 주장에 따르면 Lehrstűck이란 가르침이 담긴 명제나 어떤 도구적 경구의 집합체가 아니라, 교의의 전달을 위한 것, 일종의 교실에서의 칠판과 같은 기능을 한다. 여기서 교의의 세세한 내용까지 포함시킬 필요는 없다."(오제명, 1993: 84)

> "브레히트의 Lehrstűck은 관객을 앞에 두고 하는 공연을 목적으로 하는 것이 아니라 연극에 참여하는 사람들이 주어진 상황을 직접 연기해봄으로써 자신을 다른 각도에서 이해하기 위한 무대작업, 즉 상연을 통해 완성되는 극이다. 이에 따라 연극에 일반적인 관객과 배우의 분리관계는 관객과 배우의 일치라는 새로운 형태로 변화되면서 단순한 예술소비자로서의 관객은 생산자의 위치로 전환된다."(한국브레히트학회, 2001: 240)

그러나 작품 활동 후기에 들어서면서 브레히트는 Lehrstűck에서는 (정치적 교의나 이데올로기 전달보다는) 어떤 명제나 반대명제를, 어떤 견해에 대한 찬성이나 반대를, 고발이나 변론을 찾지 말고, 오로지 정신운동경기 선수를 위한 유연성 훈련방식을 적극적으로 찾아야 한다고 주장한다(오제명, 1993: 83). 이러한 주장의 핵심적인 뉘앙스는 다음의 글에 잘 드러나 있다.

> "그는 Lehrstűck에 의한 학습사태에서의 의미, 즉 텍스트의 내용과는 별도의 연기 그 자체에 고유 가치가 있음을 강조했다. 연기행위 자체는 어떤 교의를 전달하거나 그러한 교의를 실제상황에 적용한 결과물로 볼 수 있는 구체적인 행동지침을 제공하는 데 1차 목적이 있는 것이 아니라, 보다 광범위한 상항에 유연하게 대처할 수 있는 일종의 자세(verhalten)를 익히게 하는 데 있다. 행동이란 어떤 특수한 상

황에 대한 직접적인 실천과 연관된다면, 자세란 그러한 행동을 예비하고 그것을 필요로 할 때 적절하게 구사할 수 있는 능력을 담지/보유하는 상태를 의미한다. 결국 행동에 비해 자세는 실천에 대해 보다 간접적이며, 후자는 전자에 비해 훨씬 보편적인 적용 가능성을 갖는다."(오제명, 1993: 84-85)

전통적이고 인습적인 공연(예술)극으로부터 패러다임을 전향적으로 혁신한 Lehrstűck의 텍스트와 상연기법은 브레히트가 간취(看取)한 당대의 시대정신이나 교육상황에 대한 비판의 발로이었음이 자명하다. 그의 Lehrstűck에 대한 역사·문화적 비평을 가급적 지양하고 다만 그것이 담지하고 있는 몇 가지 특성만을 요약하면 다음과 같다.

첫째, 기본적으로 Lehrstűck에서 텍스트(작품)는 관객을 위한 것이 아니라 배움을 위한 것이다. 둘째, Lehrstűck에서 무대는 특정 가치(혹은 교의)나 이데올로기를 가르치기(敎化) 위한 일종의 실험적인 교육장이다. 셋째, Lehrstűck는 교육적(엄밀하게 말하면 교화적) 가치(lehrwert)만을 강조한 나머지 예술성이 최소화된 연극으로, Lehrstűck의 반대는 교화적 요소를 최소화하고 오히려 예술적 요소를 극대화환 공연(예술)극이다. 공연극에서 통하는 인물형상화를 위한 미적(美的) 척도가 Lehrstűck에서는 기능을 상실한다. 특히 고유하고 일회적인 성격들은 탈락한다(오제명, 1993: 97에서 재인용). 이를 다시 말하면 Lehrstűck의 텍스트는 일회적 개성을 갖춘 전통적인 드라마적 개인의 형상화를 포기하며, 결과적으로 Lehrstűck 속 등장인물은 서사극의 그것과 차이가 있다. 즉, 연기자가 연기행위를 통해 모방하면서 비판할 행동, 태도, 언어의 담지자로서 Lehrstűck 텍스트 속에 등장하는 인물들은 서사극의 등장인물과 다르다는 것이다(오제명, 1993: 97).

넷째, Lehrstűck는 관객들로 하여금 (참여를 통해) 스스로 생산하는 데서 얻는 즐거움의 만끽을 활동(연기행위) 목표로 삼는 연극이다.

"개별참여자로 하여금 스스로 연기하면서 변증적 사유방식을 배우는 교육적 장면에 참여하게 만들고, 작품의 생성과정에 능동적으로 참여케 함으로써 생산의 희열을 만끽하는 환경을 의도적으로 제공한다."(김형기, 1993: 72)

다섯째, 브레히트는 Lehrstűck를 연기자만 존재하는 대교육극과 연기자는 물론 관객의 실체를 인정하는 소교육극으로 구분하였다. Lehrstűck 속에서 이루어지는 연극행위를 교육의 차원으로 파악한 브레히트의 생각은 크게 두 가지로 정리할 수 있다. 첫째, 유희를 통한 배움론으로 그는 인간이 '무언가를 배운다'는 것은 매 시대마다 가장 중요한 유흥인데, 이러한 배움은 연극에서도 커다란 위치를 차지해야 한다고 여겼다. 따라서 예술은 교육의 수단이고, 예술의 목적은 즐거움을 만끽하는 것이어야 한다(김형기, 1993: 73에서 재인용). 둘째, 극장의 교실화로 브레히트는 연극을 일종의 제도화된 교육과정으로 또한 이것이 공연되는 극장을 일종의 교육시설(pȁdagogium)로 간주하였다(오제명, 1992: 68).

02 Lehrstűck의 교수학적 방법론

브레히트는 당대 학교에 만연한 주입식, 암기식 교수장면과 방법에 반대했기 때문에 그의 모든 Lehrstűck에서는 학교교사의 이미지와 태스크(image & task)는 철저히 배제시켜 버렸다. 그 대신 독자(청자 혹은 학습참여자)들로 하여금 스스로 학습대상 혹은 텍스트에 대한 인식을 획득할 수 있도록 사고와 행위의 연습장을 제공하는 데 작가(화자 혹은 학교교사)의 역할을 한정하였다. 비록 현직 학교교사가 아니었지만 교수학적(넓게는 교육학적) 사유의 틀 안에서 그가 바랐던 것은 통제적이고 권위적인 환경 속에서 이루어지는 수동적 학습경험이 아니라 참여적이고 소통적인 환경을 통한 능동적-주도적 학습경험이었다. 벤야민(W. Benjamin)의 표현대로 브레히트는 교육(bildung)이 아니라 학습(schulung)의 도구로서 문학작품을 사용한 것이다(이승진, 1993: 290). 브레히트는 『Lehrstűck이론에 대하여』라는 저서에서 학습의 도구로서 Lehrstűck의 교수학적 의미를 다음과 같이 개진하였다.

> "Lehrstűck은 연기에 참여하는 사람이 일정한 행동방식을 실행해 보고, 일정한 태도를 취해보고, 일정한 대사의 구현(발화)을 통해 사회적으로도 영향을 받을 수 있을 것이라는 점을 전제로 한다."(오제명, 1993: 85-86에서 재인용)

앞서 살펴본 대로 Lehrstűck의 정의에 따라 극은 '연기자가 관객 없이 오로지 자기 자신을 위해 연기한다'는 원칙에 따라 실행된다. 극 상연의 목적은 텍스트에 담겨진 내용을 연기자(학습참여자)가 구체적인 연기행위를 통해 극 내용의 목적을 실현함으로써 달성된다. 이 경우 학습의 전제가 되는 연기행위는 명백히 모방이라는 개념을 바탕으로 하고 있다. 브레히트는 이러한 모방행위 속에 단순한 미메시스나 패러디가 아니라 매우 의식적인 것들이 녹아 있으며, 자의식을 가진 주체(참여자)가 행하는 일종의 비판의식이 담겨져 있다고 보았다(오제명, 1993: 86). 나아가 브레히트는 신체동작이나 자세가 인간의 내면에 영향을 미치며, 자세와 감정 사이에도 상호작용이 있을 수 있음을 지적하였다. Lehrstűck은 상연장면에서 이루어지는 신체동작과 제스처, 자세, 발화방식, 억양 등을 모방하는 것은 총체적으로 인간이 갖추어야 할 바람직한 품성(인성) 형성에도 어느 정도 기여할 것이라는 가정을 전제로 한다(오제명, 1993: 86-87). 따라서 연기행위를 통해 자세를 훈련하는 대부분의 Lehrstűck에서 제스처는 가장 본질적인 텍스트(학습재료)가 된다(오제명, 1993: 94).

표 2 Lehrstűck의 교수학적 작동원리

객관적인 텍스트	연기자(학습자)와 텍스트 간에 객관적인 거리가 유지되며, 긴장감은 최소화되어 있음
	⇩
텍스트에 의한 발화(연기)	연기자(학습자)는 텍스트가 제공하는 등장인물의 역할을 의식적으로 모방 및 복사함으로써 텍스트의 자기화가 시작되고 긴장감이 고조됨
	⇩
텍스트 내면화 및 외면화	연기행위를 통해 연기자(학습자) 자신의 인성구조가 변화되고(내면화), 이로 말미암아 현실에서 올바른 행동을 구체적으로 실천하거나 실천으로 안내하는(외면화) 동력이 됨
	⇩
새 텍스트 생성	연기자(학습자) 자신의 능동적인 참여 행위에 의해 변화된 '또 다른 삶의 이야기(텍스트)'가 생성됨

표 3 대표적인 학습극의 구조 및 교수학적 분석

<table>
<tr><th colspan="2">제 목</th><th>린드버그들의 비행(1929)</th></tr>
<tr><td rowspan="3">작품분석</td><td>소 재</td><td>• 1927년 린드버그의 대서양 횡단</td></tr>
<tr><td>특 징</td><td>• 방송극이면서 동시에 학습극</td></tr>
<tr><td>등장인물</td><td>• 린드버그들: 학습자들은 린드버그의 행동양식을 연기함으로써 스스로 행동양식을 배워간다. 실제로 이 역할은 청취자가 맡음으로 작품 상연은 라디오와 청취자의 공동 작업으로 구현됨
• 라디오
- 린드버그가 비행하는 동안 극복해야할 장애물들로 안개, 눈보라, 졸음의 역할
- 린드버그의 비행과정을 관찰, 보고하거나 논평하는 미국, 유럽, 뉴욕시, 선박, 어부들의 역할
- 물소리, 모터소리, 군중소리 등의 음향효과</td></tr>
<tr><td rowspan="4">교수학적 분 석</td><td>학습주체</td><td>• 린드버그들</td></tr>
<tr><td>학습목적</td><td>• 사회변혁 참여와 연습</td></tr>
<tr><td>학습방법</td><td>• 린드버그의 활동 묘사가 아니라 참여자의 자기학습</td></tr>
<tr><td>학습내용</td><td>• 외부의 극한적인 장애와 자신 내부의 육체적 약점을 극복하면서 탁월한 성취를 거두는 인간승리의 가치내면화</td></tr>
</table>

<table>
<tr><th colspan="2">제 목</th><th>동의에 관한 바덴의 학습극(1929)</th></tr>
<tr><td rowspan="3">작품분석</td><td>소 재</td><td>• 추락한 비행사들이 자신의 죽음에 동의하는 과정과 자세</td></tr>
<tr><td>특 징</td><td>• 대화, 합창, 사진투사, 광대극 삽입, 해설 텍스트 낭송 등의 결합</td></tr>
<tr><td>등장인물</td><td>• 추락한 사람들(비행사, 세 정비공): 연기를 통해 죽음을 대하는 올바른 자세를 배우려는 학습주체들
• 기타(합창단과 단장, 변사, 세 광대, 군중): 추락한 사람들이 올바른 자세를 배우도록 환경을 조성하는 조력자들</td></tr>
<tr><td rowspan="4">교수학적 분 석</td><td>학습주체</td><td>• 추락한 사람들</td></tr>
<tr><td>학습목적</td><td>• 공동체 이익과 가치에 반하는 자본주의적 이윤추구와 개인적 명예를 위해 행동하는 개인이나 집단의 위기에 대하여 과연 공동체가 도와야 할 것인가?와 연관된 사회적 가치문제를 학습함</td></tr>
<tr><td>학습방법</td><td>• 비행기 추락 사고에 대한 묘사가 아니라 참여자의 자기학습(즉, 대중이나 등장인물(합창단 등)들은 추락 사고 속에서 위기에 처한 자들에게 교의(lehre) 내러티브(공동체적 사람으로서 지켜야 할 예의들에 관한 사례와 비유)로 권고함)</td></tr>
<tr><td>학습내용</td><td>• 참여자들로 하여금 긴급을 요하는 비행기 추락사고 자체에 대하여 문제 삼는 것이 아니라, 인간의 구조행위(추락한 자들의 보고와 대중의 조사라는 갈등 관계적 요소) 갖는 사회적 의미를 토론하거나 가치를 내면화함
- 기술의 진보와 사회발전은 모순적인 관계다
- 도움과 폭력의 모순적 연관성을 극복하기 위해서 인간은 현실 전체를 변혁해야 한다.
- 죽음의 공포에 사로잡힌 추락자들에게 필요한 것은 현실에 부합하는 포기(생명을 포함한 가진 것 모두)와 순응(동의)의 가치를 스스로 인식하는 것이다</td></tr>
</table>

제 목	Jasager und Neinsager(예라고 하는 사람 아니라고 하는 사람)(1931)	
작품분석	소 재	• 동의의 주제화(동의나 부동의가 지닌 세계인식의 문제. 즉, 동의는 단순한 긍정이 아니라 긍정과 부정을 모두 아우르는 세계인식의 방법임)
	특 징	• 실제 학교현장에서 공연할 목적으로 집필됨
	등장인물	• 교사: 학생과 어머니로 하여금 동의 및 부동의를 선택하게 만드는 갈등적 요소를 제공함 • 학생과 어머니: 수직적 소통관계의 단순동의자(을)가 아니라, 수평적 소통과정의 중요한 한 축으로 기능함 • 세 명의 대학생, 합창단: 교사, 학생, 어머니의 입장을 옹호하거나 비판함
교수학적 분 석	학습주체	• 연기하는 교사와 학생, 관객
	학습목적	• 자발성이 보장된 상황에서는 참여자들의 공동 이성이 힘을 발휘하며, 이렇게 형성된 동의나 합의는 구성원의 이성적 의지에서 비롯된 사회적 행동의 원천이라는 개념과 공동체적 가치를 내면화함
	학습방법	• 교사와 학생의 대립이라는 1차 장면(참여)과 이를 바라보는 관객과의 2차 장면(관조)을 통해 교사, 학생은 주도적으로, 관객은 간접적으로 교육내용을 학습함
	학습내용	• 가치갈등(갈등적 딜레마) 상황에 직면했을 때 혹은 개별성의 측면과 공공성의 측면이 대립할 때 과연 개인과 공동체는 어떤 결정을 해야 하고, 그 행위의 정당성은 어떻게 용인되는가에 대한 자기결정능력을 함양함 - 자신의 의지와 사회적 관습이 갈등할 때 우리는 어떤 결정을 내려야 하는가? - 개인의 희생을 강요하는 사회적 관습에 (비록 독자적 숙고의 과정을 거친 결정이라 할지라도) 동의/합의를 선택할 수밖에 없는 이유는 무엇인가? - 사회적 관습에 저항하여 (개인의 희생을 단순히 부정하는 것을 뛰어넘어) 부정이라는 행위를 선택한 합리적 근거는 무엇인가?

제 목	조처(1931)	
작품분석	소 재	• 동의(예라고 하는 사람)의 구체화
	특 징	• 주인공인 선동가들은 극중극으로서 제시되는 개별적 에피소드에 나오는 배역을 나누어 맡으며 이때 관객은 감독합창단임
	등장인물	• 네 명의 선동가 - 네 명의 선동가 배역에 대한 연기의 고유성은 없음 - 오로지 극중극에서의 '젊은 동지'역만이 행동견본임
교수학적 분 석	학습주체	• 네 명의 선동가
	학습목적	• 잘못된 행동견본을 의식적이고 비판적으로 모방함으로써 실제상황에서 요구되는 혹은 올바르게 전환하여 대처하는 방식을 익히거나 준비하도록 함
	학습방법	• 네 명의 참여자가 하나의 행동견본을 서로 돌아가며 맡아봄으로써 교육내용을 참여적, 주도적, 객관적인 형태로 학습하게 만듦 • 자세학습이라는 매개를 통하여 현실장면에 올바로 기능하기를 겨냥한 방법임
	학습내용	• 무의미한 개인의 정체성을 지양하고 새로운 집단적 정체성을 획득하는 과정에서 개인의 선택행동은 어떠한가에 대한 자기성찰 능력을 함양함 - 개인적 자아는 어떻게 집단적 자아로 개조되는가? - 변증적 자기부정의 과정은 어떻게 일어나는가?

		- 현실적 동의와 자기변혁은 어떤 연관이 있어야 하는가? • 용기, 정직, 성실, 신의, 정당성 등의 전통적인 가치덕목들이 그 자체로서 가치를 상실하게 되는 상황적 특성에 대한 가치내면화 및 외면화를 연습함 - 기존윤리와 가치의 재구성은 어떤 방식으로 이루어지는가? - 딜레마에 빠진 다급한 현실이 요구하는 필연적인 조처들에 대응하는 인간행동의 반응양식(극단적인 경우에는 죽음까지도)은 무엇인가? - 한 개인에 대한 사회적 살인(집단)과 그 개인의 사망(개인)은 언제나 상호동의적인가?

제 목	예외와 관습(1932)	
작품분석	소 재	• 인간의 선성; 갈등이나 투쟁이 인간관계를 지배하는 사회에서의 친절이란?
	특 징	• 서사극의 생소화 기법을 활용함: 연기자들이 제시하는 모든 사건과 인간관계는 자명한 것이 아니라 변화 가능한 것으로 수용해야 함 • 관객을 전제하는 학습극임: 학습극과 공연극의 중간형태의 연극임
	등장인물	• 상인, 길잡이, 경관 2명, 객사 주인, 판사 3명, 짐꾼 아내, 대상(隊商) 인솔자
교수학적 분 석	학습주체	• 등장인물들
	학습목적	• 허위의식으로서의 시민사회 이데올로기를 비판함 • 사회적 갈등의 양상, 갈등 결과 빚어진 사태들, 이에 대한 정당한 판단 등의 가치정향적인 인식을 학습함 • 자본주의사회의 계급투쟁에서 '인간은 결코 선할 수 없다'는 사회철학적 주제를 자각함
	학습방법	• 짐꾼, 길잡이, 짐꾼 아내 등은 을의 입장으로, 상인, 경찰, 판사, 대상 인솔자 등은 갑의 입장으로 지배-피지배(갑-을 관계) 관계를 구조화하여, 각각 기존의 사회질서에 대하여 비판하거나 옹호하도록 허용함 • 인위적으로 구조화된 장면을 통해 학습참여자로 하여금 '인간은 정치사회적 동물'이라는 추상성을 구체적인 관계적 갈등장면 속에서 개념화할 수 있도록 도와줌
	학습내용	• 계급적 갈등적 사회 환경에서 인간의 행동은 인격이나 성격에 의존하기보다는 각자의 계급에 의하여 규정됨 • 갑의 위치에 있는 사람은 을이 행하는 선의의 행동조차도 의심의 눈초리로 파악하고, 을의 처지에서 선의의 행동을 하는 사람도 역시 천성이나 학습한 가치규범에 의한 것이 아니라 외부상황에 적응하기 위한 반응행동임 • 사법부의 존재 이유는 '만인이 평등하다'는 사회정의를 실현하는 것이나 현실적으로 유전무죄 무전유죄와 같은 모순이 실재함 • 현실사회에서는 이념으로서의 법과 현실로서의 법 집행 간에는 모순이 실재함

03 내러티브 기반 수업설계(NBID)

1) 내러티브의 층위

'내러티브의 개념을 어떻게 정의할 것인가?', '내러티브와 교육의 관련성을 어떻게 이론화할 것인가?' 등의 문제는 학자 개인마다의 다양한 견해와 학술담론체의 복합적인 논의 경향으로 인해 내러티브에 대한 단일 개념 및 이론화는 기대할 수 없다. 전통적으로 인문학 분야에서 정립된 서사로서의 내러티브에 대한 이해는 오늘날 심리학, 사회학은 물론 교육학 분야로 확대되면서 내러티브의 개념적 층위가 한층 확대되어 다소 혼란함을 유발하는 상황이다. '한국내러티브교육학회'는 내러티브와 교육의 상호텍스트성에 대한 체계적-조직적인 연구 활동을 주도함으로써 교육학(특히 교수학) 분야에서 내러티브 개념의 독창적 수용 및 이를 교육학 이론으로 구조화하는데 기여하고 있다. 이를 정리하면 다음과 같다.

표 4 내러티브의 층위

<table>
<tr><td>a story/a text</td><td>내러티브 서사물</td><td>역사학
문 학</td><td rowspan="2">심리학
사회학
철 학</td><td rowspan="4">교수학
교육학
인간학</td></tr>
<tr><td>discourses</td><td>내러티브 담화</td><td rowspan="3"></td></tr>
<tr><td>thinking</td><td>내러티브 사고체</td><td rowspan="2"></td></tr>
<tr><td>another story</td><td>내러티브 고고학</td></tr>
</table>

2) 내러티브 기반 수업설계의 의미

내러티브 기반 수업설계(NBID)란 '내러티브의 다양한 구성요소(일종의 층위들)들이 수업장면의 목표, 내용, 방법, 체제 등 전 과정에 직접적인 영향을 미친다'는 것을 의미한다(성은혜, 2016: 42-51). 이것은 아래 그림의 예시와 같이 첫째, 이야기를 삶과 경험의 기록으로 인식하는 '내러티브에 대하여(내용)', 둘째, 교수와 학생의 삶을 화제로 상호 대화를 나누는 '내러티브에 의하여(방법)', 셋째, 이야기를 읽고 만들어 내는 내러티브 사고능력의 향상인 '내러티브를 위하여(목표)', 넷째, 교수·학습활동을 통한 경험의 확장인 '내러티브로서(체제)'로 표현될 수 있다.

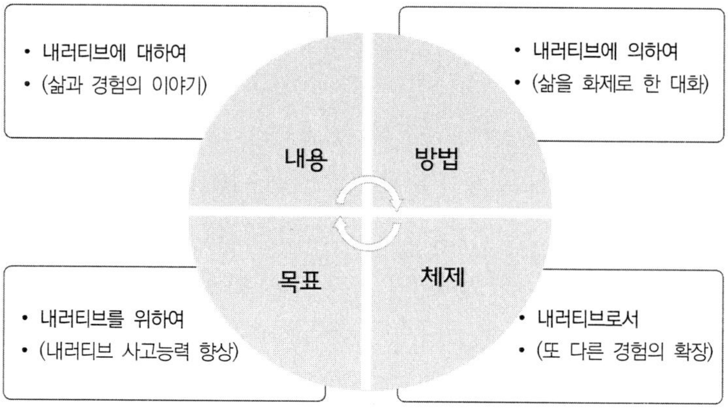

내러티브의 본질은 삶에 대한 실제경험이나 만들어진 이야기로, 이에 따라 사람들은 누구나 자기 삶에 대한 이야기를 가지며, 문화적 차원에서 이러한 이야기들은 신념을 공유하고 공동체적 가치를 전수하기 위한 강력한 응집력으로 작동한다. '이야기를 읽는다'는 것은 언어를 매개로 재현된 세상을 단순히 경험하는 것이 아니라 이야기 세상과 자신의 세상을 관계 맺는 일종의 해석학적 순환작업이 되는 셈이다(강현석, 2013: 154). 따라서 '내러티브에 대하여'는 교학(敎學)의 내용이 되는 이야기를 지식의 결정체가 아닌 삶의 이야기, 경험의 가치와 의미를 지닌 이야기로 인식하고 탐구하는 것을 의미한다(성은혜, 2016: 42).

'내러티브에 의하여'는 학교 수업장면에서 이루어지는 다양한 담화로서의 내러티브를 바라보는 관점으로, 교수자와 학습자가 지식을 전달하고 이를 확인하는 차원에서의 대화가 아닌 자신들의 삶의 이야기로 소통하는 것을 의미한다. 수업장면에서 교사와 학생은 어떤 형태로든 대화를 주고받게 된다. 그러나 대화는 교사의 일방적인 강의와 진행을 위한 단순한 말하기가 아니라 수업의 주체와 매개물, 환경 사이에 지속적인 상호작용, 소통을 통해 수업이 진행되는 것이어야 한다(성은혜, 2016: 45). 여기서 중요한 것은 상호(간섭)작용이나 소통(공감)이 교과에 대한 단순한 사실이나 지식이 아니라 '교수자의 삶, 학습자의 삶을 매개로 하여 이루어진다'는 점이다. 교수자와 학습자는 이야기 나누기를 매개로 자신의 경험과 지식을 공유하기 위해 간주관적으로 소통을 하며, 이때 내러티브에 의한 교육은 교수자와 학습자, 학습자 간의 친밀한 관계 형성과 서로의 인격적 성장에 유익하다.

교육의 실천적, 구체적 모습이자 핵심은 바로 교학(敎學)이다. 일반적으로 가르치고 배우는 것을 교수－학습이라고 생각하지만, 이 단어는 '가르치다(敎)·주다(授)－배우다(學)·익히다(習)'처럼 복합적으로 구성되어 있다. 그럼에도 전통적인 학교수업에서 교학(敎學)이 중심이 되었고 수습(授習)에는 무관심한 편이었다. 즉, 이론과 지식을 가르치고 배우는 것에 치우쳐 교수자가 학습자에게 자신의 삶과 경험을 나누어주고(授) 학습자가 그것을 익히고 새롭게 만들어(習) 자신의 삶과 자아를 확장시켜 교수학적 편협성을 뛰어넘는 일종의 교육적 조치는 경시하였다. 상호작용에 의해서 진행되는 수업은 자신의 내적 성찰과 타인에 대한 이해와 공감, 작품에 대한 감상과 타당한 해석에 긍정적 영향을 미친다. 또한 다양한 활동을 통해 상호작용하면서 수업의 흥미를 높일 수도 있으며 수업에 적극적으로 참여할 수 있는 탁월한 장치가 된다. 나아가 교수자와 학습자는 삶에 대한 대화를 통해 서로의 생각과 행동을 잘 이해할 수 있기에 진실한 관계 형성과 내밀한 친숙도 향상에도 긍정적인 역할을 한다(성은혜, 2016: 46－47).

내러티브 기반 수업설계에서 '내러티브를 위하여'는 수업전반에 걸쳐 내러티브적 사고의 습관을 지향하고, 궁극적으로 내러티브 사고능력의 향상에 목표를 둔다는 것을 의미한다. '내러티브 사고는 어의적으로 보면 내러티브를 만드는 마음의 인지적 작용이며, 내러티브는 내러티브 사고의 산물이다. 내러티브의 기본적인 의미는 이야기 혹은 이야기를 만드는 것'이다(강현석, 2009: 3). 패러다임적 사고와 달리 내러티브적 사고양식은 훌륭한 스토리, 흥미를 끄는 드라마, 역사적 설명과 관련되어 있으며 과정을 나타내는 변화와 결과, 의도와 행위를 다룬다. '내러티브적 사고방식은 실증주의와의 대립적 관점을 보완하면서도 교과 내면화와 지식 교육에 대한 풍부한 방안들을 제공해 줄 수 있는 이점을 지니고 있다'(강현석, 2012: 184).

교육학 분야에서 내러티브는 사고, 인식, 선택, 행위의 개인적 차원에서부터 상호작용적인 수업장면에 이르기까지 두루 활용되는 복합개념으로 확대되었다. 본질적으로 내러티브는 발견과 수용보다 창조와 생산을 강조하고, 고정과 일방적인 전달보다는 구성과 상호작용에 의한 생성을 중시한다. 이로 인해 내러티브는 현상, 소재, 원리, 목적 등의 차원에서 교수학적 중요성을 지니고 있다. 내러티브 사고를 적극 활용한 수업장면은 교수자와 학습자 모두에게 내러티브적 상상력, 내러티브 리더십, 자아내러티브 발견의 기회 및 역량 향상에 기여한다. 여기서 상상력과 리더십은 경험의 의미를 형성하고 본보기를 구성하는 힘이 되며, 자아내러티브를 구성하는 것은 타인의 이야기를 통해 자신의 삶과 세계를 발견하고 이해하는 밑거름이 된다(성은혜, 2016: 48-49).

교수학 분야에서 내러티브는 의미에 대한 감정이입을 동반하고, 세계에 대한, 자신에 대한 그리고 사람과의 관계에 대한 공감적 이해를 내포하고 있다. 내러티브 사고를 활용한 수업경험은 교수자나 학습자로 하여금 자아와 세계에 대한 새로운 인식을 통해 자기만의 세계를 창조하는 개별자아의 의미를 발견하고, 이야기에 대한 개념, 지식의 재구성을 통해 인지구조를 활성화하여 기억을 증진시킨다. 또한 역동적 능력인 상상력과 리더십을 증진시키며 조직·구조화를 통해 사건과 실재들을 의미 있게 인식하여 의미를 형성해 나간다(성은혜, 2016: 50).

실제로 학교현장에서 내러티브 기반 수업모형을 적용하기 위한 전제는 '교사, 학생, 매체, 시설 및 환경 등 다양한 외부요인들이 유기적인 상태가 되어야 하며, 수업장면 전체 속에서 내러티브 요소들 간 내적 일관성(inner consistency)을 유지해야 한다'는 점이다. 이를 통해 교사와 학생 사이, 학습자 상호간, 교수자 내부, 학습자 내부 등의 관계적 위상(位相)에서 또 하나의 새로운 경험과 삶의 이야기가 구성된다. 수업이 '내러티브로서 이루어지고 내러티브로서의 관계적 위상을 지닌다'는 것은 수업의 내적 구성과 진행이 내러티브로 이루어지는 것은 물론, 수업 외적으로는 교학·수습의 전 과정과 장면이 '교수자와 학습자에게 또 하나의 이야기(another story), 즉 수업 자체가 학습자에게 또 다른 경험의 사건이자 이야기가 된다'는 것을 의미한다(성은혜, 2016: 50). 따라서 내러티브를 통한 교학·수습은 그 자체가 또 하나의 잘 짜인 내러티브가 되는 것이며, 또 하나의 경험으로 교수자와 학습자 각자가 만들어 내는 경험기반의 이야기가 된다.

내러티브 기반 수업설계의 핵심은 교수자에게는 내러티브 리더십을 학습자에게는 가치내면화 및 외면화를 고양하기 위한 수업행위의 예술성에 있다. 이때 수업장면은 단순한 설명과 전달의 기술(skill)이 아니라 설득과 숙달을 통해 감동/감화를 자아내는 아름다운 예술행위(artistic performance)가 된다. 현실적으로 수업장면에서 활동 목표는 다양한 층위를 가질 수 있다. 객관적인 지식을 기반으로 하는 지식수업이 지배하는 경우 내러티브 기반 수업모형을 적용하는 것은 어느 정도 한계가 있을 수 있다. 그럼에도 불구하고 내러티브 기반 수업설계의 기대효과를 정리하면 다음과 같다.

표 8 NBID의 기대효과

구 분	주요 내용
심리적 이완 (wall breaking)	교수자와 학습자의 심리적, 물리적 이격(분리)을 최소화하여 수업장면을 하나의 무대, 하나의 주제, 하나의 마음가짐으로 결속하는 강력한 수단이 됨
인간중심 교육 (human bridging)	교학과 수습의 주체는 객관화된 지식이 아니라 오로지 사람이 중심이어야 한다는 인간중심 교육이념을 합리적으로 구현하는 데 유용함
이야기 기반 (story telling)	나와 남의 구체적인 이야기를 매개로 하여 감성적 소통과 영향관계를 통해 상호 변화하는 능동적인 계기로 작용함
가치의 공유 (value sharing)	이야기 속에 담지된 갖가지 메시지들에 대하여 자기주도-능동적으로 인지, 선택, 행위함으로써 가치내면화는 물론 가치외면화를 지향함
내러티브사고 (narrative thinking)	수험학습생태계에서 비롯된 교수학적 문제나 한계를 극복하여 교사와 학생을 각각 사고의 주체자로 자리매김하도록 안내함

04 Lehrstűck과 NBID의 변증적 융합

Lehrstűck에서 이루어지는 연기행위의 목적은 첫째, 무지한 사람들이 자신이 처한 상황을 올바르게 인식하는 것, 둘째, 이를 바탕으로 일종의 계급의식(교의)을 계발하는 것, 셋째, 나아가 실제적인 행동으로 자신의 깨달음을 나타내는 것으로 이루어진다(이원양(역), 2007: 151). 그런데 이러한 프로세스는 전통적인 교실수업 행위와 중첩되는 이미지를 담지하고 있다. 다시 말해 전통적인 수업은 대부분 구조화된 장면(교실) 속에서 이루어지며, 이때 교수행위의 목적은 학생들로 하여금 인지변화 → 가치변화 → 행동변화로 이어지는 일련의 목적지향적인 구조화이다. 기호학적 관점에서 볼 때 Lehrstűck에서는 가르침과 배움의 행위가 각각의 연기자(텍스트) 개인 속에 통합되어 있는 반면, 수업장면은 가르침(교수)과 배움(학습)행위가 각각 분리되어 있다는 점에서 큰 차이가 있다.

1) Lehrstűck과 NBID의 상호텍스트성

연극학 분야에서의 상연극과 Lehrstűck의 차이점, 교수학 분야에서 인습적 수업과 NBID의 차이점을 바탕으로 Lehrstűck과 NBID의 상호텍스트성을 정리하면 다음과 같다.

표 9 Lehrstűck와 NBID의 상호텍스트성

	상연극	Lehrstűck
연극	• 연기자와 관객의 분리를 전제 • 연기법이 중요함 • 텍스트로부터 연기자와 관객을 소외시킴 • 관객의 비참여성 • 교의나 이데올로기의 전달(선전과 선동) • 객관화된 예술 • 사회적 가치 공유 • 연극상연 그 자체가 목적	• 연기자와 관객의 통합 지향 • 연기행위 자체가 중요함 • 텍스트(희곡)의 유의미성 • 연기행위 참여자의 행위주도성 • **참여자의 의식개조** • 생산적 예술 • **가치의 개별화** • 또 하나의 연극을 생성함
	인습적 수업	**NBID**
수업	• 교수자와 학습자의 분리를 전제함 • 교수법이 중요함 • 텍스트로부터 교수자/학습자를 소외시킴 • 학습자의 비참여성 • 가치의 인지구성 및 재인(주입과 암기) • 객관화된 수업 • 객관화된 가치 공유 • 수업활동 그 자체가 목적	• 교수자와 학습자의 통합 지향 • 학습참여가 중요함 • 텍스트(교재)의 유의미성 • 학습활동 참여자의 자기주도성 • **참여자의 사고생성** • 창조적 수업 • **가치의 내면화 및 외면화** • 또 하나의 내러티브를 만듦

Lehrstűck	구 분	NBID
극장의 교실화	기본개념	교실의 극장화
참여하는 연기자	행위주체	학교교사, 학생
연극무대	행위무대	학교교실
구조화된 연기	행위조건	구조화된 수업
자기주도성	행위양식	자기주도성+상호간섭
인지+가치+행위의 전환	행위목적	인지+가치+행위의 전이와 전환

Lehrstűck과 NBID의 특성에서 확인된 상호텍스트성의 핵심은 극장의 교실화와 교실의 극장화라는 이념이다. 상호 치환적 어의구조임에도 불구하고 두 가

지 표현에는 상통하는 메타목적이 있는데, 그것은 연기자이든 학생이든 참여자들로 하여금 '자기주도적인 깨달음의 기회를 제공한다'는 점이다. 교실의 극장화에 대한 담론은 이미 1980년대 일본의 吉本均에 의해 개진된 바 있다. 그는 수업을 공장모형(물건을 제작하는 활동), 농장모형(식물을 재배하고 돌봐주는 활동), 극장모형(응답을 불러일으키는 활동)으로 구분하였고, 특히 극장모형의 특성을 다음과 같이 설명하였다.

> "학생들은 반드시 응답적인 환경에서만이 자립해 나가게 되고 또 발달해 나갈 수 있다. 여기서 응답적 환경이란 식물에 있어서의 풍토와 같이 학생들로부터 독립해 있는 존재하는 것이 아니다 … 학생으로부터 독립적으로 존재하는 환경이 아니라 전적으로 상호작용적 관계 하에 존재하는 환경이다. 즉 가르친다－공부한다고 하는 응답적인 상호작용의 관계 하에서만 학생들은 비로소 자립, 발달해 나가게 되는 것이다."(박병학(역), 1994: 109)

그는 교육적 활동의 독자성이야말로 '응답활동을 불러일으키는 행위와 응답적 관계를 성립시켜 나가는 기술이라는 점에 있어야 한다'고 주장하였다. 이러한 연기행위를 통해 교사는 가르치고자 하는 것을 바탕으로 어린이들과 눈빛을 마주치면서 언어나 발문(갖가지 이야기들)을 통해 그들의 내면세계에 파고 들어간다(간섭한다).

> "응답을 불러일으켜 나간다는 것, 즉 상호 주체적으로 마주하면서 서로 간에 수긍하는 것, 의아해 하는 것과 같은 관계를 성립시켜 나가는 근원적 현상에 있어 교실에서의 수업은 극장에서의 연극의 성립과 공통점이 있다. 그것은 첫째, 연출하고자 하는 것＝가르치고자 하는 것을 갖고서 서로 마주한다. 둘째, 눈빛과 온몸(제스처)으로 파고들어야 한다. 셋째, 드라마의 클라이막스 장면, 즉 수업의 절정장면으로 몰입해 들어간다. 넷째, 대립과 갈등을 매개로 하여 새로운 발견으로 이끈다. 다섯째, 낭만과 긍지에 넘치는 학급의 전통 세우기를 경험해 나간다."(박병학(역), 1994: 111－114)

위에서 살펴본 Lehrstűck이 담지하는 교수학적 특성과의 내밀한 상호텍스트성을 지닌 NBID의 핵심은 단순히 가르치고 배우는 것(교학)이 아니라 이러한 교학과 수습이 어우러지는 일종의 교육인간학적 드라마가 되어야 한다는 사실이다(not give & take but give & make). 한마디로 훌륭한 수업은 연출의 예술이다(박한준, 1995). 이는 다음의 표현들 속에 잘 드러나 있다.

> "브레히트의 학습극은 교육적인 측면에서 시대를 넘어 활용될 수 있다. 왜냐하면 학습자가 연기행위를 통해 스스로 배우게 함으로써 사고, 행위, 이론과 실천의 통일에 기반을 둔 이상적인 교수법의 실례를 제공하고 있기 때문이다."(하재부, 2006: 71)

2) 내러티브 리더십

NBID장면에서 교사는 수험(受驗)지향의 학습장면에서 보여주던 기존의 관행적인 행태와 차별적인 수업주도성(instructional initiative)을 함양해야 하는데 이를 내러티브 리더십이라 부를 수 있다. 수업장면에서 교수자는 학습자가 수업장면에서 배우는 것들이 자신의 삶에 의미 있게 적용되는 생활구조로 전환될 수 있도록 돕는 역할을 하며 구성적 과정에 참여하는 조력자이다. 이때의 학습경험은

표 10 내러티브 리더십

역 할	주요 내용
narrative collector	• 수업자료로 활용 가능한 기존의 서사물(작품)들을 적극적으로 수집함 • 세상에 실재하는 텍스트의 다양성을 충분히 고려하여 내러티브의 장르에 대한 유연성을 기반으로 함 • 수집된 스토리를 활용도가 높은 다양한 형태의 텍스트로 재구성(text editing)함
narrative maker	• 교사 자신의 학습 및 연구경험을 진실 되게 다양한 텍스트로 구성함 • 상담 등을 통해 수집된 학생들의 스토리를 참고하여 수업자료로 재구성함 • 기존의 학생과제물이나 연구물을 스토리 자료로 재구성함
narrative speaker	• 수업자료로 활용되는 모든 스토리에 대하여 객관적인 입장을 견지함 • 객관적인 사실에 기반을 두거나 간주관적인 관점에서 학생개별 혹은 집단과의 대화장면에 개입함 • 학생들이 온전한 자아를 확충하도록 안내하고 격려하는 언설을 사용함

삶의 경험 세계를 성취하고 경험을 구성해 나가는 것이 되며, 이를 효과적으로 달성하기 위한 내러티브 리더십은 크게 수집자, 생산자, 전달자의 역할을 지닌다.

첫째, 수집은 단순한 표집이 아니라 재구성 작업까지를 모두 포함한다. 둘째, 생산은 교수자가 자신의 이야기를 하여 학습자들에게 공감을 얻어내는 것으로 학습자들의 참여를 독려하는 데 효과적이다. 셋째, 전달행위의 핵심은 객관성을 넘어서 간주관성에 기반을 두어야 한다. 교수자는 학생들에게 좋은 이야기를 제시하고 전달하며, 선행 독자로서의 역할을 수행한다. 교수자는 학습자에 비해 전문성을 지닌 독자로, 이야기에 대한 선(先)감상과 생성 경험을 통해 학습자가 스스로 이야기 생성하기를 할 수 있도록 도와야 한다.

잘 가르치는 교수자들은 따뜻한 언어(warm language)를 구사하며 이야기하듯 가르친다. 이러한 교수자들에게 교육 내용은 학생들에게 전달해야 할 다양하고 흥미로운 이야기일 뿐 학생들과 소외된 객관화된 지식(아래 인용문에서처럼 지루한 한 끼의 식사)이 아니며, 이때 교수자는 열정과 열광을 지닌 능숙한 이야기꾼이 되어야 한다. 나아가 학습자는 학습 상황의 주체로, 자아의 이야기를 생성할 능력을 지닌 능동적이고 생산적인 존재로 인식된다. 학습자는 이야기를 자신의 관점에서 이해하고 해석하며, 이후 동료학습자들과의 상호작용을 통해 이야기를 내면화하고 자아-내러티브를 생성하게 된다.

> "(지식을 바탕으로) 설명을 하면 학생들은 고개를 끄떡이지만 (이야기를 바탕으로) 설득을 하면 그들은 행동으로 옮긴다. 가르침은 기술이나 기법의 문제가 아니라 철학과 열정, 열광의 문제다. 열정과 열광이 있는 교사는 남의 지식을 활용해서 논리적으로 설명하는 수준(교학의 수준)에 그치지 않는다. 나의 지식이 아니라고 할지라도 '내 생각은 어떤지, 그 지식과 관련된 나의 경험적 사례나 깨달음은 무엇인지'를 추가하지 않는다면(수습의 적용) 지식은 지루한 한 끼의 식사에 불과할 것이다."(강순이(역), 2013: 253)

3) 학습효율의 역(逆)피라미드

근본적으로 NBID는 학습경험(수업생태계)의 효율성을 지향한다. 물론 여기서 말하는 학습경험의 효율성이란 수험공부를 위한 인습적인 방식의 지식학습이 아니라 내러티브 기반의 학습참여를 통한 가치내면화와 가치외면화를 추구하는 일종의 가치 정향적인 경험 일체를 의미한다. 가치 정향적인 학습경험은 기존의 설명, 암기, 반복, 재생 등의 방식으로 이루어지는 폐쇄적이고 소외된 학습경험으로부터 벗어나 학습자와 교수자 모두를 소통적, 간섭적, 수평적, 능동적인 참여주체로 끌어들이는 적극적인 수업생태계의 조성을 말한다. 그러므로 학습의 효율성은 기존의 방식을 부정하는 다음과 같은 특성을 지니고 있다.

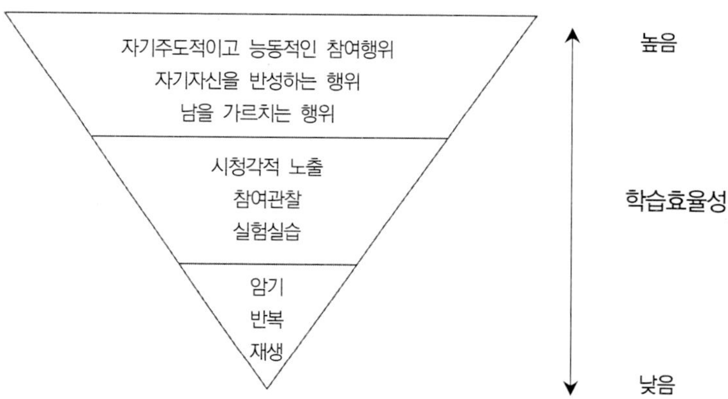

경쟁과 성취지향의 수업장면에서 공인된 학습효율성은 위 그림과 정반대의 모습이다. 이때 기계적인 암기와 재생을 기반으로 하는 성취수준이 학생개인의 학업경쟁력이고, 이를 학교생산성의 지표로 삼을 때 학생의 성취수준은 곧 교사의 경쟁력이 된다. 이처럼 학습경험으로부터 학생이 소외될 때 독서와 학습은 프롬의 표현대로 존재모드(to be mode)가 아니라 소유모드(to have mode)가 된다(YBM 시사편집국(역), 2003: 39). 이에 대하여 프롬은 다음과 같이 지적한다.

"우리의 교육은 일반적으로 사람들에게 지식을 소유물로 가지도록 훈련시키려고 노력하며, 그 지식은 그들이 만년에 가지게 될 재산이나 사회적 특권의 양과 비례한다. 이들이 받는 최소량은 자기 일을 하는데 적절한 기능을 발휘할 수 있도록 그들이 필요로 하는 양이다. 게다가 이들 각자가 자기의 가치감각을 높여줄 사치성 지식보따리를 받게 되는데 이러한 보따리 하나하나의 크기는 개인이 장차 가지게 될 사회적 특권과 정확히 일치한다. 학교는 이러한 종합적인 지식보따리가 생산되는 공장이다."(YBM시사 편집국(역), 2003: 70−71)

"소유양식으로 사는 학생들은 단 한 가지의 목표만을 갖고 있다. 즉, 자기들이 배운 것을 기억력에 단단히 맡기거나 노트한 것을 잘 간직함으로써 배운 것에 단단히 매달린다는 목표다. 이들은 새로운 것을 생산하거나 창조하지 않아도 된다… 그러나 세계에 대한 존재양식으로 관련을 맺고 있는 학생에게 학습과정이 전혀 다른 특질을 지닌다. 이들은 모든 수업과정에 참여하기 전에 미리 생각하거나 나름대로의 의문과 문제를 염두에 둔다. 이들은 능동적이고 생산적으로 듣고, 받아들이고, 반응을 보인다. 듣는 것을 통해 자신의 사고작용을 자극한다. 그들의 수업은 하나의 살아있는 과정이다."(YBM시사편집국(역), 2003: 41)

"기억행위는 소유와 존재양식에서 모두 이루어진다. 그 두 가지에서 가장 큰 차이점은 관계의 종류다. 기억행위의 소유양식에서 그 관계는 전적으로 기계적이거나 논리적이다. 반면에 존재양식의 경우에 기억행위는 단어, 개념, 구경거리, 그림, 음악 등을 능동적으로 기억하는 것이다. 즉, 기억해야 할 자료와 그와 연관된 많은 자료들을 서로 생생하게 연관시키는 것이다."(YBM시사 편집국(역), 2003: 45)

위에서 기계적−논리적 관계양식은 브루너가 말하는 패러다임적 사고양식과 정확하게 일치하고, 연관적−능동적 관계양식은 내러티브적 사고양식과 일치한다. 학교의 수업장면이 패러다임적 사고에 의하여 내러티브적 사고가 압도당할 때, 혹은 기억행위가 교사와 학생의 수업참여를 지배할 때 교사와 학생 모두 온전한 교육(holistic education)으로부터 철저히 소외되기 마련이다. 기억과 상상력의 내러티브적 상보성을 지적한 브루너는 다음과 같이 지적하였다.

"우리 인간은 경험을 조직하는 데 있어 두 가지 주요한 방식을 가고 있다. 하나는 패러다임 방식으로 그것은 논리의 규칙에 의해 지배되며, 물론 그 방식은 보편적이다. 다른 하나는 내러티브 방식으로 스토리텔링을 통하여 의미를 획득하는 우리의 방식을 반영한다. 인간이 전개하는 대부분의 정신활동들은 이 두 가지를 결합하는 것이다."(강현석(역), 2010: 11)

수업장면이 기계적인 기억의 논리에 압도될 때 교사와 학생이, 학생과 학생이 서로 소외되고, 마침내 학생과 지식이 서로 소외의 관계로 전락한다. 이제 우리는 이처럼 소유와 재생만을 위한 기억학습 생태계에서 비롯된 학생은 물론 교사의 교육적 소외로부터 그들을 구출하기 위한 방법론을 적극적으로 고려해야 한다. 한마디로 좋은 수업장면은 라임스(B. Rymes)의 표현대로 말이 열리는 교실이 되어야 한다. 그는 이를 위한 조건으로 서로 자극하는 수업장면의 다이나믹스를 제시한 바 있다(김종현(역), 2011: 262).

Lehrstűck는 연극 분야에서 소외된 관객들을 능동적인 연기참여자로 끌어들였고, NBID는 그동안 말이 열리지 않는 수업장면에서 철저히 소외의 여정을 걸어 온 학생들을(물론 교사도 해당됨) 능동적인 학습참여자로 끌어들일 수 있다. 또한 Lehrstűck를 통해 한 편의 연극이 완성되는 것처럼 교사와 학습자가 내러티브로 이루어가는 수업도 또 한 편의 내러티브로 완결될 수 있다. 이들 속에 내재하는 상호텍스트성의 핵심은 참여자의 인지－가치－행동의 변화를 도모하는 데 유용한 기제의 차별성과 탁월성에 있다. 그것은 한마디로 말이 열려 서로 통하는 교실의 이미지 구현이다. 브레히트가 전통적인 연극생태계의 지평을 넓혔듯이 NBID는 인습적인 수업생태계를 전향적으로 개선하는 일종의 시금석 혹은 방향타가 될 수 있을 것으로 기대한다.

참고문헌

강현석(2012), "내러티브에 기반한 교육과정 설계원리 탐구", 한국교육철학회, 교육철학, 제48집, pp.183－215.

김웅조(2002), "성인교육에 있어서 연극기법의 활용방안: 브레히트의 교육극(서사극적 기법)을 중심으로", 한국인력개발학회, 인력개발연구, 4(2), pp.1－25.

김형기(1993), "베르톨트 브레히트의 연극을 위한 작은 지침서 연구", 송동준 외, 브레히트의 서사극－유형학적 고찰, pp.53－77.

박진우(2004), "교육연극과 서사극 이론의 관련 양상 연구－브레히트의 서사극을 중심으로", 한국어문교육학회, 어문학교육, 제28집, pp.147－172.

박한준(1995), 훌륭한 강의는 연출의 예술이다, 서울: 상경사.

성은혜(2016), "내러티브기반 문학교육 연구", 고려대학교 박사학위논문.

오제명(1988), "브레히트의 교육극을 둘러싼 이론적 쟁점들", 한국독어독문학회, 독일문학, 제41집, pp.153－173.

오제명(1992), "베르톨트 브레히트의 교육극 연구", 서울대학교 박사학위논문.

오제명(1993), "자세견본으로서의 극중 인물－브레히트 교육극의 인물구성에 대하여", 송동준 외, 브레히트의 서사극－유형학적 고찰, pp.79－103.

이정준(1998), "연작드라마로서 교육극: 그 본질과 내용", 한국독일언어문학회, 독일언어문학, 제9집, pp.373－403.

임한순(편)(2008), 브레히트 희곡선집 2, 서울대학출판부.

조길예(1991), "20년대 독일 음악운동과 브레히트 교육극의 생성", 독일문학, 제46집, pp.231－260.

조인숙·강현석(2016), "내러티브의 두 가지 이론과 교육에서의 시사점 탐구", 한국교육철학회, 교육철학, 제60집, pp.165－192.

하재부(2006), "브레히트의 학습극과 교육연극", 한국브레히트학회, 브레히트와 현대연극, pp.69－86.

한국브레히트학회(2011), 브레히트 선집 1: 희곡, 서울: 연극과 인간.

한국브레히트학회(편)(2001), 브레히트의 연극세계, 서울: 열음사.

Bruner, J.(1996), The Culture of Education, Harvard University.

Bruner, J.(저), 강현석 외(역)(2010), 이야기 만들기(Making Stories), 파주: 교육과학사.

Bruner, J.S.(저), 강현석 외(역)(2011a), 인간과학의 혁명: 마음, 문화 그리고 교육(Acts of Meaning), 서울: 아카데미프레스.

Bruner, J.S.(저), 강현석 외(역)(2011b), 교육의 새로운 지평－마음과 세계를 융합하기(Actual mind, Possible Worlds), 파주: 교육과학사.

Bruner, J.S.(저), 강현석 · 이자현(역)(2014), 교육의 문화(Culture of Education), 파주: 교육과학사.

Burgess, D.(저), 강순이(역)(2013), 무엇이 수업에 몰입하게 하는가, 서울: 토트.

Clandinin, D.J.(ed), 강현석 외(역)(2012), 내러티브 탐구를 위한 연구방법론, 파주: 교육과학사.

Clandinin, D.J.(저), 염지숙 외(역)(2015), 내러티브 탐구의 이해와 실천, 파주: 교육과학사.

Clandinin, D.J., Connelly, F.M.(저), 소경희 외(역)(2011), 내러티브 탐구, 파주: 교육과학사.

Cobley, P.(저), 윤혜준(역)(2013), 내러티브, 서울대학교출판문화원.

Denning, S.(2011), The Leader's Guide to Storytelling: Mastering the art and discipline of business narrative, San Francisco: John Wiley & Sons, Inc..

Denning, S.(저), 안진환(역)(2014), 스토리텔링으로 성공하라, 서울: 을유문화사.

Fromm, E.(저), YBM시사 편집국(역)(2003), 소유냐 존재냐, 서울: YBM Si－sa..

Hopkins, R.L.(저), 강현석 외(역)(2013), 내러티브, 학교교육을 다시 디자인하다, 서울: 창지사.

Kesting, M.(저), 이상면(역)(1999), 브레히트, 서울: 한길사.

Knopf, J.(저), 이원양(역)(2007), 베르톨트 브레히트, 서울: 인물과 사상사.

Lauritzen, C., Jaeger, M(저), 강현석 외(역)(2007), 내러티브 교육과정의 이론과 실제, 서울: 학이당.

Polkinghorne, D.E.(저), 강현석 외(역)(2010), 내러티브, 인문과학을 만나다, 서울: 학지사.

Rymess, B.(저), 김종현(역)(2011), 말이 열리는 교실, 서울: 학이시습.

Short, E.C.(1991), Forms Curriculum Inquiry, State university of New York.
吉本均(저), 박병학(역)(1994), 수업과정의 인간화, 서울: 교육과학사.

Chapter 11

인성 기반 대학생 토론수업

우리 사회는 전통적으로 정서 혹은 사회관계상 상하, 수직의 정치적 관계 속에서 유지되었으나 현대에 들어서면서 의견을 주고받고 이를 자유롭게 개진하는 방향으로 분위기가 변화되었다. 이러한 변화를 긍정적으로 수용하게 된 조직사회의 영향으로 대학교육에서 역시 자신의 생각을 조리 있고 논리적으로 정리하고 펼칠 수 있는 의사소통 방식이 중요해지게 되었다. 의사소통의 방식에는 말과 글을 비롯하여 선, 면, 선율, 몸짓 등의 다양한 방식이 존재하지만 그 중에서도 말과 글은 가장 보편적이면서도 기초적인 의사소통 행위라고 할 수 있다. 특히 말하기는 전 세계적으로 어느 민족에게나 존재하는 의사소통의 방식이기에 그 기초성과 함께 인간 고유성이 인정된다.

표 1 말하기의 다양한 방법들

방 식	특 징
대 화	사적인 성격, 둘 이상의 상호작용을 강조하는 말하기
토 의	공적인 성격, 하나의 협의점에 도달하기 위한 협력적, 결론 도출적인 말하기
토 론	공적인 성격, 서로 다른 의견에 대한 논증적, 관철적 말하기
발 표	공적인 성격, 다수의 청중 앞에서 의견을 정리하여 전달하는 말하기

말하기에는 대화, 토의, 토론, 발표 등의 종류가 있는데 현대사회에서 중요성이 강조되고 있는 말하기에는 토론과 발표가 있다. 대화는 비공식적이며 상호작용을 중시하는 사적인 성격을 지닌다. 이에 비해 토론, 발표는 공식적인 성격을

지닌다는 점에서는 공통점이 있다. 특히 현대사회에서 강조되는 공적인 말하기는 토론과 발표이며, 이들은 각각 다양성을 인정하면서 자신의 생각을 논리적으로 전달하는 훈련을 하고 또한 자신의 생각을 조리 있게 정리하여 전달하는 말하기라는 특징을 가진다.

토론은 성격에 따라 토론(debate)과 토의(discussion)로 구별되는데, 토의는 공통된 문제에 관심을 가진 사람들이 모여 가장 좋은 해답을 얻기 위해 협의하는 방법으로 집단적 사고를 모색하는 도구가 된다(황정산 외, 2015: 37). 따라서 토의는 단호한 자신의 의견보다는 경청하고 이해하면서 합의점을 찾아 나가는 것이 중요하다. 반면, 토론은 어떤 문제나 이슈가 되고 있는 화제에 대해 논리적으로 그 타당성을 증명해 내는 말하기 방식이라고 할 수 있다. 이러한 토론의 말하기는 자신의 주장과 그에 따른 근거를 도출할 수 있고 어떤 것이 더 타당한 의견인지를 객관적, 논리적으로 비교하면서 합리적인 의사결정을 할 수 있는데 그 목적을 둔다. 인정, 서열, 나이 등의 주제 외적인 사항보다는 주제와 관련하여 급변하는 사회 분위기 속에서 문제의 원인을 분석하고 이에 대한 합리적인 방안을 도출해 내는 방식으로 토론은 그 중요성이 인정되며 그 필요성이 점차 더 중요하게 부각되고 있다.

01 대학 토론수업의 현상학

하버드대학교에서 수업은 물론 수업 외 시간을 활용하여 토론을 적극적으로 권장하고 있다. 수업 내에서 교수–학생 간 이루어지는 자유로운 토론뿐 아니라, 수업 이외 시간에 학생–학생 간에도 자유롭게 토론을 할 수 있도록 배려한다. 이러한 대표적인 장치가 바로 건물의 곳곳에 존재하는 칠판인데, 이곳에서는 과제, 문제, 목표 등을 놓고 학생 간 자유로운 토론이 활성화된다고 한다. 반면 토론의 문화보다는 지식의 전달을 목표로 하여 교수자의 일방적인 강의로 진행되던 형식주의 교육관에 기반한 우리 대학의 교수–학습은 학습자를 수동적인 존재로 만들면서 교육의 본질적 목표를 달성하지 못하였다. 이에 대한 반성적 성찰로 제기된 구성주의교육이론은 학습자를 능동적인 존재로, 학습경험을 학습자가 자기주도적인 방식으로 내용을 구성해 나가는 것으로 인지하게 되면서 교수-학습의 방향, 방법에도 변화가 요구되었다. 이러한 변화는 창의성이 부각되는 4차 산업혁명시대, 불확실성시대에 매우 필요한 능력의 향상과도 직결된다.

자유로운 의사표현, 소통, 다양한 문제에 대한 공동체의 대응에 토론은 매우 중요한 역할을 할 수 있다. 토론의 어원을 통해 그 개념을 먼저 살펴보면, debate는 라틴어 debattuere에서 유래되었으며, 이 단어는 '분리하다, 제거하다'라는 의미를 지닌 de와 '다투다, 전쟁하다'라는 의미를 지닌 battuere로 나누어진다. 또한 토론(討論)은 한자로 풀면 '치다, 때리다, 공격하다'라는 의미의 토(討)와 이치를 밝히는 론(論)으로 구성된 합성어이다. 두 어원을 분석한 결과를 종합하면, 토론은 다투거나 싸운다는 의미를 공통적으로 지니고 있음을 알 수 있다(송재일 외, 2017: 98). 그러나 이때의 다툼 혹은 싸움은 단순한 힘의 논리가 아니라 말의 논리와 이치에 맞게 공정하게 다툰다는 점을 명심해야 한다. 또한 이러한 논증은 공동의 문제를 풀기 위해 주장과 근거를 교환하며 서로 검증하는 것을 의미하는 것으로(윤영삼(역), 2008: 28), 합리적인 의사결정 과정이라고 할 수 있다. 이러한 토론을 수업에 활용한다는 것은 두 가지의 양상으로 생각해 볼 수 있다.

첫째, 다양한 내용을 다루는 수업장면에서 토론을 하나의 방법으로 활용하는 것을 의미한다. 이때는 강의식 수업, 발표식 수업 등의 다양한 방법에서 토론의 방식을 활용하여 수업과정으로, 수업목표를 달성할 수 있는 기법으로 사용한다. 이러한 수업이 적합한 경우는 학생들이 흥미를 가질 만하고 사회적으로 다양한 의견이 제시될 수 있는 주제, 다양한 의견을 개진하고 이를 수용, 혹은 논리적으로 반박하고 존중할 수 있는 교수자-수강생들의 분위기 등이 전제되어야 한다. 이러한 수업의 경우, 교수자가 준비한 것을 충실하게 전달하는 것에서 그치는 것이 아니라 학습자들의 적극적인 참여가 요구되는 만큼 예측하지 못한 발언 및 분위기가 조성될 우려가 있다. 따라서 이러한 토론식 수업은 수업에서 다루는 화제, 주제에 따라, 수강생들의 숫자와 강의실의 규모 및 책걸상의 배열, 교수자의 전체 조망 및 조력 능력 등에 따라 달라질 수 있다.

둘째, 이러한 토론을 준비하고 실행하고 반성하는 전 과정에 대해 기초부터 숙달될 때까지 학습하고 훈련하여 능숙해질 수 있는 과정 자체에 초점을 둔 수업이다. 이 수업은 토론을 활용하는 것이 아니라 토론 자체를 이해하고 기본적인 능력을 습득하여 실제로 토론을 하는 경험들이 실제수업 내용이 된다. 따라서 토론에 대해 학습하는 수업은 무엇보다 토론을 실제로 경험하면서 토론의 가치와 절차를 학습자들이 습득하는 것이 가장 중요하다. 특히 이러한 수업의 경우 대부분의 대학에서는 신입생들을 위한 교과목으로, 교양필수 과목으로 선정하여 가르치고 있다. 그러나 교양필수 교과목의 위상을 지니고 있음에도 불구하고 말하기, 토론에 대한 인식이 부족하여 이를 한 학기 혹은 두 학기 정도로 구성해야 할 필요성을 인지하지 못하고 있는 형편이다. 우리나라 교육현실을 반성적으로 고찰해 볼 때, 중·고등학교 시절에 행해지는 수업형태는 주로 강의식이 많으며, 학생들이 주체가 되어 토론하고 발표하는 형식은 거의 찾기 어렵다. 따라서 이러한 말하기 능력은 향상될 기회 자체가 부족하며 대학에서 이루어지는 대부분의 발표와 토론 형식의 수업에 학생들은 적잖은 부담감을 느끼게 된다. 이러한 개인적인 능력 차를 완화시켜주고 학내 구성원들이 각자의 생각을 분명히 하고, 또 서로의 의사교환 및 논리적인 말하기를 통해서 합리적인 의사소통을 행해 나가는 과정을 연습하는 수업은 절대적으로 필요하다.

02 인성 기반 토론수업 설계의 기초

1) 목표설정

토론수업은 비판적 사고능력을 비롯한 종합적 사고력 향상과 의사소통 능력 향상, 민주시민으로서 인성 개발을 목표로 한다. 이러한 목표는 결국 대학에서의 수업 혹은 대학교에서 이루어야 할 교육적 목표와도 잇닿아 있다고 할 수 있다. 대학에서 토론이 갖는 기능은 다음과 같이 정리할 수 있다(김복순, 2007).

- 전공교육을 받기 위한 기초교육, 학제 간 교육의 기초를 쌓을 수 있으며, 교양인-세계시민으로서 자질 함양에 필수적으로 요청되는 주제와 과제를 접함으로 인해 종합적 사고 능력을 향상시킬 수 있고, 다문화 이해능력이 신장되며 올바른 가치판단 능력을 기를 수 있다.
- 토론은 학제 간 학습의 기회를 제공하여 종합적 사고능력을 배양시켜 주며 통합교육을 실현시킨다.
- 토론을 통해 다양한 학문적 관점과 해석 방법이 존재한다는 것을 학습할 수 있다.

- 토론참여자들은 절차와 실제 토론에 임하는 훈련을 통해 민주사회의 구성원으로서 갖추어야 할 절차와 약속을 존중하는 소양을 기를 수 있다.
- 의사소통능력을 증대시켜 다양한 이견을 존중하고 합리적인 의사결정을 하는 과정을 통해 21세기형 리더십을 기를 수 있다.
- 상대 말을 경청함으로써 듣기 능력을 향상시킬 수 있으며, 상대방의 논점을 파악하고 분석하는 능력을 향상시킬 수 있다.
- 상대방의 입장을 고려하여 이해함으로써 상대의 논점과 상황, 논리를 이해할 수 있다.
- 토론을 통해 말하기 능력과 논리적인 글쓰기 능력을 향상시킬 수 있다.
- 효과적인 말하기 능력 및 전달하는 능력을 향상시킬 수 있다.
- 취업 기회를 확대시키고 진로 지도를 겸할 수 있다.

위와 같이 토론의 기능은 외면적인 의사소통능력부터 심화된 수준의 사고력 향상까지 다채롭게 나타난다. 대학에서 토론 수업이 제대로 활용되어 다양한 기능들을 습득할 수 있다면 가장 바람직할 것이다. 그러나 장점이 많은 토론 수업의 경우라 할지라도 일반적으로 전공수업에서는 지식과 기술의 전달의 비중이 크기 때문에 제대로 이루어지기 힘든 경우가 많고, 교수자와 학습자 모두 토론에 대한 정확한 인식과 방법에 대한 훈련과 연습이 부족한 탓에 왜곡된 방식으로 토론수업이 이루어질 가능성도 있다. 따라서 전공 수업은 각 전공이 가지는 교과의 특징을 고려하여 진행하되, 토론을 수업 진행에서 하나의 방법으로 활용하는 것이 좋다.

반면, 자신의 의견 개진이 자유로운 수업이나 서로 이견을 보일 수 있는 화제를 다루는 수업에서는 토론방법을 적극적으로 활용하는 것이 좋다. 특히 대학에서의 교양수업은 타 전공, 타 학과의 학생들과 교류할 기회가 고등학교에 비해 많은 편이다. 동일 전공의 학생들과 나눈 대화 혹은 의견은 큰 틀 안에서 수렴되는 경우가 많지만 다양한 전공의 학생들이 섞여 있는 교양수업에서는 저마다 다른 사고와 관점, 인식의 틀을 가지고 하나의 현상, 혹은 사건을 바라보고 의견을 나눌 수 있기 때문에 훨씬 다채롭고 풍부한 토론이 이루어질 가능성이 많다.

또한 대학에서 주로 글쓰기를 위주로 구성되었던 1학년 대상의 교양필수 교과의 경우 글쓰기와 연계된 방식으로 말하기, 토론과 발표의 방법을 익히고 이에 대한 필요성을 인식하며 실제 다양한 연습을 해 보는 기초학습으로 구성되는 것이 필요하다. 현재 많은 대학에서는 글쓰기를 중심으로 교육과정을 구성하면서 이에 비해 상대적으로 말하기의 훈련 비중이 적은 편이었다. 그러나 글을 쓰는 과정에서 역시 혼자 혹은 상호 말하기를 통한 내용 구성이 중요하다는 점이 인식되면서 말하기-글쓰기를 연계하여 인식하고 교육하려는 움직임이 활발하게 되었다. 글쓰기에 선행되어야 하는 것이 말하기 훈련이며, 그 중에서도 토론은 논리적이고 비판적인 사고의 연습과 전개에 많은 영향을 미치기에 글쓰기를 위한 기초 훈련이 되기도 한다.

2) 토론 용어

토론에서 중요한 용어들에 대한 학습과 이에 대한 적용은 토론을 실생활에서 자연스럽게 활용하고 의사결정에 필요한 도구로 인식하는 데 중요한 역할을 한다. 토론에서 자주 언급되는 용어들과 그들의 관계에 대한 내용 학습은 원활한 토론 수업을 위한 기초 작업이 된다. 토론과 관련해서 중요한 용어 중 하나는 바로 논증이다. 이 논증은 다른 말하기와 토론을 구분하는 역할을 하기도 하며, 토론이 제대로 이루어지기 위해서 가장 중요한 요건이 되기도 한다. 논증은 주장과 근거로 이루어지며 이때 근거가 타당하게 제시되어야 한다. 어떠한 진리 주장이 근거들과 함께 제시될 때 그것을 논증이라고 할 수 있다. 논증적인 글이란 진리 주장과 근거를 둘 다 가지고 있어야 한다.

여기에서는 주장, 전제, 이유, 근거의 4가지로 중요 용어를 살펴보기로 한다(윤영삼(역), 2008: 161-309). 우선 주장이란 위에서 살펴본 바와 같이 여지가 있으면서도 상대방에게 마음을 열 수 있는 문제에 대해 자신의 생각을 펴는 것을 의미한다. 이때 주장은 토론자의 핵심내용을 간결하게 제시해야 하며, 개념적 요소와 함께 논리적 요소가 풍부하고 범위가 적절하게 제한되어야 명확해진다. 흔히 근거와 이유에 대해 헷갈리는 경우가 많으며 실상 이 둘은 경계가 모호한 부분도 분명히 존재한다. 그러나 이유가 토론자가 마음속에서 바라본 세계인 데 반해 근거는 토론자와 청중(필자-독자)가 공유하는 세계에서 나오게 된다는 점에서 차이를 보인다. 즉, 이유가 우리 머릿속에서 나온 것으로 어느 정도 주관적인 성격을 지니고 있다면, 근거는 독자/청자들이 진실로 받아들이는 진술로 표, 그래프, 차트 등을 활용한 데이터, 누구나 찾아볼 수 있고 공유할 수 있는 것을 말한다. 따라서 근거는 이유를 받치고 있는 타당한 내용으로 주장의 설득력을 위해 필요한 요소라는 점에서는 일치한다.

독자/청자들은 그 문제에 대해 이해하며 뒷받침하는 이유를 찾고, 다시 뒷받침하는 근거를 찾는다. 전제는 독자/청자들이 이유의 진실성보다는 주장과 이유의 관계를 의심할 때 필요하며, 이유와 주장을 이어주는 보편적인 원칙이 바로 전제(warrant)이다. 전제는 독자/청자들이 근거의 사실여부가 아니라 근거와 이유의 연관성을 물을 때 사용한다. 이때 어떤 사람에게나 적용할 수 있는 보편적인 원칙을 제시하여 이유－주장, 근거－이유를 이어준다. 일반적으로 전제와 이유를 수용할 경우 주장도 수용해야 한다. 전제는 보편적인 상황＋보편적인 결론의 형태를 지닌다. 따라서 전제는 속담처럼 독자/청자에게 친숙한 내용이 되어야 한다. 보편성과 범위 측면에서 이유가 구체성을 지니고 있다면, 전제는 보편적인 진술이라는 점에서 구별된다. 또한 전제는 이유와 주장을 긴밀하게 연결하지만, 문화에 따라 달리 해석되는 경우가 있기에 주의해야 한다. 전제는 독자/청자들의 배경지식, 의심, 문화적 배경과 관련하여 사용하는 것이 바람직하다.

3) 토론원리와 전략

좋은 토론이 이루어지기 위해서는 토론원리와 전략에 대해서도 알아둘 필요가 있다. 우선 토론식 수업에서는 학생 개인 혹은 집단이 스스로 논제를 선정하는 것도 필요하다. 교수자는 토론수업을 통해 얻고자 하는 목표를 분명히 전달하여 갈등 사안의 성격과 본질에 맞는 논제를 제시할 수 있도록 도와야 한다. 적절한 쟁점을 선택하는 조건과 원칙은 다음과 같다(황정산 외, 2005).

- 시의성 : 현재 논란 중인 사안을 다루고 있어야 한다.
- 공공성 : 공공의 문제와 관련된 것이어야 한다.
- 대립성 : 쟁점은 찬성과 반대의 대립이 명확하게 대립되는 것이 좋다.
- 하나의 질문 : 논제를 문장화할 때는 구체사안에 대해 하나의 중심 질문만 던져야 한다.
- 방향 : 논제는 현상화의 주장을 변화시키려는 쪽 주장을 중심으로 제시할 때 효과적이다.
- 중립 언어 : 논제는 중립적인 언어로 표현되어야 한다.

토론에서 사용되는 논제는 사실 논제, 가치 논제, 정책 논제와 같이 세 가지로 구분할 수 있다(황정산 외, 2005: 77-79). ① 사실 논제는 특정한 사안의 참과 거짓을 둘러싼 논쟁에 관계하여 그것을 기술적으로 묘사한 주장의 형식으로 제시된다. 찬성 측은 특정한 사실이 실제로 벌어졌음을, 반대 측은 그것이 거짓임을 각각 주장하는 것으로 이 논쟁의 가장 대표는 법정에서 이루어지는 공판이다. ② 가치 논제는 현안을 둘러싼 평가적 주장을 담고 있는 형식으로 특정 가치를 수반하는 갈등 현안에 대해 그것을 승인할 지 부정할 지에 대해 관계하는 주장이 필수적으로 제기되어 있다. 가치문제는 참과 거짓으로 나누어지지 않으며 도덕적 판단을 내리게 유도한다. ③ 정책 논제는 찬성 측이 현상 변화를 위해 특정 정책을 제안하면서 반드시 채택되어야 한다고 주장한다면, 반대 측은 그러한 주장에 반대한다. 정책 논제는 주로 입법부의 법률안 심사, 정부 기관의 정책심사, 기업과 학교 같은 사적 조직에서도 광범위하게 사용된다.

한편, 토론전략은 ① 상대의 관심거리를 화제로 삼아 원활한 소통을 유도하는 것 ② 상대의 말을 경청하며 정보를 파악하는 것 ③ 상대와의 공감 포인트를 찾아 감동을 주는 것 ④ 설득대상의 성격에 맞추어 시간을 안배하고 제한하는 것 ⑤ 얘깃거리를 풍부하게 준비하여 토론을 능동적으로 이끌어 가는 것 ⑥ 기분과 표정, 주의력 등의 요건이 최상이 되도록 노력하는 것을 들 수 있다(김락준(역), 2015: 82-117). 무엇보다 토론은 상대를 설득하는 말하기이고, 설득은 상대의 마음과 생각을 움직이게 하는 방법이다. 따라서 적절한 원리와 전략을 가지되 말하기의 기본적인 경청과 존중의 자세를 가지고 주제와 상황, 토론방식에 맞는 전략을 세워서 진행할 필요가 있다.

4) 토론의 내용 및 방법

토론 역시 말하기의 일종이기에 무엇보다도 독자/청자의 관심을 이끌어 내는 것이 가장 중요하다. 독자/청자에 대한 진지하고도 심각한 고려가 있을 때 유용하고 좋은 토론이 이루어질 수 있다. 독자/청자들은 ① 뻔한 사실이나 이의제기의 여지가 없는 주장보다는 논쟁의 여지가 있는 주장 ② 합의되지 못한 경우에도 답을 남겨 놓을 수 있고 상대방에게 마음을 열 수 있는 주장 ③ 실행가능성이 있는 현실성 있는 주장에 관심을 가진다(윤영삼(역), 2008: 170). 토론은 우리 일상의 작은 문제부터 전 세계적인 문제까지 광범위한 내용을 다루며, 자신의 생각과 의견을 가지고 이를 주장할 수 있는 다양한 문제를 대상으로 할 수 있다. 논리적 말하기에서 다루는 문제는 크게 현 상황을 바꾸기 위해 해결 방안을 찾고자 하는 실용문제와 이 쟁점에 대해 좀 더 잘 이해하고자 하는 개념문제가 있다(윤영삼(역), 2008: 105－108).

대학에서 다룰 만한 토론수업의 내용은 다양하다. 일반적으로 토론형식에 따라 그 주제나 다룰 내용이 달라지기는 하겠으나 대학생들이 관심을 가질 만한 화제, 사회적 문제, 정치적 이슈, 정책적 찬반 의견이나 가치판단의 가능성이 있는 문제 등 다양하다. 그러나 첨예한 갈등을 일으키는 문제나 민족적 정서를 반영하는 문제 등으로 인해 토론자들이 감정적인 부분에서 부딪칠 우려가 있는 주제나 서로를 비하하는 가치관을 가질 수 있는 주제는 피하도록 한다. 토론수업에서는 기본적으로 토론의 유형 및 토론과 관련된 용어, 토론을 하는 방법과 절차, 말하기의 예절 등에 대해서 배워야 한다.

토론유형은 형식에 따라 ① 비공식토론 ② 위원회 회의 ③ 공청회 ④ 배심식 토론 ⑤ 심포지엄 ⑥ 포럼 ⑦ TV 토론 ⑧ 협동연구 ⑨ 집행위원회 회합 ⑩ 강의식 토론 ⑪ 원탁식 토론 ⑫ 대담 등으로 나눌 수 있다(황정산 외, 2005). 이 중에서 가장 보편적인 토론유형을 몇 가지만 살펴보고자 한다. 비공식 토론은 사교적 모임과 인간적 소통을 위한 자유로운 토론을 가리키는 것으로 원탁 토론 형식이 가장 보편적이다. 사회자가 토론을 진행하되 참석자들은 자유롭게 자신의 발언을 할 수 있다. 배심식 토론의 경우는 사전에 배정된 4~6명의 패널들이 청자 앞에서 주어진 논제에 대한 견해를 협력적으로 전개해 나가는 방식이다. 심포지엄은 공통의 주제에 대하여 예정된 발표 원고를 읽어 나가며, 청중에 의해 중단되거나 영향을 받지 않는다. 포럼의 경우 공공장소에서 공공의 문제에 대해 공개적으로 토론하는 방식을 가리킨다. 포럼은 청자들의 참여로 이루어지는 만큼 강연이나 연설이 배제되고 청자들을 중심으로 질의응답이 이어진다. 대담의 경우는 기본적으로는 인터뷰에 사용되는 형식인데 사회자는 전체 진행 역할을 해야 하고 토론자들은 자신들의 입장과 주장을 질의에 맞게 대답해야 한다.

토론수업의 경우 수업을 계획하고 실행하는 과정에서 교수자의 역할이 매우 중요하다. 그러나 여기서 중요하다는 것은 시간이나 비중에서 많은 양을 차지한다는 의미가 아니라 토론이 원활하게 될 수 있는 주제를 발굴하고 이에 대한 진

표 2 자유토론과 교육토론 비교

자유토론	교육토론
• 찬반의 입장이 명확하게 나누어지지 않을 수 있으며 중간에 입장이 바뀌거나 다양할 수 있음 • 사회자가 있음 • 규칙과 절차에서 엄격성이 덜 함 • 승패가 분명하지 않음	• 찬반의 입장이 분명하게 대립하며 중간에 그 입장을 바꿀 수 없음 • 사회자가 없음 • 규칙과 절차가 엄격하며 전체의 과정은 점수와 관련됨 • 승패가 분명함

행을 원활하게 돕는다는 점을 말한다. 이 수업에서 학습자는 수업의 내용 학습뿐 아니라 방법적 측면에서도 주체적 역할을 수행한다. 토론은 유형에 따라 위와 같이 분류될 수 있다. 일반적으로 활용하는 토론은 자유토론의 형식이 많으며, 교육토론은 교육적인 목적을 가지고 찬반의 입장을 부여하여 학생들이 논거를 찾아 주장을 뒷받침하며 주장을 설득하는 말하기 형식을 말한다.

5) 수업성과 평가

토론수업 후에 이루어지는 평가는 특정한 방법, 혹은 한쪽만 활용하는 것이 아니라 다면적인 평가가 이루어지는 것이 바람직하다. 특히 의사소통과 관련된 방안으로서의 토론은 실제 의사소통 맥락에서 어떠한 토론이 이루어지고 있는지, 토론에 참여한 사람들의 발언과 태도는 어떤지, 주장은 논리적 혹은 도덕적으로 문제가 없는지, 근거는 설득력 있게 제시되고 있는지 등을 중심으로 평가해야 한다. 토론에서 활용할 수 있는 평가의 방법으로는 다음과 같은 것들이 있다.

- 과정평가(관찰 중), 결과평가(최종 상태)
- 형식적 평가(평가지), 비형식적 평가(다양한 상황, 규격없이)
- 자기평가(스스로 점검), 상호평가(동료 학습자, 교수자)
- 실기평가(실제 능력), 지필평가(기초적인 지식, 정리)

먼저 과정평가와 결과평가는 한 가지만 적용하는 것이 아니라 연속성을 가지고 이루어져야 한다. 특히 토론의 경우 찬반의 입장에서 어떤 쪽의 의견이 설득력 있게 상대방과 청중들의 생각을 바꾸어 놓았는지에 대한 결과도 중요하지만, 과정 중에 토론자들이 어떠한 근거를 제시하고 어떠한 태도로 토론에 임하면서 소통하고자 노력했는지가 더 중요하다. 따라서 토론의 결과를 참고하되 토론이 이루어진 과정에 대한 평가를 중심으로 기록하고 이에 대해 피드백을 하는 것이 필요하다. 또한 토론에 대한 기본적인 지식을 이해하기 위한 형식적 평가와 상황을 중심으로 정해진 틀에 구애함이 적은 비형식적 평가를 병행할 수도 있다. 대학교에서 한 학기를 마치고 이루어지는 형태인 스스로의 학업성취 및 성장에 대한 자기평가와 동료학습자들과 교수자가 상호교차 평가하여 그 합산된 결과를 반영하는 평가도 고려할 만하다. 마지막으로 토론은 기초적인 지식에 대해 지필평가를 치르되 이론에 대한 암기에서 그치는 것이 아니라 지식을 실제 토론 능력으로 연결시키고, 실제토론에서 능숙해지는 것을 평가하는 것이 중요하다.

이때 평가기준으로는 ① 논리적 추론 능력에 대한 평가 ② 논거의 적절성에 대한 평가 ③ 표현력에 대한 평가 ④ 의사소통의 태도에 대한 평가 등을 고려할 수 있다(숙명여자대학교 의사소통능력개발센터, 2006: 216－218). 모든 평가는 평가를 위한 평가에서 끝나서는 안 되며, 평가를 바탕으로 하여 학습자가 스스로를 성찰하고 또 성장하는 데 도움을 줄 수 있는 데 초점을 맞추어야 한다. 즉, 학습자가 토론 시에 부족한 점이 무엇이고, 의사소통능력 향상에 어떠한 변화가 있었는지를 관찰하여 이에 대해 피드백을 제공하고 개선할 수 있도록 도움을 주는 것이 평가활동의 목적이 되어야 한다. 따라서 평가는 환류하고 피드백을 제시하는 것을 중심으로 이루어지는 것이 가장 바람직하다.

03 인성 기반 대학생 토론수업 개발

1) 수업모형 개발 기초

토론에서 이루어지는 듣기와 말하기는 인간사회에서는 가장 기초적인 의사소통 수단이나 누구나 할 수 있다는 생각에 교육의 대상으로서는 경시된 측면이 많다. 핑커(S. Pinker, 2008)는 인간은 선천적으로 언어를 습득할 수 있는 장치를 지니고 있으며 음성언어를 구사하는 것은 인간고유의 능력이라고 단언한다. 그는 촘스키 이론에 근거하여 논의를 펼치고 있으나 다양한 언어현상과 실제 실험사례 등을 제시하여 자신의 주장에 대한 논리적 근거를 제시하며 설득력을 확보한다.

토론수업에서의 토론은 말하기를 전제하고 있으나 이때의 말하기는 기본적으로 논리적인 사고와 함께 글쓰기를 포함한 개념이라는 점에서 특이점을 지닌다. 그만큼 논리적인 주장과 근거를 펼치기 위해서는 즉흥적인 말하기 성격보다 미리 논거를 준비하고 반론을 예상해 보면서 자신의 주장을 되짚어 나가는 것이 중요한 말하기라는 의미이다.

토론은 말하기와 함께 상대방의 주장과 근거에 대한 듣기, 그리고 자신의 주장이나 근거를 제시하는 과정에서 미리 글을 써봐야 하는 등 다양한 언어 기능이 동원되는 복합활동이다. 따라서 단순하게 자신의 주장을 말로만 하는 것에서 그치는 것이 아니라, 다양한 언어 기능 활동을 활용함으로써 보다 설득력을 높일 수 있음에 유의해야 한다. 교수자는 이러한 사실을 토대로 하여 말하기뿐 아니라 듣기, 쓰기, 읽기 등의 다양한 훈련을 토론 수업에서 활용할 수 있다. 듣기의 경우는 상대방의 의견을 경청하고 이에 대한 반박 논리를 펴기 위해서 매우 중요한 단계이다. 일반적으로 듣기의 과정을 바라보는 학자들의 견해는 다양하다(서수현 외, 2017: 147).

표 3 듣기의 의미에 대한 다양한 이해

학 자	과 정
Taylor(1964)	듣기(hearing)-듣기(listening)-이해하기(auding)
Verderver & Verderver(1992)	주의집중-이해하기-평가하기-기억하기-반응하기
박영목 외(1996)	지각하기-해석하기-이해하기-반응하기
박영목 외(1996), 노명완(1997)	정보 확인하기-내용 이해하기-내용 비판하기-감상하기
전은주(1999)	정보 확인하기(지각하기, 주의 집중하기)-이해하기-평가하기-감상하기-반응하기

교수자의 입장에서 토론수업을 한다는 것은 다음의 원리들을 염두에 두고 실제 수업을 계획한다는 의미이기도 하다. 학교장면에서 토론 교수－학습을 위한 지도의 일반적인 원리는 다음과 같다(서수현 외, 2017: 172－173).

첫째, 인간관계의 원리로 인간관계의 기본이 되는 것이 바로 말하기, 토론하기이기에 상대방과의 의사소통과 이에 대한 개선에 도움을 줄 수 있기 때문이다.

둘째, 태도수정의 원리로 토론의 경우에는 감정이 격해질 수 있는 우려가 있으나 사전에 상대방의 입장, 혹은 주장에 대해 깊이 있게 고려해 보기 위해 노력함으로써 적대적이거나 공격적인 태도를 예방할 수 있다.

셋째, 모범적인 청자, 화자 되기의 원리로 말을 잘 하는 사람은 결코 혼자 말을 하거나 상대방을 무시하는 사람이 아니다. 말을 잘 한다는 것은 다른 표현으로 상대방과 의사소통을 잘 한다는 의미이며, 이것은 자신의 입장만 강요하는 것이 아니라 상대의 주장, 혹은 상대의 생각에 대해 이해의 여지를 줄 수 있음을 의미하는 것이다.

넷째, 실제성의 원리로 토론의 경우는 특히 사회적인 현안, 혹은 도덕적인 판단 등에서 서로 다른 의견을 접하면서 실제사회와 사람에 대한 이해를 확대할 수 있다는 점에서 학습의 대상에서 그치는 것이 아니라 실제적인 상황이나 실용적인 목적을 분명히 하게 된다.

다섯째, 이해와 적용의 원리로 앞에서 살펴보았던 토론의 기본적인 성격이나 특징, 개념, 과정 등에 대한 학습은 학습자에게 토론에 대한 지식을 전달하고 이에 대한 이해를 요구한다. 그러나 토론은 이론으로만 아는 것에서 끝나는 것이 아니라 학습한 다양한 원리, 내용, 방법 등을 토대로 하여 실제적으로 토론을 진행해 보면서 적용하여 실제로 토론을 할 수 있는 능력을 향상시키도록 한다.

여섯째, 과정중심의 원리로 요즘에는 신입사원 선발 시에 지원자들끼리의 토론을 평가의 대상으로 삼는 기업도 늘어나고 있는 추세이다. 이때 평가기준은 단순하게 자신의 논리를 잘 펴 나가거나 토론에서 승리하는 결과뿐 아니라 토론이 진행되는 과정에서 어떠한 행동, 발언을 했는지, 그것이 함께 참여하는 사람들에게 어떤 방식으로 이해되고 수용되는지 등의 전 과정을 분석하여 이끌어 낸다.

일곱째, 상호관계성의 원리로 토론은 찬성과 반대의 의견이 대립적으로 제시되는 경우가 많기에 절대적으로 혼자 할 수 있는 활동이 아니다. 나와 생각이 비슷하거나 생각이 다른 누군가와의 관계 속에서 생각이 같고 다름을 알 수 있고 그 관계를 통해서 자신의 발언이나 태도에 대해 점검할 수 있다.

일반적인 말하기 수업은 다음과 같은 순서로 이루어진다. 즉 말하기이지만 이에 대해 구체적으로 계획을 세워야 하고 말할 내용과 표현에 대해 고려하여 내용을 생성하고 조직해야 한다. 이를 바탕으로 하여 실제 음성언어로 표현하고 나면 이에 대해 스스로가, 교수자가 평가하는 방식으로 이루어진다.

표 4 말하기 수업의 순서

단 계	특 징
계획하기	주제에 대하여 자신과 독자의 관심, 주제의 적절성 등을 고려하는 단계
생성하기	자신의 입장을 배경지식과 자료 수집을 통해 결정하는 단계
조직하기	수집한 자료를 시간, 공간, 논리적 순서로 조직하는 단계
표현하기	효과적인 전달 방법을 선택하여 표현하는 단계
평가 및 반응하기	자신의 발화에 대하여 긍정적, 부정적인 면을 평가하고 정리하는 단계

2) 수업모형 개발 실제

위의 말하기 수업모형을 토대로 하여 실제 수업장면에 적용하기 위해서 교수자는 다음의 몇 가지 체크리스트를 참고할 수 있다.

표 5 수업단계별 주요활동

단 계	주요 활동
토론 주제 확인하기	• 동기유발 • 청자 및 독자의 요구, 관심 파악 • 토론의 목적 및 주제 확인
토론 준비하기	• 주제에 대한 자신의 입장 결정 • 자료 수집 및 정리 • 토론 개요서 작성 • 토론방법 및 절차 확인 • 예상되는 반박에 대한 준비
토론하기	• 토론의 형식, 절차에 따른 진행 • 각자의 주장+근거 발표 • 반대 또는 찬성 의견 제시
정리 및 평가하기	• 전체 토론 경과 정리 • 토론의 내용 및 태도에 대한 전체적인 평가 • 자기 평가

첫째, 토론수업에서는 토론주제를 이해하는 것이 무엇보다 중요하다. 토론주제는 앞에서 살펴본 바와 같이 개념주제, 실용주제가 있는데, 학습자 수준과 관심도에 맞는 주제를 스스로가 혹은 교수자가 선택하여 토론목적과 내용을 이해하는 것이 우선되어야 한다. 또한 이 단계에서는 청자 및 독자의 요구나 관심사항, 능력, 경험 등을 고려하여 주제를 선정하고 이를 반영할 필요가 있다.

둘째, 실제토론을 위한 준비단계이다. 이 단계에서는 토론을 진행할 때를 고려하여 주제에 대해 자신이 생각하는 입장을 정해야 한다. 이 입장은 토론을 배우는 수업에서는 교수자 혹은 조별로 그 내부에서 입장을 임의로 정하고 그에 맞게 준비하는 과정을 거치기도 한다. 그러나 토론을 수업의 일부나 방법으로 활용하는 경우 학습자 스스로가 자신의 입장을 정하고 그에 맞는 논거를 준비하는 방식으로 구성하는 것이 좋다. 이를 포괄적으로 정리하는 토론개요는 자료들의 맥락과 논리를 고려하여 분류하고 배열하는 작업으로 논점에 대한 파악과 종합하는 연습을 할 수 있다. 토론에 대한 각자의 준비가 마무리되면, 토론을 진행하기에 앞서 어떠한 절차와 방법으로 토론할 것인지에 대한 참여자 상호 간 약속이 선행되어야 한다. 토론은 앞에서 살펴보았던 다양한 모형 중에서 어떠한 모형을 선택하느냐에 따라 다양하게 나타날 수 있으나 기본적으로 시간 및 토론의 발화, 반박 등의 순서나 내용은 양쪽 토론자, 청중과 함께 결정하고 이에 대해 약속을 지켜야 한다.

셋째, 앞에서 정한 주제와 이에 대한 분석을 바탕으로 실제 토론을 진행하는 단계이다. 사실 앞에서의 준비 과정은 이 단계에서 이루어지는 토론을 수행하기 위한 것으로, 토론수업은 준비하고 글로 쓰는 과정도 중요하지만 실제로 토론자들끼리, 혹은 조별로 토론을 수행해 보는 것이 더 중요하다. 토론을 통해 자신들이 준비한 내용을 논리적으로, 조리 있게 전달하는 연습을 해야 하고 또 상대방의 말을 경청하고 이에 대한 반박논리를 준비하는 등의 다양한 사고 및 발화 연습이 가능하게 된다.

넷째, 토론을 참여자 상호 간에 정한 절차와 방법에 의해서 진행한 이후에 객관적으로 이를 평가하고 점검하는 단계가 필요하다. 이는 그 차시에 이루어진 토론 수업에 대한 평가이기도 하지만, 앞으로의 토론준비를 위한 점검이자 성찰 도구가 되기도 한다. 따라서 각자에 대한 자기평가와 함께 토론을 수행한 수강생들끼리의 평가, 그리고 교수자의 피드백 등을 통해 진행된 토론에 대해 반성적 성찰의 기회를 제공해야 한다. 이 결과는 진행된 토론에 대한 평가이기도 하면서 학습에 대한 피드백을 통한 성장의 기반이 된다.

위 모형을 토대로 주제나 내용, 학습자들의 관심도와 참여도에 따라 과정을 추가, 혹은 생략할 수 있다. 교수자는 학습자들의 요구를 파악하여 토론이 원활하게 진행될 수 있도록 하되, 토론에 대한 이론을 지식적으로 주입하려고 하기보다는 토론과 관련된 영화(그레이트 디베이터스, 12 Angry Men), 미디어(법정 드라마, 토론하는 장면 등), 다양한 텍스트(인쇄 매체 등), 다양한 화제 제시 등으로 관심을 유도하고 토론에 대해 긍정적인 인식을 형성하여 적극 참여하도록 도와야 한다. 또한 토론의 상황이나 주제에 몰입하기 위해서는 딜레마를 제시하고 있는 다양한 내러티브를 활용할 필요도 있다. 매넌(M.V. Manen, 1994)은 이야기가 갖는 의의를 다음과 같이 강조한다.

- 이야기는 있을 수 있는 인간 경험들을 제공해 준다.
- 이야기는 우리가 정상적으로는 경험하지 못할 상황, 느낌, 감정, 사건 등을 경험할 수 있게 해 준다.
- 이야기는 가능 세계들을 창조함으로써 우리의 정상적인 실존적 경관(existential landscape)의 지평을 넓힐 수 있게 해 준다.
- 이야기는 우리의 마음을 잡아끄는 경향이 있고 우리를 인간적인 방식으로 끌어들인다.
- 이야기는 우리를 허구적이든 현실적이든 간에 체험한 삶으로 되돌아가게 하는 예술적 장치이다.
- 이야기는 나의 삶 혹은 당신의 삶일 수 있는 어떤 삶의 독특하고 특수한 측면들을 자세히 묘사하면서 생생한 느낌을 불러일으킨다.
- 위대한 소설이나 이야기들은 플롯의 특수성을 그리고 주인공 등의 특수성을 초월한다.

이야기는 흥미를 유발할 뿐 아니라 토론을 해야 하는 문제와 갈등상황에 쉽게 몰입하게 함으로써 토론에 대한 몰입과 집중의 향상, 현실감 부여에도 긍정적인 역할을 할 수 있다. 토론을 통해서 우리는 승리하거나 패하는 단순한 문제가 아니라 설득, 공감, 문제제기에 대한 과정을 배울 수 있다. 특히 대학교에서의 토론은 성인으로서 자기 생각을 정립하고 가치관을 점검하는 데 도움이 된다. 또한 자신의 의견을 논리적으로 전개하고 이에 대한 수용을 통해 의사소통 능력을 기르는 데 중요한 역할을 한다. 토론의 이점에는 다음과 같은 것들이 있다(윤영삼(역), 2008).

• 주장을 하는 이유에 대한 존중, 나에 대한 존중
• 주장과 뒷받침 논증에 대한 인정
• 주장을 생각할 만한 것으로 받아들이는 공공의 찬성
• 주장과 뒷받침하는 논증에 대한 믿음
• 주장을 따르는 행동, 행동에 대한 지지

또한 프릴리(Feeeley)는 인성과 관련지어 대학 토론수업의 교육학적/교수학적 가치에 대해 다음과 같이 설명하고 있다(민병곤 외(역), 2018: 33−37).

• 민주 사회의 일원이 되기 위한 준비
• 리더십을 배양하기 위한 준비 과정의 제공
• 논증 능력의 향상
• 동시대의 현안에 대한 조사와 분석 능력
• 비판적 사고 능력의 배양
• 지식의 통합 능력 향상
• 주제에 대한 조사와 탐구 능력의 향상
• 학술적 능력의 향상
• 신속하고 분석적인 반응과 대응 능력의 향상
• 비판적인 듣기 능력의 향상
• 쓰기 능력의 향상
• 분별력 있는 성숙한 판단의 촉진
• 효과적인 말하기 능력의 향상
• 사회적인 성숙
• 문화적인 다원성에 대한 이해력 배양

위의 두 논의만 참고하더라도 토론은 말하기 교수−학습뿐 아니라 사고능력 향상 및 내용, 태도, 글쓰기 등 다양한 부분에서 인성교육으로서의 의의를 지니고 있다. 대학에서의 수업은 자유로운 발언기회와 자기의사 표현, 사회적 존재로서 의사소통 능력을 향상시키는 것에 목표를 두기에 이러한 능력을 기르기 위한 도구로서 토론은 매우 유용하다. 교양수업, 특히 토론을 목적으로 하는 수업에서는 토론의 의의를 활용하여 학습국면에 적용하고 그 효과를 극대화할 수 있도록 강의

계획을 세워야 한다. 학습자들의 필요와 수준, 호기심, 관심도, 토론능력, 경험 등을 고려하여 교수-학습 모형을 변형 혹은 개발하려는 노력이 꾸준히 요구된다.

토론은 사회적으로도 확대 및 활성화되고 있는 추세이며 이제는 상하수직관계 속에서 상명하달로 의사가 결정되는 시대가 아닌 만큼 수평적인 관계 속에서 자신의 주장을 자유롭게 펼칠 수 있게 되었다. 또한 예기치 못했던 문제가 많이 발생하는 상황인 만큼 문제를 해결하는 능력이 강조되고 있으며, 사회적 합의에 의한 합리적인 의사소통과 의사결정이 중요해졌다. 따라서 이러한 능력을 기를 수 있는 대학 토론수업은 시대적으로도 그 중요성이 강조되고 있으며, 실질적인 토론능력을 기르는 것이 실생활에서도 매우 유용하게 되었다. 형식적인 혹은 수업을 위한 토론이 아니라 수업을 통해서 습득한 토론능력을 통해 의사소통 및 사고력, 이해력, 민주시민으로의 의사결정 과정에 능동적으로 참여하고 성장하는 데 활용할 필요가 있다.

참고문헌

김복순(2007), 토론의 방법, 서울: 국학자료원.

서수현 외 6(2017), 초등국어과교육, 파주: 교육과학사

송재일 외 4(2017), 대학생을 위한 발표와 토론, 서울: 박이정.

숙명여자대학교 의사소통능력개발센터(2006), 세상을 바꾸는 발표와 토론, 서울: 숙명여자대학교출판부.

황정산 외 3(2015), 대학생을 위한 발표와 토론, 서울: 태학사.

Freeley, Austin J. & Steinberg, David L.(저), 민병곤 외 4(역)(2018), 논증과 토론: 합리적 의사 결정을 위한 비판적 사고, 서울: 사회평론아카데미.

Manen, M.V.(저), 신경림·안규남(역)(1994), 체험 연구－해석학적 현상학의 인간과학 연구 방법론, 서울: 동녘.

Pinker, S.(저), 김한영(역)(2008), 언어 본능, 서울: 동녘사이언스.

Williams, Joseph M, & Colomb Gregory G.(저), 윤영삼(역)(2008), 논증의 탄생, 서울: 홍문관.

李维文(저), 김락준(역)(2015), 하버드 말하기 수업: 어떤 말이 사람을 움직이는가, 고양: 가나출판사.

PART

03

내러티브 기반 대학생 인성교육

Chapter 12

내러티브, 인성, 교육의 전일성*

교육의 본질에 대한 물음은 교육학자들에게 가장 익숙한 질문이면서도 그렇다고 딱히 조근조근 설명할 수 없는 난제이기도 하다. 우리는 오랫동안 '교육이란 그저 가르치는 것'이라는 지독한 신화에 사로잡혀 있었으며, 이에 따라 대부분의 교사들은 학교를 무대삼아 자신들이 가르치는 지식체(a body of knowledge)를 매개로 교육권(教育權)이라는 이름 아래 반(反)교육적 전횡을 저질러 왔다. 따라서 '교육이란 무엇인가?'라는 물음보다 '교육의 본질이란 무엇인가?'라는 물음이 더 적확(的確)할 지도 모른다. 이런 이유에서 교육의 본질에 대한 현상학적－해석학적 담론이 오늘도 여기저기서 펼쳐지고 있다. 그럼에도 불구하고 여전히 교육의 본질에 대한 명쾌한 설명이나 이론은 어디에서도 발견되지 않는다. 물론 교육의 방법론적 복수주의(단일하거나 획일적인 방법이 아니라 다양한 방식이 열려있는 탐구 및 사유의 양식)에 따라 획일성을 경계하여 그러한 사실을 너그럽게 용인한다 할지라도 분명 지속가능한 가치들(sustainable values)을 기반으로 하는 교육의 본질은 어딘가에 실재할 것이다. 결론부터 말하면 교육의 본질을 이루는 트라이앵글은 이야기, 인성, 변화로 이끌어냄이다. 결국 교육은 교사의 구두(narrative)를 방법 삼아 학생이 사람됨(character)을 갖추도록 안내하고 이끌어내는(education) 것이다.

교육이라는 단어 속에는 '가르친다, 지도한다'는 뉘앙스가 강해서 온전한 교육이해가 왜곡될 가능성을 제기하는 사람들이 많다. 데즈카 이쿠에(手塚郁惠)는

---

* 고요한, "내러티브, 인성, 교육의 인간학적 전일성 연구", 한국내러티브교육학회, 『내러티브와 교육연구』, 6(1), pp.31－61을 수정, 보완한 것임.

교육이라는 말은 education의 오역(誤譯)이라고 주장한다. teaching은 가르치는 것이며, 이쪽에서 상대방에게 무엇인가를 전달하거나 이쪽에서 갖고 있는 것을 준다는 뜻이다. 또는 무언가의 방식이나 기술을 전한다는 뜻이다. 이것은 education과는 정반대의 의미다. education의 어원은 라틴어 educare이다. 이것은 재주나 능력 등을 '밖으로(e)+이끌어내다(ducare), 불러 일깨우다'의 의미를 지니고 있다. 내부에 있는 것을 이끌어 내는 것과 외부에서 부과하는 것은 서로 상반된다. '교육을 받는다, 교육한다, 교육을 베푼다' 등과 같이 지금까지의 교육은 외부에서 그 무엇인가를 투사하는 것으로 여겨졌다. 다시 말해 외부에서 주어진 것(지식이나 기술)을 안으로 습득하는 것이 목적이었던 것이다. 그 속에서 그러한 지식과 기술을 이용하는 '인간(의 본성) 그 자체'에 대한 문제는 고려하지 않았다. 그러나 홀리스틱교육이론에서 사용하는 교육이라는 단어는 지금까지 인습적으로 사용하던 교육과 차별적이다. 교육의 교(敎)는 외부에서 지식을 배우는 것으로 지성의 작용이다. 이것도 교육의 일부다. 그러나 이것이 교육의 본질이나 목적은 아니다(송민영 외(역), 2000: 32).

교육의 본질은 자신의 내면에 있는 좋은 점이 발현되는 것, 인식이나 통찰이 생기는 것, 잠재적인 가능성이 실현되어 나가는 것, 즉 자기의 발견(혹은 자아실현이나 인성의 함양)인 것이다. 이를 위해서는 지성, 사고력, 판단력, 지식도 필요하다. 교육의 육(育)은 '기르는 것'이라는 의미가 있다. 기른다고 하나, 생명은 자신이 자랄 수밖에 없기 때문에 자라는 데 적당한 환경이나 조건을 만드는 것을 뜻한다. 이것이 education의 본질이며 목적인 불러일으키는 것이 된다. 학교수업의 목적도 외부의 자극으로 가르쳐 무언가를 알게 하는 것이 아니라, 학습자 각자의 내면에 있는 좋은 점이 발현될 수 있는 상황을 만들고 그 발현된 것을 인정하는 것이다. 이를 야마노우치 기이치로(山之內義一郎)는 자기(자아)발견의 기쁨이라고 불렀다. 이처럼 자기발견이 가능하도록 상황을 만드는 것이 수업이어야 한다면 기존의 수업목적과는 전혀 다른 양상이 펼쳐져야 한다. 기계문명의 고도화와 극상(極上)의 개인주의, 객관주의와 과학주의의 신화에 사로잡힌 현대 교육에서 기계론적 교육이 아니라 education으로서의 교육, 즉 자기성장, 자기발견, 자기내부의 가능성 실현, 새로운 것을 만드는 교육이 절실히 요청된다(송민영 외(역), 2000: 33).

본 장에서는 내러티브, 인성, 교육(비지시적 학습)의 개념들 속에 내재된 상호텍스트성을 교육인간학(인간은 교육을 필요로 하는 동물이라는 전제하에서 이러한 교육의 가능성, 필요성, 한계성에 대하여 현상학적-해석학적 연구방법을 통해 탐구하는 학문분야)적 관점에서 고찰하였다. 여기서 전일성이란 내러티브 속에 인성과 교육의 요소가, 인성 속에 내러티브와 교육의 요소가, 교육 속에 내러티브와 인성의 요소가 포함되어 궁극적으로 내러티브, 인성, 교육이 전일적으로 연결되어 있음을 의미한다. 내러티브는 인간의 이야기이므로 이미 인(간)성을 담지하고 있으며 그 자체로 교육적이다. 또한 인성은 갖가지 내러티브들과의 관계맺기를 통하여 자기를 발견하는 것으로 이미 교육적 현상이다. 교육은 이러한 내러티브를 기반으로 인성을 지향하는 일종의 종합예술이다. 따라서 내러티브 안에 인성과 교육이 있으며, 인성 안에 내러티브와 교육이 있고, 교육 안에는 내러티브와 인성이 웅크리고 있다. 내러티브, 인성, 교육은 서로 개별적이면서 동시에 전일적(holistic)인 특성, 내적 연관성 등을 담지하고 있다.

01 인성교육 오브제로서 내러티브

우리의 삶은 내러티브와 부단히 얽혀 있다. 혹자는 삶이 곧 내러티브요, 삶의 모둠인 역사(history)도 역시 내러티브라고 역설하기도 한다. 우리는 서로 이야기를 들려주기도 하고 듣기도 하며, 이야기를 꿈꾸거나 상상하고, 이야기를 소망하며 만들기도 한다. 또한 모든 이야기들은 실제 삶의 이야기 속에서 재구성된다. 결국 우리는 내러티브의 실재와 판타지 속에 묻혀 산다. 그 속에서 과거 행동의 의미를 설명하고 재평가하며, 미래 계획의 결과를 기대하고, 아직 완성되지 않은 몇몇 이야기들의 엇갈림에 우리 자신을 세워 놓기도 한다. 내러티브의 충동은 아주 오랜 문학만큼이나 역사성이 있다(박혜란(역), 2012: 23).

일상적 대화 속에서 내러티브라는 용어는 다의(多義)적이고 모호하다. 내러티브에 대한 가장 포괄적인 의미는 구어 혹은 문어적 표현에 관한 것이다. 예를 들어 질문지에서 내러티브는 한 단어나 짧은 문장으로 된 질문이 아니라 문장이나 문단속에서 주어지는 것들을 의미한다. 보고서에서 내러티브 부분은 차트, 그래프, 표와 구분되는 것으로 에세이 형식으로 표현된 부분이다. 그런 이야기 형식으로 표현된 일종의 조직적인 도식이라는 표현이 내러티브의 본질을 가장 잘 대변할 것이다. 그러나 내러티브의 의미를 이렇게 제한하더라도 모든 애매함이나 모호성을 제거하거나 줄이지는 못한다. 내러티브는 텍스트, 컨텍스트, 행위 등 복합적인 의미를 지닌다. 즉, 이야기를 만드는 과정, 이야기의 인지적 도식 및 그 결과, 이야기, 설화, 역사 등을 가리킬 수도 있다. 따라서 내러티브라는 용어를 사용할 때마다 그 맥락이 어떠한 의미를 의도하는지 분명히 할 필요가 있다. 이야기와 내러티브의 동일성과 차이성에 대한 논란은 여기서 무의미하다(강현석 외(역), 2010: 44). 내러티브 도식 혹은 구성의 산물들은 우리의 삶 도처에 있다. 그것들은 우리의 사회문화적 환경을 이루고, 개인적 차원에서도 개입되어 있음을 볼 때, 결국 이 세계는 내러티브 천지다. 이는 내러티브의 포괄성을 잘 설명해주고 있다. 결국 개인이나 사회나 모두 내러티브의 산물이요, 동시에 생산자가 되는 환원적 성격으로 존재한다.

일반적으로 내러티브란 서사체를 말하며 하나의 이야기, 즉 시간적 연쇄로 구성된 일련의 사건들(events)을 의미한다. 대개 이야기는 사건들로 구성되고, 그 사건들은 특정의 계열(순서)을 이루며 배열된다. 그러므로 내러티브는 사건들의 계열과 사건들이 만들어내는 이야기로 구성된다. 우리는 그러한 이야기를 굳이 설명하지 않고 다만 그 이야기에 대하여 자의적이든 공감을 기반으로 하든 다양한 해석을 할 수 있다. 과학적 이론이나 원리는 검증됨으로써 판단되는 반면, 이야기는 있음직한 가능성에 의해 그 적절성이 판단된다. 이러한 이야기는 물리적 세계보다는 인간 혹은 그의 행위에 관한 것으로 인간의 의도적 행위에 초점을 둔다. 따라서 내러티브는 이야기로, 내러티브적 사고는 이야기를 구성하는 마음의 작용으로 구분할 수 있다.

인간이 다른 동물과 구별되는 종(種)특성으로 언급되는 호모나랜스(homo narrans: 이야기를 만들어 내고, 이야기로 소통하고, 이야기를 공유할 수 있는 인간 특성)라는 표현은 바로 인간에게 이러한 이야기의 창조와 공유 능력이 있기 때문이다. 내러티브란 '하나 또는 일련의 사건을 글이나 말의 형태로 전달하는 것 또는 그러한 글이나 말'을 의미한다. 내러티브는 본질적으로 허구적 사고다. 그러나 내러티브는 인간의 삶을 다루고 이야기 구조를 띠고 있어 교육학에서 의미 있는 용어로 사용되고 있다. 인간의 삶이 하나의 이야기가 될 수 있는 것처럼 내러티브는 그러한 삶의 연속적인 이야기다. 내러티브는 사람과 그들의 행위, 행위 의도, 목적, 주관적 경험에 초점을 맞추고 있음으로 상황마다 맥락마다 달리 나타난다. 이러한 내러티브는 그동안 학문영역의 차이와 무관하게 이야기를 구성하는 데 필요한 구조, 지식, 기능을 망라하는 개념으로 사용되다가 오늘날 다양한 학문적 접근 과정을 통하여 그 의미영역이 확대되었다.

이러한 내러티브가 교육과학과 만났을 때 크게 세 가지 차원에서 교류한다. 첫째, 연구방법론으로 내러티브 탐구가 활용되고(박순용(역), 2017; 소경희 외(역), 2011), 둘째, 학습의 방법으로 사용되며(S.B. Merriam, 2007), 셋째, 인지와 관련된 교육심리학에서 사고양식으로 분류되어 논의된다. 교육과학 분야에서 내러티브는 이야기, 서사, 설화, 구화 등의 용어로 혼용되고 있다. 교육의 본질이라는 측면에서 볼 때 내러티브는 '교육과정의 소재로 조직될 수 있는 유(有)의미한 구조를 가진 이야기'로 정의할 수 있다. 내러티브는 기본적으로 이러한 이야기와 이야기로 소통하는 담론의 통합적 구조로 이루어진다. 여기서 이야기는 흔히 내러티브를 구성하는 사건, 인물, 환경 등을 포함하며, 담론은 그 이야기를 말하고, 표현하고, 제시하고, 언어로 전달하는 것을 포함한다.

내러티브는 행위자에 의한 행동, 인물의 갈등인 우발 사건, 행동하는 인물, 사건이 일어난 배경 등으로 세분화된다. 교과의 학습상태에서 단순히 발생사건 중심으로 학습이 이루어질 때 전체적인 맥락이나 배경을 무시하는 경우가 나타난다. 그러나 역사서술의 내러티브에서는 이야기와 플롯(plot)을 구분하여 설명한다. 플롯의 구성방식은 곧 일련의 사건을 특수한 형태의 이야기인 내러티브로 전환하는 방법이다. 이는 다시 의미 차원과 전달매체 차원으로 구분된다. 이야기가 전달되는 방식은 일상 언어뿐만 아니라 몸짓, 음악, 프로그램, 마임, 드라마, 영상 등 이야기를 다루는 다양한 매체를 통하여 이루어진다. 또한 꿈, 동화, TV, 소설, 라디오, 신문, 잡지, 일기, 자서전, 전기, 심리치료, 농담, 상담 등 다양한 내러티브의 전달 형식이 실재한다. 이들은 크게 모방적 양식, 표현적 양식, 인습적 양식으로 범주화된다.

학습장면에서 활용 가능한 교육 콘텐츠는 도덕으로서의 내러티브, 역사로서의 내러티브, 자아로서의 내러티브, 사고경험으로서의 내러티브 등이 총체적으로 어우러지는 인간의 재발견을 지향해야 한다. 이러한 내러티브적 재구성은 단순히 사실주의에 기반을 둔 사료(史料)를 이야기가 있는 서사적(敍事的) 구조로 재구성함으로써 오늘날 학습자들에게 배움의 정신을 생동감 있게 구현하기 위한 교수학습용 콘텐츠 내지 코스웨어(courseware)로서 기능할 것이다. 방대한 현대 학술담론체에서 이루어지는 내러티브에 대한 개념정의와 용례는 지나치리만큼 산만하다.

내러티브적 사고는 자의(自意)의 통제 하에 있는 내면세계 즉, 자아의 세계를 개연성이 있거나 가공적인 이야기 형태로 만들어 낸다. 한마디로 내러티브적 사고는 내러티브를 만드는 우리 마음속의 인지작용이다. 따라서 내러티브적 사고는 좋은 이론이 아니라 좋은 이야기, 마음을 사로잡는 드라마, 진리는 아니지만 믿을 수 있는 역사적인 설명을 만들어 낸다. 이러한 사고는 사람들 간의 관계 맥락(context), 교류(transactional) 상태, 행위의 의도 등을 묘사하는 구체적이고 상황특수적인 사고다. 전통적이고 구조적인 학교교육 장면에서 패러다임적 사고가 강조된 반면, 현실과 자아를 만드는 내러티브적 사고는 도외시 된 것이 사실이다.

첫째, 내러티브적 사고는 학습자의 자아를 발견하게 해준다.
둘째, 내러티브적 사고는 학습자의 상상력을 자극하거나 고양시켜 준다.
셋째, 내러티브적 사고는 학습자의 인지작용과정에서 의미 형성에 도움을 준다.
넷째, 내러티브적 사고는 삶을 지속적으로 채워주는 사건과 실재들을 의미 있게 만든다.
다섯째, 내러티브적 사고는 학습자들로 하여금 공동체를 만들어 줄 수 있다.

인간은 이러한 내러티브적 사고를 통하여 자신의 삶과 자신을 둘러싼 총체적 세계에서 자아를 형성하여 인간다움을 형성해 나간다. 내러티브적 사고는 논리적 일관성이나 원인－결과의 과학성을 위반하려는 경향성이 있다. 내러티브적 사고는 학습자가 자신을 둘러싼 세계에 대하여 해석하고, 자신의 입장이나 위치에 대하여 마음속으로 나름대로 의미를 구성할 수 있도록 도와주는 사고와 감정의 양식을 말한다. 내러티브적 사고란 지식의 생성적인 본질을 가리키는 말로, 이야기를 만드는 마음의 인지적 작용을 의미한다. 패러다임적 사고가 인간과 무관한 사물과 사건들의 불변성에 연결된 존재의 세계를 만든다면, 내러티브적 사고는 삶의 요구들을 반영하는 인간적인 세계를 이해하려 한다. 내러티브적 사고는 수많은 관점들과 가능한 세계를 만들어 냄으로써 가설 검증이 아닌 가설 생성을 수행하게 된다.

교육과학적으로 볼 때 내러티브는 학습내용의 유의미성과 학습의 인간화라는 측면에서 매우 중요하다. 근본적으로 내러티브는 학습참여자에게 학습의 주도성과 경험의 의미를 형성하게 만든다. 다시 말해 일반 교육과정에서 활용되는 내러티브는 학습참여자에게 바람직한 자아 및 정체성을 발견하고 유지하도록 만든다. 또한 심리학적으로 볼 때 내러티브 학습경험은 기억력을 향상시킬 수 있으며, 학습내용을 질서 있게 만들고, 각 내용들에 의미를 부여한다. 내러티브는 교육적인 측면에서 상상력과 창의성을 자극하거나 향상시킬 수 있다. 내러티브의 개념 및 논리와 관련된 담론의 다양성에서 비롯된 불명료성 문제를 극복하기 위하여 본 장에서는 내러티브를 인성교육을 위한 오브제라는 다소 작위적이지만 조작적인 정의를 내림으로써 내러티브, 인성, 교육의 상호컨텍스트성 논의가 합리적으로 이루어지는 기반을 마련할 수 있다.

02 내러티브교육 이데아로서 인성

내러티브 못지않게 인성 개념에 대한 논의 또한 다양하다. 서구적 전통에서 인성개념은 대체로 character로 표현하고 있다. 학술담론에서 character란 개인의 모든 삶의 표현들을 관통하는, 외부의 영향에 대항하여 지속적으로 존재하는 태도나 신조의 기본 특색, 인간의 행동방식을 말하며, 나아가 이러한 특성의 근거가 된다고 믿어지는 인간성 혹은 도덕을 포함하는 확장된 개념으로 이해된다(김영래 외, 2015: 6-7). 인성교육에 대한 담론에서 인성의 개념적 규정은 그것의 방법, 내용, 방향을 정한다는 점에서 중요하다. 개념의 확장성을 감안할 때 인성은 인간성(humanity or human nature), 성격 혹은 개성(personality), 인격(character), 도덕성(morality) 등 다양한 의미로 확대된다(유재봉, 2016: 204). 이처럼 인성개념이 지니는 불명료성 혹은 모호성은 인성교육에 대한 표준화된 담론의 어려움을 유발한다. 이러한 사실을 감안하여 본 장에서는 인성에 대한 개념규정을 지향하는 해석학적 논의보다 교육인간학적 관점에서 인성교육의 가능성과 필요성을 논의하였다.

한 기자가 투자계의 대부 모건(Morgan)과의 인터뷰에서 이렇게 물었다. “당신이 생각하는 성공의 조건은 무엇인가요?”, “인성입니다” 조금의 망설임도 없는 그의 대답에 기자는 재차 물었다. “그럼 자본과 자금 중에서 어느 것이 중요하죠?” 그러자 모건은 생각할 겨를도 없이 곧바로 대답했다. “자금보다는 자본이 더 중요하지요. 하지만 무엇보다 중요한 것은 바로 인성입니다”(원녕경(역), 2015: 19)

인성이란 사람과 일을 대하는 태도 및 행동양식에서 드러나는 개개인의 특성을 말하는데, 이는 한 사람의 자아실현 여부를 결정짓는 요소이기도 하다. 즉, 어떤 인성을 지녔느냐?에 따라 행동방식이 다르고, 이는 습관을 만들어 운명을 결정짓는다는 말이다. 좋은 인성의 씨를 뿌리면 좋은 운명을 거두게 될 것이다. 좋은 인성을 두루 갖추면 세상의 그 어떤 시련과 고난, 장애도 성공에 걸림돌이 될 수 없다. 그러므로 인생과 운명을 바꾸는 원동력으로서 더 나은 나를 만들어주고 나아가 나의 평생을 빛나게 할 인성의 힘을 믿어야 한다. 자아를 실현하고 인생을 성공으로 이끄는 첫걸음은 바른 인성을 기르는 것이다(원녕경(역), 2015: 20-22).

이러한 인성에 대한 가장 대표적인 조작적 정의가 ‘인성교육진흥법’에 잘 드러나 있다. 이에 의하면 “인성교육이란 자신의 내면을 바르고 건전하게 가꾸고 타인, 공동체, 자연과 더불어 살아가는 데 필요한 인간다운 성품과 역량을 기르는 것을 목적으로 하는 교육을 말한다. 핵심가치 덕목이란 인성교육의 목표가 되는 것으로 예, 효, 정직, 책임, 존중, 배려, 소통, 협동 등의 마음가짐이나 사람됨과 관련되는 핵심적인 가치 덕목을 말한다. 핵심역량이란 핵심가치 덕목을 적극적이고 능동적으로 실천 또는 실행하는 데 필요한 지식과 공감, 소통하는 의사소통능력이나 갈등해결능력 등이 통합된 능력을 말한다.”(인성교육진흥법 제2조). 한편 ‘인성교육진흥법 시행규칙’에서는 인성교육프로그램의 교육내용을 다음의 <표 1>과 같이 구조화시켜 예시하고 있다.

인성과 인성교육이론에 대한 오인탁(2017)의 최근 논의는 향후 전개될 학교 인성교육의 방향 설정과 내용 구성에 많은 시사점을 제공하고 있다. 그 논의의 핵심을 정리하면 다음과 같다. 첫째, 문화에 따라 인성의 형태와 색깔이 다르다. 우리는 서양의 인성을 칼리그라피(kaligraphie)에, 동양의 인성을 서예(書藝)에 비유할 수 있다. 서예는 규범의 바탕 위에서 개성의 발휘를, 의미와 규범의 글자세계에 대한 주관적이고 미적인 표현을 즐기는 글쓰기이다. 반면에 칼리그라피는

표 1 인성교육진흥법 시행규칙

구 분	세부 교육내용
초등학생	1. 목적: 초등학생의 도덕성, 사회성, 정체성(감정) 증진 2. 내용: - 더불어 살아가는 인간다운 성품과 역량 증진 - 학교교육활동 전반에 걸친 인성함양 학습 주제 - 체육, 예술, 독서, 진로, 상담활동, 학생자치활동 등 3. 주요가치: 정직, 책임, 존중, 배려, 공감, 소통, 협동
중등학생	1. 목적: 중·고등학생의 도덕성, 사회성, 정체성(감정) 증진 2. 내용 - 더불어 살아가는 인간다운 성품과 역량 증진 - 자아형성의 핵심시기인 사춘기에 적합한 심신안정 활동 - 예비사회인 양성에 필요한 공동체적 가치 습득 3. 주요가치: 정직, 책임, 존중, 배려, 공감, 소통, 협동
대 학 생	1. 목적: 대학생의 도덕성, 사회성, 정체성(감정) 2. 내용 - 인문학, 정신문화 중심의 인성가치 함양 교양교육 - 기업과 사회가 요구하는 인성을 갖춘 인재 육성 3. 주요가치: 자율, 봉사, 사회공헌

글자의 의미 그대로 아름답게 만드는 글쓰기이다. 칼리그라피에서는 글자의 기초와 기본을 훼파(毁破)하지 않는 최소한의 규범적 바탕 위에서 최대한의 개성을 발휘할 수 있는 자유와 의미가 주어진다. 서예가 글에 몸을 맞추는 예술이라면, 칼리그라피는 몸에 글을 맞추는 예술이다. 칼리그라피에서 글자는 가치의 결정체(ergon)가 아니라 변화의 가능성을 열어 놓고 준동하는 힘(energia)으로 흐르고 있다. 그리하여 힘으로 흐르는 글자의 특성을 익히고 이를 자신의 몸으로 표현하기를 연습하고, 개성 있고 고유한 글쓰기에 아름다움을 집어넣는 것을 가치 있다고 본다(오인탁, 2017: 300).

둘째, 인성의 일차적 정의에서 이미 인간은 우주 안에서 특별한 위치를 차지하고 있음이 확인된다. 이를 교육인간학적 관점에서 조명해 보면 인간은 몸, 감성, 의지, 지성, 영성의 엔텔레히를 가졌으며, 이에 따라 전(全)생애에 걸쳐 일어나는 교육의 과정에서 매번 새롭게 탄생하며, 자아를 확장, 실현해 가는 존재다. 여기서 유의할 것은 매 단계의 탄생이 '자발적이거나 절대적으로 이루어지면 존재하는 인간으로, 수동적이거나 상대적으로 이루어지면 소유하는 인간으로 자아를 실현하게 된다'는 중요한 사실이다(오인탁, 2017: 301). 이러한 주장은 삶의 양식을 존재모드(to be mode)와 소유모드(to have mode)로 구분한 프롬(E. Fromm)의 담론에 대한 인식론상의 연장이다. 프롬은 소유하는 학습과 존재하는 학습의 차별성을 엄격하게 구분하면서 교육의 본질은 학습에 참여하는 주체의 존재론적 각성과 도야가 되어야 한다고 역설하였다. 존재론적 각성과 도야는 character의 갖춤이며 이를 뛰어넘는 것이 바로 spirituality이다. 그리하여 교육은 영성의 탄생에서 완성된다(오인탁, 2017: 301).

셋째, 바른 인성은 오로지 자발적, 절대적 교육의 통로를 통하여 형성될 수 있다. 그리고 그 전체적이고 완전한 교육의 마당은 바로 자연이다. 주지하듯 이 점은 루소에 의해 이미 광범위하게 개진된 바 있다. 그렇다고 루소의 인성교육이 절대적일 수는 없다. 왜냐하면 바른 인성에 대한 방대한 담론에서 보편타당한 인성은 없기 때문이다. 인성은 민족에 따라, 시대와 문화에 따라 다양하게 이해되고 강조되었다. 때로는 인간중심의 인성을, 때로는 신 중심의 인성을 갈고 닦았다. 고대 그리스의 이상적 인간상은 몸의 아름다움(Kalos)과 마음의 선함(Kagathia)이 전체적으로 조화를 이룬 무사와 영웅이었다(오인탁, 2017: 302). 우리 민족은 생활공동체 중심의 윤리적 인성을 갈고 닦았다. 이를 전체적으로 개괄하면 인성은 각 민족이 그 시대에 추구했던 인간이해에 기초한 최고 가치들의 내면화로 드러난다.

개별인성은 공동선(사회적 인성)의 바탕 위에서 의미 있게 도야되고 형성되었다. 그리하여 개인의 특수한 잠재능력 개발과 주관적 관심 추구는 공동체 전체 유익의 한계 안에서 이루어졌다. 개인 삶의 행복추구가 공동체 전체의 이익을 저해하지 않아야 한다는 인식은 일반교양에 속했다(오인탁, 2017: 306). 인성, 인격에 관한 담론의 핵심은 이(利)와 익(益)에 있다. 이와 관련된 우리에게 가장 익숙한 메타포가 바로 홍익인간(弘益人間)과 견리사의(見利思義)다. 여기서 홍(弘)과 의(義)는 개별성이나 개별의지를 뛰어넘는 공공성 혹은 일반의지를 일컫는다. 인성교육의 지향점은 사익보다 공익을, 개별성보다 공동체성을 지향한다. 이것이 인성교육이며 동시에 시민교육이 된다. 이는 개인의 행복이나 이익도 결국은 각각의 개인이 속해 있는 공동체와의 연관성 속에서 추구되어야 함을 의미한다. 홍익인간이나 견리사의가 인격교육의 최고가치가 되는 이유가 바로 여기에 있다.

결국 지복(至福)성은 공익(公益)성의 하위개념으로 공익성과 이루어 추구되어야 한다. 교육은 존재의 하모니즘을 추구하는 종합예술이다. (누구에게나 허락된) 소유의 기술은 (공공성을 지향하는) 존재의 바탕 위에서 참될 수 있다. 이때 교육은 영혼의 자유로운 호흡이 보장되고 장려되는 곳에서 존재의 예술이 된다. 나아가 각자는 개성이 있으면서 동시에 애국적인 시민으로서 자아를 실현할 수 있다. 교육은 문명의 발전과 더불어 점점 소유의 기술이 되어가는 역사를 보여주고 있다. 오늘날 인성의 배양은 존재와 소유의 긴장관계 아래서 이루어지고 있다. 과학과 기술의 세계는 인간을 포함하여 모든 사물을 분석과 종합, 구성과 개발, 측정과 평가, 응용과 융합 등의 대상으로 삼으면서 소유하고 지배하고 있다. 교육이 소유와 지배의 도구가 된지 오래되었으며 교육 자체도 소유화되었다. 소유화된 교육은 학생의 성장, 발달과 학업성취를 모두 계량화한다(오인탁, 2017: 307).

03 인성내러티브 계발로서 교육

존재가 아닌 소유를 위한 교육, 상생(공생)이 아닌 경쟁에 의한 교육으로서 수험(受驗)학습의 폐해로 말미암아 상실된 교육의 본질은 의미 찾기, 관계 맺기, 소통하기 등의 참교육이론을 통해 복구할 필요가 있다. 본 장에서는 오스벨(D.P. Ausubel)의 유의미학습, 홀리스틱교육, 유대인의 하브루타 학습에 대한 개관을 통해 참교육이론 복구를 시도하였다.

1) 유의미학습이론(meaningful learning)

오스벨은 교육의 본질이란 의미 있는 학습에 있다고 주장한다. 이러한 의미 있는 학습은 논리적 의미(logical/propositional meaning)와 현상학적 의미(phenomenological meaning)로 구성된다. 논리적 의미와 현상학적 의미가 동시에 구현되는 의미 있는 학습참여와 경험은 학습자를 결코 교육의 본질로부터 소외시키지 않는다. 오늘날 입시를 위한 수험학습은 이미 의미 있는 학습의 본질을 잃어 버렸다. 학교나 학교 밖에서의 학습경험은 학생들을 공부의 즐거움에서 철저히 소외시키고, 무의미를 의미로 착각하게 만들어 버렸다. 논리적 의미는 싸늘한 지식의 획득이요, 현상학적 의미는 지식획득의 즐거움, 배움의 즐거움을 의미한다고 볼 때, 의미 있는 학습은 논리적 의미에 현상학적 의미가 반드시 동반될 때 일어난다. 국제학업성취도비교연구(PISA)에서 우리나라 학생들의 성취도는 가히 세계 최고 수준이다. 그런데 아이러니컬하게도 학습흥미 및 만족도는 최하위 수준에 머물고 있다. 이러한 불협화음은 학습에 대한 학생들의 의미상실에서 비롯된다. 의미의 상실은 이미 교육의 상실과 같은 의미다. 오스벨은 의미를 상실한 기존 교육방식과 참다운 의미를 지향하는 학습사태를 다음의 <표 2>와 같이 구분하여 설명하고 있다(고요한, 2013: 75).

표 2 전통적인 수용학습과 유의미학습의 차이

준 거	수용학습	유의미학습
학습과제	학습자에게 제시된다.	학습자에 의하여 개별적으로 발견된다.
내면화	학습자는 단지 자신에게 제시된 학습내용을 내면화할 준비만 하면 된다.	발견된 내용은 수용학습처럼 내면화된다.
주요역할	교과의 대부분이 수용학습을 통하여 습득된다.	삶의 모든 문제는 발견학습을 통하여 해결된다.
발달단계	생애발달상 후기에 나타나고 상당 수준의 인지적인 성숙을 전제로 한다.	문제해결 단계를 전제로 하기 때문에 수용학습보다 심리적으로 보다 더 집중적인 과정(의 단계)에서 기능한다.
개념구성	(교사의) 구두(언어)제시를 통하여 직접적으로 개념을 획득한다.	(학생의) 구체적이고 경험적 전제를 바탕으로 귀납적으로 개념을 형성한다.

오스벨의 유의미구두학습의 핵심은 advanced organizer로 선(先)조직자라고 번역되지만 굳이 의역(意譯)하면 내러티브이며, 이는 설명적(expository) 자료와 비교(comparative) 자료로 구성된다(고요한, 2013: 79–80). 첫째, 설명적인 선조직자는 학생들에게 완전히 친숙하지 않은 학습내용의 경우에 그것은 매우 적절하게 최적의(proximate) 포괄성을 제공할 수 있다. 이러한 포괄성은 우선 학습자에게 이미 친숙한 측면에서 개념적 연계를 제공한다. 둘째, 비교에 의한 선조직자는 학생들에게 상대적으로 친숙한 학습내용의 경우에 그것은 자신의 인지구조 안에서 새로운 개념을 기본적으로 유사한 개념들과 통합할 경우뿐만 아니라 새롭거나 실재하는 개념들 간에 차별성을 높이기 위하여 사용될 수 있다. 모든 학습장면에서 교사의 중요한 역할과 기능은 텍스트, 강의, 토론, 영화 등과 같은 다양한 내러티브

오브제를 통하여 학생들에게 지식을 전달하는 것이다. 이때 수업장면은 언제나 의미 있는 과제를 통해 접근해야 하며, 그 방법은 교과목이 학생들의 인지구조와 통합되도록 구성되어야 한다. 교사의 중요한 임무는 교과목의 잠재적인 의미를 고려하여 그것을 인지구조의 사전요소와 연관시키고, 포섭이 방해받지 않도록 하거나 최소한 금지되도록 노력해야 한다(고요한, 2013: 80).

오스벨에 의하면 학습경험이란 과제로 제시된 잠재적 의미로부터 (실질적인) 의미를 습득하고 그것들을 유용하게 만드는 과정을 가리킨다. 학생은 교사가 말하거나 교과서에 제시된 단어, 말의 순서를 단순히 복제하는(duplicate) 것이 아니라 자신이 배운 기초개념과 아이디어를 숙지하도록(mastering) 노력해야 한다. 그는 단순한 지식의 반복이나 복제가 아니라 의미 있는 학습을 위한 조건으로 의미 있는 학습자료와 학습세트를 들고 있다. 의미 있는 학습자료와 세트란 내러티브의 총체(스토리, 담화, 사고)를 의미한다. 이때 학습자에게 지적(知的) 차원과 정서적(affective) 차원에서 의미학습이 발생한다. 특히, 정서적 요인으로 동기화, 태도 형성, 인성형성 등이 의미있게 이루어진다. 결론적으로 오스벨의 유의미학습이론은 내러티브, 인성, 교육의 전일성(holistic)을 지향하는 의미 있는 시사점을 제공하고 있다.

2) 홀리스틱(holistic)교육이론

학교는 모든 학습자가 진정한 배움을 체험하고 전체로서의 인(간)성을 개발하는 곳이어야 한다. 진정한 배움이란 관계성을 풍요롭게 하고 깊이 있게 만드는 것이다. 즉, 자기 자신, 가족, 지역사회, 인류공동체, 지구상의 모든 생물들, 우주의 조화와의 이어짐이다. 인(간)성개발이라는 말에서 인(간)성을 개개의 독립된 인간이 소유하고 있는 특성으로 이해하고 있다면 실재론적인 문제가 있다. 홀리스틱 입장에서는 고립된 개개의 요소가 아니라, 그것들이 엮는 관계성에 실재의 본질이 있다는 관계론(유기론)적 전제에 기초하기 때문이다. 인(간)성은 자기와 타인과의 사이, 자기와 세계와의 사이의 관계 속에서 실현된다. 이것이 인(간)성의 본질이다(송민영 외(역), 2000: 136). 따라서 자기가 소유하고 있는 능력을 자기의 내부에 축적해가는 것이 학습이 아니라, 자기와 이어져 있는 여러 차원의 관계성을 개발하고 풍부하게 하며, 심화시켜 나가는 것이 배움이다.

젠거와 호프만(Zenger & Hoffman)은 애정을 기반으로 하는 상호작용(특히 어린 시절의 부모와 자녀, 성인이 된 후 교사와 학생, 선배와 후배)의 패턴은 인간의 자아성장을 특징지을 뿐만 아니라, 한 인간이 그 이후에 갖게 되는 모든 관계와 세계관에도 물들여진다고 주장한다. 생활감정과 근본정서, 감성지능, 승화능력과 충동조절, 사랑의 능력과 업무수행능력, 창조성과 독창성, 호의와 관용 등은 전반적으로 이러한 상호작용에 좌우된다(손주희(역), 1997: 30). 홀리스틱교육은 이처럼 관계성에 초점을 맞춘 전체적인 교육이다. 즉, 논리적 사고와 직관의 관계, 마음과 신체의 관계, 다양한 지식 영역 간의 관계, 개인과 공동체의 관계 그리고 자아와 자기의 관계가 그러한 것이다(김현재 외(역), 2000: 161). 이러한 관계의 양상을 세분화하면 다음의 <표 3>과 같다(송민영 외(역), 2000: 54).

표 3 홀리스틱 관계의 양상

수준	관 계	방 법
개인 내	지성과의 관계	논리적 사고, 다원적 지성, 사고와 직관, 인지패턴
	감정과의 관계	감성의 흐름/억압/표현, 예술
	신체와의 관계	심신상관, 건강, 신체기능
	성(性)과의 관계	sexuality, 성에너지
	inner child와의 관계	심적 트라우마의 치료
	무의식층과의 관계	의식의 심층영역
	직관과의 관계	창의성, 발견, 예술
대인관계	사람과 사람의 관계	공감, 협동, 원조, 만남, 자기주장
	남성과 여성의 관계	남성성, 여성성, gender
	가족과의 관계	상호양육, home schooling
	지역사회와의 관계	지역, 지방, 습속
개인 외	지식정보와의 관계	학문, 사상, global brain
	문화문명과의 관계	전통과 혁신, 역사, 민족
	과학기술과의 관계	과학, 사회, 자연, 산업문제
	사회제도와의 관계	사회활동, 사회의식, 사회문제, 사회변혁
	정치경제와의 관계	일, 직업, 경제활동, 정치활동, 국가, 국제화
	다문화 간의 관계	다문화교육, 민족문제, 다양성, 다원주의, 포용
	지구와의 관계	세계시민교육, 평화교육, 국제이해
	생명과의 관계	상호의존, 공생, 음식, 농사
	이종(異種) 간의 관계	생물과의 교류
	자연/가이아와의 관계	생태교육, 환경교육, 심층생태학

수준	관 계	방 법
초개인	삶과 죽음의 관계	탄생, 노화, 죽음, 성인식, 죽음과 재생
	신화와의 관계	신화적 세계, 신화 만들기, 우주론
	자신과의 관계	참된 자기, 고차원의 자기, 삶의 의미, 지혜
	의식과의 관계	명상, 수행
	초월세계와의 관계	spirituality
	궁극적 존재와의 관계	궁극적 실재, logos, god

홀리스틱 교육과정에서 학생들은 다양한 관계양상을 주도적으로 조사해서 관계의 본질에 대한 자각과 관계를 적절하게 변용시키는 데 필요한 기능을 습득한다(김현재 외(역), 2000: 161). (여러 가지 관계의 양상에서 인성교육과 연관지을 때 자아와 자기와의 관계가 가장 중요하다.) 홀리스틱 교육과정의 궁극적인 목적은 진정한 자아의 본성을 자각할 수 있게 만드는 것이다. 방법론적으로 자기와의 연관은 문학작품, 이야기, 신화, 일기쓰기, 우주이야기(과학) 등을 포함한다(김현재 외(역), 2000: 163). 이에 대하여 '일본홀리스틱교육협회'에서는 홀리스틱교육을 위한 사고적 접근이라고도 한다. 이에는 이야기하기, 이야기 만들기, 신화읽기, 문학, 몽상(fantasy), 일기, 생활작문, 창조적 문제해결, 은유, 가속학습, NLP(신경언어프로그램), 가치명료화, 도덕적 충격, 일반의미론, 총체적 언어 등이 활용되고 있다(송민영 외(역), 2000: 60). 특히, 은유는 교수학의 역사에서 가장 중요한 방법으로 활용되지만 페스탈로찌는 교수장면에서 잘못 사용되는 은유에 대하여 다음과 같이 경계하고 있다. 일반적으로 책이나 기술(技術)로 어린이들을 지도하는 것은 바람직하지 않다. 가장 좋은 역사책도 감동적인 그림책도 어린이들에게는 연결성과 통일성 그리고 내면적인 진리가 없는 단지 꿈속의 광경에 지나지 않게 된다. 그러나 어린이 앞에서 생기는 일은 그들의 머릿속에 있는 여러 가지의 비슷한 모양과 연결되어 내면적인 진실성을 갖게 된다. 그러므로 사람이나 사물과의 교제로 얻어진 것(직관)은 인간에 대한 올바른 지식과 서두르지 않는 관찰력을 길러준다. 책이나 기술적인 방법으로 이는 극히 어렵다(황동문(역), 1993: 49).

직관(직접적인 앎)을 향상시키는 하나의 수단은 은유(隱喩)다. 은유에 의한 사고는 보통 서로 관련되어 있지 않으나 실제로는 무엇인가 공통성을 지닌 두 개의 언어나 생각 사이의 관련성을 만들어낸다(김현재 외(역), 2000: 180). 은유적 교수는 학생들로 하여금 연관을 탐구하도록 요구하며, 이러한 연관이 이루어질 때 직관적인 도약을 가능하게 만든다. 은유를 활용하는 데는 몇 가지 이점이 있다. 가장 명료한 것은 아이디어와 교과 내용 간의 연관을 학생들이 주도적으로 이끌어내는 데 도움을 준다는 점이다. 다시 말해 은유의 방법을 통해 학생 스스로 관련성을 만들어낸다. 은유의 또 다른 이점은 그것이 열린 질문으로 되어 있어 지적 탐구를 환기시킨다는 점이다. 은유는 그 본질 속에서 질문을 촉진한다. 왜냐하면 은유에 의한 탐구에는 거의 기존의 해답 같은 것은 없기 때문이다. 흔히 은유는 수업이 시작될 때 학습내용에 대한 흥미를 높이기 위하여 이용되는 경우가 많다. 이러한 은유는 이미지와도 결부되어 창조적인 사고를 촉진시킨다(김현재 외(역), 2000: 181－182).

3) 하브루타(havruta)학습법

유태인의 교육하면 떠오르는 것이 토라와 탈무드이다. 간단히 말하면 토라는 신(神)의 이야기로 인간을 가르치는 것이요, 탈무드는 이에 대한 인간의 가르침을 위한 이야기다. 이들은 모두 이야기를 매개로 하는 가르침과 배움의 원형이다. 탈무드는 인간에게 닥친 갖가지 상황 속에서 지혜를 도야하고 형성하게 만드는 일종의 교본으로, 유대인들은 이러한 교본을 단순히 교육장면에 끌어들여 학생들로 하여금 탁본으로 만들지 않는다. 즉, 탈무드의 수많은 이야기들을 부단한 질문과 토론을 통해 '어떻게 규정을 만들고, 어떻게 시스템을 구축하며, 그것들을 다양한 조건과 환경 속에 적용할 수 있는가?'의 문제를 스스로 배우게 만드는 것이 그들이 말하는 교육이다. 그러므로 탈무드는 신앙과 삶을 이어주는 인간교육의 형식과 조건일 뿐 목적이 아니다. 그들이 말하는 지혜란 보지 못하는 것을 보는 것(창의력), 경험하지 못한 것을 경험하게 하는 것(직관력), 불가능을 가능하게 만드는 것(초월성), 불굴의 의지로 도전하게 만드는 것(Grit)이다. 지혜를 얻으려 하는 사람, 지혜를 갖춘 사람은 반드시 겸손의 미덕을 지니게 된다. 다시 말하면 지혜로운 자는 반드시 겸손의 자세를 지니는데, 겸손이란 '모든 사람으로부터 배우는 것'이다. 그리하려 '지혜를 얻으려면 허리를 숙여라, 질문하는 자는 언제나 겸손하다'고 말한다.

탈무드교육의 본질은 다양한 의견의 존재다. 다수의 생각과 소수의 생각, 정반대의 생각들이 모두 모여 있다. 그리하여 유대인들은 스스로 10명이 모이면 11

개의 의견이 나온다고 말한다(손바닥이론). 이것은 교육이 이루어지는 평화로운 상황일 뿐으로 그들은 존재론적 위기의 순간에는 하나가 되는 놀라운 응집력도 함께 갖고 있다(주먹이론). 어쨌든 탈무드를 나의 지혜로 만드는 방법은 바로 하브루타다.

> "만일 A가 B에게 컴퓨터를 빌려 달라고 했는데 B가 거절했고, 다음날 B가 A에게 휴대전화를 빌려 달라고 했을 때, A가 이를 거절하며, B가 컴퓨터를 빌려주지 않았다고 말한다면 이는 복수다. 또한 A가 B에게 책을 빌려 달라고 부탁하자 B는 거절을 했지만, 다음날 B가 A에게 자동차를 빌려달라고 했을 때, A가 B에게 차를 빌려주면서 '너는 나의 부탁을 들어주지 않았지만 나는 친구부탁을 들어주는, 너와는 다른 사람'이라고 말했다면 이는 증오다."

우리는 무조건 남의 부탁을 들어주는 것이 배려이며 섬김이라고 가르친다. 그러나 위의 이야기를 보면 다양한 쟁점이 도사리고 있다. 그렇다고 해서 논쟁에 결론이 있는 것도 아니다. 이것이 바로 하브루타다. 탈무드는 하브루타의 이야기용 지혜(좁게는 인성)의 책이다. 유대인들은 토라와 탈무드를 공부할 때 1:1로 질문하고 토론하면서 서로 배운다(서로 짝을 지어 질문-대화-토론-논쟁하는 모든 상황). 하브루타의 핵심은 질문이다. 질문을 통해 머리로 알고, 가슴으로 느끼고, 결국 온(holistic)몸으로 체화(體和)해서 행위(실천)할 수 있도록 만드는 게 그들이 말하는 진정한 교육이다. 한마디로 이것을 잘 구현할 수 있는 인격과 인성기반의 교육이 바로 하브루타다. 그리하여 하브루타는 이야기-인성-교육이 전일적으로 통합되어 있으며, 이를 통해 누구나 지혜를 구하고, 인성을 함양하며, 우정을 쌓아나가게 된다. 오늘날 잃어버린 지혜의 교육, 인성의 교육, 만남의 교육의 원형이 바로 하브루타인 셈이다.

하브루타는 기본적으로 말하는 공부다. 오늘날 말없이 조용한 우리 학교의 살풍경과는 전혀 다르다. EBS의 실험 결과를 보면 말하는 공부방에서 다함께 공부한 학생들이 조용한 공부방 학생들보다 단답형, 수능형, 서술형 등 모든 문항에서 월등히 높은 성취를 나타냈다. 심리학적으로 이는 내 친구가 나의 선생(언행일치가 확실하여 본보기가 될 수 있는 사람)이 될 수 있고, 주변의 모든 사람들을 긍정적으로 판단하는 심리(내)적 유연성을 바탕으로 한다. 이것은 하브루타를 실천할 때 반드시 지켜야할 심리철학적 조건이다.

> "친절한 나의 학습을 꼼꼼히 챙겨주는 친절한 교사와 그렇지 못한 불친절한 교사, 나의 어려움을 대신해서 해결해 주는 친절한 친구와 그렇지 못한 불친절한 친구, 나의 일상을 뒷바라지 해주는 친절한 부모와 그렇지 못한 불친절한 부모, 여러분은 누구를 더 좋아하십니까?"

하브루타에서는 모든 경우 후자를 더 위대한 선생이라고 여긴다. 물음에 즉답을 해주고, 어려움을 단박에 해결해주고, 앞날을 꼼꼼히 살펴주는 사람은 그저 친절한(kindly) 사람일 뿐 좋은(good or fair) 사람은 아니다. 나에게 반박이나 질문을 해주는 사람이 나를 지적, 정서적, 인격적으로 성장시킨다. 그렇다고 반대, 반박이 항상 옳은 것은 아니다. 반박은 항상 자신의 이익을 향한 것이 아니라 공공선(公共善)의 기틀 위에서 이루어져야 한다. 더욱이 반드시 논리적이며, 결코 논점을 이탈해서는 안 된다. 하브루타 논쟁의 한 사례를 들면 다음과 같다.

> "두 친구가 사막을 횡단하는데 한 친구에게만 물통이 있고, 다른 친구는 없었다. 만약에 한통의 물을 둘이 나누어 마시면 둘 다 죽게 될 처지고, 한 사람만이 물을 모두 먹으면 사막을 벗어나 살 수 있을 것 같았다. 물통을 가진 친구는 어떻게 하는 것이 좋을까?"

위의 질문에 30분 이상의 질문과 토론이 이루어진다면 이미 하브루타를 달성한 셈이다. 과연 우리의 학교장면에서 이러한 광경을 기대할 수 있을까? 질문은 누구에게나, 언제나, 어디서나 생각의 깊이를 넓고 깊게 만든다. 다만 그때의 질문은 깊이 생각하고 난 후의 질문이어야 한다. 결국 질문은 생각의 깊이와 너비를 확장시키는 가장 좋은 교육적 도구인 셈이다. 또한 반박을 포함한 모든 질문의 교환을 통해 사람은 누구나 서로에게 배울 수 있고, 도야되어 나간다. 논쟁 속에서 지식과 지혜를 구해야 하는 것이 바로 하브루타의 제일원리다. 질문을 두려워하거나 회피하는 사람은 결코 배우는 사람이 아니고, 이로 인해 인격을 지닌 지혜로운 사람이 될 수 없다. 학교에서도 정녕 가장 큰 지혜를 얻은 교사는 '자신의 스승에게서 조금 배웠고, 친구들에게서 많이 배웠고, 학생들로부터 가장 많이 배웠다'고 용감하게 고백하는 사람이다(교학상장(敎學相長), 줄탁동시(啐啄同時), 청출어람(靑出於藍) 등 동양의 교육정신과 크게 다르지 않음).

이처럼 유태인들은 질문, 대화와 토론을 의미하던 고유명사, 하브루타를 교육적 장면이나 일상생활 속에서 가르침과 배움의 방법으로 정형화하였다(오인탁, 2017: 302). 고대 히브리의 인성교육은 자신이 아닌 신을 중심으로 하는 신앙인의 양성이었다. 인성은 가정에서 어머니 중심의 실생활교육으로 다져졌으며, 그 중심에 하브루타가 있었다. 하브루타는 우정이나 교제라는 의미를 지닌다(오인탁, 2017: 303). 하브루타는 둘씩 짝을 이루어 큰 소리로 질문하고 토론하며 학습하는 형식을 통칭한다. 히브리 민족은 대화하며 하나님의 뜻을 이해하는 방법을 하나님이 인간에게 부여한 이상적인 공부의 방법으로 받아들였고, 이를 교육장면뿐만 아니라 사회생활 전반에서 삶의 기본형식으로 삼고 있다. 유태인의 교육은 부모와 자식 간에 이루어지는 하브루타를 중심으로 주로 가정에서 이루어졌다. 가정을 떠난 학교에서도 교사와 학생이, 학생과 학생이 서로 짝을 이루어 큰 소리로 묻고 답하고, 반박하고 논쟁한다. 그리하여 학교교실, 도서관은 항상 시끄러웠다. 하브루타를 설명하는 유명한 일화가 있다. 흑인과 백인, 두 굴뚝청소부가 굴뚝청소를 마치고 나왔다. 누가 더 더러울까? 누가 먼저 손을 씻어야 할까? 이 문제를 30분 정도 토론할 수 있다면 하부루타를 어느 정도 익혔다고 할 수 있다(오인탁, 2017: 304).

하브루타에는 상대방에 대한 무조건적, 절대적인 평등권 인정하기, 나를 너의 눈으로 보기를 배우기, 하나의 척도는 없으므로 가능한 모든 척도를 동원하여 보기를 시도하기, 보편타당한 정답은 없고 현재의 정답은 다만 진리에 가장 가까운 것이므로 최종정답을 열어 놓기, 나와 대립적인 생각들에 대하여 귀를 기울이기, 부분에 사로잡히지 않고 전체를 함께 보기 등 대화 장면에서 필요한 이해의 기본적 태도가 준동하고 있다. (서로에게 좋은 대화상대자는 좋은 청취자이다) 또한 하브루타교육의 전제조건은 시험을 치지 않는 것이다. 유태인 어린이는 5세가 되면 토라를 공부하기 시작하는데, 성인이 되면 사회생활을 하다가 죽을 때까지 둘씩 짝을 이루어 서로 큰소리로 질문하고 토론하며 논쟁을 즐기는 하브루타교육을 한다. 이러한 방법으로 둘은 잠재능력을 최대한 발휘하고, 상상력과 창의력, 자기표현능력과 관찰력을 도야하며, 이와 더불어 인성과 인격을 형성해 간다. 교실의 책상과 의자도 서로 마주보고 앉도록 배치한다.

유태인은 학교는 물론 직장에서도, 가정에서도 이러한 방법을 일상화한다. 중요한 일일수록 혼자 결정하지 않고 상대의 이야기를 경청하고 주장하며 수렴한다. 여기에는 대화가 내용을 이해하는 가장 좋은 방법이라는 교육원리와 학습한 것을 삶에 적용하는 가장 효율적인 방법이라는 생활원리가 함께 자리하고 있다. 하브루타교육은 모든 사람들에게 '사회는 함께 살아가는 형식이므로 타인에 대한 존경과 둘이 함께 살아가는 형식, 이 둘이 없으면 삶은 무의미해지며 살 가치가 없다.'고 여기게 만든다(오인탁, 2017: 305).

이상과 같이 교육의 가장 중요한 차원인 교수학적 측면에서 논의한 유의미학습이론, 홀리스틱교육이론, 하브루타학습법 등의 담론 속에 공통적으로 담지하고 있는 교수학적 특성은 '내러티브기반 인성교육의 목적, 내용, 방법'이 비구조적인 형태로 잘 제시되어 있다는 사실이다. 즉, 교육인간학적 측면에서 위의 세 가지 학습양식과 내러티브, 인성의 내적 연관성을 살펴볼 때, 학습사태에 참여하여 학생들이 경험하는 모든 것은 궁극적으로 '세상과 자아에 대한 의미 찾기와 만들기, 좋은 관계 만들기, 교육의 필요성과 가능성에 대한 자기인식' 등에 있어서 바람직한 자기주도 혹은 자기확장적 변화의 동인(動因)이 되어야 한다.

04 내러티브-인성-교육의 인간학적 전일성

가장 잘못된, 가장 나쁜 교육은 교육의 획일성을 도모하는 개인이나 집단의 획책(劃策)이다. 교육은 본질적으로 방법론적 복수주의를 기반으로 한다. 이에 따라 사람됨을 이끌어내는 학습패턴은 다양해야 된다. 서비스 러닝, 하브루타 러닝, 악셀 러닝, 플립 러닝, 인터랙션 러닝, 지역사회기반 러닝, 스마트 러닝 등 다양성을 지향하는 학습이론의 핵심에는 내러티브가 자리한다. 내러티브의 관점에서 볼 때 기존수업의 한계와 문제점을 극복하기 위한 대안을 예시하면 다음과 같다. 물론 기존수업 생태계에서도 교사의 구두, 텍스트, 각종 교육자료 등 갖가지 내러티브 오브제가 활용되고 있는 것은 사실이나, 의미발견, 관계맺기, 자아형성이라는 측면에서 그 실효성을 의심하지 않을 수 없다. 내러티브 기반 수업환경과 기존수업의 양태를 비교하면 다음과 같다.

표 4 기존수업방식과 내러티브 기반 수업의 차이

기존 수업	내러티브기반 수업
교수(教授)+학습(學習)	교학(教學)+수습(授習)
교사의 교본(教本)에 대한 학생의 탁본(拓本)	교사의 발화(發話)에 대한 학생의 작화(作話)
무의미한 텍스트의 암기와 재인(recognition) : 형식적인 소통과 담화 성과와 결과지향의 학습참여	Narrative(humanism+ education) : 담론적 가치를 통한 인성교육 Character(homo narrans+homo eruditio) : 존재적 가치를 통한 자아내러티브 형성 Education(narrative+character) : 내러티브+인성가치를 통한 내부의 발현
taking subject matter	making my story
to have mode in learning	to be mode in learning

성은혜는 기존의 학교수업장면에서 이루어지는 교육인간학적인 문제점을 극복하기 위한 대안적 방안으로 내러티브－인성－교육의 전일성에 대한 참신한 교수모형을 제시한 바 있고, 교육학계에서 활발한 담론의 대상이 되고 있다(성은혜, 2016). 이 모형은 앞서 논의한 오스벨의 의미발견, 홀리스틱의 관계맺기, 하브루타의 인격도야라는 참교육(authentic education)의 본질을 모두 담지하는 것으로 형식논리학적 담론체계와 내러티브의 통합성(a story＋discourse＋narrative thinking)을 잘 갖추고 있다. 이에 따라 아래의 <표 5>와 같이 각 단계별로 교육의 본질적 속성들과 연관 지을 수 있다.

아래에서 제시한 구조적, 순차적 활동내용을 교수학적 측면에서 요약하여 설명하면 다음과 같다. 첫째, 수업의 실용적인 오브제는 반드시 학생이나 교사 자신의 경험에서 비롯된 다양한 스토리(넓게는 내러티브)가 되어야 한다. 둘째, 학습장면에서 등장한 오브제는 학습주체와 구분된 객체적 텍스트가 아니라 학습자 개인마다 자신을 이해하고 '나의 이야기'를 만들어내기 위한 자극적인 도구가 되어야 한다. 셋째, 오브제로서의 스토리는 좋은 관계 맺기를 위한 일종의 '공유된 지

표 5 내러티브 기반 수업의 활용

단 계	활 동	연 관
이야기 활성화	• 이야기와 관련된 학습자의 경험환기 및 자발적 활성화 • 경험을 이끌어낼 수 있는 적절한 질문과 동료 간 담화 • 어휘, 문법 학습	
이야기로의 독해	• 작품의 이야기를 경험, 삶의 이야기로 간주 • 인물 혹은 화자가 경험한 내용, 사건내용과 의미 파악	유의미학습
이야기 공유	• 작품의 이야기를 읽은 후 감상내용을 나눔 • 작품에 대한 각자의 다양한 이해와 수렴 • 학습자-학습자 간, 학습자-교수자 간 이야기 나누기 • 작품에 대한 핵심내용, 개념 등의 지식 공유	하브루타
이야기와 관계형성	• 작품의 경험과 학습자 경험 사이의 접점 탐색 • 인상적이었던 경험과 자신의 경험 비교	홀리스틱
자아이야기 생성 및 상호텍스트성	• 작품과의 접점에 있던 경험의 구체화 • 경험의 회상과 의미 탐색, 재구성 • 작품과 관련된 자신의 이야기 생성 • 말하기, 글쓰기로 표현하기 • 생성한 이야기에 대한 나눔과 평가 • 작품의 이야기와 생성한 자아이야기의 상호텍스트성	유의미학습 + 홀리스틱 + 하브루타

식'의 소재가 되어야 한다. 넷째, 궁극적으로 스토리와 관련된 또 다른 오브제(스토리)를 만들어 내는 것이 의미 있는 학습경험의 목적이 되어야 한다.

여기서 우리는 이야기 혹은 내러티브의 교수학적 역할에 대하여 생각할 필요가 있다. 대부분의 교실에서는 기존의 이야기 및 다른 형태의 문헌(문학)을 사용하면서 서로 이야기를 만들어낸다. 로리첸과 예거(C. Lauritzen & M. Jaeger)(2007)는 수업장면에서 내러티브의 여러 가지 역할에 대하여 <표 6>과 같이 정리하여 제시하고 있다.

아래의 내용을 교수학적 측면에서 요약하면 첫째, 내러티브는 수업참여의 유인가 제고를 위한 적극적인 수단, 교환활동(의사소통)을 위한 간(間)주관적 대상으로서의 매질(媒質), 학습자의 지식(인지확장) 형성을 위한 실용적인 학습자원, 이야기의 작동 메커니즘(수업장면에 참여한 주체들의 또 하나의 삶의 이야기 생성)으로서의 중요한 의미를 지니고 있다. 즉, 내러티브는 인성교육을 위한 충실하고도 실용적인 오브제로서 의의가 있다. 둘째, 인성은 내러티브교육의 이데아로서 학습주체를 학습경험으로부터 결코 소외시키지 않고 주도적이고 능동적인 학습을 가능하게 만드는 동인이 된다. 셋째, 교육과정의 꽃이라고 할 수 있는 수업양식 중 인

표 6 교수-학습장면에서 스토리의 역할

구 분	주요 역할
기대태세로서 이야기	• 수업초반의 주의를 집중시키고, 참여 유인가 높이기 • 흥미 및 동기를 유발하기
적용으로서 이야기	• 개념과 함께 대안적인 경험을 제공하기 • 문학적 매개를 통해 과학적 아이디어 설명하기 • 학습성과를 증진시키기
마무리를 위한 이야기	• 배운 것을 이야기로 구성하기, 꾸미기 • 이야기를 글로 쓰기
자원으로서의 이야기	• 특정주제에 대한 통찰과 정보 제공하기 • 핵심주제에 대한 부가적 통찰이나 지원 제공하기
교육과정 틀로서 이야기	• 교육과정의 전 과정에 이야기가 작동함 • 질문과 탐색을 통해 내러티브 맥락에 대한 학생들의 이해가 고양됨 • 개인적 이야기도 발달되어 나감 • 학습의 순환성을 지지함

습적인 방식과 차별적인 유의미학습, 홀리스틱학습, 하브루타학습 등은 공통적으로 내러티브 기반의 인성교육을 지향하고 있다.

따라서 내러티브, 인성, 교육은 내적 연관성을 바탕으로 전체적인 통일성을 지닌 교육인간학의 핵심구조라 할 수 있다. 간단히 말해 교육은 본질적으로 올바른 인성(개별인성과 사회적 인성(공동체성)을 망라하는)의 형성과 확장을 지향한다. 이러한 인성을 지향하는 교육은 반드시 내러티브를 기반으로 한다. 그렇다면 이러한 내러티브를 기반으로 하는 수업장면에서, 특히 인성과 관련된 경우 가장 강력한 영향을 미치는 내러티브 오브제는 과연 무엇일까? 상투적인 위인전, 감동적인 실화는 반드시 읽어야 할 이야기일까? 아마도 교사 자신의 이야기 혹은 학생 자신의 이야기가 가장 영향력 있는 소재가 될 것이다. 이것은 기존의 교수(敎授)+학습(學習)을 교육으로 보는 관점에서 교학(敎學)+수습(授習)을 교육의 본질로 전환하는 노력에서 유용할 것이다.

학교교사들에게는 단순히 지식을 주고받는 것(give & take)이 아니라 지식을 창조하는(give & make) 생산자를 길러내는 역할자로의 전환이 요구된다. 왜냐하면 향후 역량 있는 인재는 스펙이 아니라 스토리가 풍부한 사람이기 때문이다. 수많은 관계 맺기를 통해 의미 있는 이야기를 듣고, 의미 있는 이야기를 나누고, 의미 있는 자신의 이야기를 만드는 사람이다. 이제 우리 교육은 스펙의 노예에서 벗어나 풍성한 스토리를 만드는 학생들을 길러내는 것으로 교육의 패러다임이 전환되지 않는 한, 교육의 본질을 잃은 채 이리저리 헤매는 비(非)교육, 반(反)교육의 늪으로 더욱 빠져들어 갈 것이다. 교사의 풍부한 스토리, 스토리가 풍성한 학습재료, 자기의 이야기를 슬기롭게 만들어내는 학생의 내러티브 유창성 등이 어우러질 때 우리 교육은 본질에 한 걸음 더 다가서게 될 것이다.

참고문헌

『인성교육진흥법』

『인성교육법 시행규칙』

고요한(2013), 가르침의 교육현상학적 이해, 서울: 학지사.

고요한(2016), 인간현상과 인성교육의 현상학, 서울: 박영스토리.

김영래 외 5(2015), “인성교육의 방향설정을 위한 개념적 숙고”, 2015 한독교육학회 춘계학술대회: 인성교육의 이론과 한계, 한독교육학회, pp.5－20.

마은종(2015), “헤르바르트의 인성교육론 연구”, 고려대학교 박사학위논문.

성은혜(2016), “내러티브 기반 문학교육 연구”, 고려대학교 박사학위논문.

심미향(2004), “학교 인성교육의 의미와 실천에 대한 고찰”, 연세대학교 석사학위논문.

오인탁(2017), 우리 교육의 잃어버린 차원들, 서울: 학지사.

유재봉(2016), “학교 인성교육의 문제점과 방향”, 2016 한국교육철학학회 춘계학술대회 발표자료집, pp.203－218.

이태희(편저)(1992), 인성검사, 서울: 도서출판 참나무.

장상호(1994), Polanyi 인격적 지식의 확장, 파주: 교육과학사.

Brooks, P.(저). 박혜란(역)(2012), 플롯 찾아 읽기(Reading for the plot), 서울: 도서출판 강.

Clandinin, D.J., Connelly, F.M.(저), 소경희·강현석 외 옮김(2006), 내러티브 탐구(Narrative inquiry: experience and story in qualitative research), 파주: 교육과학사.

Fromm, E.(저), 최혁순(역)(1999), 소유냐 존재냐(To have or to be?), 서울: 범우사.

Lauritzen, C., Jaeger, M.(저), 강현석 외 5(역)(2007), 내러티브 교육과정의 이론과 실제(Integrating Learning through Story: The narrative curriculum), 서울: 도서출판 학이당.

Merriam, S.B., Caffarella, R.S., Baumgartner, L.M.(2007), Learning in Adulthood: A comprehensive guide, San Francisco: John Wiley & Sons, Inc..

Miller, J.P.(저), 김현재 외 5(역)(2000), 홀리스틱 교육과정(Holistic Curriculum), 서울: 도서출판 책사랑.

Pestalozzi, H.(저), 황동문(역)(1993), 은자의 황혼(Die Abendstunde Rins Einsiedlers), 서울: 도농문학사.

Polkinghorne, D.E.(저), 강현석 외 5(역)(2010), 내러티브, 인문과학을 만나다(Narrative knowing and the human sciences), 서울: 학지사.

Tokayer, M.(저), 정종덕(역)(2009), 탈무드. 서울: 마중서.

Tokayer, M.(저), 이현(역)(2015), 유대인 부모들의 소문난 교육법. 서울: 리더북스.

Webster, L., Mertova, P.(저), 박순용(역)(2017), 연구방법으로서의 내러티브 탐구(Using Narrative Inquiry as a Research Method: An introduction to using critical event narrative analysis in research on learning & teaching), 서울: 학지사.

Zenger, G., Hoffman, W.(저), 손주희(역)(1997). PQ, 서울: 영인문화사.

日本Holistic敎育研究會(저), 송민영 · 김현재(역)(2000), 홀리스틱교육의 이해(The Holistic Education), 서울: 도서출판 책사랑.

莠 林(저), 원녕경(역)(2015), 하버드대 인생학 명강의 어떻게 인생을 살 것인가(What should we learn in Harvard), 서울: 다연.

Chapter 13

내러티브 기반 대학생 인성교육 담론

01 인성교육 담론의 현상학

거대 학술담론에서 인성에 대한 개념은 매우 다의(多義)적이다. 어찌 보면 다행한 일이다. 만약 교육계에 인성에 대한 통일된 개념규정이 있다면 이에 따른 인성교육의 모습도 획일화될 개연성이 높기 때문이다. 아주 쉽게 말해서 인성이란 근본적으로 물성(物性)과 전혀 다른 것이다. 물성이란 사물이나 동식물의 특성이다. 인성이란 기본적으로 물성의 가장 큰 특성인 비사유(非思惟)성을 배제한 개념이다.

표 1 물성(物性)의 특성

	자율적 이동성	사유함	주체적 실재	관계성	습관
사물	없음	없음	없음	없음	없음
동물	있음	저급한 수준	있지만 위협수준 높음	비교적 높음	본능적 수준
식물	없음	없음	없음	낮은 수준	없음

인성은 글자 그대로 동물이나 식물이 아닌 인간의 본성을, 다시 말하면 이 세상의 모든 생명체로부터 사람을 구별하는 특성을 이른다. 아리스토텔레스는 엔텔레히(entelechie: en(안)+telos(목적)+echein(지니다)의 합성어로 생명체가 안에 본래부터 지니고 있는 본능을 말한다)라는 개념으로 식물성, 동물성, 인간성의 특성들을 설명하였다. 모든 생명체는 그 생명체의 고유한 본성으로 엔텔레히를 지니고 있다.

식물에는 자아보존과 종족보존의 anima vegetativa, 동물에는 이에 더하여 감각능력과 운동능력의 anima sensitiva, 인간에게는 식물과 동물의 엔텔레히에 이성의 능력인 anima rationalis가 더 주어져 있다. 인간은 식물과 동물의 본성을 초월하고 있으며, 모든 생명체의 정점에 있는 존재다(오인탁, 2017: 301). 틸하드(Thilhard)는 이러한 틀을 누스페어(noosphere)라고 칭한다. 우리는 어린이가 전통적인 noosphere에 입문함으로써 책임 있는 인간성을 성취하는 것을 보아 왔다. 전체로서의 인간이라는 우리의 종(種)은 그것 자체의 noosphere, 즉, 세상에서 유일한 noosphere를 창조함으로써 그러한 인(간)성을 성취하였다(장상호, 1994: 53-54).

따라서 인간의 종(鍾)특성을 '호모사피엔스'라고 할 때, 이는 사유(思惟)성, 자율성, 주체성 등을 지닌 인성 특성을 적절히 표현한 것이다. 사유함이란 창의성을 가능하게 만든 조건이며 이는 창의적 풍토, 창의적 태도에 의해 길러진다(김경희, 2019: 74). 여기서 풍토와 태도는 경험을 구성하는 내적, 외적 조건들이며, 길러진다는 것은 가치정향적으로 '형성되어 나감'을 말한다. 따라서 인성이란 '오랜(내적, 외적) 경험을 통해 이룩되는 지속적 행위이고, 문화와 대인관계에서 형성되며, 태도, 가치, 감정 등 인간 내부의 심리적인 것들의 복합체'이다(이광규, 1992: 31). 인간의 가장 큰 종 특성인 사유, 태도, 가치, 감정과 이를 기반으로 하는 행위를 망라하는 인성에 대한 서사적 정의는 탐구양식 특성에 따라 아래와 같이 다양하다.

표 2 인성의 정의

황응연(1992)	환경에 대응함으로써 나타나는 행동, 태도, 동기, 경향성, 삶의 과정들의 총체로 개인적으로 시간과 상황에 걸쳐 지속되는 독특한 구조임
이근철(1996)	협의로는 도덕성, 사회성, 정서적 감정 등을 의미하고, 광의로는 지덕체 혹은 지정의를 골고루 갖춘 전일성을 이름
이윤옥(1998)	타인에게 비쳐지는 한 개인의 전체적인 인상으로 성품, 기질, 인격 등 가치개념의 총체를 이름
한국교육학회(1998)	사람의 마음이 어떠하며, 사람된 모습이 어떠하다는 개념으로 사람의 마음과 사람됨이라는 두 가지 요소로 구성됨
남궁달화(1999)	사람의 성품으로 성품은 성질과 품격을 의미하며 특히 성질은 마음의 바탕이고 사람됨의 바탕이 됨
추병완(2000)	인간다움 혹은 인간으로서 바람직한 성품이나 성향, 즉 도덕성을 이름
문용린(2000)	개인의 심리적이거나 행위적인 성향으로 사람마다 달라, 내성적이거나 외향적이기도 하고, 도덕적이거나 비도덕적인 사람도 있음

류청산 · 진홍섭 (2003)	사람의 타고난 성품으로 남에게 인상을 주는 신체적, 정신적, 정서적, 사회적 특질의 동일체로 인간의 본성을 이름
조난심(2004)	태어나면서 지니고 있는 성격이나 특질의 개념이 아니라 의도적인 교육이나 학습에 의하여 습득되거나 변화 가능한 인간의 성품을 지칭함
조연순(2007)	자신의 내면적 요구와 사회 환경적 필요를 지혜롭게 잘 조화시킴으로써 세상에 유익함을 미치는 인간의 특성임
미국 교육부 (2008)	존중, 공정성, 보살핌 등의 도덕적, 윤리적 가치와 책임감, 신뢰, 시민성 등을 망라하는 개념으로 개인 혹은 집단의 정서적, 지적, 도덕적 자질은 물론 이러한 자질들이 친사회적 행동으로 발현되는 것
현 주 외 (2009)	보다 긍정적이고 건전한 개인의 삶과 사회적 삶을 위한 심리적, 행동적 특성을 이름
국립특수교육원 (2009)	일상생활을 유지하기 위한 개인의 방법을 특색지우는 일련의 습관임
문용린(2010)	신뢰롭고 협동적인 인간관계를 가지면서 개인이 만족스럽고 행복한 삶을 영위하는 생활태도와 품성을 이름
서지영(2010)	사람의 됨됨이, 인격 및 품성 등의 바람직한 의미를 포함하는 도덕적 가치와 교육에 의하여 후천적으로 학습되는 인격특성을 이름

자료출처: 김형재 외 5, 2017: 15－16을 재구성한 것임

인간에게 물성이 없는 것은 아니다. 우리는 살아가면서 극단적으로 무감하거나, 동물보다 못하고, 심지어 식물과 다를 바 없는 행동을 하거나 그러한 살아가는 사람들을 흔히 목격하기 때문이다. 바로 이것들이 교육의 중요한 전제 조건이 된다. 즉, 물성 수준에 머물러 있는 인간을 자연이나 자율이라는 이름으로 방치하거나 유기할 때, 극단적인 교육부재 상황에 처하게 되어 인간의 모습을 찾아볼 수 없게 된다. 공자는 이를 극복하기 위하여 교기질(矯氣質)이론을 정립하였다, 이는 개인적인 성찰이나 비(非)정형적 학습경험을 통해 인성이 회복되는 것이 아니라 인간교육이라는 이름으로 공적 차원에서 이루어지는 적극적인 개입과 간섭 속에서 인성회복이 가능함을 의미한다. 이것은 오늘날 학교라는 공간에서 이루어지는 인성교육의 필요성과 당위성을 위한 전제조건이 된다. 인성교육에 대한 교육학/교수학적 의미에 대한 담론을 정리하면 다음과 같다.

표 3 인성교육의 정의

손봉호(1996)	개개인의 자아발견, 우주와 사회에서 자신의 위치 인식, 심미적 소양, 긍정적 생활태도, 정의와 선악의 명료한 구별, 도덕적 책임의식, 도덕적으로 일관성 있게 행동할 수 있는 용기, 다른 사람에 대한 이해와 동정, 사회의식과 희생정신, 인권과 정의를 존중하는 태도를 배양시키는 것
남궁달화(1999)	마음의 발달을 위한 정서교육, 자아실현을 위한 가치교육, 더불어 살기 위한 도덕교육으로 구성되며 마음을 교육하고 인간이 되게 만드는 것
추병완(2000)	인간으로서 지녀야 할 바람직한 성향을 지니게 하는 의도적 시도, 즉, 학생들로 하여금 개인적으로 만족스러우며 사회적으로 건설적인 삶을 영위하는 데 필요한 지식, 기능, 태도, 가치를 획득하도록 의도적이고 계획적인 시도임
강기수(2007)	마음과 사람됨의 교육, 가치교육이지만 지식교육이나 교과교육과 대비되는 것은 아니며 오히려 지-정-의가 포함된 인격, 성격, 행동, 습관, 태도, 가치관 등을 올바르게 가르치기 위한 교육의 총체
조연순(2007)	자신의 개성을 발휘하여 사회, 공동체에 이익을 줄 수 있는 인간으로서의 자질과 능력을 가르침

자료출처: 유민임, 2016: 18을 재구성한 것임.

인성을 교육한다는 것은 참으로 복잡한 문제다. 또한 인성교육에 단일한 방법이 있을 수 없다. 정창우(2019)는 이에 대하여 두 가지를 구체적으로 적시(摘示)하고 있다. 첫째, 훌륭한 인성갖춤을 위한 교육이란 단순히 기억창고에 지식과 정보를 쌓도록 만드는 것이 아니라 각 개인마다 자아변화를 통해 획득하도록 만드는 것이다. 둘째, 이때 좋은 행동의 원칙을 바르게 배우는 경험이 무엇보다 중요하다. 원칙을 정당화할 수 있는 의식, 만족스러운 삶과 덕에 관련된 지각이 그 가능성을 고양시킨다. 이때 중요한 것은 습관이다. 좋은 습관이야말로 좋은 인성을 갖추게 만드는 동인(動因)이 되는 것은 자명하다(정창우, 2019: 153-154).

인성교육은 인성계발의 다른 이름이다. 인성이 계발되었다는 것은 인격적으로 성숙해가는 것을 의미한다. 개인마다 인성에 대하여 관심을 갖고 성숙한 인간으로 성장하기 원하는 것은 자기실현을 통해 행복한 삶을 살기 원하는 데서 비롯된다. 올포트(G, Allpot)는 인성이란 '자연환경에서 특유하게 적응하는 심리적, 신체적 체계로서 개인에 내재하는 역동적 조직'이라고 했다(이광규, 1992: 30에서 재인용). 그는 인성을 성숙한 인격으로 표현하며 이의 몇 가지 특성을 다음과 같이 제시하였다.

첫째, 자아의 확장으로 이는 다양하고 의미 있는 일에 관심을 갖고 능동적인 경험과 참여를 통해 이루어지는 인격의 성숙에 의하여 이루어진다.

둘째, 관계수립으로 타자와의 친밀감과 사랑을 표현하는 것, 고통, 공포, 실패, 기쁨 등을 이해하는 능력을 갖추어 나가는 것에 의하여 이루어진다. 이러한 관계적 표현력과 이해력으로 타자와의 관계를 바람직한 것으로 형성해 나간다.

셋째, 정서적 안정으로 이는 자기수용에서 비롯된다. 자기수용이란 약점과 실패, 강점과 성공을 포함한 자기존재의 모든 향상을 있는 그대로 수용한 것을 의미한다.

넷째, 현실지각으로 이는 주어진 현상과 세계를 객관적으로 보며, 현실을 정확하게 지각, 판단하여 미래를 예측한다.

다섯째, 책임감으로 이를 통해 과업을 완수하고 성취감을 느끼며 삶의 의미를 갖는다.

여섯째, 자기이해로 이는 자신에 대한 명석한 통찰력과 타자의 의견을 수용하고 개방적인 태도를 통해서 강화된다. 죠해리의 창(Johari window) 이론에서 말하는 자기이해와 자아개방의 변증적 확대라고 할 수 있다.

일곱째, 일관성 있는 삶의 태도로 이를 바탕으로 미래지향적 안목이 형성된다(유민임, 2016: 19－20에서 재인용).

교육이라는 미명하에 공적으로 행해지는 개입과 간섭은 가치중립적인 단순히 건조한 의미의 인성이 아니라 가치정향적인 좋은 인성을 지향한다. 좋은 인성이란 무엇인가? 특히 대학생에게 필요한 좋은 인성이란 무엇인가? 훌륭한 인성은 인간의 영혼 깊은 곳에서 오랫동안 축적된 성품과 인성역량에서 비롯된다. 훌륭한 인성이란 인간이 인간일 수 있는 성품과 어떤 바람직한 목표를 성공적으로 수행하는 데 필요한 총체적 역량에서 비롯된다. 성품에는 정직, 존중, 책임, 배려, 협동, 정의 등의 도덕적, 시민적 덕목이 포함되며, 역량에는 자기관리, 심미적 감성, 의사소통, 갈등관리, 공동체의식 등이 해당된다. 인성역량은 인간다운 성품이 발현되어 행동으로 나가거나 바람직한 목표달성(성과창출) 혹은 문제해결이 이루어지도록 만드는 역할을 한다. 성품을 다루는 인간학이나 교육학의 관점에서 인성은 그 자체로 바람직한 **가치정향성**을 지니고 있지만, 산업계와 같이 실용성을 강조하는 경우 실제로 가치중립적 속성이 반영되어 있어 이중적 속성이 있음을 알 수 있다(정창우, 2019: 52－53).

이상의 인성교육 담론을 현상학적 관점에서 정리하면 다음과 같다. 첫째, 인성교육은 근본적으로 가치정향성을 지니고 있으며, 따라서 우연이나 중립성을 최대한 배제하고 있다. 둘째, 인성교육은 각 개인으로 하여금 자유를 전제로 하는 상황에서 의미 있는 경험 제공을 목적으로 이루어져야 하며, 여기서 의미 있는 경험이란 개인적, 사회적으로 가치 있거나 유용한 성과가 드러나야 함을 이른다. 셋째, 인성교육의 낮은 단계에서는 가치덕목에 대한 다양한 이야기를 듣거나 경험으로 알게 되면서 보편적 이데아로 상승시키게 된다. 넷째, 보편적 이데아가 만들어지면 이를 구체적인 행동으로 옮기는 역동성 혹은 표현능력 즉, 이데아에서 행동으로 전환시키는 구체적인 현상이 나타나게 된다. 결국, 인성교육은 자기에서 우리로, 인식에서 행동으로, 가치중립에서 의미체로 전환시키는 개인의 모든 경험들을 망라한다고 할 수 있다.

02 대학생 인성교육 담론

최근 대학생 인성교육에 대한 담론들이 활발하게 이루어지고 있다. 각 대학마다 대학 고유 특성 기반의 인성교육 방향에 대한 성찰적 논의가 다양하게 이루어지고, 구체적으로 교육 분야 전문가들에 의하여 체계적이고 조직적인 연구 성과를 발표하고 있다. 대학교육의 본질은 무엇인가?

> "대학은 무엇보다 인간을 키우는 곳이다. 대학은 온전한 의미의 인간을 키우라는 사명을 부여받았다. 여기서 온전한 의미의 인간이란 숙련된 노동자나 풍부한 지식을 갖춘 시민이 아니다. 그것은 인류의 문화를 책임 있게 계승하는 상속자이자 문화구성원으로서의 인간이다. 훌륭한 인간, 즉 온전하게 발달한 인간을 길러낼 수 있다면 뛰어난 업적을 내는 훌륭한 시민은 자연스레 따라온다. 이것이 다양한 학문을 모아놓은 대학의 근본 취지다."(이재석(역), 2017: 17)

표 4 대학생 인성교육의 교육학적 구조

<table>
<tr><th colspan="2">구 분</th><th>주요 내용</th></tr>
<tr><td colspan="2">목 표</td><td>• 각 대학의 건학이념, 설정된 인재상, 대학교육 목표와 연계된 대학고유의 정체성과 연계됨</td></tr>
<tr><td colspan="2">원 리
(대학마다
고려해야 할)</td><td>• 공동체는 핵심이 되는 윤리적 수행가치들을 고양해야 함
• 인성 규정은 사고, 감정, 행동을 포함하는 통합성을 기반으로 함
• 인성교육에 대한 통합적, 의도적, 계획적 접근을 수립함
• 배려문화를 조성해야 함
• 학생들에게 도덕적으로 행동할 수 있는 기회를 제공함
• 학습자를 존중하고 학생성공을 지원하는 교육과정을 개발함
• 학생들의 내적 동기를 유발함
• 구성원들은 인성교육에 대한 책무성과 윤리의식을 갖춤[1]
• 공유된 리더십과 장기적인 지원체제를 구축함
• 가정 및 지역사회와 연계된 교육을 구안함
• 합리적이고 효율적인 평가시스템을 구축함</td></tr>
<tr><td rowspan="3">내 용</td><td>교 양</td><td>• 생활교육형 인성교육, 인문학 소양을 강조하는 인성교육, 리더십 프로그램을 강조하는 인성교육, 지역특성 및 전통을 강조하는 인성교육, 영성을 강조하는 인성교육
• 다양한 내러티브를 활용함(예를 들어 문학과 인성교육, 예술과 인성교육, 영상과 인성교육 등)</td></tr>
<tr><td>전 공</td><td>• 교수학습과 접목하는 인성교육, 창의적 문제해결능력 계발을 강조하는 인성교육</td></tr>
<tr><td>비교과</td><td>• 봉사활동 프로그램기반의 인성교육, RC를 활용한 인성교육, 동아리활동과 연계된 인성교육, 취업역량 강화 프로그램과 연계된 인성교육, 독서그룹을 통한 인성교육</td></tr>
<tr><td colspan="2">방 법</td><td>• 도덕 가치에 의한 지식과 행위, 동기 부분까지 고려한 수업설계
• 인성가치 덕목에 대한 광범위한 교육활동 제공
• 각 활동간 상호 연계된 통합활동 수립
• 교수자 스스로 인성교육의 모델링이 됨</td></tr>
</table>

사회 전반에 걸쳐 인성교육 담론이 비등하면서 하위교육기관에서 배양된 인성이 대학 진학 후에도 유지, 발전, 완성될 수 있도록 대학 교육과정에서 인성교육의 중요성이 강조되고 있다(김형재 외 5, 2017: 81). 인지적 학습경험에 매몰된 우리나라 대학생들을 대상으로 하는 통합적인 인성교육에 대한 필요성이 더욱 점증하고 있다. 많은 대학에서 대학생 인성교육에 대한 특별한 관심과 이를 반영한

1) 이 점에 대하여 팔머와 자이언스는 "대학교육이 품은 온전한 가능성을 실현하려면 교육적 시도에 온몸으로 헌신하는 이들이 필요하다. 그리하여 대학이 그 가능성에 미치지 못할 때마다 애정을 갖고 문제를 제기하면서 건설적 행동으로 나가는 사람이 반드시 필요하다"고 했다(이재석(역), 2017: 49).

교과과정 개발이 이루어지고 있다. 김형재 등은 이에 대하여 아래와 같이 비교적 구체성을 담지한 제언을 하고 있다(김형재 외 5, 2017: 81-93).

위의 주장을 넘어서서 실용성, 적용가능성, 발달특성 등을 담보할 수 있는 대학생 인성교육의 구체적인 커리큘럼과 콘텐츠는 무엇이며, 무엇이어야 하는가? 여기서 '무엇인가?'는 가치중립적 임의성을, '무엇이어야 하는가?'는 가치정향적 당위성을 의미한다. 임의성과 당위성 측면에서 볼 때 산업화 이전의 교육장면에서 전자가 강조된 반면, 많은 국가에서 경제적으로 압축 성장을 거치면서 학교교육의 반(反)교육성, 비(非)인간성이 드러나면서 후자를 강조하는 경향이 강해지고 있다. 물론 두 가지 모두 가치정향성을 내포하는 공통점이 있지만 특히 후자의 경우 사회적 실용성, 사회적 인성을 강조하는 면이 강하다. 다시 말해 도덕적, 규범적 교훈교육에서 행위역량 및 성과창출을 강조하는 실용교육으로, 개인적 인성개념에서 사회적 인성개념으로 전환되고 있다. 구체적인 대학생 인성교육에 대한 세 가지 템플릿을 중심으로 이를 확인해 볼 수 있다.

표 5 대학생 인성교육을 위한 가치정향적 콘텐츠

구 분	주요 내용	
이행우 (2010)	신입생 대상	비전수립, 노력하는 태도, 충실성, 도전자세, 독서, 건강한 교제, 외국어 능력, 생각하는 힘, 잠재역량 계발, 영성, 몰입, 시간관리, 전문성 계발
	재학생 대상	긍정성, 유머감, 기도, 감사, 봉사활동 실천, 건강성, 노력, 효도, 예절, 사랑, 취미, 여행
	예비졸업생	배려, 겸손, 인내, 배움
유기언·손길환 (2013)	건강한 대인관계	예절, 경청, 감사, 긍정적 사고방식
	아름다운 성품	정직, 성실, 베려, 자신감
유민임 (2016)	자기탐색	자아정체감, 자아존중감, 자기탐색
	자신감과 자기계발	자신감 향상, 자기계발
	자기관리	자기공감, 시간관리, 커리어 개발
	대인관계	대인지각능력 향상, 성공적인 인간관계 맺기
	리더십	자기리더십, 사회적 리더십, 성공리더의 조건
	진로탐색	진로탐색, 진로선택, 진로역량 계발

03 대학의 영혼: 파머와 자이언스의 논의

대학생 인성교육 담론에서 파머와 자이언스(P.J. Palmer & A. Zajonc)의 저작은 반드시 참조되는 일종의 매뉴얼 내지 고도의 템플릿이다. 그들은 '대학이 과연 학생들을 어떻게 더 나은 인간으로 만드는가?'에 대한 근원적 물음을 바탕으로 대학교육의 현상학적 조망을 다루고 있다. 대학의 교육적 영혼은 바로 전인성에 있다. 이는 두 가지로 해석이 가능하다. 첫째, 전(全)+인성(人性)으로 인성의 전일성으로, 둘째, 전인(全人)+성(性)으로 전인의 특성을 강조하는 방식이다. 파머와 자이언스는 이러한 두 가지가 결합된 교육적 실천이 대학에서 이루어지는 교육의 본질이 되어야 하며, 이것이 바로 대학 고유의 영혼이 되어야 한다고 주장한다. 그들이 말하는 대학영혼 회복은 크게 세 갈래 논의로 전개된다.

1) 교육의 전환[2)]

파머와 자이언스는 '영혼을 잃어버린 것은 학생들이 아니라 그들을 가르치는 대학'이라고 주장한다. 영혼 없는 대학이란 학생들에게 삶의 의미를 가르쳐야 할 의무를 상실한 곳이다(이재석(역), 2017: 104). 지금까지 축적된 경험에 오늘의 신선한 영혼을 불어 넣는 것, 이것이야말로 교육에 있어서 통합의 진정한 의미가 된다. 대학은 이러한 상상력과 통합의 작업을 수행하는 곳이 되어야 한다(이재석(역), 2017: 112). 대학의 영혼은 단순한 교양교육, 지식교육, 전문 직업교육, 시민교육을 뛰어넘는 그야말로 메타적 성격을 지닌 대학 고유의 정신이어야 한다.

학문적 삶과 직업적 삶은 전인, 즉 온전한 인간과 그가 상호의존적으로 관계맺는 더 큰 세계와 불가분의 관계다. 그들은 이러한 온전한 인간으로의 교육을 전환교육(transformational education)이라 하는데, 이는 한 사람의 내면과 외면의 삶을 일치시킴으로써 온전한 인간으로 키우는 것을 말한다. 개인적 깨달음과 세계적 깨달음을 실현하는 인간, 사랑의 공동체를 만들고 거기에 참여하는 온전한 인간으로 키우는 것이다(이재석(역), 2017: 10).

---

2) 이재석의 번역본에는 변화교육으로 표현하고 있는데, 저서 전체를 의미라는 측면에서 엄밀히 살펴보면 단순한 변화가 아니라 일정한 방향성과 목적성을 지닌 변화라는 의미로 전환이 적확(的確)할 것으로 판단되어 본서에서는 전환으로 사용하고 있다.

"온전한 인간성이란 구체적으로 무엇인가? 온전한 사람으로 인정받기 위해서는 무엇이 요구되는가? 만약 인간 존재를 바라보는 관점이 지나치게 협소하다면 우리는 커다란 곤란에 처하게 된다. 이 경우 우리는 지성과 신체를 넘어선 인간 존재의 차원을 허용하지 않는 부박하고 제한된 일련의 기준으로 타인의 본성과 인간성에 대한 성급한 판단을 내릴 것이다. 이러한 방식으로 우리는 인간 존재를 왜곡해서 이해할 뿐만 아니라 심지어 부도덕한 행동을 하게 만들 위험에 노출된다."(이재석(역), 2017: 193-194)

대학은 이러한 점들에 대해서 실패했기 때문에 영혼이 상실된 것이다. 파머와 자이언스는 다시 원론으로 돌아가 대학교육의 본질에 관한 다음의 질문들에 천착했다고 한다.

"어떻게 하면 대학교육이 인간의 앎의 능력, 가르침과 배움의 능력을 온전히 발휘하도록 돕는 다차원적 활동이 될 수 있을까? 어떻게 하면 분과 학문 사이의 단절과 괴리를 메울 수 있을까? 어떻게 하면 대학교육이 세계에 대한 지식과 세상을 사는 각자의 방식 사이에 튼튼한 다리를 놓을 수 있을까?"(이재석(역), 2017: 19)

하버드대학교 학생처장을 지낸 대학전문가의 증언에 의하면 오늘날 대학은 학문적 우수성을 넘는 또 다른 중요한 목적을 망각하고 있다. 그에 의하면 대학의 주요한 목적은 학생들로 하여금 자신이 누구인지 알게 하고, 삶의 더 큰 목적을 탐색하도록 지원하는 것이다. 대학 문을 들어섰을 때보다 조금 더 나은 인간으로 대학 문을 나서게 하는 것이다(이재석(역), 2017: 20에서 재인용).

2) 경험의 통합

이제 대학은 통합교육, 전환교육, 성찰교육 등으로 패러다임을 바꾸어야 한다. 이를 다시 말하면 인간됨의 다양한 차원들을 포괄하는 교육, 인간경험의 다양성을 존중하는 교육, 다양한 문화적 관점으로 인간과 세상을 바라보는 교육, 도전에 제대로 응대하도록 준비시키는 교육들을 망라한다(이재석(역), 2017: 48). 여기서 주목해야 할 것이 바로 경험의 개별성과 이에서 비롯되는 자아확장 혹은 성찰적 확장이다.

외면적 경험 세계 못지않게 풍부한 내면적 경험의 세계가 분명히 존재한다. 인간 경험이라는 세계는 외면+내면 경험의 총합으로 이루어지는데, 요소환원주의, 논리실증주의, 엄밀한 과학 등은 심지어 대학교육조차도 겉으로는 인간경험의 풍부함을 탐색하는 데 열중하지만 그것들을 진화상 적응 전략이나 신경 시냅스의 화학작용 정도로 격하시킨다(이재석(역), 2017: 116-117). 대학은 학생들을 대할 때 전인적 인격에 염두를 두지 않고 학생의 부분적 측면만 바라보는 환원주의적 태도를 강조한다. 이러한 관점으로는 인간됨의 유기성과 현상의 복잡성을 드러낼 수 없다. 전인교육을 표방하고 내세우는 대학교육이 정작 전인성에 대한 무지와 외면으로 비(非)전인적 교육으로 전락하게 된다. 우리는 심오하고 지속적인 경험으로 가장 큰 영향을 받고 이러한 경험은 우리의 몸과 의식에 흔적을 남긴다. 변화적 경험을 통해 우리는 경험 이전보다 더 많이 알게 될 뿐만 아니라 전과 다른 관점에서 바라보고 지금까지와 다른 존재론적 변화를 이룩한다(이재석(역), 2017: 190).

> "이제는 학생들의 지성, 감성, 인성발달에 관심을 가져야 한다. 학생들을 교육적 개입과 사회적 형성을 통해 인지적, 정서적 변화가 가능한 존재로 보아야 한다. 교육자는 학문 못지않게 인성계발에 관심을 가져야 한다. 대학에서는 학문을 가르치는 일과 인간성 변화라는 교육 본연의 과제를 균형 있게 수행할 수 있어야 한다. 학문성보다 인간성이 더 중요할지 모른다. 대학에서 형성된 인간됨은 지속적으로 학생들의 인성에 영향을 미치고 이것은 어떤 방식으로 사회에 기여하고, 개인의 삶의 방식에 영향을 미친다. 인간의 성장이야말로 대학교육의 중요한 목표가 되어야 한다."(이재석(역), 2017: 180)

3) 전인적 내러티브

대학의 교학(敎學)장면에서 말하기와 듣기, 소통과 대화는 그 자체로 대학교육이 추구하는 변화의 원천이 된다. 교수는 자신의 학문성과의 배경과 비평으로 구성된 설명을 학생들에게 일방적으로 제시하면 그들은 그것을 형식주의 학습행태에 기초하여 받아 적기 바쁘다. 우스갯말로 '적자! 생존'의 학습생태계가 자연스럽게 만들어진다. 종종 질문 장면이 연출되기도 한다. 그러나 여전히 배운 내용을 나의 것으로 의미 있게 체현하는 소위 지식의 내면+외재화 과정이 생략된다. 더욱 심각한 문제는 자신이 배운 내용을 실제로 활용, 응용, 적용하는 학습경험의 실용성을 더욱더 어렵게 만든다. 이러한 사정은 오늘날 우리 대학 대부분의 교수-학습장면에서 이루어지고, 이에 따라 자기성찰이나 학문의 실용성에 대한 고려 없이 수많은 과목이나 활동들로 학생들을 몰아가는 상황이 무한 반복되고 있다. 이러한 상황에서 대학의 교학, 즉 가르침과 배움 장면에서 교수자는 물론 학습자에게 배움의 '의미, 목적, 가치, 실용'에 대한 근원적 성찰이야말로 대학교육의 필수요소가 되어야 한다. 왜 교수자의 성찰이 필요한가? 훌륭한 학자란 자신이 연구하는 현상에 관하여 정직하고 열린 질문을 무한대로 던질 줄 알아야 한다. 즉, 자기 앞에 전개된 현상의 의미를 부단히 물음으로써 자신의 앎을 심화시키는 학자가 되어야 할 필요가 있기 때문이다(이재석(역), 2017: 226). 이러한 교수자의 모든 경험들은 자신의 내러티브가 되고, 교학의 장면에서 중요하면서 동시에 의미 있는 오브제가 될 수 있다.

대학에서 이루어지는 교학 장면에서 학습참여자는 교수자에게 '자기 자신과 자신이 걸어 삶의 경위에 관한 스토리를 들려 달라'고 요구할 수 있고, 이때 교수자는 '감정적 안전지대'에서 벗어나야 할 필요가 있다(이재석(역), 2017: 238-239). 이야기를 들려주는 행위는 사람들 사이에 더 깊은 차원의 공동체(일종의 공감과 연대의식)를 형성한다. 상대방의 이야기에 대하여 공감적으로 받아들이게 되면 그 사람을 미워하거나 배척, 불신, 경멸하기 어렵다. 물론 이것은 그 자체로도 좋은 일이기도 하지만, 보다 풍부하고 결속력 높은 협조 관계를 조성한다는 점에서 더욱 중요하다(이재석(역), 2017: 238). 우리의 많은 대학들은 비록 형식적이긴 하지만 교수와 학생, 학생과 학생 간 이루어지는 협업형태의 학습경험을 강조한다. 그러나 여전히 학문기반 지식, 개념, 원리, 형식 등을 중시할 뿐, 교수자나 학습자의 경험기반 스토리를 적극적으로 끌어들이거나 상황이나 필요에 따라 재가공하여 활용하지 못하는 저급한 수준에 머물러 있다.

경험기반의 스토리를 활용한 대화를 통하여 어떤 생각을 형성할 때 화자와 청자모두 자신의 이야기와 연결을 짓게 된다. 즉, 참여자의 개인적 이야기와 상호교차되면서 그 이야기를 이론과 실천에 대한 탐구 활동 전반에 개입시킨다(이재석

(역), 2017: 142). 그러므로 만약 전환교육을 옹호하거나 추구하는 교수자라면 대화참여자로 하여금 서로의 이야기에 대하여 '정직하고 열린' 질문들이 자유롭게 이루어지도록 안내하여야 한다. 또한 대화참여자들로 하여금 스토리를 '탐구하는 상태'에 머물도록 만들어야 한다. 청자와 화자, 즉 교수자와 학습참여자의 경험적 서사에서 나온 서로의 깊은 이야기는 서로에게 새로운 무언가를 배우는 시간적, 공간적 기회를 제공한다(이재석(역), 2017: 243). 이러한 방식이 자리 잡히면 대화참여자들이 스스로를 바로잡기 시작한다. 무엇이 타당하며 그렇지 않은지 참여자 스스로 분별하기 시작한다. 결국 대화로 인해 구성원들의 지적, 정의적 총화(總和)보다 더 현명해진다. 자기내면의 중심으로부터 대화경험을 통해 스토리를 끌어낼 때 지금까지 없었던 새로운 사고(new thinking)가 시작되고, 비로소 대학교육의 본원인 성찰적 학습경험(대화의 성찰적 고요함)이 가능하게 된다(이재석(역), 2017: 247). 파머와 자이언스가 말하는 대학교육에서 내러티브의 유용성과 필요성을 일종의 체제개념으로 재구성하면 다음과 같다.

표 6 대학교육에서 내러티브의 체제적 속성

투 입 (경험에서 서술된 서사로)	과 정 (이야기에서 아이디어로)	산 출 (아이디어에서 행동으로)
• 청자와 화자 간 감정이 공유된 이야기 생성 • 객관적 서사 발굴 • 학습콘텐츠 구성	• 스토리 기반 아이디어 생성 • 새로운 사고 시작 • 자기성찰 기회 제공	• 생각을 실천으로 행위 • 협업역량 강화 • 새로운 스토리 생성 • 공동체/시민성 계발

이제 우리대학이 내러티브 기반 대학생 인성교육 담론을 풍성하게 만들기를 진심으로 원한다면 교수자 자신은 물론 학습참여자의 요구, 호기심, 능력, 경험과 이에 기반을 둔 서사들을 교학 장면에 적극 끌어들여 배움의 콘텐츠로 전환시키는 노력과 실력이 배양되어야 할 때다.

참고문헌

고요한(2018), “내러티브, 인성, 교육의 인간학적 전일성 연구”, 한국내러티브교육학회, 내러티브와 교육연구, 6(1), pp.61－89.

고요한(2016), 인간현상과 인성교육의 현상학, 서울: 박영스토리.

김형재 외 5(2017), 대학생을 위한 인성교육의 이론과 실제, 서울: 창지사.

안만순(2016), 인성교육을 위한 철학적 기초 놓기, 서울: 중원문화.

오인탁(2017), 우리 교육의 잃어버린 차원들. 서울: 학지사.

유기연, 손길환(2013), 대학생이 갖추어야 할 바른 인성, 고양: 한맥출판사.

유민임(2016), 대학생을 위한 인성예절교육, 서울: 창지사.

이광규(1992), 문화와 인성, 서울: 일조각.

이행우(2010), 대학생을 위한 5분 인성교육, 서울: 내하출판사.

장상호(1994), Polanyi의 인격적 지식의 확장, 파주: 교육과학사.

정창우(2019), 21세기 인성교육 프레임－사람다움과 시민다움을 지향하는 인성교육, 파주: 교육과학사.

Palmer, P.J. & Zajonc, A.(저), 이재석(역)(2017), 대학의 영혼(The heart of higher education), 안양: 마음친구.

Tarragona, M.(저), 송단비(역)(2017), 긍정정체성(Positive identity), 서울: 블룸컴퍼니.

Chapter 14

아시아 주요대학의 교양 및 인성교육 관견(管見)

THE와 QS에서 발표하는 세계 대학순위에 아시아권은 상대적으로 열세다. 우리나라의 경우도 상황은 비슷하다. 그럼에도 불구하고 비교적 상위에 머물면서 아시아 대학교육의 위상을 드높이면서 수월성을 지속적으로 향상시키는 대학들의 레거시(legacy)를 살펴볼 필요가 있다. 본 장에서는 홍콩, 싱가포르, 일본, 대만, 호주 등 각국에서 WC급의 대학들을 직접 방문하여 교양과 인성교육의 측면에서 살피고 느낀 내용들을 정리하였다.

01 싱가포르

1) 난양공과대학교(NTU)

NTU는 공과대학의 정체성과 특성을 기반으로 하는 교양/인성교육 프로그램 및 콘텐츠를 제공하고 있다. 대학은 Start Your Career Right(자기인식 – 다양성 탐구 – 방향설정 – 실천) 등을 통해 교육적 책무성을 제고하고(성과창출형 교육과정 모듈을 적용함), 학생들은 이를 기반으로 교양/소양 및 취업역량을 갖추고 있다. 대학이 제공하는 교양/인성교육의 핵심은 학생들의 자기주도적 경험, 발견, 성찰을 교육프로그램으로 구성, 제공하는 것이다. Character, Creativity, Communication, Competence, Civic – mindedness를 교양/인성교육의 핵심가치로 설정하고 있으며, 교육방법(학습활동)의 핵심으로 Find, Take, Experience를 설정하고 이를 모든 관련 프로그램에 적용하고 있다. 특히 Learning Hubs(HIVE)는 교양교육을 구체적으로 실천하는 창의·융합형 인재양성 요람으로 건물양식이 세계적으로 널리 알려져 있다. HIVE는 도서관+스마트강의실+탄력적 수업환경 조성+교양교육을 중점으로 운용되는 교과기반 교육의 요람이다. HIVE는 건물외양과 내부, 책상 등이 모두 원형으로 만들어져 학생들에게 융·복합적 사고를 자극하는 좋은 외부 환경이다. 조별활동을 수행하는 경위를 실시간으로 파악할 수 있도록 벽면에 5~6개의 대형 모니터가 설치되어 있다.

대학의 정체성(UI) 및 소속감에 대한 학생들의 자긍심을 고취하는 것도 교양교육의 중요한 목적으로 설정하고 있다. 캠퍼스의 60%가 21개 Hall(일종의 기숙사)로 완비되어 강의실과 기숙사간 이동의 편의성이 보장되고 실질적인 RC시스템을 갖추고 있어, 이를 기반으로 하는 비교과 프로그램이 활성화되어 있다. 각 Hall마다 4명의 담당교수와 1명의 박사과정생이 상주하여 입사생의 인성에 대한 지속적인 Care를 실시한다.

2) 국립싱가포르대학교(NUS)

대학 내 독립기구인 자율교양대학에서 전반적인 교양교육과정을 운영한다. 교양교육 수업이나 프로그램으로 존재하는 우리 대학교와는 달리 별도의 대학으로 운영되고, NUS의 교육철학은 Questioning Minds, Well－Rounded Mind, Constructive & Responsible leadership, Global Citizenship, Resourceful & Enterprising spirit, Communication이다. 이를 기반으로 하는 NUS교육의 핵심은 Human Culture, Questioning, Research Method, National Society, Thinking & Expression 등을 중심으로 다양한 교과/비교과활동 프로그램을 제공한다. Living＋Learning이 이루어지는 NUS의 특징은 RC를 기반으로 하는 교육프로그램이 고도화되어 있다는 점이다. 대학지원자는 NUS의 두 가지 입학트랙, 첫째,

University Town의 4개 College 중 선택, 둘째, 단과대학의 학과들 중 선택을 통해 입학한다. 4개의 RC는 각각 독립대학의 형태를 띠고, 이에 속한 학생들은 졸업까지 University Town(기숙사타운)에 거주하면서 생활+학업을 수행한다. University Town 안에 강의실, 도서관, 체육시설, 편의시설, 기타 교육시설 등이 완비되어 생활+교육이 Town 안에서 이루어지는 실질적인 RC시스템이 구축되어 있다.

대학에서 이루어지는 교양/인성교육의 방법론적 특징은 '경험을 기반으로 함, 자기주도적으로 실천함, 책무성을 지닌 구성원의 자질을 구유함' 등이다. 교양/인성교육프로그램은 대부분 교과형태로 진행되기보다 비교과프로그램의 형태로 진행되지만, 기본적으로 당해 대학의 교육이념 및 철학에 인성교육의 지침을 우선적으로 반영해야 함을 잘 보여준다. 교양/인성교육을 위한 학교의 시설 및 환경을 교육적 정합성이 제고되도록 배려하고 지원하는 정책이 절실히 필요함을 배울 수 있었다.

NTS와 NUS에서 발견한 교육적 레거시의 교훈을 종합하면 다음과 같다. 실효성 있는 대학 교양 및 인성교육을 위하여 무엇보다 우선되어야 할 것은 고도화되고 체계적인 RC교육시스템 구축을 위한 방향 및 원칙의 수립이라는 사실이다. 두 대학의 경우 대학 교양 및 인성교육프로그램은 대부분 교과형태로 진행되기보다 비교과프로그램의 형태로 진행되지만, 기본적으로 당해 대학 고유의 교육이념 및 철학에 교육지침을 우선적으로 반영해야 함을 잘 보여주고 있다. 우리 대학의 경우 교양 및 인성교육을 위한 학교 시설 및 환경을 교육적 정합성이 제고되도록 배려하고 지원하는 대학본부의 관심이 절실히 필요하다. 또한 대학교원들의 교양 및 인성교육의 필요성에 대한 공감과 가치 공유를 위한 학교 측의 노력도 중요한 전제조건이라는 사실을 웅변하고 있었다.

02 홍 콩

1) 중문대학교

체계적인 RC시스템을 운용하지 않지만 기숙사프로그램이 활성화되어 있다. 대학은 각 단과대학 연합형태로 운용되고 있어 각 단과대학의 특성화된 교육프로그램이 매우 강하다. 교양필수로 social issues group activity와 global citizenship 교육이 활성화되어 있고, 교양교육은 각 단과대학의 특성을 반영한 프로그램 위주로 진행된다. 또한 자유전공학부를 강조하는 학사제도가 두드러진다. 학생상담은 학생이 재학하는 동안 교수, 학과, 단과대학, 대학전체가 유기적인 시스템이 작동하여 이루어지고 국내외 봉사활동이 비교과프로그램의 핵심이 되며 대학별 축제활동을 통해 문화교양을 함양하고 있다. 홍콩의 대다수 대학들은 우리나라 80년대 못지않은 치열한 입시 경쟁상황이다(고등학생의 20%만 대학에 진학함). 따라서 개인의 고등교육이수 성과는 일종의 사회적 이동수단으로 기능한다. 대학생의 인성도 경쟁과 결과지향의 교육시스템에서 생활하지만 교육의 공정성, 민주성에 대한 구성원의 합의가 돋보인다. 특히, 교수의 강의수월성과 책무성에 대한 높은 수준의 의무가 부과된다. 대학 교양 및 인성교육의 방향은 기초보다는 전공특성 기반의 전문인으로서 소양과 직무역량을 지닌 교육방식이 필요하다는 점을 전제로 하고 있다. 공통교양교과목으로 중국어, 영어, 일반교육, 정보기술, 체육 등이 운용되고, 특별히 학기별, 학과별로 교양과목이 구분되어 있다.

2) 홍콩대학교

Centennial College에서 교양교육과정을 통합적으로 운영한다. 대학의 수월성은 교수들의 탁월한 연구업적에 기인한다는 분위기가 지배적이다. 홍콩의 모든 대학들이 영어 문화권이므로 국제 대학평가를 위한 성과지표 달성에서 우수할 수밖에 없다. 따라서, 우리나라와 같은 비영어권 국가는 영문논문 발표실적, 영어권 외국인유학생 유치 등에서 상대적으로 불리하다는 점을 직시해야 한다. 홍콩대학은 특히 기초과학 및 의학 분야에서 타 대학들에 비하여 강하다.

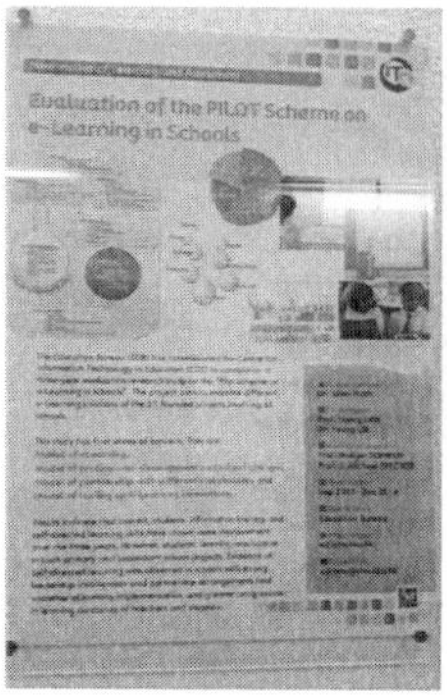

RC기반 교육프로그램은 없지만 기숙사생을 선발할 때 공정성과 교육적 측면을 고려하고 있다.

대학에서는 Core contents를 통하여 교양 및 소양교육을 실시하고 있다. 학생의 학교생활을 지배하는 특성은 다양성, 좋은 매너, 지적 수월성, 건전한 경쟁 등을 기반으로 한다. 모든 학사구조나 학교분위기가 영국풍의 마인드와 제도가 기반이 된다. 대학이 추구하는 교양 및 인성교육의 방향은 연구윤리 의식 제고, 미래의 두려움에 대한 불식, 4차 산업혁명시대 사회생태계에 적응하는 인재 양성이다. 이에 따라 경영수완과 경제적 마인드가 미래사회에 능동적으로 적응하는 인재상으로 정립되었다. 특히, 직업윤리와 일반윤리를 결합하는 형태의 대학생 교양교육 프로그램을 운용하고 있으며, 여기에 비교과활동을 포함하는 프로그램 참여를 통해 학문영역에 있어서의 정의와 공정성에 대한 가치를 배양한다.

3) 홍콩과학기술대학교(HKUST)

우리나라의 KAIST를 모델로 삼고 있으며, 대학이념으로 interdisciplinary(융·복합학)와 sustainability(지속가능성)을 공시하고 있다. 간학제적 연구와 교수를 최적적으로 구현하기 위하여 교수도 단일학과에 소속되어 있는 것이 아니라 다양한 분야에 중복 소속되어 있다. 예를 들어 대기과학 전공교수는 토목환경공학, 기후변화, 경제학 등의 전공분야에 참여한다. 교수의 고용조건도 위와 같은 형태로 이루어진다. 대학의 수월성은 diversity(다양성), competition(역량), satisfaction of student(소비자만족도)에 지향되어 있고, 비록 대학이 경쟁적이고 성과위주의 교육환경일지라도 공정성의 가치에 대한 대학구성원의 암묵적 합의가 강점이다. 교수들의 연구역량이 대학의 질적 수월성을 유지하는 비결이다(홍콩의 대학들은 모두 국립이라는 특수성을 갖고 있기 때문에 교수의 연구역량을 고려하여 차등 지원하는 형태임).

학교의 노력에 상응하여 졸업생만족도가 대단히 높다고 한다. 그 이유는 대학생 교양 및 인성교육이 sustainability of education을 기초로 해서 크게 두 가지로 이루어지고 있기 때문이다. 첫째, 전공 특성 기반의 교양과목인 common core course를 각 교수들은 디자인하여 기초교양교육 교과로 제공한다. 둘째, 비교과프로그램인 exchange program의 활성화를 통하여 글로벌 감각과 역량을 제고한다. 이를 통해 학생들은 세계관 확충, 배움의 열정, 생애개발의 수월성 진작 등을 자기주도적으로 이루어간다. 재학생 전원을 대상으로 하는 RC프로그램은 없지만 6개월 동안 의무적으로 참여해야 하는 단기프로그램이 있다. 5개월 동안 학생에 대한 학습지도와 심리지도를 병행하여 시행한다. 특징적으로 여학생, 여교수들의 교육적 수월성을 보장하기 위한 WISE프로그램이 운용되고 있다. 대학 교양교육의 기초는 교수와 교수, 교수와 학생, 학생과 학생 간 이루어지는 수평적인 의사소통의 생태계와 실질적인 소통구조에 있다.

이상과 같이 홍콩의 유수한 대학들이 견지하는 대학 교양 및 인성교육의 특징은 특정 교과나 비교과프로그램으로 이루어지는 것이 아니라 대학의 분위기, 의사소통 구조, 구성원의 마인드 셋, 대학의 교육적 신조 등에 의하여 암묵적으로 이루어지고 있다는 사실이다. 대학교원들의 교양 및 인성교육 필요성에 대한 공감과 가치의 공유를 위한 학교 측의 노력도 중요한 전제조건이다. 대학생 교양 및 인성교육의 방향은 기초인성보다는 전공특성 기반의 전문인으로서의 소양과 역량을 지닌 교육방식이 필요하다는 점을 강조한다.

03 일 본

1) 도쿄대학교(혼고캠퍼스)

대학의 교육목적은 국내외 여러 분야 안에서 미래 지향적 글로벌 비전을 가지고 지도자 역할을 맡을 지적 시민들을 육성시키는 것이다. 동시에 재능 있는 이들에게 높은 수준의 전문 지식을 활용할 수 있고, 넓은 국제적인 시야와 깊은 일본의 역사와 문화에 대한 이해를 하고, 문제를 발견하고 풀 수 있는 능력과 열망을 심어주는 것이다. 또한 자신들을 위해 생각하고 행동할 줄 알되, 시민으로서 사회적 책임을 질 수 있는 학생들을 교육하는 것이다. 대학은 오랜 전통을 기반으로 세계수준 대학으로서의 위상을 유지하고 있으나 관료적 성격이 강해 혁신을 추진하기 어려운 환경이었다. 연구중심대학으로 학부교육보다 대학원 교육과정에 대한 가용자원 집중력이 높다. 전통적으로 유명정치인을 배출한 역사와 전통으로 인해 보수적인 내용의 학부교육이 주류를 이루고 있으며, 학교풍토가 권위, 도제, 수직적인 문화가 지배적이다.

대학 교양 및 인성교육의 혁신은 프로그램과 콘텐츠 중심으로 이루어지고 있으며, 동시에 수업환경 및 방법의 혁신에 주력하고 있다. 학부교육 수업의 방식이 전통적인 강의중심에서 학습자참여형 토론중심의 협업형태로 변화하고 있다. 즉, 학습자참여형 수업방식을 통하여 학생들의 인성과 창의성을 진작시키는 수업경험을 제공한다. 특히, '교양고도화 연구'라는 학내기구를 통하여 교양교육혁신을 주도하고 있는데, 당해 기구는 대학의 학부기초교육(읽기, 수학, 언어사용 능력 등)을 강화하는 사업을 추진한다. 또한 TA를 적극 활용하여 학부교육의 질적 수월성을 제고하는 노력을 기하며, 학부의 교양교육은 단순한 보습형태의 수업이 아니라 전공을 안내하는 방향으로 커리큘럼이 구성되어 있다.

대학 전체적으로 학환, 학부제도를 통하여 대학교육의 수월성을 유지, 개선하고 있다. 토론식, 학습자참여형 수업의 특징은 스토리를 기반으로 하며, 교수자, 학습자의 경험기반 이야기를 수업장면에 적극 활용한다. 스토리 공유를 통하여 공통가치, 지속가능한 가치를 추출하는 방식으로 교양 및 인성교육이 자연스럽게 이루어지고 있다. 하버드대학의 모델을 벤치마킹하여 'Inclusive Learning Society'를 만들어 '무엇을'을 위한 교육이 아니라 '어떻게'와 '왜'를 중심으로 하는 수업방식을 적극 활용한다. 개인의 체질, 기질, 소질특성과 학습조건(내용, 방식, 성과(목표)) 등을 연결하는 수업방식을 통해 학습의 개별화를 교양 및 인성교육의 핵심으로 삼고 있다. 본받을 점은 교양고도화를 위한 교내 전문기구 운용을 통한 교양교육 혁신의 리더십과 이니셔티브 조직화가 필요하다는 사실이다. 학부교육 혁신의 요체는 수업방식의 전향적인 개선을 통한 학습자중심의 교양 및 인성교육의 실천에 있기 때문이다.

2) 와세다대학교

대학의 교육이념은 21세기를 맞아 복잡하고 새로운 문제를 풀어나갈 수 있는 종합적 지식과 경험을 제공하며, 학제적이고 실용적이며 다양한 교육을 제공하는 것이다. 도쿄 소재 6대 대학 중 하나로 명문 사립대학으로서의 자부심과 전통에 대한 인식이 고등교육 실천의 기저를 이루고 있다. 법대, 공대, 경영대가 대학의 특장(特長)으로 내세우는 학부교육이다. 학술원 하위에 대학의 학부 및 대학원 연구과를 편제하여 독자적인 학사조직 형태를 유지한다. 학부교육의 특징은 일종의 학술기구인 '학술원', 교육기구인 학부시스템을 바탕으로 융·복합형 교육의 형태를 띠고, 이를 기반으로 하는 교양 및 인성교육이 이루어지고 있다. 21세기 COE프로그램과 글로벌 COE프로그램을 통해 학부교육의 수월성을 신장시키려는 노력을 지속하고 있다. 특히, 일본 내 대학들 중에서 외국인유학생수가 가장 많아 글로벌 교육생태계가 잘 구축되어 있다. 학부의 교양 및 인성교육도 이러한 학교 특성을 반영한 내용에 중점을 두고 있다. 특히, 교양교육은 주로 오픈 교육센터(Open Education Center)가 담당하며 각 학부와 대학원, 연구소 그리고 타 대학들과 연계하여 다양한 교양과목들을 전 학부, 전 학년을 대상으로 제공한다.

••• 오픈 교육 센터 주요 프로그램

① 해외 실습과목 ② 주문형 수업 ③ 테마 칼리지 ④ 인턴십 실습 ⑤ 다채로운 언어과목 ⑥ Tutorial English와 실천적인 영어 과목군 ⑦ 보건체육과목 ⑧ Waseda식 아카데믹 리터러시 (academic literacy) ⑨ 라이팅 센터 (writing center) ⑩ 졸업준비 프로그램

센터에서 제공하는 프로그램에는 학부 학생들이 전공과 관계없이 누구나 참

여할 수 있도록 학제적(interdisciplinary), 실용성(practical), 다양성(diversified)에 초점을 맞추어 교육 기회를 제공하고 있다. 일본 '문부성'의 국제화 거점 정비사업 지원을 통해 대학의 국제화를 지속적으로 추진하고 이를 기반으로 하는 학부교육 혁신과 교양교육 개선이 이루어지고 있다. 대학 교양 및 인성교육의 핵심은 국제수준의 선도적 리더십, 대학의 정체성에 바탕으로 둔 인성 등을 들 수 있다. 우리 대학이 본받을 점은 대학의 전통과 자부심을 학부생의 교양교육의 핵심적 가치로 구현하는 학사시스템 운용이 필요하다는 사실이다. 또한 국제화 교육환경 구축의 지속적인 추진으로 국제개발 및 협력 역량을 갖춘 졸업생을 배출하여, 실효성 있는 글로벌 리더 양성 학사시스템 개선을 도모해야 한다는 점이다.

04 호 주

1) 뉴사우스웨일즈대학교(UNSW)

UNSW은 전공중심으로 학사시스템이 운용되어 교양 및 인성교육의 중요성 인식과 이수비율은 상대적으로 적다. 교양교육은 필수 2 + 선택 2과목 수준으로 영국식 교육시스템이 적용되고 있다. 이는 호주 G8대학의 대부분이 연구중심 대학이기 때문이다. 모든 학사제도는 전공중심으로 이루어지고 이에 따라 대학 교양교육의 방향과 내용이 결정된다. 대학 교양교육은 대학 공통으로 이루어지지 않고 각 단과대학에서 개설되는 과목들을 재학생들이 교차 수강하는 형태로 이루어진다. 예를 들어 문과학생이 이공계 과목을 수강하거나 이공계 학생이 문과계열 과목을 수강하도록 최소한의 규정을 통해 이수하도록 안내한다. 최근 대학은 전공(Department)의 벽을 허물고 프로그램 단위로 학사구조를 개혁하고 있다. 즉, Faculty－School－Department－Major(Discipline)의 전통적인 위계구조를 혁신하여 간학제적 학문 연구가 가능하도록 만든다. 학생들의 졸업은 성취수준에 따라 차등적으로 구분하여 학위가 부여되며, 이에 따라 졸업생의 경쟁력이 차별화된다. 졸업생의 진로에 대하여 전임교원들은 관심과 관여가 필요가 없고 이는 오로지 학교본부의 책무에 해당된다. 단위 학과 재학생의 전문성 신장은 본인소속 학과의 주 과목 + 관련학과의 필요과목 형태로 이루어진다. 예를 들어 국어교사 양성을 위하여 교육학부 소속 국어교육전공 학생은 '교육학부 국어교육 전공과목 + 국어국문학과에서의 관련과목' 형태로 이루어진다.

UNSW는 최근 2학기제에서 3(4)학기제로 개혁하여, 학생의 재학기간은 단축하고 교수의 연구역량을 신장시키도록 유도하고 있다. 호주의 대부분 대학에서 교양교육이란 용어는 대부분 일종의 인식되지 않는 학습의 개념으로 여겨진다. 이는 교양 관련 교육이야말로 중등학교에서 이루어질 성격이고, 대학에서는 교수든 학생이든 오로지 전공과 관련된 역량 신장이 책무라고 여기기 때문이다. 따라서 대학에서 윤리나 도덕과 관련된 교과목은 있을 수 없다. 예를 들어 건전한 시민의식은 초등－중등교육 과정을 거쳐 가치 내면화 교육이 이루어지고 대학에서는 외면화하는 경험기회를 제공한다. 사회윤리, 책임의식, 양성평등 인지, 규칙준수 등은 일상에서 이루어지는 경험을 통해 체현되는 것이므로 관련내용의 교과목이 존재할 이유가 없다.

대학 전반에 걸쳐 교수의 교육권이 학생의 학습권에 비하여 상대적으로 높다. 학사과정에서 정규 교과목이나 교양 관련 비교과 교육이 없을지라도 대부분의 서양 대학생들이 지닌 순수한 mindset이 가능한 이유는 무엇인가? 이는 초중등 학교 수준에서 사고나 학문중심의 학습경험이 아니라 가정이나 사회에서 이루어지는 습관에 기인한다. 다시 말해 학교교육에서 이루어지는 것이 아니라 좋은 관계적 생활을 가능하게 만드는 원칙, 규범, 질서들을 가정이나 사회에서 비(非)교수학적 형태로 이루어지는데 이는 일종의 잠재적 교육과정과 같은 개념으로 이해할 수 있다. 이와 관련된 에피소드로 대학에서의 학점 부여(과제, 출결, 이수 기준 등) 규칙 제정 ⇨ 책임 불이행 시 명료한 귀책 적용(교수나 학생 모두) ⇨ 결과에 대한 정당한 승복이라는 프로세스가 대학생활 내내 습관적으로 이루어지게 되며 이 자체가 이미 질서나 권위에 대한 존경이라는 측면의 인성교육 자체가 된다는 것이다. 물론 이를 위하여 교수의 민주적인 권위, 절차의 합리성과 민주성, 투명성 등이 전제되어야 한다.

호주의 중등학교들에서 설정한 가장 빈도 높은 교훈은 respect다. 이는 학교생활을 통해 체화, 관습, 습관화하도록 만드는 것으로 개념을 통한 학습이 아니라 행동이나 제도를 통하여 자연스럽게 이루어진다. 대학에서의 연구윤리도 위와 같은 방식으로 이루어지고 이 자체가 이미 윤리교육의 방식, 내용이 된다. 대학 교양 및 인성교육은 언어(사회적 언어) 기반으로 이루어진다. 내러티브(개인의 삶, 경험, 역사, 생활사 등에 대한 연구)를 통해 차이를 발견하고, 그 차이를 본질적으로 이해하는 자체가 이미 대학생(성인)의 교양교육이며 그렇게 되어야 한다고 여긴다.

2) 시드니대학교

호주 대학의 대부분은 3년제이므로 교양교육에 대한 시간적 여유가 없다고 해도 과언이 아니다. 따라서 대학 교양 및 인성교육은 이미 중등학교 수준에서 이루어져야 할 것으로 간주된다. 사회적으로 대학이란 주(主)전공, 복수전공 등 전공에 대한 집중교육이 주로 이루어지는 교육과정으로 여기고 있다. 대학 교양 및 인성교육의 방식은 간접적인 형태나 선례학습으로 이루어지고 있다. 예를 들어 철학이나 문학 등을 통하여 얻은 지식은 자신의 경험, 사고, 태도 등으로 전환하는 것이 의미 있는 교육이라는 것이다. 맹자의 항산항심(恒産恒心)이론에 비추어 볼 때 실용교육이 교양교육에 선행해야 한다. 그들에게 전공교육을 위하여 힘이 들고 인내하는 것 자체가 바로 인간교육 혹은 인성교육이 된다. 대학 교양 및 인성교육은 교과목이나 명시적인 프로그램으로 이루어지는 것이 아니라 잠재적인 형태 혹은 선례의 방식으로 이루어진다. 즉, 어떤 전공의 공부를 하더라도 이미 그 자체가 바로 각 개인의 교양교육, 인격도야, 인성교육이 되어야 한다. 전문분야 전공은 다양한 학부교육의 경험을 기반으로 이루어지도록 학사제도가 개선되고 있다. 우리나라의 법학, 의학, 신학, 약학 전문대학원제도와 비슷한 형태로 변화하고 있다.

3) 퀸즐랜드대학교(QU)

호주 대학의 대부분은 전공이수에 대한 부담(major + extend(relative) major)으로 구성되는 전공이수과정으로 편성되어 교양교육에 대한 여유가 없다. 앞서 논의한 바대로 교양 및 인성 교육은 이미 중등학교 수준에서 이루어져야 할 것으로 간주된다. 사회적으로 대학이란 주(主)전공, 복수전공 등 전공에 대한 집중교육이 주로 이루어지는 교육과정으로 여기고 있다. QU의 세계적 명성은 역량기반 교육과정(competency based curriculum)이 잘 설계되어 있다는 점이다. 대학의 주요 거버넌스에서 학부교육의 책무성 신장을 위한 성과창출형 교육과정을 디자인하고, 이를 기반으로 학부생들이 교육과정 이수를 통하여 졸업할 때까지 갖추게 될 역량들을 설정하고 있다.

표 1 퀸즈랜드대학의 핵심역량 체계

핵심역량	하위역량
A. 전공 관련 전문지식과 기술 획득	전공분야에 대한 종합적이고 충분한 지식 갖추기
	자신의 전공 분야와 타 학문과의 연관 맺기에 대한 이해
	자신의 전공 분야에 대한 국제적 관점 갖기
	산업현장에 적합한 핵심기술과 전문적인 지식을 적용하는 능력
	이론과 실제를 연결 짓는 능력
B. 효과적인 커뮤니케이션	정보나 아이디어를 수집, 분석, 조직하고, 이를 구어나 문어로 명료하고 유창하게 전달하는 능력
	일반적인 성과도출을 위하여 타인과 효과적으로 상호작용하는 능력
	적절한 의사소통 수준, 스타일, 수단 등을 선택하여 활용하는 능력
	정보통신 기술을 적절하고 효과적으로 활용하는 능력
	간(間)학문연구팀의 일원으로 행동하는 능력
	적절한 공표방식을 통해 전문분야의 연구 성과에 대하여 명료하게 소통하는 능력
	컨퍼런스 기준을 포함한 언어표현을 통해 연구문제를 명료하게 설명하고 방어하는 능력
C. 독립성과 창의성	일이나 공부를 독립적(자기주도적)으로 수행하는 능력
	창의적인 아이디어를 만들어내고, 환경변화를 위하여 혁신적으로 적용하는 능력
	문제 상황을 규명하고, 해결 방안을 마련하고, 구체적인 방법으로 혁신하거나 개선하는 능력
	미래사회 리더십 역할과 기술의 기초를 만들어내는 능력
	개인이나 팀원으로서 체계적, 비판적, 근거기반 방식을 통해 조사 설계와 추진방법 등을 포함한 교수참여 연구를 수행하는 능력
	탐구과정에서 혁신적이고 창의적으로 지식과 기술을 적용하거나 기여하는 능력
D. 비판적 판단능력	문제점을 규정하고 분석하는 능력
	독립적인 사고와 정보기반의 판단을 통해 발표하기 위하여 비판적인 추론을 적용하는 능력
	의견과 의사결정을 평가하고, 의사결정에 대하여 비판적으로 성찰하는 능력
	광범위한 자료나 정보들을 비판적으로 통합, 분석하는 능력
	연구를 위한 적절한 문제 상황을 설정하고, 연구할 문제를 구체적으로 제기하는 능력
	관련문헌에 대한 비판적으로 분석하는 능력
	연구 자료를 분석하고 논리적으로 결론을 이끌어내는 능력
E. 윤리적/사회적 이해 능력	시민으로서 사회적 책무성에 대한 이해 능력
	학문의 사회적, 철학적 맥락에 대한 공감능력
	사회 전 분야에 걸쳐 효과적이고 감각적으로 탐구하는 능력
	윤리학에 대한 지식과 존엄성을 인정하고, 전공분야와 관련된 윤리적 기준 갖추기
	다른 문화나 시간들에 대한 지식과 문화 다양성에 대한 공감능력
	사회적, 윤리적 책무에 대한 공감, 연구 분야에서 윤리기준을 적용하는 능력
	관련학문의 전문성이나 역할에 대한 존경과 이해능력

핵심역량	하위역량
Program-specific attributes	It is expected that, in addition to the University-wide attributes listed above, Faculties may designate those discipline-specific attributes which it is expected bachelor degree program graduates will demonstrate.

학기마다 교과목을 개설하는 교수자는 매 과목마다 다수의 구체적인 학습목표(LO)를 설정하고, 이를 핵심역량 지표와 매칭시킨다. 이와 동시에 매 과목마다 핵심역량(GA), 학습목표(LO)에 근거하는 평가지표와 방식을 설정한다. 전공 분야에 대한 학습 부담과 졸업(성적 차등)에 대한 경쟁으로 인해 대학 교양 및 인성교육에 대한 이해와 학사제도 반영이 한국에 비하여 낮은 수준이다. 또한 전공 및 부전공 이수의 과중함에 의해 교양 및 인성교육에 대한 관심과 이해 수준이 대학 차원에서도 낮은 편이며, 대학차원의 교양 및 인성교육은 정규 교과과정이나 교양 및 인성교육이라는 이름으로 이루어지는 것이 아니라 학생의 학교생활을 통해 자연스럽게 형성되거나 개발되는 것으로 간주하고 있다.

이상과 같이 호주 대학들의 특장(特長)이 시사하는 점을 정리하면 다음과 같다. 대학 학제가 우리나라와 상이한 점을 고려하더라도 고급 전문 인재 양성이라는 차원에서 호주 대학의 커리큘럼은 우리나라와 달리 교양교육이 상대적으로 취약한 것처럼 보인다. 이를 고려할 때 우리 대학에서의 교양 및 인성교육에 대한 정책 및 교육과정 개발은 일반적인 경향과 의지에 대하여 근본적인 차원에서 재고할 필요성이 있다. 다시 말해 대학 교양 및 인성교육을 교과목이나 비교과 프로그램을 통해 구현하려는 우리나라 대학정책에 대한 근본적인 문제제기가 가능하다. 즉, 호주의 대학들이 '교양 및 인성교육은 대학의 책무가 아니라 중·고등학교 혹은 가정에서 선행되어야 한다'고 여기는 점을 고려할 때 우리나라에서의 가정교육, 사회교육, 중등교육 정책 전환에 반영되어야 할 필요성이 대두된다. 대학 교양 및 인성교육은 간접교육, 습관화교육, 사례교육 등 다양한 방식을 고려할 수 있는 아이디어가 필요하다. 즉, 대학 교양 및 인성교육에 대한 지나친 교육학적 관여나 중앙정부의 정책적 간섭에 대한 반성적 성찰도 필요하다. 내러티브 기반 대학 교양 및 인성교육의 프레임이나 콘텐츠 개발의 원칙과 방향은 기존의 교과중심 교육과정이나 교육방식과 전혀 상이하게 이루어져야 할 필요성을 인지하였다. 상황중심, 경험중심, 내러티브 기반 교양 및 인성교육의 방법론적 구안과 대학 교육과정 적용의 원칙에 대한 고려가 중요하게 여겨진다. 향후 우리대학들의 교양 및 인성교육은 학교나 교수가 아니라 학생계 관점에서 이루어져야 할 대원칙이 수립되는 계기가 마련되어야 할 것이다.

05 대 만

1) 국립대만대학교

대학은 세계대학 순위에서 매년 30위권 안에 드는 WC급 대학으로 구성원들의 자부심이 대단하다. 특히, 대만의 flagship대학으로서 자부심이 강하다. 학부에는 인문대학, 전기공학 및 컴퓨터대학, 자연과학대학, 법학대학, 사회과학대학, 의학대학, 공학대학, 바이오자원 및 농학대학, 경영대학, 공공보건대학, 생활과학대학 등이 운용되고, 학생과 교수들의 연구와 학습경험을 위한 교학(教學) 어메니티가 교수학/교육학적으로 풍부하다. 동시에 정규학위과정, 복수학위과정, 교환학생과정, 방문학생과정, 플러스아카데미 프로그램(일종의 계절학기) 등 학습선택권이 다양하다. 세계 600여 개 이상의 대학과 교류협력을 맺어 글로벌 교육환경을 갖추고 있으며, 특히 한국의 이화여대, 한양대, 고려대, 포항공대, 부산대, 서울대, 순천대, 성균관대, 연세대, KAIST 등과 교류하고 있다. 대학 교양 및 인성교육의 특징은 이중적인 성향을 보인다. 즉, 대만 내국인학생은 전문지식 기반의 교양교과목을, 외국인유학생은 일반교양과목을 주로 이수해야 한다. 대학 교양 및 인성교육의 핵심은 글로벌 리더로서 역량, 학교 및 국가에 대한 공동체의식, 자아의 성장 등을 지향하는 것이다. 일반교양교육보다 전문지식기술 교육을 통한 개인의 잠재적 역량계발이 교육과정 구성 및 운용의 핵심적 가치로 여긴다. 대학 교육의 수월성을 견인하는 핵심기구는 교수학습개발센터(CENTER for teaching and learning development)로서 교수지원, 학습기술혁신, 학습지원, 기획 및 연구, 수업혁신 등을 주요업무로 하고 있다. 대학 교양 및 인성교육의 학사 원칙은 다(多)학제적 재능을 양성하는 학습모형의 재구성, 경계 없는 학습(자원의 통합과 공유) 탐색, 간학제적 스타트업을 통한 창의성과 앙트레프러너십 고양, 새로운 세상을 꿈꾸기, 끝없는 사랑(사회봉사, 사회공헌에 참여)의 실천 등이다. 졸업생의 대부분은 학계와 공공서비스부문에 진출하여 국가리더의 위치로서 자리매김한다.

대학 교양 및 인성교육을 위한 핵심적 활동은 연구와 학습의 창의성, 사회참여를 통한 공동체의식, 도전의식 등을 통한 개인의 수월성 신장이다. 교양 및 인성교육의 핵심적 가치는 도전, 창의, 참여, 성장, 협력, 봉사 등이다.

2) 국립대만사범대학교

1922년 개교하여 전통적인 학풍이 학교분위기를 압도한다. 사범대학이라기보다 일반교양 종합대학의 성격이 강하다(교원수가 800여 명이 넘음). 4천여 명을 수용하는 기숙사가 운용되어 캠퍼스 기반 학습 환경이 최적화되어 있다. 학교 교명도 사범대학이 아니라 National Taiwan Normal University로, 교육학부, 교수학 스쿨, 인문학부, 자연과학부, 생활과학부, 예술학부, 기술공학부, 스포츠 및 레크레이션학부, 국제학 및 사회과학부, 음악학부, 경영학부 등 다양하게 운용된다. 일종의 교양종합대학의 성격을 반영하여 인성과 소양교육을 학부교육의 기본적인 가치로 삼고 있다. 이에 따라 인류복지 증진에 기여하고 자아의 성장을 도모하는 탁월한 인재상을 표방하고 있다.

∙∙∙ 국립대만사범대학 비전

- 전인적 소양을 계발하여 학생의 자아실현을 촉진함
- 현실학습을 통하여 학생의 실용적 지능을 계발함
- 대학의 사회공헌에 기여하는 봉사역량을 계발함
- 산-학 협력교육을 통하여 산업성장에 기여함

- 교수-학습의 혁신을 통하여 교육적 수월성을 신장함
- 엄정한 자격관리를 통하여 직무역량을 확보함
- 국제화 교육을 통하여 글로벌 리더를 양성함
- 국제 언어교육 강화를 통하여 국제무대 진출을 지향함
- 예-체능 교육을 통하여 창의적 인재를 양성함
- 운동 및 체육활동을 통하여 건강한 생활을 유지함

비록 특수목적대학이기는 하지만 일반교양교육에 신경을 써서 균형감 있는 사회인을 양성하는 것이 일반교양교육의 핵심적 가치로 삼고 있다.

대만의 유수한 대학들은 역사성, 지리적 규모, 정치적 관계 등의 측면에서 우리나라와 유사한 점이 많다. 국부창출과 경제발전의 견인은 고등교육의 수월성에 있었음도 공통적인 특징이다. 대만의 WC급 대학이 지향하는 교양 및 인성교육의 핵심적 가치는 국가와 나, 주변과 나, 너와 나, 나와 나를 발견하고 성장하는 전인적 인간 양성에 있다. 일반교양교육 프로그램은 철저히 기관계 관점이 아니라 학생계 관점을 바탕으로 이루어지고 있다. 학생계 관점 교육생태계의 핵심은 학생의 전일적 인격과 존재론적 가치를 학교가 인정하고 이를 학사에 적극 반영하는 자세에 있다. 지식학습이 아니라 더욱이 출세를 위한 대학생활이 아니라 한 인간의 전일적 성장을 위하여 학교가 전격적으로 지원하는 교육철학이야말로 WC급 대학들의 교육적 수월성임이 확인되고 있다. 특히, 동해대학의 노작교육 프로그램, 국립대만대학의 전폭적인 교수－학습 지원, 국립대만사범대학의 전일적 인간교육 철학 등은 우리나라 대학교육 혁신에서 눈여겨보아야 할 부분이다. 학생의 요구, 학생의 능력, 학생의 호기심, 학생의 경험이 학사구조, 수업설계, 교육과정 등에 반영되는 대학생태계 구축이야말로 우리나라 교양/인성교육이 추구해야 할 가치이면서 동시에 철학이 되어야 함을 발견하였다. 그동안 기관계/산업계 관점의 교육이 지닌 강점은 유지하되 학생계 관점의 교육생태계로 전환하는 노력이 이루어지지 않는 한 우리나라 대학의 수월성과 국제적 위상 변화는 요원하다. 특히, 지방소재 대학들의 경쟁력과 생존력은 교육이념과 프로그램의 차별성과 독자적 수월성에 있어야 함을 시사하고 있다.

인명 색인

사항 색인

ㄱ

ㄴ

ㅇ

ㅈ

ㅊ

ㅋ

ㅌ

ㅍ

ㅎ

기타

저자소개

고요한(高耀翰)
johnhoch@yonsei.ac.kr
연세대학교 교육학과 졸업(문학사, 교육학석사, 교육학박사(Ph.D.))

전
한국교원대학교 조교, 연세대학교, 배재대학교, 서원대학교, 대전대학교, 공주교육대학교, 상명대학교 시간강사, 연세대학교 교육혁신센터장, 원주역사박물관 운영위원, 횡성발전정책자문교수, 강원고교평준화추진공동대표, 강원도의회 교육위원회 정책자문교수, 대교협 대학기관평가인증 평가위원, 대한민국교육부 글로벌교육지원사업(우간다) PM, 한국교육학회 상임이사(학회지편집위원장), 한국교육철학학회 이사, 한국사상문화학회 이사, 한국청소년효문화학회 이사, 한국인격교육학회 이사 역임

현
연세대학교 교양교육학부 교수, KOICA국제개발협력사업(베트남) 교육전문가, KOFIH동남아의료인력양성사업(원주의과대학) 책임교수, 한국교육철학학회 이사, 한국내러티브교육학회 이사 및 학회지 편집위원, CGLC부설 세계시민성교육센터장

저서 및 논문
교육의 수월성과 평등(1989), 교육이해의 구조적 탐구(공저, 2001), 교육이해의 다양성 탐구(공저, 2003), 교육의 역사와 사상(2004), 교육과학입문(공역, 2004), 비교교육철학(2005), 교육학연구의 논리(공저, 2006), 교육의 철학-소유에서 존재로(2007), 포스트모던 문화교양과 여가교육(공저, 2007), 몸과 배움의 철학(2008), 교육정책형성의 철학적 기초(2010), 인간교육의 심리철학적 이해(2011). 용례로 배우는 교양심리학(2011), 가르침의 교육현상학적 이해(2013), 인간현상과 인성교육의 현상학(2016) 등이 있고, 논문은 "선초 정치변혁과 정교이데올로기에 대한 연구" 외 다수

수상
2008, 2010, 2011, 2012, 2017, 2018, 2019년 연세대학교 강의우수교수상, 2011년 연세대학교 우수업적교수상(교육부문), 2009년 대한민국학술원 기초학문우수도서(포스트모던 문화교양과 여가교육) 대한민국학술원 기초학문우수도서(교육의 철학-소유에서 존재로), 2016년 대한민국학술원 기초학문우수도서(인간현상과 인성교육의 현상학), 2011년 한국연구재단 기초학문 우수저서(교육정책형성의 철학적 기초)

내러티브 기반 대학생 인성교육 담론

초판발행 2020년 11월 5일

지은이 고요한
펴낸이 노 현

편 집 전채린
기획/마케팅 손준호
표지디자인 조아라
제 작 우인도·고철민

펴낸곳 ㈜ 피와이메이트
서울특별시 금천구 가산디지털2로 53 한라시그마밸리 210호(가산동)
등록 2014. 2. 12. 제2018-000080호

전 화 02)733-6771
f a x 02)736-4818
e-mail pys@pybook.co.kr
homepage www.pybook.co.kr
ISBN 979-11-6519-092-7 93370

정 가 18,000원

박영스토리는 박영사와 함께하는 브랜드입니다.